U0798937

上海市哲学社会科学规划教育学一般项目
上海市教育科研重点项目
中国教育学会全国教改实验区重点项目

ZHONGXIAOYOU XUESHENG

中小幼学生
创新素养系统培养

CHUANGXIN SUYANG XITONG PEIYANG

上·区域实验、学段实验报告

庄小凤 倪志刚 主编

上海教育出版社
SHANGHAI EDUCATIONAL
PUBLISHING HOUSE

CONTENTS | 目录

第一编　中小幼学生创新素养系统培养的区域实验研究

第二编　中小幼学生创新素养系统培养的学段实验报告

第三编 中小幼学生创新素养系统培养的学校实验报告

第一编　中小幼学生创新素养系统培养的区域实验研究

第一章 问题的提出与实验的基本思路

培养学生的实践创新能力是本次课程改革的重点。那么，如何撬动这个重点？我们启动了“基于中小幼学生创新素养发展特点的区域性系统培养研究”。本课题于2011年被确立为上海市哲学社会科学规划教育学一般项目和上海市教育科研重点项目，同年被中国教育学会确立为全国教改实验区“十二五”的实验项目。徐汇教改实验区以这个课题为抓手，全面推进各项改革与研究，历时五年，取得了重要进展。

在这一章里，我们先介绍在培养学生创新素养中碰到的客观实际问题以及针对这些问题展开教改实验研究的基本思路，便于读者对整个研究有一个整体的把握。

第一节 学生创新素养培养中存在的突出问题

学生实践创新能力的培养，我们在本次课改开始的时候就已经提出来了。上海自1998年启动的“二期课改”对此就有明确要求。随着课程改革的推进，新课程经过了课程设计、教材研制阶段，最终下到学校，进入教师教学的层面，通过教师的努力，新课程开始对学生的培养产生实质性的变革。

那么，本次课改的重点——实践创新能力的培养——在新课程进入学校实施以后，情况究竟如何呢？为此我们于2010年，对上海徐汇区的高中、初中、小学、幼儿园四个学段30多所学校的情况，作了逐一调研，发现了一些问题，归纳起来有以下四个，迫切需要研究解决。

一、培养的对象上，以少数“尖子”学生为主，没有普及到每一个孩子

对于学生创新能力的培养，一线校长和教师在理念上是认同的，在培养的方式方法上，基本是组成兴趣小组（如科技小组等）进行个别学生的“点缀式”的培养，加上有各种各样的学生创新比赛，一批“尖子”学生得到了比较好的培养，他们的创新能力和创新作品成为学校的荣誉。但是一线校长和教师们比较倾向于对个别“尖子”学生的培养，而对于每一个孩子都需要创新能力的培养，并没有达成一致。

二、培养的途径上，以课外、校外的主，没有真正进入“主渠道”

对学生创新素养的培养，基本还在沿用课外兴趣小组的模式进行。同课程改革相游离，尤其是同基础课程割裂现象严重，在基础课程的教学中没有得到应有的落实。学生在

学习基础课程的时候创新素养没有得到充分的培养。因此，要实现教育公平，实现对每一个孩子的创新素养的培养，必须要把这种培养落实到基础课程的课堂教学中。这是我们面临的一个重要的难题，也是本课题需要破解的关键难题。

三、培养的方式上，以教师自发进行为主，没有把握必要的方法

一线教师对学生创新素养的形成特点缺少必要的把握，更难以将创新素养的培养同教学内容、教学目标、教学过程很好地整合起来，缺少必要的方法。因此学科教学中的培养比较茫然，很多教师望而却步。

四、培养的目标上，以学生现阶段为主，没有针对基础教育作系统性思考

有一部分教师意识到了创新素养的培养，比如发散性思维，因此在他们的教学中会出现“散点状”的培养，但是缺乏连续性和系统性，比较随意。更因为创新素养的理论研究比较广泛，教师不易系统把握，更难以同自己的教学实践结合起来，因此系统性的培养难以实现。

针对学校教学第一线客观存在的问题，我们迫切需要开辟新的培养途径与方法，引导校长、教师共同研究，形成新的创新素养培养的方法论和成功经验。

首先，必须想清楚培养谁的问题，是针对少数还是面向全体？必须搞明白培养什么的问题，是设定好创新人才的模型，培养学生超常的创新特质，还是遵照学生的特点，培养学生基本的创新品质？然后，才有必要研究怎么按照教育教学规律和学生成长规律培养，才有可能形成有效培养的方式和方法。

我们认为中小幼学生处于心智发展的初级阶段，他们的潜能和潜质难以通过一时一事被发挥和发掘出来，基础教育不能过早地将学生分类、定性，决不能为了少数人而忽视大多数。中小学生不可能人人成为创新人才，但是人人都有创新潜能，国家未来的各行各业需要各种各样的创新人才，基础教育不能过早地将学生的发展定向、定型，重要的是培养未来创新人才所应具有的基本创新素养。

这是本课题研究的初衷和出发点。

第二节　开展解决问题实验的基本思路

针对上述问题，本课题提出并且努力在理论与实践的结合上进行“基于中小幼学生创新素养发展特点的区域性系统培养”的教改实验，其基本思路如下：

一、厘清本课题的核心概念

（一）学生创新素养发展特点

有两方面含义，即创新素养和发展特点。“创新素养”是指人为完成某项创新活动基

本过程中形成新思维、新认识、新观点、新发展、新成果等所必须具备的知识素养、实践技能和身心品质。它包含如下基本要素：(1)基于创新活动基本过程的思想行为习惯；(2)实现创新活动基本过程的心理动力；(3)实现创新活动基本过程的能力；(4)创新的品德；(5)实现创新活动基本过程所必备的知识素养等。“发展特点”是因创新素养的层次和能级，对不同学段的学生而言是不一样的，随着年龄的增长会逐步提升，是有其一定的发展特点的。

本课题将在吸收借鉴国内外学界已有理论研究和实践探索成果的基础上，进一步研究在新的时代背景下本区域基础教育的学生创新素养的实际状况和形成特点，并且在各学龄段学生培养中进行针对性的应用，以此作为培养的心理学基础。

这里需要说明的是：就我们的文献研究来看，我国心理学家对我国中小幼学生在各学段上的创新素养发展特点尚无系统的研究成果发表。作为实验研究的课题，我们不能等到心理学家把现成结论告诉我们以后，我们再去进行演绎，再去指导培养工作的实验。事实上目前也没有这种可能。因此，本课题采取的研究策略是：先选择各学段实验学校对学生创新素养的形成特点作系统研究，形成理论成果，树立发展标杆，然后引导实验教师把握这个“形成特点”(一般规律)，在自己的学段中进行适应性实践，并且进行学生实际的观察分析与研究。从培养的实践来看，我们认为只要是有效的培养，就可以基本认定这种培养符合学生的发展特点。这是对“教学要适应与促进学生身心发展特点”这一教育学基本原理的反证运用。这就是本课题“基于中小幼学生创新素养发展特点”而“不拘于中小幼学生创新素养发展特点”的地方。在此作一个说明。我们的研究实践表明，这样的研究不但解决了目前心理学研究落后于课程改革实践的问题，还开辟了心理学研究和教师实践紧密结合的新的研究途径。这方面的研究，我们将在下一章中作专门阐述。

（二）系统培养

本课题的“系统培养”是指以基础教育各类课程(尤其是基础课程)为依托的创新素养培养。因为课程具有系统性，课程学习就是系统学习，因此依托基础教育课程面向全体学生，而不是针对少数学生的，或是随意进行的创新素养的培养，我们就称为“系统培养”。

本课题将创新素养的系统培养作为整个教育课程实施的一个要素加以突出，尤其强调在基础课程实施中的创新素养系统培养，强化课堂教学的创新素养培养功能，强调课内外统整的培养实践。它是融入课程实施的培养，而不是游离于课程实施之外另搞一套。

对于基础课程中的创新素养系统培养，本课题强调三个系统性：教学内容的系统性、教学目标的系统性、教学过程的系统性。这些方面的研究，我们将在下一章中作专门阐述。

（三）区域性

本课题的区域性是指以地区行政区划内的整体性的培养，不仅仅是一个教师、一个学校、一个学段的培养，而是涵盖本区域内的高中、初中、小学、幼儿园等学校培养。当然，区域性的培养离不开学校的培养，学校的培养离不开教师的培养。所谓的“区域性”一定程度上指项目的研究工作是在区教育局行政领导和区教育学院专业指导下双轨运行，全区各学段实验学校同步推进。

二、明确研究目标与内容

本课题研究目标是：积极探索以基础性课程实施为载体，以中小幼学生“创新素养”基础性品质发展的阶段性特点为核心，并且以此作为学生创新素养培养的心理学基础，展开全纳性系统培养的实验研究，在理论与实践的结合上，形成区域性的基础教育课程实施中系统培养学生创新素养的实践样式，为更多的中小学、幼儿园提供成功经验和系统培养的方法论、核心技术。研究内容如下：

（一）中小幼学生“创新素养”形成的一般规律与特点研究

进一步完善“创新素养”的理论建构，探索学生创新素养形成的一般规律；展开学生创新素养发展特点的“草根研究”，为揭示各学段学生创新素养的发展特点提供实践资料。

（二）在基础课程实施中的学生创新素养系统培养研究

这是本课题研究的重点，需要在中小幼各个学段涵盖所有基础课程的教学中进行创新素养系统培养的实践研究，在学科教学中形成三个“系统性”——培养内容的系统性、培养目标（教学目标）的系统性、培养过程（教学过程）的系统性。

根据三个“系统性”，实验教师进行“学期课程统整”：对一学期的教学作系统设计，然后进行单元教学设计和教案设计，展开课堂教学的教法创新研究，探索新的教学方法和策略。根据创新素养系统培养的要求，加强学科内三类课程的统整，将基础型课程、拓展型课程、探究型课程进行必要的统整，将课内外统整起来。将学科与德育相统整，展开创新品德的系统培养。

（三）学校课程整体设计，系统培养的研究

对学校三类课程作整体设计，将创新素养的系统培养作为其中的一个重要元素加以突出，创设全校系统培养的环境和载体。

提供创新活动载体，引导学生自主创新的研究；提供学生创新素养培养的学校设备设施；建设艺术、自然、劳技、信息等专用教室和物理、化学、生物、科学实验室，以及提供学生活动场馆；积极在高级中学创建“创新实验室”，如南洋模范中学等已建成“生态环境科学实验室”，徐汇中学已建成“生命科学实验室”等，展开高层次科学创新的培养。

创造学生个性健康发展的学校文化环境，引导学生自主建立创新社团，鼓励学生自主创新。

（四）利用优质资源，展开区域性多途径培养的研究

开展对全区特殊才能学生专门培养的实验研究，以区域性“创新教育实验班”为培养实体，提升培养品位，形成系统培养序列；继续推进区域性“光启创新基地”的培养，引入高校和科研院所的资源，形成“高校参与、区域统筹”的培养模式；开展高中与高校联合培

养的实验；发挥社区教育的优势，推进社区培养；沟通家庭教育，推进家庭中的创新素养培养。

（五）创新素养系统培养的方法论与核心技术研究

本课题从已有的教育基本理论出发，展开教育改革的实践研究，取得成果和经验，并且对大量第一手资料展开科学抽象，探索本土化的教育规律，形成相应的创新素养系统培养方法论和核心技术。

三、确定本课题研究的组织架构

为了保障本课题研究的区域性推进和系统性实施，我们实行行政与学术双轨制，落实学段与学校双主体，形成课题研究与管理的三级组织架构。

（一）总课题组

总课题组的行政负责人为教育局长和分管教学的副局长；总课题组的学术负责人为教育学院分管教育科研的副院长和教育科研室主任。此外，总课题组核心组人员还包括青少年活动中心主任、教育科研室资深科研员等。配学术秘书 1 人。

（二）子课题组

总课题下按学段设独立子课题，子课题组由各学段专职科研员和实验学校校长或分管副校长组成。每个学段包括 4—5 所实验学校。各个子课题组配学术秘书 1 人。

学前学段实验学校：科技幼儿园、机关建国幼儿园、襄阳路第一幼儿园（以下简称“襄一幼儿园”）、长桥第三幼儿园（以下简称“长三幼儿园”）、益思幼儿园。

小学学段实验学校：高安路第一小学（以下简称“高一小学”）、启新小学、上海交通大学附属小学（以下简称“交大附小”）、光启小学、漕河泾高新开发区实验小学（以下简称“漕开发小学”）。

初中学段实验学校：西南位育中学、位育初级中学、徐汇区教育学院附属实验中学（以下简称“教院附中”）、园南中学、汾阳中学。

高中学段实验学校：上海市南洋模范中学（以下简称“南模中学”）、上海市第二中学（以下简称“市二中学”）、徐汇中学、华东理工大学附属中学（以下简称“华理附中”）、紫竹园中学。

校外实验单位：区青少年活动中心、天平街道社区学校、徐家汇街道社区学校。

（三）分课题组

实验学校建立以校长（或副校长）为组长的分课题组，由分管教学的副校长或教科室主任任学术负责人，成员包括学校教科室主任、实验学科骨干教师、心理辅导教师等。区教科室专职科研员作为学校实验研究课题组的学术指导，参与学校课题组的研究活动，共同研究。

三级课题组的组织架构图为：

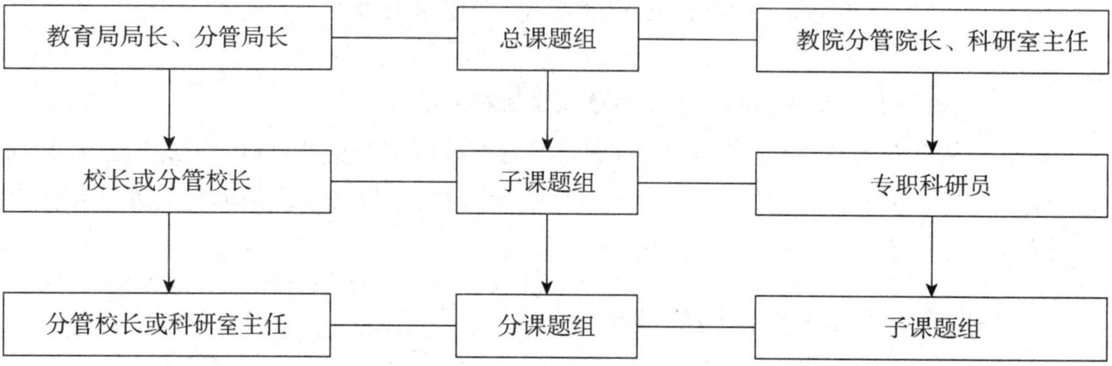

四、落实课题研究的内容分配

总课题组侧重区域性各学段的贯通研究、区域性教育生态环境创设，促进学校培养模式改进的研究和“方法论”原理的研究等。同时，负责指导各子课题及参与分课题的共同研究。

中小幼各学段的子课题组，承担本学段的学生创新素养的形成与发展特点研究、基础课程实施中系统培养创新素养的研究、学校课程整体设计、系统培养的研究，同时注意同相邻学段的沟通和衔接。

校外实验单位，承担徐汇区“创新教育实验班”的研究、学生社区创新教育的研究等。

五、优化本课题研究的实施策略

本项目研究的重要策略是：以学科基础课程实施为主、以校为本的培养全体学生的创新素养。运用教育科研的方式，并通过区教育学院教科室和教研室的专业团队组织、引领、指导项目研究的实施，有其一定的专业和区域优势，形成了学校层面横向维度的学科整合、区域层面纵向维度的学段连贯的研究体系。

针对突出问题，采用适宜对策：

一是研究怎样面对全体中小学幼儿园学生，进行全纳性的培养，由培养个别“尖子”，转为惠及每个孩子；

二是研究怎样在基础课程领域，让更多的学科及其教师在教学的“主渠道”——课堂教学中，共同担当起学生创新素养的培养，由课外活动为主变为课内培养为主；

三是研究怎样在不同学段，基于学生不同的年龄差异特征和创新素养特点进行系统性、发展性培养，由“点状”培养成为“线状”培养。

整体的系统研究思路是：先在学段内分层抽样学校，开展以学科培养为主的整体研究和实验，创造实践经验，然后再进行学科间归类性和学段间衔接性，以及课内外、校内外对接性的系统研究。通过对学生各方面创新素养的培养，逐步为创新人才的培养奠定基础，在心理上积淀创新人才所应具有的创新人格，在实践中积累创新人才所应具有的创新能力。

根据这些策略，研究具有了这样几个特点：

（1）双轨推进

本课题的研究涉及的领域宽广、人员众多，且需要一定的经费投入，没有行政的支持难以进行，同时，由于研究的内容学术性较强，没有专业的支撑难出成果。采用行政和学术双轨推进，可使研究得以充分保障。

（2）分层抽样

实验学校的选择是根据学校现有基础分层抽样的，以使研究能有充分的普适性。每一个实验学校都要组成专门的课题组，选择好实验学科和实验教师（要有心理教师参加），开展以校为本的全方位实验研究，全面承担起本校学生的创新素养发展特点和培养途径等各项实验和研究，形成具有学校特点的实践经验，形成学校自己的成果，同时为本课题提供鲜活经验，各子课题到区层面再进行分条线的梳理归纳。

（3）联合攻关

坚持教育行政领导和教育科研专职人员和一线校长、教师联合攻关的做法，共同推动，共同研究，共同探讨，共同破解教育改革中的难题；充分发挥科研人员和一线校长、教师的主体能动性至关重要，这是本课题成功的根本保证。科研员深入实验学校，参与学校实验课题组的活动，和学校领导、老师一起研究，在帮助实验学校形成成功经验的同时，将各校的成功经验进行分条线的归纳整理，形成本学段的六个方面的综合成果，注意加强衔接阶段的研究，再形成整体的成果。

第二章　学生创新素养系统培养的理论研究

在前一章中，我们讨论了当前中小幼学校在培养学生创新素养方面客观存在的四个实际问题，并且提出了破解这些个难题，展开实验研究的基本思路。

本课题的研究是从理论研究开始的——理论研究先行。因为破解四个难题，不仅仅是实践问题，它首先是教育理论问题，如果我们在教育理论上不能深入地阐述这些问题，那么在行动上难免迷茫。

实验研究基本思路的提出，是建立在我们长期进行课程实施的实践与理论研究的基础之上的。这里涉及一些基本的理论问题，如果不能先作出回答，我们的教育实验就缺少理论的基础，而没有教育理论指导的教改实验走不好，也走不远。因此本章就本课题研究涉及的“学生创新素养形成的基本特点”“课程教学统整实施的基本理论”“学生创新素养系统培养的方法论”等问题作出阐述。

第一节　中小幼学生创新素养形成的基本理论

什么是学生的创新素养？学生的创新素养是怎样形成的？这些问题的答案是我们一线教师进行创新素养系统培养必须掌握的基本理论。国内外心理学家、教育学家对此有过许多研究，为我们提供了有益的借鉴，但是，纵观各种已经发表的文献资料，不难发现，现有的理论成果有两个重要的缺陷：一是比较分散，基本是对某一方面的理论阐述，缺乏整体的系统的阐述；二是难以为一线教师掌握和运用。针对目前国内外理论研究的实际情况，和一线教师进行学生创新素养系统培养的实践需要，我们将有关理论作了归纳整理，使之更加系统化，成为一线教师可以直接掌握并且可以应用于实践的基本理论。

一、什么是创新素养

创新素养，是指人为完成某项创新活动基本过程中形成新思维、新认识、新观点、新发展、新成果等所必须具备的知识素养、实践技能和身心品质。

创新素养结构包括三个方面：创新所必需的知识（包括过程、方法的知识）、创新能力以及创新人格特质。

- 创新素养结构
  - 创新所必需知识
    - 专业知识
    - 过程、方法知识
  - 创新能力
    - 思维能力
    - 实践操作能力
  - 创新人格特质
    - 创新精神
    - 创新品德
    - 创新动机
    - 创新兴趣
    - 创新意志
    - 创新性格
    - ……

图1－1　创新素养结构示意图

我们重点要培养的是学生的创新能力和创新人格特质。

（一）创新能力

创新能力是人为完成创造新事物的过程而必须具备的主体条件，包括动脑和动手两方面的身心条件。

动脑能力包括发现问题的能力、分析问题的能力、提出假设的能力、创造性解决问题的思想建模能力、创意设计和方案设计能力、创作构思能力等。其核心是建立在逻辑思维基础上的求异思维和求新想象，其本质要素是求异思维和求新想象的心智技能——思维的方式方法。

动手能力包括将科学假设进行验证的能力、将思想建模物化的能力、将计划规划方案付诸实施产生实效的能力、将创作构思物化呈现的能力等。

（二）创新人格

创新人格是人在实现创新过程中表现出来的创新精神、创新品德、创新动机、创新兴趣、创新意志、创新习惯等个性心理倾向的总和。

创新精神——人在创造新事物的过程中表现出来的特有的勇气、意识、胆略等的一般心理状态；是人的精神面貌的一部分。如某人敢于突破旧的传统理论，创造新的理论，这需要勇气、意识、胆略等，这些方面的素养就属于创新精神。

创新品德——创新者的社会责任和品行，这是必须放在首位的培养要求。创新要有社会责任感，要有利于社会发展，有利于他人的美好生活。缺德的创新者比魔鬼更可怕！

创新动机——创新活动的心理动力，它和创新的需要相联系。往往是由客观的需要转化为创新的动机，形成创新的行为。

创新兴趣——同愉快的情感相联系的创新动力，同求知欲有联系；可以激发学生求知欲进而激发兴趣，再到推动创新行为的发生。

创新意志——保持创新活动持续进行，直至取得创新成果的心理动力；它和创新目标确立、创新活动持续、创新困难克服等有密切关系。

创新习惯——人在长期的创新过程中养成的习惯性的言语和行为的方式方法（包括思维的方式方法）。

二、创新的基本过程

我们认为:创新就是人创造新事物的过程。这个表述有几层意思:创新的主体是人;创新的客体是新事物;创新是一个过程。

创新按其内容来分,可以分为科学创新、技术创新、文艺创新以及政治创新、经济创新、教育创新等。本课题从培养中小幼学生创新素养的要求出发,主要涉及科学创新、技术创新和文化艺术创新,不涉及政治创新等其他领域。

(一)科学创新

科学创新,是指人根据已有知识,探索发现新的知识或形成新的思想、新的理论等的过程。一般叫科学发现、理论创新、思想创新等。

科学创新的基本过程:发现问题—分析问题—提出假设—验证假设—得出结论—发表交流。目前其最高的创新标志是成果获得诺贝尔奖。

(二)技术创新

技术创新,是指根据对客观规律的认识,提出解决问题的新的手段、措施、方法以及设计方案等,形成相应的物化成果的过程。如新物品的产生(又叫新发明)以及新规划、新计划的制定与实现等。

技术创新的基本过程:发现问题—分析问题—提出解决问题的创新设想(思想建模、创意设计、规划计划等)—实现物化,使问题得以解决—分享成果。

(三)人文艺术创新

人文艺术创新,是指根据需要创造新的文学艺术作品的过程。如书画作品、音乐作品、文学作品、戏剧作品、表演作品等的创作与实现过程。

文艺创新的基本过程:形成创作的需要—思想构思—物化呈现—分享成果。

国家对创新成果有相应的法律保护,其中科学创新和艺术创新由《著作权法》保护,技术创新由《专利法》和《商标法》等法律保护。

必须指出,上述三个方面的内容,虽然涉及不同的领域、对象,但很多情况下有交叉,都源自问题与需求。

三、学生创新的特点

陶行知先生说:“小孩子人人都是创新之人,天天都是创新之日。”这是对中小幼学生创新特点的表述。创新作为人创造新事物的过程,具有全民族、全人类的共同本质属性。

中小幼学生的创新有三个层次:

一是对全社会具有创新意义的、是前所未有的。如市二中学学生发明了马路消防龙头撞倒自动关闭装置,获得了专利。

二是相对于全体学生而言的创新,指某学生在解决某些问题时采用了同年龄的或者同一教育阶段的其他学生从未采用过的方法、途径。如某道题目的新的解法,对全体学生都有借鉴作用；某学生写了一篇作文（创作），对全班同学都有示范作用等等。

三是相对于学生自己本人的创新，指学生在解决问题时采用自己从未采用过的方法、途径，而这种方法和途径是他人已经采用过的，如自己设计实验来验证自己的假设等。

在这三个层次中，我们倡导的主要是第二和第三层次。至于第一层次，不宜大力提倡，否则就会出现本末倒置。

我们的培养应以第三层次为主，重点培养创新能力和创新人格。

四、学生创新素养形成的特点

（一）基础知识学习和创新素养的形成具有同步性

学生有没有可能在学习基础知识的过程中同时形成创新素养？大量的实践表明不但可以而且必须。两者之间是可以共同发展，是相得益彰的。就是说在引导学生学习基础知识的过程中培养他们的创新素养是科学合理的，是可行的；我们的研究性学习等的研究成果表明了这一点。

（二）创新素养是在创新活动的过程中养成的

学生的创新素养既是在创新实践活动中后天获得的知识、技能和身心品质，又是促进创新过程成功进行的根本保证。学生的创新素养和创新活动相辅相成，相互促进。因此将学生的某些学习过程和创新活动过程作必要的整合，引导学生在学习基础知识的过程中开展创新活动，以此培养他们的创新素养。这是我们合理的选择。

（三）创新活动的基本过程与创新素养结构形成相对应

上面已经说明，创新有其基本过程，如科学创新的“发现问题—分析问题—提出假设—验证假设—得出结论—发表交流”；技术创新的“发现问题—分析问题—提出解决问题的创新设想（思想建模、创意设计、规划计划等）—实现物化，使问题得以解决—分享成果”；人文艺术创新的“形成创作的需要—思想构思—物化呈现—分享成果”，等等。学生的创新活动是在创新基本过程的引导下进行的，完成创新过程的每一个环节都需要相应的能力，如分析问题的能力，这是我们培养创新能力所必需的。而创新人格等的形成是在学生完成创新过程相应环节以后在其心理上的积淀。创新人格的形成是长期积淀的结果，是教育追求的长久目标，更是我们“系统培养”所追求的目标。

根据这些特点，本课题形成了《学生创新素养系统培养指南》，供实验教师使用，教师可以将创新过程的各个环节和教学过程相联系，引导学生在创新过程中实现教学过程，培养创新能力，而长期积淀以后逐渐形成创新人格。

学生创新素养系统培养指南（供实验学校、教师参考）

这是一个方向性的指导性意见，它适用于高中生；是我们系统培养的高中阶段希望达到的教育理想；供高中学段的实验学校、教师根据本校实际展开系统培养时作参考。

初中、小学、幼儿园的实验学校、教师可以根据这个《指南》，根据学生发展特点和本校实际降低难度，朝这个方向努力，打好基础。

表 1-1　基于科学创新的学生创新素养系统培养指南

科学创新过程		发现问题	分析问题	提出假设	验证假设	得出结论
素养培养	创新能力	发现问题的方法、观察能力、质疑能力、独立思考能力	掌握分析问题的方法，分析问题的系统性、综合性、条理性等，能把握问题的本质	能灵活应用已有知识和经验，通过发散思维或合理想象，提出合乎逻辑的假设	有验证的意识与方法(技能)；会动手动脑；有专业素质与功底；乐于合作	能收集数据信息，进行一定的综合和归纳；能透过现象寻找本质；能正确表达自己的结果
	创新人格	求知欲、好奇心、好学、好问、自信心、独立性和洞察力	实事求是的精神，尊重客观事实，能听取别人的意见，不固执；思维的独立性和批判性	思维的深刻性、独立性、新颖性、灵活性、变通性；能适度想象，注意吸收新信息，能自圆其说	愿意尝试，大胆实践；乐于合作，尊重客观实际、有科学态度和精神；意志力和坚持性	尊重客观，愿意与人分享，共同探讨；有反思自己创新探究过程的习惯

表 1-2　基于技术创新的学生创新素养系统培养指南

技术创新过程		发现问题	分析问题	思想建模 (提出解决问题的创新设想、创意设计、规划、计划等)	物化建模	分享
素养培养	创新能力	发现问题的方法、观察能力、质疑能力、独立思考能力	掌握分析问题的方法，分析问题的系统性、综合性、条理性等，能把握问题的本质	能灵活运用已有知识和经验，通过求异思维或创造想象，实现思想建模	动手能力、实践能力、组织协调能力	善于表达
	创新人格	求知欲、好奇心、好学、好问、自信心、独立性和洞察力	实事求是的精神，尊重客观事实，能听取别人的意见，不固执；思维的独立性和批判性	有社会责任感，有破解难题的兴趣，不墨守成规，求新、求变、求善，不断超越自我	合作、合群、意志品质；善于变通；团队精神	表达能力、展示能力；有反思自己创新过程与方法的习惯

表 1-3　基于人文艺术创新的学生创新素养系统培养指南

人文艺术创新过程		形成创造需要	思想构思	物化呈现	分享成果
素养培养	创新能力	善于将客观需要转化为自己的创作需要(激发)	想象独特、合理；思想性和艺术性统一；形象具体思维	作品形式与内容相得益彰，呈现方式合理	传播能力、展示能力
	创新人格	有创作的冲动，有创作的动机(主动积极)	社会责任感；有积极向上的健康心态；构思系统、严密	意志、毅力；专业素养与能力	有总结自己创作经验的习惯

第二节　课程教学统整论——新课程实施的基本理论

学生创新素养的系统培养既要适应学生创新素养形成的特点，又要同课程教学相伴而行或者说是在课程教学的实施过程中实现。因此关于课程实施的基本理论必然影响和制约着学生创新素养的系统培养。这一节我们来阐述新课程实施的基本理论——课程教学统整论。它是指导一线教师进行学生创新素养系统培养的基本理论。

一、新课程实施的指导思想

我们以怎样的指导思想来实施新课程？这是我们首先要讨论的理论问题。

（一）课程实施的取向——课程实施的指导思想

1. 关于课程实施取向的含义

课程实施的取向是指对课程实施过程本质的不同认识以及支配这些认识的相应的课程价值观。[①] 张华在《课程与教学论》中认为，课程实施的取向实际上就是课程实施的指导思想；不同的课程实施取向（指导思想），就有不同的课程实施策略与相应的行为和后果。

当这些课程实施的策略和行为逐渐固化，形成相对固定的、带有原理性的工作方式时，就成为课程实施的运行机制。因此，课程实施的指导思想是课程实施运行机制的核心，有什么样的指导思想就可能形成什么样的运行机制，改革课程实施运行机制，要从改革课程实施的指导思想开始。

2. 课程实施取向的类型

1992 年，美国课程学者辛德尔（Snyder，J.）等人归纳出课程实施的四种取向：得过且过取向、忠实取向、调适取向和创生取向。

（1）得过且过取向（Muddling Through Orientation）

这是一种最为保守的做法。它是建立在课程实施者对课程计划的重要性和实现预期目标作出悲观估计的基础之上的，把课程实施当作一种讨价还价的过程。这种取向下的课程实施更多的是回避问题，强调客观，得过且过。其中不排斥带有消极对抗的意味。这是一种对学生不负责任的取向，我们需要防止和坚决反对。

（2）忠实取向（Fidelity Orientation）

这种取向认为，课程实施过程是忠实地执行课程计划的过程，不折不扣地按指定的课程、指定的教科书、指定的教参执行，以期得到的预定的课程目标。这种取向认为：学校教师的任务就是机械操作工，他们只需要不折不扣地将上面设计的课程和教材贯彻到学生即可。我国历次课程改革实施的就是这样一种取向。以至于我们形成了千堂一面、万人一书的局面；教师长期形成的工作方式是盯着一本教材、一本教参，死抠死教；课程没有激活，教

① 张华.课程与教学论.上海教育出版社，2002：335.

材不能完全适应学校、学生的实际情况。

(3) 调适取向(又称相互适应取向)(Mutual Adaptation Orientation)

当一些学者试图理解忠实取向失败的原因的时候,他们越来越倾向于信服富兰(Fullan)的名言:“变革是一种过程,而非是一种事件”。(富兰,1982)他们发现,在课程实施中实践者对课程作出修改是不可避免的。课程实施总是课程规划者与实践者之间的相互适应过程(调适过程)。美国学者包曼(Berman)和麦克劳林(Mclaughlin)最先提出了“相互适应”的理念。这种取向认为,我们不可能也不应该事先规定精确的实施程序,而应该让不同的实施者自己来决定,因为唯有对实际情况了解的人,才有可能作出最恰当的选择。课程实施过程是课程计划与班级或学校实践情景在课程目标、内容、方法、组织模式诸方面相互调整、改变与适应的过程。

要使统编的课程教材适合学生的实际,这就需要一线教师在忠于国家的课程标准的前提下,根据自己所教学生的实际情况,调整教材使之适应学生的学和自己的教,体现出调适取向。

(4) 创生取向(Curriculum Enactment Orientation)

这种取向认为,教师不但是课程实施者,还应当是课程的创生者,因此课程实施过程是教师和学生共同创生课程的过程。

(二) 忠于课标,调适教材,创生教法——新课程实施的“三取向”原则

通过上面的分析,我们已经看到了新中国建立以后以单一的忠实取向推进课程实施,并且建立起了以中小学校长教师忠实执行统编教材为标志的课程实施运行机制。以此为核心建立起的全国划一的统一人才培养模式,和我们本次课改的培养目标发生了明显的矛盾冲突。这就需要我们确立新的指导思想,探索新的运行机制。

为此,我们要进一步分析辛德尔四种课程的实施取向,从中找出合理成分加以利用。对于这四种取向,除了得过且过取向我们要反对,其他三种取向都可以取其长而用之。

忠实取向,它可以保证国家(政府)对青少年一代的基本要求得到实现。全国应当有统一的教育要求,需要有统一的中小学课程方案和课程标准,所有学校、所有教师都要忠实执行,以保证国家民族基本素质的提升。

调适取向,它可以调动学校教师的主体能动性,使国家统一的课程计划、课程标准,因校制宜、应生制宜地得到落实;同时,要根据本地本校学生的实际对统编教材作出调适,吸取多种版本的教材长处进行“统整”实施。教师要打破盯着一本教材、一本教参,死抠死教的老方法。

创生取向,根据学生多元发展、个性发展的要求,在保证完成国家统一的教育要求下,学校教师应当自主开发一些课程(校本课程),创生许许多多新的教学方法,以保证培养目标的实现。

由此可见,我们需要打破原来单一的忠实执行的课程实施取向,引入调适、创生取向来实施新课程,使三种取向各展其长,发挥整体功能。

由上述的分析，我们可以把新课程实施的指导思想表述如下：确立校长、教师在课程改革中的主体地位，充分发挥大家的主体能动性；在国家(政府)课程方案和课程标准的执行上采取忠实取向，在教材的运用上采取调适取向，在教学的方式方法上采取创生取向，由此形成新的课程实施的运行机制，以保证新课程的科学实施。这就是"忠于课标，调适教材，创生教法"的新课程实施的"三取向"原则。以此作为我们实施新课程的指导思想，也作为我们进行学生创新素养系统培养的指导思想。

二、课程实施的主体

谁是课程实施的主体？谁是学生创新素养系统培养的主体？这两个问题看似明确，其实模糊。因此，在客观实际中"错位、越位、不到位"等现象随处可见。看来，有必要展开讨论。

(一) 校长、教师是课程实施的真正主体，也是创新素养系统培养的主体

校长、教师是不是课程实施的主体，这个问题不是我们主观上承认不承认的问题，它是客观存在的。

我们看到，在国家宏观课程设计与学校教师的课堂教学实践之间客观上存在着一个"中间地带"，只是我们对这个"中间地带"由于受课程实施指导思想和运行机制上的忠实取向与"只要课程设计得好，教师自然会上好课"等课程改革传统观念的影响，没有注意到它的客观存在，更没有深入的研究。而一旦进入这个"中间地带"，我们立刻发现——唯有校长和教师站立其中。校长、教师的主体地位不可替代。

客观事实是：学校是校长负责的，课是教师去上的，学生是教师去培养的。不管是什么类型的课程，不管是什么版本的教材，它们最终都要落实到学校、教师，都要经过学校、教师的消化理解，统筹整理(统整)和再创造以后才能成为直接作用于学生的课程，这样的课程才有教与学的真正意义。因此，校长、教师才是课程的主人，才是课程实施的主体。那种忽视教师的主体能动性，把教师当作教材的奴隶、当作机械操作工的课程改革，是很难成功的。

(二) 抓住"课程激活"，发挥校长、教师的主体能动性

课程改革要在政府的主导下，在教育专家的引导下，依靠学校校长、教师的主体能动性的发挥来真正实现。而学校校长、教师在取得课程实施主体地位以后，他们的主体能动性的发挥就是一个至关重要的突出问题。我们在实验中体会到紧紧抓住"课程激活"，校长、教师的主体性就有可能得到发挥。

通过政府宏观的课程设计，我们拥有了课程方案、课程标准以及各类教材与教学参考资料等，而这一切下达到学校校长、教师手上，都只是印在纸上的"文本课程"，需要经过校长、教师的统筹整理(统整)以后，才能真正成为可以到学校实际中去实施的"课程"。这种由校长和一线教师们特有的带有生命活性的课程，才是真正意义上的课程。我们把这个过程称之为"课程激活"。这是课程实施中客观存在的环节，又是被长期忽视甚至取消的环节。它包含"全校性课程的激活"和"教师教学课程的激活"两个方面。

1. 全校性的"课程激活"——校长主体能动性的发挥

每年上海市教委都颁发《课程方案》,这是一个法定文件,又是一个印在纸上的"文本课程"。这是一个"死"的课程,要把它转化成为带有全校生命活性的课程,需要"课程激活"。

校长需要将国家(政府)的课程方案同学校实际情况相结合,要分析教师队伍的状况,分析学校办学基础和课程文化,要把每一位教师安排到最合适的课程岗位,要组织课程运行的组织结构,确立教研组、备课组、年级组等,更要系统考虑三类课程的统整实施,考虑学校课程的开发,考虑师资队伍的发展,考虑学校多样性发展……总之,校长和他的团队要对全校的所有课程作出系统设计,作出统筹整理,形成一个指导全校各方面展开课程实施的纲领性文件,然后,依据这个文件,把全校各方面力量组织起来,合理配置,使课程的整体功能得到充分发挥,使学校的发展具有课程的保证。

从这个意义讲,校长是全校课程的总设计师,也是学校课程实施的引导者,或者说课程领导者。而这一切都是建立在校长的主体能动性上的,是校长主体能动性的具体反映。

2. 教师的"课程激活"——教师主体能动性的发挥

国家(政府)的《课程标准》和所教学科的教材、教参下达到一线教师手上以后,教师需要对这些"文本课程"进行统筹整理,形成一个能直接到课堂里去教学的课程,这就是教师的"课程激活"。这是一个必要环节。

问题是:谁来激活课程,或者说谁是课程的激活者?如果将教师的课堂激活工作由他人替代,这将导致许多教师没有也不可能经过自己的深思熟虑,融会贯通课程改革的根本要求,真正激活课程,只能是一知半解、按部就班地上课。其主体能动性难以得到发挥。教师被束缚在死抠死教统编教材的框框内,不能以自己学生的实际来调适教材、创生教法,更不能站到课程高度甚至培养目标高度系统设计自己的教学,这种"据纲抠本"的死抠死教、死记硬背以应付统一考试的思维定势束缚了教师的创造性和主动性,阻碍了教师的专业发展。

华东师大叶澜老师等专家大声疾呼,要把课堂还给教师。这就要求把课程激活的主动权还给教师,引导教师依据《课程标准》,突破"按统编教材死抠死教"的思维定势,实现由"教教材"到"用教材教"的转变,对一学期教学作系统设计,形成一个指导自己一学期教学工作的纲领性文件《学期课程统整指南》,然后按自己设计的《指南》备课上课。由此,教师才是课程的主体、教学的主体,教学的主动权才回到教师的手上,他们的主体能动性才能得到激发。我们的实验研究已经反复证明了这一点。

三、统整——新课程实施的方法论创新

新课程实施需要新的方法论,而由学校、教师实施的统整,就是一种根本性的方法论。下面我们就从理论上对此进行讨论。

(一) 统整是一种哲学方法论

1. "统整"的词源学诠释

"统"在《现代汉语词典》(商务印书馆 1983 年版)的注解是:(1)事物彼此之间连续的关

系;(2)总起来,总括,全部,统筹、统购统销;(3)统领,统管。其中对“统筹”的注解是:统一筹划。

“整”的注解是:(1)全部在内;(2)整理、整顿。其中对“整理”的解释是:使有条理有秩序。

我们把“统筹”和“整理”合起来成为一个词“统整”,意思是“整体谋划,使之有序”。进一步的表述是:站在整体的高度,对整体所涉及的各个元素进行统筹谋划,使之有序,以发挥更大的整体功能。

2. 统整是一种哲学方法论

辩证唯物主义告诉我们,在客观世界里,任何一个事物都是由组成这个事物的各种要素按一定的规则相互联系而形成的一个整体,世界无限可分,世界又相互联系。反映到人脑中,也形成了相应的整体性反映,表现为人对客观事物的整体把握、深刻理解,形成诸如思想体系、学术体系、教学体系等。这种客观世界见之于主观世界的整体性反映,如果不经过人脑高级神经活动,很难反映出来,因为它比事物的表面现象更深刻,更能反映事物的各种现象之间的联系。认识这种客观存在的事物的整体性,需要抽象思维、辩证逻辑。

“统整”告诉我们的就是这样一种思想上认识世界和改造世界的一般方法论。它实际上是人在思想上将客观事物的各种因素相互联系,使之有序,形成一个整体的过程。它既可以用于认识世界,更可以用于改造世界。

(二)新课程实施中的“统整者”与“致中和”

就统整这种哲学方法论在新课程实施中的运用而言,需要明白“统整者”和“致中和”。

1. 直接实施课程的校长、教师是真正的统整者

谁来统整?谁是课程实施的统整者?统整这种方法的使用必须由课程实施的校长、教师直接做,这是统整的主体性原则,不能由其他人代替。鞋好不好只有脚知道。自己的学校怎样系统地实施全校课程,谁最有发言权?当然是校长和他的团队。自己要上的两个班级的课,包括两个班级的学生情况,谁最有发言权?当然是任课教师本人。只有校长和他的团队才有资格做自己学校的课程统整,只有任课教师才有资格做自己班级教学的课程统整。当然,教育专家、其他教师可以给他们出主意,帮助他们,但是不能代替。我们在实验中把教师的学期课程统整放到教研组,通过同伴互助、相互探讨、共同研究来做,事实证明这是一个好办法。

2. 统整者必须高位思考

在新课程的实施中,由培养目标、课程方案、课程标准、教材、教参等为代表的文本,客观上形成了一个由高到低的梯度,统整者应当在思想上站到高于所处位置的高度来思考,才看得清楚。比如,任课教师要对教材作统整,那他应当站到课程标准的高度,站到课程的高度,甚至培养目标的高度,这样统整才能够把握全局,才能够居高临下。又比如,要对全校所有课程作统整,就必须站到学校培养目标高度,站到国家课程改革的基本出发点的高度,这样统整,才能够体现整体的要求。这对统整者确实有一个思想提升和专业提升的问

题，而这恰恰是校长、教师们思想和专业发展的成长空间。我们的实验已经证明，校长是可以站到国家方针和课程方案的高度，站到学校培养目标的高度来统整全校课程的，教师也可以站到国家课程方案、课程标准和本校培养目标的高度来统整教材与教学。

3. 统整者应当对校情、学情有深切的理解

统整者应当对校情、学情有深切的理解，这包括对学校的培养目标、学生的基础水平、学生的学习能力、班级的学风等，都要有所理解。我们现在一直在说的课程的校本化实施、以学定教等都是这个意思。

课程教学要适用于每一个学生，这是课程改革中的一个大难题，用课程照应每一个孩子的健康成长，更是我们要努力去实现的。其中，作为教师，了解学生、理解学生是需要花工夫的。

4. 统整者的"致中和"

统整者一方面在思想上把握课程实施的高位要求，一方面理解学校、学生的实际情况，使二者和谐统一起来，这就是"执两端，致中和"。至此，新课程实施的主要矛盾可以较好解决。

（三）统整——在新课程实施的两个必要核心环节上展开

1. 任课教师研制《学期课程统整指南》是实施新课程的核心环节

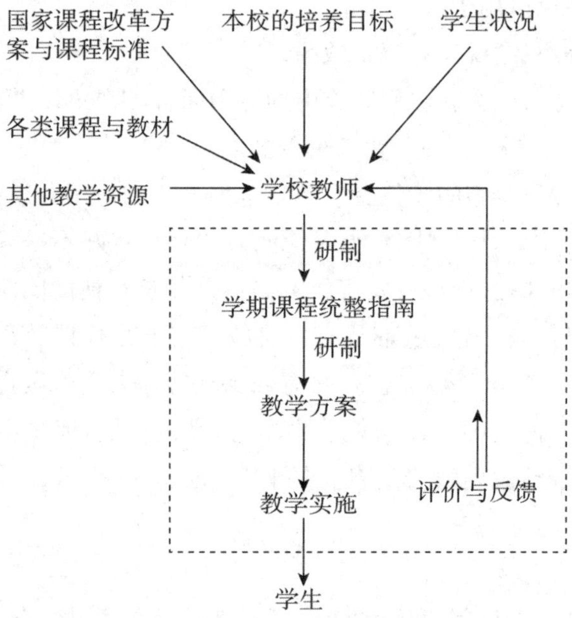

图 1-2　教师研制《学期课程统整指南》与诸方面的关系图

按图 1-2 所示，每学期开学前，国家（政府）的课程方案和课程标准通过各种途径下到了学校教师手上，这是国家的法定文件，是国家对于学校教育的基本要求。学校与教师都需要认真贯彻执行，课程取向上应当是忠实取向，即学校与教师要忠实于国家的课程方案和课程标准，这是国家利益民族利益之所在，也是学校与教师为国家为民族培养人才的基

本要求。我们的学校与教师只有遵循了国家的课程方案和课程标准，把它作为自己教学工作的基本要求，贯彻到实际教学中，我们才能理直气壮地说——我们代表国家在实施课程。

根据国家课程方案和课程标准，专门机构组织专家研制了教科书，以及各种教学资料。这些教科书和教学资料是国家课程标准的反映，但是，它并不是课程标准本身，教科书不是法定文件，是根据课程标准而研制的教学的材料(教材)。现在我们教师除了学生手上有的课本以外，还有老教材，还要有不同版本的多套教材。就拿上海当前的小学数学来讲，除了上海二期课改的新教材以外，还有人民教育出版社编的一套教材、中央心理研究所编的《现代小学数学》，还有江苏教育出版社、浙江教育出版社等编的几套教材。这些教材都是根据相应的课程标准编制的，其中充满了编著者们的心血。但是，教材要适应所有学校所有学生的教与学是不可能的，尤其在本次课改中，教材适应学校教师的教与学是相对的，不适应则是绝对的。况且，就一般意义上说，每一套教材都有它的优点与不足，这就需要我们一线教师对多种版本的教科书进行统整，吸收各家之长，为我所用，使之适应自己的教与学生的学。

我们知道，教学并不仅仅是教材问题，决定教师教学要求的还有学校的培养目标。学校培养目标一直是我们比较忽略的问题，在全国大一统的情况下，学校培养目标没有真正被提出来。应当说，不同的学校有不同的培养目标。同样是高中，实验性示范性高中和普通高中，就其培养目标而言是不同的，前者要高于后者。国家(政府)制定的课程方案和课程标准应当是最低标准，是国家对同类学校的最基本的培养要求。如果学校是普通高中，那么只要达到课程标准就可以了；可是如果学校是办学条件较好的实验性、示范性学校，那么培养目标就应当在国家课程标准基础上有所提高，至于提高多少则应由学校教师根据实际情况而定。

教师的教学工作不能脱离所教的学生实际，学生情况也是决定教师教学工作的一个重要因素，课程统整就要求教师对自己的学生要有相当的了解，并且把它作为进行整体设计的要素之一。

教师要开展教学工作，还涉及教学设备条件等各种因素，这些也要在课程统整时加以考虑。

实际情况是上面所谈到的各种教学要素，在每学期开学前都已经集中到教师手上，而教师长期在传统的教学程序与方式中运行，习惯于按上面的指示忠实执行，按指定教材与教参备课，按统一进度上课，为完成统一的考试要求而努力。教师对于诸如课程方案、课程标准、其他教科书、学校培养目标、学生状况、教学设备等教学要素，通常都没有作系统的思考与设计。总而言之，就是按指定教材按部就班地教。讨论至此，问题已经明朗了。我们需要完善教师教学工作的程序，把教师在教学工作程序当中缺失的环节加上去，这就是：教师在每学期开学以前，先对自己一学期要进行的教学工作作一个系统设计，把各种教学要素进行统筹整理，形成一个指导自己一学期教学工作的纲领性文件《学期课程统整指南》。

显然,教师研制《学期课程统整指南》,就是激活"文本课程",使之成为"生命活性课程"必要的核心环节,也是教师统整实施新课程的第一个环节。

2. 校长研制《学校课程实施指南》是全校实施新课程的核心环节

国家(政府)的课程方案是关于课程设置和课程要求的文件,代表的是国家意志,但它下达到学校,只是一个红头文件,是一个"文本课程方案",同样需要有一个由"文本课程方案"到"生命活性课程"的激活问题。而校长就要站在高位,理解校情、师情、学情,"执两端,致中和"。

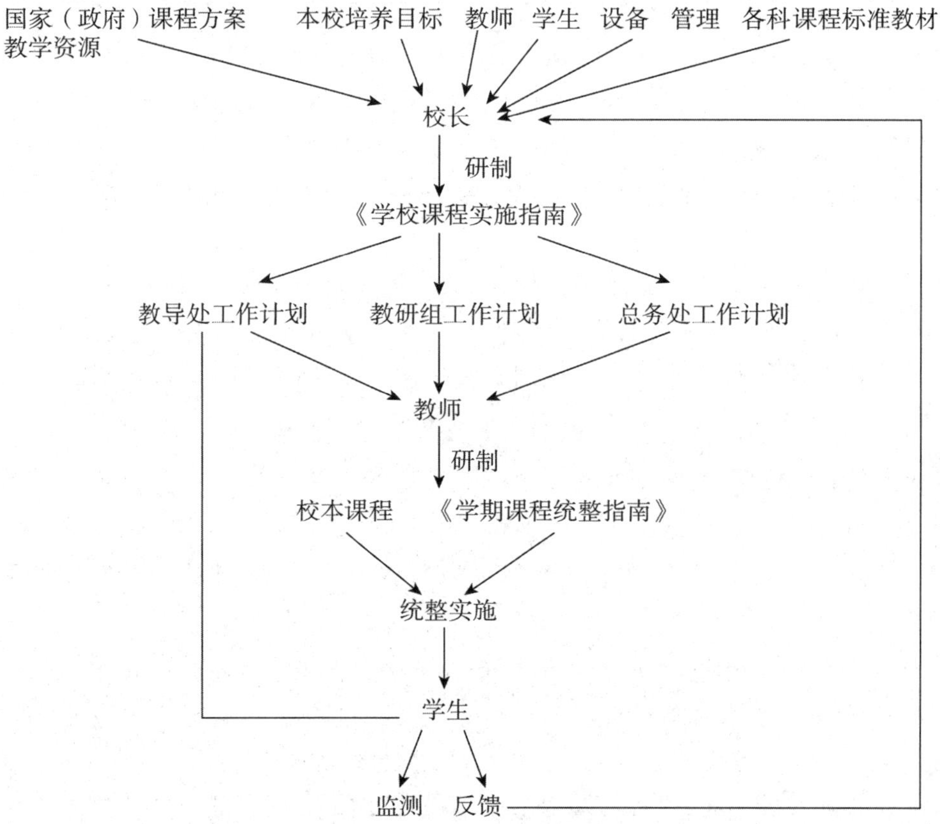

图 1-3 校长研制《学校课程实施指南》与诸方面的关系

从图 1-3 我们可以看出,新学年开学前,一般在每年的 6 月,上海市教委的文件就已经下达了,需要校长安排新学年的课务。这时国家的课程方案、各科课程标准、教材、其他教学资源也陆续下达到学校。除此以外,校长还要面对本校的教师状况、学生状况、教学设备、教学管理等一系列实际情况,以及学校自身的培养目标、办学理念等要素。所有要素如何统整起来,使之发挥整体的功能、系统的功能,这是校长们必须要思考的。

上海的二期课改还规定了开设三类课程,我们的基础型课程如何落实、拓展型课程如何开设、研究型课程如何实施、需要开发哪些校本课程、整个课时如何安排、教学怎样组织、教学管理如何改进等一系列问题,都迫使校长要作整体的思考,作系统的设计。事实已经给了那些零敲碎打的学校课程安排以教训——课程开设的无序和混乱。点缀式地、象征性地开设都不能达到上海二期课改的原创设计要求。

统整,给了我们新的方法论。校长带领全校研制《学校课程实施指南》(或者《学校课程方案》)就成为一个核心环节。校长在整体思考以后,对全校课程设置和实施作了系统设计,形成《学校课程实施指南》,成为统领全校本学年课程实施的纲领性文件,然后由教导处、总务处、教研组落实,再由教师研制《学期课程统整指南》,按《学期课程统整指南》备课上课,同时教师按《学校课程实施指南》研制拓展型探究型课程的校本课程,进行三类课程的统整实施,最终落实到学生。

第三节　学生创新素养系统培养的方法

我们认为,遵循学生创新素养形成的特点,通过课程教学的统整实施,来实现对学生创新素养的系统培养,在理论上是可行的,但是要把理论上的可行性转变成为实践的可行性,需要校长、教师掌握学生创新素养系统培养的方法。本节就来论述这方面的问题。

一、教师在学科教学中系统培养学生创新素养的方法

关于教师在自己的学科教学中如何系统培养学生的创新素养,我们提出一些操作方法。

第一步,研制《学期课程统整指南》。

根据课程教学统整实施的要求,遵循忠于课标、调适教材、创生教法的要求,任课教师在每学期开学前对自己在本学期的教学各种要素作系统设计,形成自己所教学科的《学期课程统整指南》,然后,按自己设计的这个指南备课上课。教师研制《学期课程统整指南》的操作方法详见《上海教育科研》2006 年第 3 期《〈学期课程统整指南〉研制的方法论研究》。与此同时,需要对一般教师进行这方面工作的专门培训。我们的实验就是从实验教师的培训开始的。通过培训和实践研究,任课教师学会了学期课程统整,研制了《学期课程统整指南》。

第二步,将上述《指南》中可以进行创新素养培养的知识点单列——培养内容系统性。

根据本学科特点,每学期可以选取 8—10 个可以培养学生创新素养的知识点做实验,包括基础课程的知识点,也包括三类课程统整的知识点,注意这些知识点之间的内在逻辑联系。我们把这些可以培养创新素养的知识点称之为“固着点”。创新素养的培养就是固着在这些知识的学习过程中的。由此形成一学期可以进行创新素养培养的知识学习序列,实现创新素养培养内容的系统性。

第三步,确立创新素养培养的目标——培养目标系统性。

根据《学期课程统整指南》所列的某一个具体的培养内容(知识点),搞清楚引导学生进行这个知识点的创新学习是属于创新素养的哪一类创新(如科学发现、技术创新、文艺创新

等)。对照本课题组提供的《中小幼学生创新素养系统培养指南》,根据下面三个方面将培养目标转化成为每节课的教学目标:

(1) 对照《学科课程标准》,看看课程标准对此内容有什么创新素养培养要求;

(2) 理解学生实际情况,以学定教;

(3) 在《学生创新素养系统培养指南》找到对应的培养目标,将其转化成为教学目标。

比如有一节数学课,其中的一个教学环节是要求学生发现问题。那么如何确立教学目标呢?教师可以在上述《中小幼学生创新素养系统培养指南》中找到"科学创新"中"发现问题"这个环节,对应的创新能力培养要求有"发现问题的方法、观察能力、质疑能力、独立思考能力"等,对应的创新人格要求有"求知欲、好奇心、好学、好问、自信心、独立性和洞察力"等。由此可以根据学生实际情况,确立本节课这方面的教学目标,比如:本节课重点培养观察能力和质疑能力,达到激发好奇心和求知欲的目的。通过这样的方法,我们可以把培养目标转化成为教学目标,最终得到落实,从而实现创新素养培养目标的系统性。

第四步,研制每节课的教案——培养过程的系统性。

教学过程和创新过程尽可能吻合(如科学发现过程、技术创新过程、文艺创新过程等),不一定在一节课上全部完成整个过程,一节课可以是整个过程中的某个环节,也可以是某几个环节,可以根据学生情况和教学目标而定,从而实现培养过程的系统性。

第五步,展开课堂教学实践研究——系统设计,统整实施。

值得一提的是学生创新素养的系统培养是在日常课堂教学中进行的,它是整个课堂教学中的一个元素,它和其他元素共同组成了一堂课。

本课题的研究只是在学科教学中加强了"创新素养培养"这个元素,强调了创新素养培养的系统性。将教学内容与教学要求作系统设计,最终还是要落实到课堂上,需要根据学生特点,创新教学的方式方法,形成教师自己的教法创新成果。

第六步,及时反思、及时反馈调整。

注意观察学生情况,及时反思、反馈、调整。

特别要注意学生在创新过程各个环节上的行为特点(大多数学生的情况),实验课上完后,建议实验教师当天就要写下"课后记":这节课对"创新素养的三个系统性",在设计上是否妥当,学生能不能接受?学生反映如何,有何不适应的地方?如何调整?

二、学校对课程作系统设计与统整实施以培养学生创新素养的方法

除了在学科教学中的系统培养以外,我们还积极探索对全校课程作系统设计与统整实施,以此系统培养学生的创新素养。这里要特别说明的是,创新素养的培养是作为学校课程设计的一个要素来定位的,它不是学校课程设计的全部。这里要处理好整体与局部的关系、一般与重点的关系。在具体做法上一般按下面的方法进行。

(一) 以学年为单位

一般中小学幼儿园都是以学年为单位来考虑课程设置和教师课务安排的。因此,《学

校课程实施指南》也需要每学年研制，它是根据政府教育行政部门的《课程计划》来研制的，受到《课程计划》的制约。它是学校课务安排的系统设计和考虑，一般要在每年的 6 月份完成，放暑假以前向教师公布。在一般情况下，政府的《课程计划》每学年发布一次，《学校课程实施指南》也要每学年重新梳理和研制，它没有终极版，体现出与时俱进、不断发展的特点。

（二）系统设计

对学校的课务安排，传统的做法是校长遵循单一的忠实取向，根据国家（政府）的《课程计划》，落实任课教师，做好课务安排表，再由教导处排好课程表、作息时间表，组班上课。在这方面我们一线的校长都很有经验。

但是，上海二期课改设置了基础型课程、拓展型课程、探究型课程等三类课程。课程的全面实施必须考虑三类课程的统一安排与设计问题，而且拓展型课程和探究型课程需要学校自主设计校本课程，正如《面向 21 世纪上海市中小学新课程方案的设想》中所指出的："课程结构扩大了弹性，能使不同学校结合实际而编制成不同的课程实施计划，这是课程改革的一大进步。"

就目前实施的实际情况看，基础型课程的开设得到了保证，但是拓展型课程和探究型课程的开设表现出盲目、随意和无序，三类课程之间相互割裂等现象也较为严重。显然，解决这些问题需要校长在学校层面上对本校三类课程的课程设置和实施作出统筹整理（统整），进行系统设计，在系统设计过程中要把学生创新素养的系统培养作为其中的一个重要的课程元素加以突出。

学校校长以学年为单位，遵循国家（政府）的《课程计划》和《课程标准》，根据本校的培养目标和师资、设备、学生等实际，对全校各类课程的设置和实施作出系统设计，形成《学校课程实施指南》，然后根据《学校课程实施指南》组织和指导全校教职工科学实施，取得实效。

很显然，这种对学校课程设置和实施的系统设计的表现形式就是每学年研制《学校课程实施指南》的过程，就是校长等学校课程领导者对学校课程实施作系统设计的过程，其基本的思维方式是统整。

（三）统整实施

《学校课程实施指南》从研制到转化成为每学期的学校教学工作计划，到管理推进，到指导教师研制《学期课程统整指南》，展开统整实施，到课程评价、实施反馈、反思调整——是一个学校课程实施的系统运行过程，要注意各个环节的相互联系和整体功能的发挥，防止各个环节之间相互割裂。至于《学校课程实施指南》研制的一些核心技术，这里不展开，请参见张才龙等的《〈学校课程实施指南〉研制的方法论研究》。这方面我们的实验积累了一些成功的学校案例，将在后面章节中作介绍。

第三章　学生创新素养系统培养的实践研究

前面，我们已经对培养学生创新素养中客观存在的问题作了分析，形成了解决这些问题的基本思路，并且就学生创新素养形成的特点、课程教学的统整实施、系统培养学生创新素养的方法等方面作了必要的理论阐述。在此基础上我们展开了区域性的实验研究。

在这一章里我们将就该项实验与研究的情况向读者作一个汇报。

第一节　实验过程经历的三个阶段

实验自 2012 年 1 月以来大致上经历了三个阶段：

一、实验准备阶段(2012 年 1 月—2012 年 9 月)

这一阶段的主要任务是：展开理论研究，形成实验基础；落实实验学校，培训实验教师，指导实验开展，做好实验的各项准备。

(一) 理论研究先行

上海市徐汇区教科室专家进行了半年多的理论研究，收集研究了相关的情报资料，展开十多次集体讨论，形成了本课题研究的《创新素养体系》《学生创新素养系统培养的方法论》以及《学生创新素养系统培养指南(供实验学校、教师参考)》等一系列理论成果，通过教师培训，为实验教师所接受和掌握，推进了实验的科学发展。

(二) 分层确立学校

第一轮实验学校的选择是根据学校现有基础，分层抽样的。每个学段各抽取 5 所实验学校，每一所实验学校都组成专门的课题组，选择实验学科和实验教师，全面承担起本校学生的创新素养发展特点和培养途径等各项实验和研究，形成具有学校特点的实践经验，形成学校自己的成果，同时为总课题提供鲜活经验。

专职科研员深入到各实验学校，参与学校实验课题组的活动，和学校领导、教师一起研究，根据总课题的研究要求，帮助学校形成《三年实验计划》。总课题组对 20 所实验学校形成《三年实验计划》进行了方法论指导。在此基础上，各学段形成了《学段三年实验计划》。

(三) 实验培训在前

2012 年 6 月，在实验学校启动研究之前，总课题组会同子课题组，展开了实验学校校长与教师的培训，培训内容主要集中在创新素养系统培养的基本理论与方法论。我们还邀请了上海市教科院原副院长、研究员、华东师大博士生导师顾泠沅教授，上海市教科院普教所心理研究室沈之菲老师等专家作辅导报告。

2012年9月，实验正式启动。

二、第一阶段实验(2012年9月—2014年1月)

这一阶段的主要任务是：让实验学校、实验教师根据创新素养的要素，研究学生的发展特点，课题组科研员密切关注实验的进展，关注教师的变化，寻找成功经验，重点试验本课题提出的“系统培养方法论”。

实验设想、实验计划能不能真正为教师所接收，并且转化成为他们的自觉行动，关系本课题的成败。为此，本课题进行了一年半的“试水实验”：由科研员、教研员和实验教师一起研究在基础课程中的创新素养系统培养，先后召开了24次全区性的学校现场研讨会，又召开了全地区语文、数学专题研讨会各1次，于2013年9月还分别召开了四个学段的专场研讨会，形成了研讨会纪要，上报给了上海市教委副主任尹后庆同志和上海市教委基础教育处和科技处、规划办，同时上报了中国教育学会领导。这一阶段我们共计召开了实验学校校长、教师参与的全区性的各类研讨会26次。

这一阶段区教科室专职科研员基本上每两周召开一次专题研讨会，分析实验进展情况，对本课题的两个重要突破点集中力量攻关。

2013年10月，我们还在中国教育学会马建华、诸平副秘书长的帮助下，组织了15所学校的实验项目负责人到北京海淀区教师进修学院、人大附中、清华附小等学校实地考察学习，得到许多启发。

经过一年半的“试水实验”，我们总结了实验经验，取得了新的认识，决定集中力量对“系统培养”和“发展特点”两个关键点展开重点攻关；部署了新学年的实验，2013年下半年，科研员和实验教师进行了典型课的课堂教学实践研究，共计展开了初中11节、小学5节和幼儿园6节的实验课例研究，形成了相应的教学录像资料和课例研究报告。

三、第二阶段实验(2014年1月—2015年7月)

这一阶段的主要任务是：根据前期对创新素养及学生发展特点的研究，展开学科教学中对学生进行创新素养系统培养的验证实验，同时展开全校课程“系统设计，统整实施”的实验，展开社区教育与学校联动的学区化培养研究。

(一) 验证实验的启动

经过一年多的“试水实验”，区教科室专家形成了《学生创新素养系统培养方法论》理论成果和核心技术，2014年1月对四个学段的实验学校、实验教师展开了培训，使实验教师掌握学科教学中对学生进行创新素养系统培养的方法论和核心技术，为后续实验的展开奠定了理论基础——实验假设正式形成，验证性实验正式启动。

随后，各实验学校、教师根据《学生创新素养系统培养方法论》的要求，在寒假中研制下学期本学科教学的《学期课程统整指南》，对可以培养学生创新素养的知识点作出系统梳理，实现培养内容的系统性；根据本课题提供的《学生创新素养系统培养指南》，确定单元培养目标和每节课的教学目标，实现教学目标的系统性；设计教案，使教学过程与创新过程尽可能地吻合，以此实现培养过程的系统性。

区教科室科研员、学科教研员和实验教师一起，根据这三个系统性的要求，大家共同探索创新素养系统培养的课堂教学，实现对学生创新素养培养的“系统设计，统整实施”。

（二）实验教师队伍的扩大

2014 年 9 月，本课题展开了中学高级教师教育研究的 18 学分培训，全区 648 名中学高级教师接受了“学生创新素养系统培养基本理论”“学生创新素养系统培养方法论”的培训，本课题的实验教师扩大到全区中学高级教师，涵盖了基础教育的所有学科，全区中学高级教师按照总课题组的要求展开实验与研究，创造了更多的实践经验，形成了更多的实证资料。

（三）实验内容的拓展——课程连接

本课题的实验是从基础课程切入的，直接在最核心的培养领域展开实验研究，当我们取得了基础课程中系统培养的经验和方法论核心技术，展开进一步的实证研究后，实验内容拓展到校本课程，开始实现基础课程的培养与校本课程的培养“系统设计，统整实施”，华理附中等一批学校得到了成功经验。

（四）学区化培养的启动

运用“课程连接”，使社区培养和学校培养形成一个整体。社区学校同本社区所在的中小幼学校组成培养共同体，社区资源通过中小幼的校本课程纳入学校课程体系，依托课程体系对学生展开创新素养的系统培养，同时学区为学生提供培养的环境与资源，实现学区化培养。这方面的实验我们已经在徐汇区天平社区和徐家汇社区展开。

2015 学年度起，本课题展开了四级总结归纳：

(1) 实验教师进行总结，形成研究论文和研究报告，其中，648 名中学高级教师每人提交学分培训作业 5 份(包括《××学科学期课程统整指南》2 份、学生创新素养发展特点观察报告 1 份、课例研究报告 1 份、教师总结体会 1 份)；实验学校实验教师一般提交一篇研究论文。我们选取部分教师的研究成果结集出版。

(2) 实验学校进行系统总结，形成自己学校的实验报告。

(3) 在上述基础上各学段进行系统总结，形成学段总结报告。

(4) 最后，总课题组进行系统总结，形成专著。

经过一年多时间的系统回顾，课题完成了实验总结。2017 年 9 月，本课题经上海市教育科学组织专家评估结项。

第二节 第一阶段实验的情况报告与结果分析

一、第一阶段实验情况报告

本课题的实验结果是在上述过程中逐渐形成的。每一个实验阶段形成了不同的实验结果。

这里我们把2013年9月向中国教育学会、上海市教委副主任尹后庆同志、上海市教委科技处、上海市教育科研规划办提交的实验研究情况报告呈现于下，以便读者了解第一阶段实验的艰难和实验结果形成的艰难。

中国教育学会、上海市教委尹后庆副主任、上海市教委科技处、上海市教委教育科研规划办：

"基于中小幼学生创新素养发展特点的区域性系统培养研究"根据研究计划，完成了20所实验学校的第一阶段实验，召开了18次实验学校的现场研讨会、2次区域性的学科教学研讨会（语文、数学）。徐汇区教科室作为具体承担部门，每两周召开一次专职科研员的专业研讨会，研究实验进展情况，研究指导推进实验正常开展。

在此基础上，课题组指导实验学校进行了2012学年度的实验总结，召开了高中、初中、小学、幼儿园四个学段的"创新素养系统培养教育实验研讨会"。

一年来，本课题共计召开了各类研讨会45次。课题研究在理论层面取得了重要的突破，为指导后续的研究奠定了基础。

现在把各学段的《"教育实验研讨会"纪要》报给各位领导，接受课题管理的检查和督导。

"基于中小幼学生创新素养发展特点的区域性系统培养研究"课题组

二〇一三年九月二十日

"基于中小幼学生创新素养发展特点的区域性系统培养研究"
高中教育实验研讨会纪要

时　　间：2013年9月12日下午1:00

地　　点：徐汇区教育学院7楼会议室

参加人员：张才龙、杨向谊、潘露、吴卫、张菁（市二中学）、曾宪一、何奇峰（徐汇中学）、钱燕、钱新一（紫竹园中学）、王村丽、包遵锋（华理附中）、施雪飞、黎丽（南模中学）

主　　持：王健

本次研讨会的目的主要是对课题开展一年来的情况进行总结，对课题推进中的一些观点、方法、策略等进一步统一认识，并部署下一个阶段开展课题研究的工作。

各实验学校分管校长和课题项目负责人对本校开展课题的情况进行了交流。具体情况如下(内容按发言顺序):

南模中学 主要研究内容包括:一是通过构建涵盖与主题课程系列、智育主题课程系列、特色课程系列等学校课程的学习场来继承和丰富学校“四个模范”的培养目标;二是通过夯实基础型课程、优化拓展型课程、提升研究型课程,发展有利于培养高中学生创新素养的校本特色课程体系和校园生态文化,开展高中学生创新素养培养的教育教学实践研究;三是开展适应学生创新素养培养的教师教育教学行为改善的研究。南模中学课题组在研究中还发挥原有创新实验班的特点,对实验班的教改举措和研究成果进行总结和推广。

华理附中 以课程统整、大学创新项目、科技节、创新实验室和两类课程建设作为系统培养学生创新素养的突破途径重点开展研究。一是在基础学科的教学中,拓展创新素养内容,形成创新微课程;二是借助华东理工大学资源,组织开展创新实验项目活动;三是建设化学“创新实验室”,并开发一系列创新课程,由大学教授和本校教师共同执教;四是利用学校的科技节活动,宣传科普知识,营造科技与创新的良好氛围;五是建设拓展课和研究性课程。

市二中学 从学校整体发展、学校课程方案、教学改革等角度,对研究课题进行系统思考和设计。一是基于学生身心特点和认知发展水平努力构建创新素养培养目标;二是通过适合学校、适合学生的校本课程、活动项目和教师教育教学行为改善来探索学生创新素养培养途径研究;三是探索有利于激发师生创新的校园文化、资源共享、管理制度等保障机制。市二中学还将劳技与科技类课程统整为第一梯队课程,满足全体学生需要;将劳技课与科技创新实验室结合,开发第二梯队课程,满足特长生学习需要。

紫竹园中学 围绕学校德美一体的发展目标和策略,以学科为渠道,以活动为载体,以统整为主要方法,探索培养学生创新素养的多种途径。通过威廉斯心理问卷,测量学生的非智力因素;通过教学方法改革,降低学科教学难度,提高学生学习兴趣,重点增加有关学生求异、发散、变异、顿悟、跳跃等思维的训练。特别是在美术学科教学中摆脱单纯培养绘画的要求,重视培养学生的设计思维。

徐汇中学 将高中生创新素养培养课题与学校特色建设相结合,在培养目标上强调学生为创新思维而学。以生物创新实验室为载体,重点研究以学生为中心、以问题为主轴、以思维为内容的学习模式和课程建设,并在此基础上进一步扩充不同学科的实验室和实验课程;学校创设了形式逻辑、辩证法等思维课程;学校以统整为方法,将语言、艺术等课程相结合,开设了跨文化课程、多元艺术课程等。

各实验学校课题组在交流中也就课题开展一年来遇到的问题进行了讨论。

指导意见:

在各实验学校交流结束后,总课题组学术负责人张才龙老师就下一阶段的实验研究提出了指导意见:强调课题要围绕“创新素养系统性培养”和“学生创新素养发展特点”这两个关键词展开实验,总课题研究要解决三个问题:一是要通过课题研究使全体学生受惠;二是克服基础教育阶段创新素养培养与课程改革相游离这一困难，尤其是在基础学科中的系统培养；三是对学生创新素养发展特点的理解。

关于下一阶段研究要求：

第一，加强对创新素养内涵、外延、结构要素等课题核心概念的学习，避免理解上的泛化。

第二，结合课程改革，以课程为基础开展系统性培养，使课堂教学过程与学生的创新活动过程相吻合。重点抓住三个环节：一是从一学期系统设计的角度对学习内容进行系统梳理，找到创新点，达到教学内容的系统化；二是通过备课组的讨论形成每一个创新点的教学目标，从而形成一个学期的培养目标，达到培养目标的系统化；三是引导教师将教学过程与创新活动的过程相吻合，达到教学过程的系统化。

第三，在课堂教学中，从教育行为角度研究学生创新素养发展特点。研究形式以个案研究为主，在研究中要及时、准确记录学生创新过程中的行为特点。

第四，深入课堂，解剖案例，关注终端。通过教学实例的分析，研究教师在培养创新素养过程中教学行为的特点，形成可推广的教学范式。

第五，促进教师教育教学行为的改善。

第六，及时固化研究成果。

“基于中小幼学生创新素养发展特点的区域性系统培养研究”初中教育实验研讨会纪要

2013年9月12日上午，上海市市级重点课题“基于中小幼学生创新素养发展特点的区域性系统培养研究”初中学段研讨会在徐汇区教育学院召开。参与本课题研究的5所初中实验学校的校长及实验项目负责人，教院倪志刚副院长以及教科室张才龙主任、顾非石老师参加了会议，会议由教科室潘露老师主持。

首先各校分别介绍了实验开展一年多来的进展及收获，情况分别如下：

西南位育中学 实验在初高中同时推进，主要在初二、高一两个年级，涉及数学、英语、政治、物理等学科，采取课题研究与教学相结合的方式，由教研组和备课组主要实施。一年多来，已经形成了完整的初二、高一年级的教材统整指南，并相继开设了10次以上公开研讨课，并以表格形式积累了大量实证性资料，如《统整指南》《初中学生创新素养培养指南》《创新素养培养研究实施细则》等。通过课题的研究，实验教师加深了认识，不断发掘出课题的前瞻性。在后续的实验中，学校将着重从新的课堂教学模式的建构，新的对学生、教师及课堂评价模式的探索两个方面开展研究。

园南中学 学校在承接课题以后，以内挖潜力、外求协同的方式开展了项目研究，通过组织理论学习、梳理研究路径，联动区校资源、实施共建共享，在文科、理科的统整指南中融入创新素养的研究与结构调整。以处理好六对关系为抓手——强调基础—追求创新，创新普适—个别创造，传统教学—创新教学，单科试验—多科整合，理想追求—现实矛盾，区域要求—校本研究——推进学科课程统整与教学方式革新。2013年5月9日成功向全区进行包括7门学科8节课的全面展示，并开设语文专场的研讨。学生的创新素养以及教师的研究能力都得到了不同程度的提升。为了进一步更深入地推进研究，学校将在教学设计、教学模式的规律性方面继续开展研究。

汾阳中学 在实验开展之初，首先对实验教师进行理论培训，促进其观念的更新。着重开展学校培养途径的研究，探索创新素养培养与基础课程之间的关系。理清创新目标与三维目标、创新内容与教材内容、创新课堂与学科教学之间的关系，在实践中观察教师观念的转变、教师教学方法与行为层面的变化，初步形成符合创新素养培养的教学策略与方法，并积累汇编了学校优秀研究成果。

位育初中 将创新素养培养实验与学校已有课题之间建立联系，进行整合，通过教学活动推进，每个学期设立1—2个主题性活动，主要在数学、语文及英语学科中进行实验。学校在推进实验的过程中，特别注重家长的参与，并将原有评价方式改进为四个维度的评价，把创新活动不仅仅局限于教师的行为，而是教师、学生、家长共同研究的过程，每个学年对活动进行优化，对指南进行修正。研究带来了教师认知与行为上的变化，备课时更加关注教材、关注学生，通过对设计活动方案的不断完善，促进其潜力的发挥。

教院附中 主要在科学与技术类课程中开展创新素养实验的研究，紧紧抓住“系统培养”的核心，对学校课程进行优化，调整校本课程的架构。以学期课程统整为载体，通过教研组、备课组活动开展对课堂教学模式的探索、学生习惯的培养等方面的研究。

针对各校实验研究的进展情况，总课题组学术负责人张才龙老师就本学期的实验研究提出了指导意见：

各校要防止因对“创新素养”认识的泛化而导致行动的偏离，本学期的实验要紧紧扣住本课题研究需要突破的两个方面：创新素养系统培养和学生创新素养发展特点。

“创新素养系统培养”要引导实验教师紧紧抓住三个环节：首先，通过基础课程的《学期课程统整指南》的研制，找到教学内容的创新点，实现学科教学内容的系统性，本学期开始还要对全校课程进行系统设计，实现全校课程培养的系统性；其次，根据教学内容的系统性，对单元教学目标作系统设计，并且落实到教学目标，实现教学目标的系统性；第三，在课堂教学中努力使教学过程与创新过程相吻合，实现教学课程的系统性。

学生创新素养发展特点的研究，不仅要从心理学层面进行探索，还要着重梳理其显性的行为表现，展开教育行为学的研究。实验教师选择班上好、中、差三类学生，每类2名，进行教育观察研究，形成6个学生学习行为的个案；区教科室专业科研员汇总各校提供的学生个案教学归纳，得出初中阶段学生不同发展水平的特点框架，理清不同阶段学生创新过程中表现出的不同的心理历程。

紧扣课堂教学，展开实例剖析，梳理教师教学过程中的行为创新。

最后，区教育学院倪志刚副院长讲话，对各实验学校本课题的实验进展情况给予肯定，同时也肯定了科研员和教研员的积极参与和指导。倪院长着重对近期和后阶段要着力做的工作提出意见：

一是本课题研究的规划时间已过半，实验方案分为两个阶段，近期要对第一阶段侧重研究的学生创新素养特点，以及在不同学段、不同学科适宜进行培养的方式和方法，加以梳理和总结。要在研究学生、研究教学的基础上，选准学生创新素养的基本点，找出与学科教学的结合点，形成素养培养的增长点。各校要将在研究过程中积累的资料、案例、经验加以提炼，总课题组据此编制框架，将各校源于实践的研究成果进行系统整理和理论概括，为各实验学校深入研究提供经验，也为后续研究提供参考。

二是后阶段的研究要侧重于各学段间的联系和学科间的兼容，更为突出地体现本课题研究的区域性和系统性。前期的研究已经奠定了很好的基础，大家还要为第二阶段的研究积极提出建议，研究的方向和方式非常重要。总课题组要做好规划设计，要聘请专家指导，并适时召开会议启动第二阶段的研究，更加圆满地完成整个课题的研究。

“基于中小幼学生创新素养发展特点的区域性系统培养研究”小学教育实验研讨会纪要

2013年9月11日下午，小学课题组组织5所实验学校进行了“小学教育实验研讨会”。5所实验学校的学校负责人和实验负责人参加了会议。徐汇区教师进修学院倪志刚副院长、教科室张才龙主任和杨向谊老师等科研员参加了会议。中学和幼儿园的课题组负责人也参加了本次会议。研讨会由杨姣平老师主持。

首先，倪志刚副院长对本次研讨会的目的和要求作了说明，强调要及时对阶段性成果进行总结，一方面固化实践研究成果，一方面为后阶段的实验理清思路，明确方向；并提出下一阶段的实验将扩大实验范围，增加实验学校，并进行跨年段衔接的实验研究。

小学学段的5所实验学校各自介绍了实验进展情况：

启新小学　根据教学内容挖掘创新素养目标，纳入学期课程统整指南。数学学科将数学思想方法、数学技能、思维品质作为创新素养培养的主要内容；语文学科以听说读写为主线，制定分年段的培养目标。在此基础上创生相应的教学方法，优化教学模式。以后将进行课堂观察，深化课堂研究。

高一小学　在系统培养研究方面，进行了创新素养培养目标的系统性研究。在问卷调查、理论学习以及经验反思的基础上细化了创新素养培养的内容，制定了相应的年段目标和学科目标，并组织实验教师开始进行课堂教学研究。

交大附小　学校遵循小步走的原则，主要在数学学科进行实验。依托学期课程统整指南，以数学思想方法为主线进行创新素养的培养。除了基础型学科外，学校开设数学拓展课程，进行创新素养的培养，完成了30节课时内容的编制。

光启小学　主要在语文学科与OM校本课程中进行实验。语文学科梳理出各年段的学科目标与创新素养培养目标，并细化了年段的能力要求与相适应的培养方法。

漕开发小学 主要在低年级的语文、美术学科和资源利用等领域进行实验。2012学年年度主要是学习制定课程统整指南，构建校本课程，并进行了相关的课例研究。

交流之后，总课题组对小学的实验进行了指导。

杨向谊老师认为，小学的实验开始深化，由启动到一般的探索进入到领域的分析，有方向，有抓手。以后的实验研究要关注四个“二”：聚焦两个核心，即系统化和特点；具备两个意识，即课堂研究的精致化与实证化；关注两个变化，即学生思维品质与教师教学行为的变化；开展两个层面的课例研究，即区域与学校课题组层面。

最后，张才龙老师对小学实验课题进行了从宏观到微观的全面指导。张老师重申，本课题研究具有撬动课改、突破难题的重要价值和意义。要抓住研究的两个重点，即系统培养和学生创新素养发展特点。在系统培养上，要从两个层面突破：一是创新素养培养目标和学科内容的系统性；二是全校课程的系统设计，为此要增设相应的校本课程，进行三类课程的统整。后一阶段要加强学生创新素养发展特点的研究，从教育行为学的角度研究学生的发展。为此，课题组成员和实验教师要深入课堂，解剖实例，关注学生发展的终端，教师要改善自己的教学行为。另外，在实验过程中，课题组和实验学校要关注成果的固化，学校及时总结实验经验，通过各种途径发表实验成果。

本次交流，反映了一年来小学实验的基本情况。各实验学校努力通过《学期课程统整指南》的制定实现创新素养培养目标和内容的系统性。但是对创新素养的理解，还有待依托学科进行进一步的细化和科学化。学生创新素养发展特点的研究，从2013年度开始，要借助课堂观察等技术和方法进行深化、持续、系统的研究。为此，需要区域和学校提供相应的保障。

“基于中小幼学生创新素养发展特点的区域性系统培养研究”
学前教育实验研讨会纪要

2013年9月11日上午，上海市教委重点课题“基于中小幼学生创新素养发展特点的区域性系统培养研究”幼儿园学段研讨会在区教育学院如期举行。学术总课题组负责人张才龙，特级教师杨向谊，中、小、幼各学段的科研员以及5所实验园领导和科研负责人计20余人出席研讨活动，幼教科研员兰玉荣主持会议。

整个研讨会主要有三项议程：5所实验园交流总结；幼教学段的总结汇报；专家指导。

首先，经过精心准备，5所实验园的项目主持人分别简要介绍了本园一年来开展实践研究的情况。

襄一幼儿园 以创新活动室的开发与研究为载体，对幼儿实施创新素养的培养。幼儿园采用情报研究法，组织教师对假设的“幼儿创新活动基本过程及创新素养培养要素”进行验证，并初步开发研制了《科技创新活动室中的观察评价表》一级指标、二级指标和教学建议；采用行动研究法，对幼儿创新素养培养目标进行了初步的系统研究，确定了幼儿分年龄段的培养目标，基本形成襄一幼儿园《幼儿创新素养培养的课程特色项目的实施方案》，梳理了幼儿园现有的科学启蒙教育的全部资料，整理出与本次实验要求相匹配的教育资源，二度开发和研究各年龄段幼儿每月不同类型的活动项目内容、活动资源包等，并就不同活动类型，分别选择典型活动内容，组织教师进行课例研究。

长三幼儿园　从幼儿科学教育活动入手，探索如何培养幼儿的创新素养。幼儿园学习理解总课题组下发的情报资料，明确了幼儿创新素养发展特点的内涵，增强了统整课程的意识，意识到创新品质的培养不仅仅存在于科学探索活动中，应该落实到幼儿园的每日生活中。幼儿园在共同性课程中落实，对以往的共同性课程资源包进行回顾和标识，发现问题，然后调整，形成新的教育教学方法；在体验式课程中落实，具体有文化餐厅、陶艺、创意美劳、儿童水粉画、魔法科学、轮滑等；在特色课程中落实，具体措施有日日问、周周讲、月月演、学期观、学年动。幼儿园主动请教，积极开放，并充分利用教研组，进行现场观摩、分享交流，在幼儿的创新素养发展特点以及如何在区域活动中进行系统培养等方面积累了大量经验和案例。

益思幼儿园　着重研究的是“在生态环境教育中培养幼儿的创新素养”。幼儿园成立了由园科研中心组，对全园创新课题研究工作进行总的思考、设计和把控，确定课题实施方案及各年级阶段性的操作要求等。同时，幼儿园提倡教师敢于打破旧框架，树立教育新理念，改革教育教学方法，自觉提高培养幼儿创新素养的专业能力，以有利于培养幼儿创新素养的角度看待选材、备课、实施等一系列工作。幼儿园适当扩充了有关生态环境节日的内容，重新确定主题活动的开展时间，重新梳理以月为单位的课程统整表等。幼儿园以“爱迪生小组”等形式开展了丰富多样的区域活动实践，课题研究有序推进。

建国幼儿园　将幼儿创新素养培养要素有机融入本园的环境教育课程实施方案之中，寻找幼儿创新素养培养与环境教育活动的结合点。幼儿园采取了理论学习与培训、工作推进研究和实施中的问题研讨等措施，在幼儿园层面进行学习引领；并采取了大教研组行为跟进、小教研全面落实等方式实施幼儿园环境教育中的创新素养培养。在主题活动开展过程中，幼儿园秉承“以幼儿发展为本”的理念，将创新素养培养要素自然、有机地融入主题活动的培养目标、集体教学活动、区域性游戏、自主性游戏活动、活动室活动、生活活动、家园共育等方面，着力落实好各年龄段的主题活动。幼儿园还加强了幼儿个案研究，教师的教育教学行为有较大改善。

科技幼儿园　幼儿园收集了有关创造力概念、创造力构成等情报资料，并将创新素养化为更易于教师观察和操作的三个方面：创新思维、创新实践和创新个性，每个方面分别制订了 3 个一级指标、10 个二级指标和 5 个维度定义。幼儿园还关注了艺术、语言、科学等领域的创新素养培养研究，目前已借助现代化信息技术，将幼儿创新素养早期开发课程部分产品化。

幼教科研员兰玉荣介绍了幼儿园学段一年来开展创新素养研究的情况及取得的初步成果：

从2012年9月开始，幼儿园学段开展的主要工作有：收集和整理了相关文献资料；设计幼儿学段研究实施方案；认真学习和理解总课题方案和教育理论概念体系，集体研讨幼儿创新素养包含的具体内容、培养的重点内容和研究的思路；立足幼儿园已有基础和特色，各实验园寻找切入点，设计和完善幼儿园创新素养研究工作方案；积极参与和组织实践研讨活动。长三、建国、襄一、益思4所实验园分别进行了实践研讨活动，并有5位教师开设了创新素养培养研究课。经过一年的实践，幼儿园学段对幼儿创新素养发展特点有了一定的理性认识，对如何立足幼儿创新素养发展特点进行系统培养也积累了一定的实践经验。

特级教师杨向谊老师简要地提出了几点建议。这学期的实践研究要从以前的广泛发动教师的“面”上研究，转入深入课堂、深入教师全过程备课、上课、反思研讨课的“点”上研究。要根据研究需要进行专题性探索，如教师备课的“活动目标”要关注两个方面：让孩子掌握什么？应该让教师了解什么？活动以后，要分别从认识上、行为上进行反思，两方面的目标是否达到？由此形成案例。

最后，总课题组学术负责人张才龙老师发表了指导意见。张老师指出，创新素养课题须着力解决三个问题：面向“全体学生”进行培养；进入基础课程进行培养；在把握学生创新素养发展心理特点的基础上进行系统培养。第一轮参与研究的实验校(园)，要拿出20个样板供第二轮学习。因此，实验学校始终要把住“系统培养”和“发展特点”这两个关键词进行实践研究。“系统培养”要求实验学校从培养内容入手，以学期为单位，研制课程指南；“发展特点”要求实验教师对幼儿加强观察和反思，积累幼儿在创新活动基本环节的行为表现特点，并能够描述出该特点。我们是从教育行为学角度而不是仅仅从儿童心理角度对幼儿的发展特点进行研究。每个实验园每学期至少要对6个以上幼儿的学习特点进行观察、记录，积累个案，深入课堂，加强课例分析。对幼儿进行创新素养培养，还有一个很重要的内容，就是教师的教育行为改善。要记录下教师原来是怎么想的、有哪些变化、为什么会有这些变化，校级层面要关注这些内容。张才龙老师还提出，受这次到北京考察之行的启发，要加强学习，并及时把研究成果“固化”下来，即考虑在研究中期，就请各校对一年来的研究情况进行总结，汇集成册，形成成果。这样做，一方面，能够及时固化成果，保持研究的领先性；另一方面，也是对参与研究的实验校和实验教师辛勤付出的肯定和鼓励。

二、第一阶段实验结果及分析

对创新素养的认识我们最初是从心理学角度理解的，但在学科教学的实践中比较难以把握。在这一阶段，我们要求教师在相关理论的指导下，注重关注学生在教学过程中的心理活动及外在表现，梳理出学生具有创新素养的行为特点，让学生充分地表达和表现创新素养，进而培养和发展学生的创新素养。这是本项目研究的基础和关键。

各实验学校在教学实践的过程中，逐渐明晰了创新素养的概念，并结合本学段学生实际，整理形成了比较适切的创新素养要素和学生发展特点。例如：

科技幼儿园对幼儿创新素养早期开发的研究先于本项目的实验，他们原先将幼儿创新素养分为三个方面：创新精神、创新能力和创新人格。参与本项目研究之后，他们调整为创新思维、创新实践、创新个性三个维度，并形成了“幼儿创新素养早期开发观察指标”，使得创新素养的培养更加切合幼儿的年龄特点，更加适合教学的实践运用。

长三幼儿园实验教师通过研究初步总结出来的幼儿创新素养及发展特点以及教学建议见下表：

表 1－4　幼儿创新素养发展特点行为描述

过程	幼儿创新素养发展特点行为描述			教学建议
	小班	中班	大班	
发现问题	没有目的性，随意地玩，问题意识很淡薄，遇到问题时会寻求帮助	满足于操作摆弄，在过程中体验，问题和发现源于幼儿的需要，用不到的时候不会去想，多数是猜测。遇到问题，有时候会选择放弃	往往会玩很长时间，不会一开始就关注活动内涵的东西，过了一段时间之后，才会发现问题。常常从同伴的操作中受到启发，容易受到同伴的影响	不要强求幼儿发现问题。提供丰富、多元的操作材料和游戏的场景。注重幼儿的操作过程，不要过多关注结果。教师要适时介入
分析问题	依靠感觉认知，依赖于头脑中已有的前期经验积累。只在乎过程，不追求结果。分析问题的意识不强	会有初步的质疑，但并不明显，属于萌芽阶段。中班下学期会有争论，满足于说出来，表达出自己的想法，如“我知道”“我做过”，但还找不到有力的证据。在分析问题时会表达自己的意见，但不会分析	会猜测，这种猜测是基于自己已有的概念。会寻找问题，并会出现争论的现象，除了表达自己的意见，还要强调自己的理由，会寻找一些资料，力图用事实来说服别人、反驳别人的意见，如“我是从书上看到的”等。有独特的思维	注重创设丰富的环境，帮助幼儿积累生活经验。丰富的环境以及成人给予的经验与视野，决定着幼儿分析问题的能力。家长固有、保守的养育思路会干扰幼儿的创新素养
提出假设	不会预先想好，而是伴随着动作突然间会出现一个设想，但提不出假设	往往会受到环境的暗示或者是根据教师的提示来提出他们的设想	会根据自己的经验进行猜测，“你做成功了，我也要成功”。会提出假设，强调自己的理由。也需要成人的引导	对于幼儿的奇思妙想给予鼓励和引导
猜测验证	模仿是小班孩子最典型的验证方式。喜欢用多种方式去体验	喜欢用模仿方式	通过模仿进行学习，在小组活动中很容易受到同伴启发，一个成功的个人经验可以很快变成集体经验，常说：“老师，我也做出来了。”	运用视觉、听觉、触摸觉等多种方式、途径帮助幼儿积累感性经验，进行体验、验证。教师的引导很重要。分组时要注意，对教师来说，分组时的人员安排需要考虑到一个组里要有不同能力的幼儿

（续表）

过程	幼儿创新素养发展特点行为描述			教学建议
	小班	中班	大班	
成果表达	很积极	喜欢自己的成果被教师同伴肯定或者展示出来	看到自己也成功了，十分高兴。乐意将自己的成功与他人分享	要给孩子积极的、成功的体验

高一小学将创新素养分成多个维度，并分别给出培养的具体指向：

表 1-5　创新素养相关概念

创新素养	特点描述
创新意识	创新动机、兴趣、欲望
创新精神	创新意志力、批判精神、主动精神、挑战精神、务实精神
创新习惯	乐于表达、交流、合作，勤于动手、实践、思考，敢于提问、质疑，保持自信心、好奇心
创新思维	形象思维，发散思维，聚合思维，求异思维，想象力，思维的流畅性、变通性、独创性
创新技能	发现、提出、分析、解决问题的能力，独立获取知识能力，利用新知识新信息的能力，写作、表达的技法

总结归纳各个学段的实验情况，从区域的角度来看，第一阶段实验的结果表现出几个特点：

（1）实验学校、实验教师普遍接受了本课题提出的基本思想和基本理论，并且在各自的工作中努力进行实践探究；

（2）培养比较泛，这是由目前创新素养等理论比较泛引起的。有些教师还停留在对学生个别的创新素养（如观察能力）的培养上，缺乏系统性；

（3）普遍要求具有可以操作的系统培养的方法。

总课题组专家集中力量进行了“学生创新素养系统培养方法论”的研究，并且随后通过的实验学校、实验教师的培训为一线教师掌握“学生创新素养系统培养”的核心技术——三个系统性。为展开验证实验提供了可操作的方法技术。

经过一年多的第一阶段实验，徐汇区教科室教育科研专家形成了《学生创新素养系统培养方法论》理论成果和核心技术，2014 年 1 月 13 日召开了四个学段的实验学校、实验教师的培训，使实验教师掌握学科教学以及对学生进行创新素养系统培养的方法论和核心技术，为后续实验的展开奠定了理论基础，第二阶段的验证性实验正式启动。

第三节　第二阶段实验的情况报告与结果分析

第二阶段实验基于创新素养的要素和学生发展特点的研究，围绕三个方面展开：展开基础课程教学中的对学生进行创新素养系统培养方法的实验研究；展开全校课程“系统设计，统整实施”的实验；展开社区教育与学校联动的学区化培养研究。现分别将实验取得的结果报告于下。

一、基础课程教学中学生创新素养培养的情况综述

在基础课程学科教学中培养学生的创新素养，需要研究的是途径和载体、内容和方法如何有效地结合，并使教与学的行为相互吻合。小学学段课题组提出了一些至关重要的问题：小学生的创新素养到底包括哪些要素？与学科素养之间是怎样的关系？也就是说，我们要培养什么？如何在日常的教学中系统落实？与平时的教学有什么关系？是另搞一套还是在原来的基础上进行深化和拓展？对这些问题的认识不明确，教师们的实验就无从下手。总课题组和子课题组的研究人员以及上海师范大学钱源伟教授、上海教科院普教所课程与教学研究室夏雪梅博士应邀对实验教师进行了相关的培训。

我们认为创新素养与创新活动相辅相成，在基础教育阶段创新活动可以更多体现和落实在学科教学活动之中，认真研究学科教学活动、教师教学行为，就能让学生更直接、更充分地获得创新素养的发展。因此，我们采用将教育心理学与教育行为学相结合的策略，把对学生创新素养的培养融入学科教学活动的过程中。各实验学校的教师也在实践中作了大量有益的尝试，大多采用统整的思想开展实验的研究，将创新素养与学科素养进行整合。如：

徐汇中学以课程统整为基本思路，优化基础型课程、细化课程标准。采用课程统整的方法统整三类课程、统整课内外活动，实现以课堂教学为主阵地培养学生创新素养，使培养学生创新素养的途径、载体和方法，更具开放性、综合性、选择性。

西南位育中学以基础课程的知识统整为抓手，以知识单元为单位作一个学期教学的系统安排，梳理出自己所教学科中可以培养学生创新素养的内容，弄清楚课程内容、教学过程、培养学生创新素养三者关系。他们编制了西南位育中学学科统整指导(单元设计)表、西南位育中学初中生学科创新素养系统培养指南表、西南位育中学高中生学科创新素养系统培养指南表。为了便于课题实验过程材料积累，他们还编制了备课组研讨活动记录表、研究课实施细则一览表、研究课设计一览表。在这一阶段，他们共开设研究课16节。

教院附中将学校的特色课程建设作为本校的实验研究重点，争取形成有层次、内容丰富、思维水平高的多方位立体化课程。将课程与课堂作为培养学生创新素养的主要载体与途径。以“基于学生核心素养培养的课程校本化”为抓手，推进对学生创新素养的培养，其主要任务是课程方案的校本化、国家课程的校本化实施和校本课程的系统开发。下文是课程校本化实施统整指南的部分内容。

徐教院附中 2013 学年第 一 学期《课程校本化实施指南》

六 年级 信息科技 学科

指导思想：根据新课标的教学要求，依据中国地图版的信息科技教材，再针对教学活动及教学策略，将教和学有效地统整在“项目活动”的完成过程中，最后利用“过程性评价平台”评价学生的学习过程及学习结果；通过课程的统整，我们根据每章节的知识点，各自设计有针对性的小项目，展开教学；在所有的知识点学习结束后，设计一个整体性较强的项目活动，围绕从信息的收集到作品的设计、制作、数据统计和分析，使学生对教学内容有系统的认识；我们的设计目的在于让教学不是将知识灌输给学生，而是要培养学生获得知识的方法和解决问题的能力。

学期创新培养目标：

(1) 能主动探究信息科技和信息技术工具在日常生活、学习中的用途；

(2) 能理解新技术(例如：传感、微电子、通信等)的产生对社会发展和人们生活质量带来的影响，能理解与技术有关的伦理、文化、社会问题，对使用新技术有正确的认识；

(3) 能主动运用信息技术设计完善演示稿；

(4) 能主动探索便捷生活、学生、工作等方面的信息技术。

表 1－6 信息科技学科创新素养培养指南(节选)

单元	单元教学目标	课时目标	基础内容	拓展内容	探究内容	学习能力(方法、习惯)	德育渗透	创新素养培养内容
第一单元 信息科技基础	1. 知道视窗操作系统的一些基本术语。 2. 知道文件的命名规则、类型及文件夹结构。 3. 能根据信息分类独立管理存储器中的文件和文件夹。 4. 学会通过计算机自动查找文件	活动1： 1. 完成小学阶段与初中阶段信息技术知识与技能的衔接。 2. 能理解信息、信息技术、信息技术工具的基础知识。 3. 掌握在局域网环境下的Windows XP文件及文件夹常规操作	1. Windows视窗操作系统(了解) 2. 文件、文件夹定义及命名规则(掌握) 3. 资源管理器的使用(熟练掌握) 4. 文件夹的各种操作，如：移动、复制、改名、删除、新建(熟练掌握) 5. 查看文件的属性(知道) 6. 建立快捷方式(了解) 7. 搜索文件或文件夹(掌握)	设计一个明晰的文件夹结构来管理自己的文件的方案。 头脑风暴：信息获得的途径等	《今天我当小老师》 要求：学生确定讲课主题进行讲解 1. 资源管理器 2. 文字输入及文件操作 3. 文本编辑	自主探究：能主动通过查找资料学习新技能，遇到问题积极寻找解决办法，不轻易放弃。 阐述表达：能用清楚、流畅、有吸引力的语言表达自己的实践和思考结果，对他人的疑问能给予准确的解释说明	了解信息社会中“信息”的含义，知道对于知识需要尊重其知识产权	使用左手开发右脑的培养，除了用左手使用鼠标来刺激右脑外，还可以用哪些方法训练右脑？

园南中学在数学课教学中，将培养学生创新素养进行了系统设计，各年级结合具体教学内容有所侧重：六年级主要是参与观察、实验；七年级主要是参与观察、实验、猜想；八年级主要是参与观察、实验、猜想、证明；九年级主要是参与观察、实验、猜想、证明、综合实践。

高一小学的数学教学，将学生创新素养的培养，贯穿“渗透归纳式”的教学思想，采用“问题探究型”的教学模式，实施“猜想求证法”的教学方式，以“发现问题—提出假设—验证假设—归纳总结”展开教学过程。

表 1-7　高一小学“猜想求证法”之一：猜想求证的有意引导，类推方法的适时渗透

年级	内容	发现问题	提出假设	验证假设	归纳总结
二年级第一学期	长方体的初步认识	正方体迁移到长方体联想到：长方体面、棱、顶点	用语言描述的方法提出长方体面、棱、顶点	用动手实验的方法验证	用不完全归纳法总结描述
四年级第一学期	乘法交换、结合律	加法迁移到乘法联想到：乘法有什么定律？	用符号化的方法提出定律内容	用举例的方法验证	用不完全归纳法总结描述
四年级第二学期	除法的运算性质	减法迁移到除法联想到：除法是否有类似的性质？	用符号化的方法假设定律内容	用举例的方法验证	用不完全归纳法总结描述
五年级第一学期	三角形面积、梯形面积	平行四边形面积推导方法迁移到三角形、梯形的面积推导	用符号的方法假设公式	动手实验、举例、统计推理的方法验证	用不完全归纳法总结描述

表 1-8　高一小学“猜想求证法”之二：猜想求证的有意引导，逻辑归纳的适时渗透

年级	内容	发现问题	提出问题	验证问题	归纳总结
三年级第二学期	谁围出的面积最大？ 拓展：谁围出的周长最长？	20 根小棒可以围出各种长方形、正方形。如果周长相等，面积有什么规律？	用语言描述的方式提出	用计算推理的方式验证	用不完全归纳法总结描述
五年级第二学期	可能性有大小	在问题情景中猜想出现概率的规律，提出假设	用数据描述的方式提出	用动手实验的方式验证	用不完全归纳法总结描述

高一小学数学课，突出创新素养的培养，加强教学过程的研究，他们的一般流程为：确定研究主题—教师个人备课—集体备课研讨—课堂实践—课后研讨—第二轮备课—第二次上课—课后研讨反思—撰写教学反思。

一些高中学校结合创新实验室建设和学校特色课程建设，整体设计和实施学生创新素养的培养。如：

华理附中借助华东理工大学的资源，建设化学创新实验室，向高中生开出一系列的创新课程，由大学教授和本校教师共同执教。

市二中学化学学科是徐汇区学科基地，他们以化学实验为主，着重培养学生的创新素养和创新能力。同时，还根据学校的特色，整合信息与劳技课程，形成了简易单片机器人制作等校本特色课程。

紫竹园中学是一所美术特色高中，学校参与了该项目的研究，意识到在美术课程教学中培养学生的创新素养既能更好地发展学生的美术特长，又能更快地建设学校美术特色，确立了"以美强校、德美一体、创新求美、美化人生"的办学目标，构建以美术学科为主全面支持学生创新素养培养的课程体系，优化适应学生创新素养培养的教师教育教学行为和学生学习方式，加快实现"学校美术特色"成为"美术特色学校"的建设。

这一阶段，我们组织科研员、教研员和实验教师一起研究在基础课程中的"创新素养系统培养"，先后召开了24次学校现场研讨会。其中，总课题组先后在位育初中、园南中学组织召开了全区性的数学、语文两次专题研讨会。课题主持人徐汇区教育局局长庄小凤以及项目组全体研究人员和实验教师一同参加会议，我们还邀请了顾泠沅教授和上海师大刘兰芳教授等专家到会指导。在位育初中召开的数学教学研讨会，安排了与几何部分相关的内容，分别由位育初中数学教师和启新小学数学教师选择课题分别执教，为我们研究小学与初中学科教学中怎样进行跨学段的系统培养提供了案例。在园南中学召开的语文专题研讨会上，同样也安排了小学语文教师的实验情况介绍。

研讨过程中，我们将激励学生创新素养的表现和改进教师培养创新素养的行为同时作为重点内容，促使实验教师关注学生、研究学生，使教学适应学生。

二、基础课程教学中系统培养学生创新素养的实验结果与分析

全区20所实验学校的实验学科教师和全区中学高级教师参加了所教学科的创新素养系统培养的实验，学科涵盖了中小幼所有学科。在总课题组和各学段科研员的指导下，实验教师针对学生身心特点，在教学内容的系统性、教学目标的系统性、教学过程的系统性方面展开了学生创新素养的系统培养，取得了大量实践资料和成功经验。这里从中小幼三个学段，分别选取基础课程教学中的一些原生态的实验案例，并且对其作出分析。读者可以从实验者对基础课程的统整中，看到培养内容、培养目标、教学过程的系统性。

（一）幼儿园《课程统整指南》的设计与实施（以徐汇区长桥第三幼儿园为例）

在总课题组的指导下，长三幼儿园结合《上海市学前教育课程指南》精神，对二期课改配套的教育参考书中的基础课程进行了深入的研究与统整，将创新素养系统培养融进二期课改的主题教育活动的实践中，形成了《长三幼儿园大中小班各学期课程统整指南》，用以指导教师的教育实践，凸显了创新素养系统培养的路径，明确了创新素养的培养是融合在日常的教育实践中的，踏踏实实推进了创新素养系统培养的工作。下表是长三幼儿园《大班第二学期的主题活动课程统整指南》的节选。

表 1-9　徐汇区长桥第三幼儿园《大班第二学期的主题活动课程统整指南》节选

大班第二学期主题活动				课程领域属性					创新素养培养
名称	目标	组织	内容	健康	语言	艺术	社会	科学	
春夏秋冬	1. 有兴趣观察风、雨、雷等自然现象，注意它们的不同变化。感受天气的变化，了解天气与人们生活的关系。 2. 比较四季的明显不同，初步了解四季轮换的顺序，感受季节的不断变化及其对人们生活的影响。 3. 了解四季中常见花草树木和它们的变化，乐于参加照顾花草树木的活动，体会爱护它们的意义	集体	会变的天气	★	★★		★★	★★★	
			气象台认识	★	★★★	★	★★	★★★	★
			云彩和风	★	★★	★★★		★	★★★
			小雨点旅行记	★★	★★★		★★	★★★	★★
			四季轮换	★★	★★	★	★★	★★★	
			小熊登月	★	★★★		★★	★★	★
			听雨		★★★	★★	★	★	★★
			树叶排队	★	★★		★	★★★	★★★
			风爷爷	★★	★★★	★		★★★	★
			小动物避雨		★★★		★	★★★	★★
			下雨了	★★	★	★★★		★	
			雷声隆隆	★	★★		★	★★★	
			小雪花		★	★★★	★	★	★★★
			雪花（律动）	★★		★★★	★		★★★
			秋天（打击乐）	★		★★★	★		★
			跳谱游戏	★★		★★★	★	★	★★★
			魔法奶奶的电话	★	★★★	★	★	★★	★
			它到哪里去了	★	★	★		★★★	★
			四季的树和花		★★		★	★★★	★
			一棵小桃树		★★★	★	★	★	
			四季花开		★	★★★		★	★★★
			让世界变得更美丽	★	★★	★★★			★★★
			多变的天气		★★		★	★★★	
		个别	小雨点旅行记	★★	★★★		★★	★★★	★★★
			美丽的树叶	★	★	★★★	★	★★	★★★
			秋天的果实		★★		★	★★★	
			跳舞毯	★★	★	★★★	★	★★★	★★
			四季的成语拼贴和认读	★	★★★		★	★★★	★★
			插花		★	★★★	★★	★	★★★
			魔法奶奶的电话	★	★★★		★★	★★	★
			会变的温度计		★		★	★★★	★
			春夏秋冬益智宫	★	★		★	★★★	★
			制作晴雨表		★	★★		★★★	★★

（续表）

大班第二学期主题活动				课程领域属性					创新素养培养
名称	目标	组织	内容	健康	语言	艺术	社会	科学	
有用的植物	1. 关心周围与我们一起生活的花草树木。了解一些种植植物的新方法。 2. 感受我们的生活离不开植物，要爱护植物，愿做小小护绿员。 3. 区别蔬菜的不同品种，了解蔬菜的品种越来越多。 4. 了解有些植物具有保健、治病的作用	集体	树真好	★	★★★	★	★★	★★★	★★★
			绿色菜篮子		★		★	★★★	
			菜地里的歌	★	★★	★★★			★★★
			种植园	★		★★	★★	★★★	★★
			张奶奶买菜	★	★★★	★★		★★★	
			能保健和治病的植物	★	★★★		★	★★★	
			买菜（歌曲）		★	★★★		★	★★★
			是谁发现了中草药	★	★★		★	★★★	
			快乐种植园（看图编题）		★★		★	★★★	★★
			10元钱买菜		★★			★★★	★★
			爱护小树苗	★	★★★		★★★	★	
			撒豆豆		★			★★★	★
			超市购物		★★		★★	★★★	★★
			劳动最光荣	★		★★★	★		★★
			园林工人真辛苦		★★★		★★		
			美丽的街心花园		★★★		★	★★	★★
			蔬菜的什么部位可以吃	★	★★			★★★	
			保健茶	★	★★		★★	★★★	★
			多用的橘子皮		★★★			★★★	
		个别	菜地里的歌（读读编编）	★★		★★★	★★	★★★	★★★
			树真好（看图念诗歌）	★	★★★		★★	★★★	★★★
			买菜（节奏乐自编）	★	★	★★★	★		★★★
			采蘑菇（根茎叶配对）	★★	★★			★★★	
			劳动最光荣（舞蹈）	★★		★★★			★★
			动物节奏卡（打击乐）			★★★		★	★★★
			装菜		★★		★★	★★★	★★
			自制八宝茶					★★★	★★
			谁会发芽		★★		★★	★★★	★★
			找朋友（图片式加减法）		★★		★★	★★★	★

（续表）

大班第二学期主题活动				课程领域属性					创新素养培养
名称	目标	组织	内容	健康	语言	艺术	社会	科学	
动物大世界	1. 共同的家园：了解常见动物不同的特点及其与周围环境的关系，有进一步探索动物生活习性的愿望。 2. 千奇百怪：对动物奇特的现象和特殊本领感到好奇，体验探索动物世界的乐趣。 3. 不同的本领：了解人类可以从动物的一些特征中获得启发，进行发明创造。 4. 动物是朋友：体会动物是人类的朋友，知道我们应该保护它们	集体	不同的家园	★	★★★		★	★★★	
			香香要回家	★	★★	★	★	★★★	★★
			树和喜鹊	★	★★★	★	★	★★	★
			海洋音乐会	★	★	★★★	★	★★★	★★★
			千奇百怪	★	★★		★★	★★★	★
			大恐龙进城	★	★★★	★★★	★★★		★★★
			螃蟹的奇遇		★★★		★	★★★	★
			潜水艇的秘密	★	★★★		★	★★★	★
			学来的本领		★★★		★★	★★★	
			犀牛和扁虱鸟	★	★★★		★★	★★★	★
			我和动物是朋友	★	★★★		★★	★★★	
			狗的趣事		★★★		★	★★★	★
			大树的医生	★	★★		★★	★★★	
			田鼠太太的项链		★★★	★		★	★★
			猴子学样		★★★		★		
			龟兔赛跑	★	★★★		★★★	★	★★
			动物的伪装	★	★★	★★	★★	★★★	★★
			蚂蚁造家	★		★★★	★	★★★	★★★
			送小动物回家	★	★★★		★★	★★★	
			狗熊分饼	★	★★		★★	★★★	★
			小手捡蛋（计算）		★★		★	★★★	★★
		个别	有趣的蚂蚁	★	★★		★★★	★★★	★★★
			奇特的飞机		★★			★★★	★★★
			蚕宝宝	★	★★		★★	★★★	★
			阅读天地（动物书籍）	★	★★	★★	★★	★★★	★★
			小螃蟹吹泡泡	★	★★		★★★	★★★	★★
			青蛙（口算10以内加减算式）		★★		★★	★★★	★★
			动物表演场（金鱼、孔雀、小熊）	★★	★	★★★	★★	★★	★★★
			送小动物回家		★★★		★★	★★★	
			奇妙的口袋（区分球体、圆柱体、正方体、长方体）	★	★★★	★		★★★	
			动物节奏图谱（打乐器）	★★	★★	★★★	★	★★	★★★
			狗熊分饼（二等分）	★	★★		★★★	★★★	★

（续表）

大班第二学期主题活动				课程领域属性					创新素养培养
名称	目标	组织	内容	健康	语言	艺术	社会	科学	
我要上小学	1. 知道自己即将升入小学，对上小学充满期待。 2. 对小学的整体环境、学习生活有初步的了解。 3. 知道怎样做一名合格的小学生，并为之而努力。 4. 培养幼儿良好的语言表达能力与交往能力。 5. 培养幼儿形成良好的自我管理与自我服务能力。 6. 具备一定的解决问题能力。 7. 养成良好的学习与生活习惯，努力改掉不良行为习惯	集体	我的小书包	★	★★	★★	★★★	★★★	★★
			参观小学	★	★		★★★	★★★	★
			笨狼上学	★	★★★	★	★★★	★	★★
			有啥不一样	★	★★★		★★	★★★	★★
			勇气		★★★	★★	★★	★★	★★★
			小课堂	★	★★★	★★	★★	★	★★
			下课十分钟	★★	★★★		★★	★	★
			毕业时刻	★	★★	★★★	★	★	★★
			毕业诗(诗歌)	★	★★★	★★	★★		★
			离园倒计时		★★		★★	★★★	★★
			明亮的玻璃窗	★	★★★	★★	★★	★	★★★
			高塔		★★		★★	★★★	★★★
			找不到眼镜		★★		★★	★	
			书包里的朋友		★★★		★★★	★★★	
			破译电话号码		★★★		★★	★★★	★★
			整点探秘		★★★			★★★	★★
			钟表店		★★		★★	★★★	★
			上学歌	★★		★★★			★★
			国歌(歌曲)			★★★			★★
			今天我值日	★	★★★		★★★	★	★
		个别	毕业诗(朗读)	★	★★			★★★	★★
			下课十分钟(看图讲述)	★	★★		★	★★★	★★
			模型钟(认识时钟)	★		★★★		★★	★
			转盘(口算)					★★★	
			文具小超市					★★★	★★★
			学做小学生(律动)	★★		★★★			★★★
			毕业诗朗诵(节奏)	★		★★★			★★
			离园倒计时		★★		★★★	★★★	★★★
			电话号码大揭秘		★		★★	★★★	
			破译电话号码	★	★★		★★★	★★★	★
			整点探密		★★★		★★★	★★★	★★

注：表中的★表示相关度。如“云彩和风”与创新素养培养的相关度为★★★，表明有较高的相关度，教师在开展该项活动时可以对幼儿进行较好创新素养培养。

实验案例分析：

幼儿园的创新素养培养一直是存有争议的问题。我们的实验研究表明，只要我们在幼儿日常的学习活动中，有意识地展开培养，就会产生良好的效果，这种早期的培养对于孩子今后的发展意义重大。长三幼儿园是一所普普通通的幼儿园，他们从幼儿园基础课程的实施入手，将创新素养的系统培养融入基础课程的设计中。首先是将创新素养的培养系统融入幼儿的学习内容中。根据上海课程改革的要求，幼儿园的基础课程分为生活、学习、游戏、运动等四个板块，当然其中可能有交叉包容等关系，但是它跳出了以学科分类为基础的原有课程体系。长三幼儿园把基础课程的四个板块按年级学期作了整体设计，同时将创新素养的培养作为整体设计中的一个要素融入，形成了基于基础课程的系统培养的基本架构，然后在实践中形成了具体的教学方案，展开适应幼儿特点的培养活动，体现出系统培养的要求。

（二）以基础课程的教学内容统整为抓手，体现培养内容、培养目标、教学过程的系统性（以徐汇区启新小学为例）

实验教师们从基础课程的知识点入手，将创新素养的培养同基础课程的教学内容进行统整，进行每学期培养内容的系统设计，选取最适合创新素养培养的知识点，形成培养内容的序列，研制《学期课程统整指南》。教师们发掘和利用学科课程和活动课程中的创新素养培养因素，根据知识点梳理各学科各年段有关创新素养培养的具体内容及培养途径，从单元内容入手，设计每一单元的创新目标，并在指南中单独罗列。根据指南的要求，设计、编写各学科创新素养培养的具体教案，在学科教学中进行创新思维的训练和创新学习的指导，并落实到具体的每一节课时中。

1. 从基础课程的知识点出发，系统培养学生的创新思维品质

实践中，语文组的教师们从单元教学的整体出发，梳理出各单元适宜对学生进行创新培养的知识点，形成培养的序列，然后针对培养的序列确立单元的培养目标。例如，五年级第一学期共有8个单元，每一单元的知识点分别是：在语言情境中训练学生的表达；针对文本内容提出有效的问题；通过学习环境描写和人物心理描写的语句，揣测人物的内心感受；借助语境能够创造性复述课文；让学生在感受人物品质的基础上对文中人物进行多元化和个性化评价等。围绕这些单元知识点我们确立了相关的创新培养目标：第一单元的创新培养目标主要是通过创设情境培养学生想象说话的能力；第二单元的创新培养目标主要从设计有效提问出发，培养学生的质疑能力；第三单元的创新培养目标主要是通过学习环境描写和人物心理描写，培养学生合理的想象能力；第四、五单元的创新培养目标主要是训练学生展开联想，训练学生创造性复述课文的能力；第六单元的创新培养目标主要是让学生在语境中感受人物的心情，揣摩人物美好的心灵，培养学生的创新思维品质；第七、八单元的创新培养目标主要是对人物展开多元评价，倡导个性化评

价,促进学生创新人格品质的形成。围绕单元的创新目标,教师们采用多种教学策略,及时对学生进行创新思维的训练和创新学习的指导,并扎扎实实地落实到每一课时中。针对第四、五单元的创新培养目标,我们在课堂上训练学生展开合理的想象,创造性地复述课文。例如,《唯一的听众》是五年级第一学期第五单元的一篇课文,魏喆老师在执教时,依据课文内容生成三个情境,引导学生进行创造性地复述课文:情境一,复述"我"第一次在老人面前拉小提琴时的情景;情境二,复述一个月以后"我"在山上拉小提琴时的变化;情境三,让学生想象"我"得知老人是音乐学院最有声望的教授以后,又一次到后山上拉小提琴时的情形。显然,教师在课堂上依据文本创设情境,借助课文内容来训练学生合理的想象能力和语言表达能力。魏老师设计的三次言语表达实践是有密切的内在联系的:第一次复述,教师采用了填空的方式予以引导,以降低表达的难度;第二次复述是在第一次基础上加上"我的变化",难度提高了;而"想象我得知真相后的心理活动"则是创造性地复述课文,这需要学生在读懂内容的基础上,运用自己积累的语言来表达自己对作品中人物和事件的感想。三次表达循序渐进,难度逐步提高,将表达训练与内容的把握和情感的领悟融合在一起。在实践中,教师们依托基础课程的内容,依据单元创新培养目标,在课堂教学中全面系统地培养学生的创新思维品质。

2. 以对比实验设计为突破口,系统培养学生的科学创新素养

教学实践中,自然学科的教师们首先从教材出发,整理出与各年段教材内容相对应的科学创新素养培养目标。然后,依据培养目标设计相应的教案,以使创新素质的培养能够落实到具体的日常教学工作中去。以三年级第二学期教材为例。本册教材是以小学生的探究能力发展为主线来编排内容,共分 8 个单元。第一单元《常见的力》、第五单元《磁极与指向》、第七单元《水和空气的压力》、第八单元《简单电路》的主要内容是探究事物的性质、结构与功能,要求通过简单实验,让学生在动手做的过程中感知、认识事物的内在性质和组成结构。第二单元《物质的溶解》、第三单元《温度的变化》、第四单元《家蚕的一生》、第六单元《种牵牛花》的主要内容是探究事物的变化过程,要求通过实验或观察活动,认识身边某些事物表面的变化现象以及内在的变化规律。这两类探究目标的达成,都与实验活动(对比实验)有关,而对比实验活动的首要环节就是进行对比实验方案的设计。小学三年级正是学生学习对比实验方案设计能力的初始学段,方案的设计能力也是科学创新能力之一。由此,教师确定了"通过探究事物的性质、结构以及变化过程,培养学生方案设计能力"的创新培养目标。针对三年级学生的思维特点,在设计实验方案活动的指导过程中,教师们采用循序渐进、从扶到放的策略来帮助学生突破对比实验方案设计的难点——变量的控制。

下面以第二单元"溶解的快慢"一课为例,来谈谈在课堂上对学生设计对比实验方案的指导。本课的知识点是"了解影响溶解快慢的因素",要求引导学生运用对比实验的方法,

探究影响物质溶解速度的原因，让学生自主经历“问题—假设—验证—证实”的科学探究活动过程。在设计“探究影响溶解快慢因素”实验方案时，教师没有直接告诉学生实验所需的器材和具体步骤，而是提出了一些和实验活动有关的问题让学生进行猜测与思考，然后指导学生自己进行实验设计，也就是要求学生能半独立地设计这个实验方案。在交流“让方糖溶解得快一点的办法”时，学生首先假设“搅拌可能是影响溶解快慢的因素”。通过这个前期的猜想，学生明白实验的目的是什么，研究的对象是什么。接着教师通过“一杯是冷水，另一杯可以用热水吗？是不是这样的一大杯水和一小杯水？除了水量一样多以外，还有什么是要一样的？一杯现在就放入方糖，另一杯等会再放，行不行？”等启发式的问题去引导学生发现实验中要对比的因素是什么，哪几个因素需要相同。在共同的讨论中，学生逐步明白了如何通过控制对比实验中的单个变量而使实验结果更为准确与可信。接着小组填写实验方案表，把刚才的口头计划转化为书面文本，进一步理清实验活动的思路。通过以上“扶”的过程，教师引导学生能够半独立地进行实验方案设计。然后，在这个对比实验设计的基础上，提出：“刚才还有同学认为水的冷热或者方糖的颗粒大小也可能会影响溶解的快慢，这些说法对不对呢？你如何用实验来验证呢？”通过先组内讨论、后集体交流的方式，放手让学生独立地去设计并完善其他的对比实验方案。就这样通过教师的组织、引导，学生们发现了对比实验是解决某些问题的一种科学方法，知道了控制好变量是做好对比实验的关键所在，初步学会了自主设计对比实验的方法，进一步提高了自己的科学创新素养。

3. 以数学思想方法为主线，系统培养学生的创新素养

数学教研组在创新素养培养方面，结合学期课程统整实验，从统领的角度把数学学科的统整主线即数学思想方法，作为创新素养培养的切入点进行系统培养。我们对各年级的教学内容中的数学思想进行系统梳理，目前小学阶段常用的数学思想方法主要以数形结合、转化、分类、化归、建模、假设(猜测验证)等几大思想方法为主。同时对各种数学思想方法在不同年级达成的目标进行梳理细化：低年级主要是对一些数学思想方法的渗透，让学生初步感受数学思想方法的运用，中年级对低年级已体验过的数学思想方法能初步应用，高年级则是能有意识地运用这些数学思想方法解决实际问题。这样形成有序衔接，并以此为依据确定创新培养目标，安排设计课堂教学活动来实现创新培养目标。结合数学教材编排特点和年级特点，以数学思想为主线的创新培养目标具有系统性和递进性。根据教材的编排特点，纵向以模块为主，主要有数与代数、图形与几何、统计与概率、综合实践应用四个模块，以同一模块不同年级的知识点教学内容的数学思想形成递进，从而形成创新培养目标的递进性；横向以知识点为主，在整册教材中属于不同模块的内容。创新培养目标的确立以纵向的模块的数学思想为主，同时注重前后联系，使学生感知数学思想方法在不同的知识模块也可以应用来解决问题。

(1) 纵向以模块为主

①“几何与图形”模块。“几何与图形”模块“面积”的教学中,转化的数学思想运用得比较多。例如三年级第一学期“求组合图形的面积”,学生刚刚学过长方形、正方形的面积,结合学生实际和教材,教师把创新培养目标定为:初步学会运用“割”“补”的方法把不规则图形转化为长方形、正方形,求它们的面积;初步渗透并运用转化的数学思想来解决图形的面积问题。为了实现这一目标,教师安排了观察、讨论、操作等活动,在这一系列的活动中,培养学生的空间想象能力与合作交流能力,并使学生的创造性思维得到锻炼和发展。

“几何与图形”模块“面积”的教学中,五年级第一学期学习“求三角形的面积和梯形的面积”。学生在三年级时已经能初步运用转化的数学思想,教师就将五年级的创新培养目标定为:能熟练地运用转化数学思想,将新的面积转化成已学过图形的面积,进而推导出新的面积公式。教师通过让学生小组动手操作、交流讨论,为创新提供时间、空间和条件,并使学生的创造性思维在活动中得到锻炼和发展。

②“数与代数”模块。“数与代数”模块四年级第一学期“小数的加减法运算”教学中,本学期学生刚刚接触、认识小数,并且已经有了整数加减法的基础,能根据整数与小数的联系,从整数的十进制位值体系出发,利用转化思想,来认识小数的意义,掌握小数的概念。于是,教师把创新培养目标定为:能独立利用转化思想,在计算时将小数转化成整数进行加减法计算。在教学中教师让学生自主尝试计算,讲解算理;给学生的学习提供展示的舞台,为创新提供平台,使学生做课堂的主人。在“数与代数”模块五年级第一学期“小数的乘除法运算”教学中,学生已经学过整数乘除法的运算方法,并能自觉运用转化的思想解决问题,为此创新培养目标定为:能自觉熟练地运用转化的数学思想,将小数转化成整数进行乘除法计算,并介绍具体的转化思路。

(2) 横向以知识点为主

例如在四年级第二学期,数形结合思想在“数与代数”模块“小数的认识”中的运用,利用数射线、方格图形让学生进一步认识、理解小数。数形结合思想在“统计与概率”模块的折线统计图中也可以应用:数据越大,所在的纵轴的坐标越高;数据变化越大,线段的坡度越陡。数形结合,使学生理解统计图所表示的含义。同一数学思想在不同的知识模块中应用,从而使学生对数学思想有更深的认知。

(3) 在课堂教学中落实创新培养目标

具体的教学中,要实现以数学思想为主线的创新培养目标,教师必须引导学生自主探索,在活动中培养学生的创新思维品质。在课堂上,教师要鼓励学生质疑问难,引导学生讨论交流,在合作学习中关注不同层次学生的学习需求。例如在教学三年级第一学期“组合图形的面积”时,创新培养目标定为:初步学会运用“割”“补”的方法把不规则图形转化为长方形、正方形,求它们的面积;初步渗透并运用转化的数学思想来解决图形的面积问题。为此安排如下活动实现目标的达成。

① 创设情境,谈话引入。“房产证上写的这套房子的总面积是120平方米,但我和我的家人总觉得上当了。你有什么办法帮我算出这套房子的面积?”

② 探究新知。小组合作、动手操作、组内研讨,探索求组合图形面积的方法。小组合作学习有利于学生主体意识及学习能力的形成,在学习中相互启发,能产生许多独特的想法。通过观察、讨论、操作等活动,学生培养了观察能力、空间想象能力与合作交流能力。在问题解决的过程中,教师让学生自主尝试用多种方法解决问题,锻炼了学生的发散思维;在比较各种“割”的方法时,教师让学生比较不同方法的优劣,是思维的聚合,培养了学生的方法优化意识。

③ 教师适时引导总结:“分割的方法虽然不同,但它们的面积相同,都是用割的方法把不规则的图形转化成我们学过的规则图形。”

④ 在交流过程中鼓励学生质疑问难,课堂上生生互动、交流评价。

⑤ 应用拓展。联系生活实际,了解实用面积与建筑面积。

⑥ 总体评价,体验收获。

整节课以解决问题为任务驱动,在解决问题的过程中,学生能自主尝试用各种方法解决问题,创造性思维得到了锻炼和发展。

实验案例分析:

启新小学是我们学期课程统整的第一轮实验学校。本书上一章的课程统整实施的理论就来自我们第一轮、第二轮、第三轮实验的结果,读者可以看到,创新素养系统培养的基本理论就是“学期课程统整”的理论,在学期课程统整的过程中强调创新素养这个要素的融入。

启新小学的实验揭示了基础课程中系统培养学生创新素养的三个“系统性”:一是以基础课程的知识点为依托,将创新素养的培养在学习内容上实现系统化;二是体现学科特点在教学目标上的系统性;三是体现学科特点在教学过程上的系统性。尤其是小学数学学科以数学思想为主线的创新素养系统培养是“三个系统性”在学科教学中的创造性应用。

(三) 部分学科创新素养系统培养的设计与实施(以华东理工大学附属中学、徐汇中学、上海市第二中学为例)

1. 华理附中:高中数学学科学生创新素养系统培养的实践

在市级课题“基于中小幼学生创新素养发展特点的区域性系统培养研究”引领下,探索教育教学规律,优化师生的关系,改变教与学的方式,因材施教,有效地挖掘课堂的“隐性教育资源”，实现对学生“理工”学科精神的潜移默化。

数学组统整了高一、高二年级的教学章节内容，细分了基础型内容、拓展型内容、探究型内容，根据课改的要求，结合近年的高考情况，对两个年级基础教学中的每个章节的创新素养的培养进行了详细的梳理。

结合在基础型课程中渗透创新素养培养，通过平时的教学，整理了8个较为成熟的教案(下文节选部分)。

(1) 高一年级数学统整内容与创新素养的培养

表1-10　高一年级第一学期数学统整内容与创新素养的培养

章节内容	基础型内容	拓展型内容	探究型内容	学习能力的培养	创新素养的培养
一、集合与命题	1. 集合及其表示 2. 子集 3. 交集、并集、补集 4. 命题的形式与等价关系 5. 充分条件、必要条件、充分必要条件 6. 子集与推出的关系	1. 集合论发展简史 2. 复合命题	1. 子集的个数与集合中元素个数的关系 2. 充要条件的论证	1. 数学符号语言的使用 2. 能用集合思想去观察、思考、表述和解决一些现实问题 3. 能从数学的角度分析和思考问题	1. 用韦恩图分析几个集合大小的关系 2. 用集合语言描述函数图像的交点问题 3. 反证法
二、不等式	1. 不等式的基本性质及其证明 2. 基本不等式 3. 一元二次不等式(组)的解法 4. 分式不等式的解法 5. 含绝对值不等式的解法	1. 不等式的证明 2. 高次不等式 3. 无理不等式 4. 简单的线性规划	1. 不等式的逆用 2. 最大容积问题	1. 培养代数证明的基本能力 2. 培养利用转化思想解不等式的能力 3. 通过一元二次方程、一元二次函数和一元二次不等式之间的关系学会知识间的融汇贯通	1. 一元二次不等式解的区间长度 2. 含参数的不等式解的讨论 3. 用不等式表示平面直角坐标系中的区域
三、函数的基本性质	1. 函数的有关概念 2. 函数的运算 3. 函数关系的建立 4. 函数的基本性质：定义域、值域、单调性、奇偶性、零点等	1. 映射的概念 2. 抽象函数的性质 3. 函数的对称性 4. 函数概念发展史	1. 邮件与邮费问题 2. 出租车计价问题	1. 会用函数观点去观察和分析一些自然现象和社会现象 2. 领悟数列结合的思想 3. 会利用函数的性质解决简单的实际问题	1. 复合函数的研究 2. 特殊函数(如高斯函数、符号函数)及其表示
四、幂函数、指数函数和对数函数(上)	1. 简单的代数函数性质研究 2. 指数函数的性质与图像	指数函数与二次函数图像的增长快慢比较	1. 人口增长问题 2. 环境保护(如土地沙化等)问题	1. 会用计算器求对数值，估算方程的解等 2. 增强数形结合的意识 3. 增强数学建模能力及求解能力	指数函数图像的变换

表 1-11　高一年级第二学期数学统整内容与创新素养的培养

章节内容	基础型内容	拓展型内容	探究型内容	学习能力的培养	创新素养的培养
四、幂函数、指数函数和对数函数(下)	3. 对数与对数函数 4. 反函数 5. 对数函数的性质和图像 6. 指数方程和对数方程 7. 函数的应用	1. 对数换底公式 2. 指数方程与对数方程的近似解	1. 人口增长问题 2. 声音传播问题 3. 环境保护(如土地沙化等)问题	1. 会用计算器求对数值,估算方程的解等 2. 增强数形结合的意识 3. 增强数学建模能力及求解能力	1. 对数函数图像的变换 2. 复合函数的性质的研究
五、三角比	1. 弧度制,任意角及其度量 2. 任意角的三角比 3. 诱导公式 4. 两角和的余弦、正弦、正切 5. 二倍角及半角的正弦、余弦、正切 6. 正弦定理和余弦定理	1. 角度制与弧度制互化 2. 由象限角 α 推出 $\frac{\alpha}{n}(n\in\mathbf{N}^*)$ 所在象限 3. 有向线段的概念 4. 同角三角比的关系"八个基本关系式" 5. 万能置换公式	1. 三角函数线 2. 和差化积与积化和差公式 3. 海伦公式 4. 三角形中三角恒等式的证明	1. 理解任意角的概念、弧度的意义;能正确地进行弧度与角度的换算 2. 掌握任意角的正弦、余弦、正切的定义,了解余切、正割、余割的定义;掌握同角三角比的基本关系式;掌握正弦、余弦的诱导公式 3. 能正确运用三角公式,进行简单三角函数式的化简、求值和恒等式证明	1. $\frac{\alpha}{n}(n\in\mathbf{N}^*)$ 的象限的确定 2. 角的周期现象 3. 时钟问题 4. 灵活运用三角公式 5. 三角恒等式中"1"的代换
六、三角函数	1. 正弦函数和余弦函数的性质 2. 正弦函数和余弦函数的图像 3. 正切函数的性质和图像 4. 函数 $y=\sin(\omega x+\varphi)$ 的图像和性质 5. 反三角函数与简单三角方程	1. 用单位圆中的三角函数线画出正弦函数、余弦函数、正切函数的图像 2. 运用反函数与原函数的联系,探究反三角函数的图像与性质	1. 三角函数图像与指数函数、对数函数的交点个数;运用二分法确定解所在的区间 2. 反三角不等式	1. 会用"五点法"画出正弦函数、余弦函数、正切函数的图像,并在此基础上由诱导公式画出余弦函数的图像 2. 会由已知三角函数值求角	1. 运用三角函数线解三角不等式 2. 函数 $y=\cos(\omega x+\varphi)$ 的图像和性质 3. 函数图像的对称变换 4. 余切函数的图像与性质

(2) 实施小结

随着二期课改的实施与推进,"以学生发展为本"的新课程理念已经深入每一位教师的教学实践中。在数学的教学中,数学教师的职责应是使原先的"简单获得知识"变为使被教育者"获得一种终生受益的数学技能"。新课标强调,在高中数学教学时,教师要注重学生创新能力的培养。在高中数学教学过程中,培养学生的创新能力要通过多种途径来实现。

第一,提高数学教师素质。教师的素质水平极大地影响着学生创新能力的培养。高中数学教师如果没有较高水平的创新意识和创新能力,就不能给学生以很好的引导。要提高高中数学教师队伍素质,一方面要更新教学观念,深入学习素质教育的有关知识,认识到培养学生创新能力的重要性;一方面要加强数学教师之间的交流,就一些数学问题进行深入的探讨和研究,提高自身教学水平。知识是永无止境的,我们更要认识到学生经常会就一些问题提出多角度的解决方法,其中有些方法是教师也没有想到的。因此,高中数学教师要通过不断的学习来提高自身的教学水平。

第二,提倡多样化的解题思路。创新能力的培养,需要发散性思维的充分运用。只有运用多角度的观察和实践,才能提出多样化的解题思路,才能有所突破、有所创新。数学教学最重要的一个作用就是培养学生"举一反三"的能力,学生在解决一个数学问题后,可以把所运用的解题思路和应用原理科学地运用到其他问题当中去,提高自我分析问题、自我解决问题的能力。因此,教师要鼓励学生提出不同的想法,要鼓励学生勇于提出自己的不同见解。另外,教师还要层层设疑。在数学教学中,要多运用一些疑问,并鼓励学生大胆发言,提出不同的见解。教师要创设更加直观便捷的课堂教学情景,将所学的知识化抽象为形象,化枯燥为乐趣,让学生由苦学变乐学,充分发挥学生的主导作用,培养学生自主学习的热情,使学生在自主学习中实现创新。

第三,注重课堂与实践的结合。数学课是一门比较单调的学科,尤其是纯理论部分很难吸引所有学生的学习兴趣。因此,教师要多创设情境,选择一些与数学问题相关联的例子,让学生从中寻找出相应的数学问题,激发学生的学习兴趣。此外,教师在课堂教学中要恰当运用案例,促使学生在认识这些案例的基础上,产生解决问题的兴趣,进而感受数学与生活的密切联系,以此激发学生的积极性,发展自己的创新能力。

(3) 反思

课题实施两年以来,数学组在不断探索与实践中,总结了一些教训和经验,也在一定程度上促进了课堂的教学。以下是四点反思。

第一,素质教育与应试教育的和谐组合。

评价现在学校教育优劣的标准更多的是升学率、本科率、一本率等应试教育标准,所谓教育高地或教育先进地区大都是用这个标准来衡量的,这不但是上级教育机关的标准,也是家长和社会的标准。在基础性课程中培养学生创新素养强调的教育理念:教育不是冰冷的分数,不是机械的训练,不是空洞的说教;教育是关爱,是呵护,是让学生学会宽容和忍耐,学会坚守和期待。

在教学中，我们不要简单地把知识和概念交给学生，而是努力搭建一个平台，在这个平台上让学生成为一个发现知识、归纳概念的主角。在基础性课程中培养学生创新素养，为素质教育和课程改革找到了有力的抓手，教师在实践中悄然实现了专业化发展，学生在注重体系的知识学习和学习方式的转变过程中创新意识与实践能力也悄然形成，更能适应发展了的社会需求。

第二，课程实施矛盾突出，如何使教学更加有效？

高一起始，经过一段时间的课程实施，我们发现在教学中有三处矛盾比较突出。一是学生被动学习的局面难以适应二期课改倡导的自主探究学习方式，学生升入中学，初中时候老师看得紧，循规蹈矩的题目多，刚入高中，尤其对于我们这样的综合高中，生源素质决定学生的学习方法放也放不开，即使问题甩下去，大部分同学还是一脸茫然，不知探究为何物，无所适从。二是传统反复演练的数学学习方法与现行的自主探究方法孰是孰非，我们也存在矛盾心理，虽然也进行过相关的教学内容的修修补补，但毕竟现在的生源素质普遍下滑，面对这些初中二次函数还没有学好的学生，放开他们的思维，是否意味着放纵呢？而我们沿袭至今的一题多练、一步几回头的传统练习样式虽然僵化老套，不利于学生个性的发挥，从长远角度来讲，甚至会束缚学生的思维，但毕竟是急功近利的相对有效手段，所以仍被大多数老师采用。在传承与发展之间能否有一个最佳的结合点呢？我们在放手发展这些学生个性与能力的过程中，能否得到能力与成绩的双丰收呢？学期初我们就在思考这些问题。三是讲与练的比例关系还存在着此消彼长的矛盾，虽然现在已经没了满堂灌，但教师要多讲，给学生自主学习的时间与空间就会相应减少。一方面，数学的面要放开，深度还要挖掘，否则课堂教学的效果就会大打折扣；另一方面，放开的学生思维不应成为难收的覆水。教师的主导与讲解需要课堂大块的时间，尤其对于我校的学生，教师的启发需要时间，师生共同的反思更需要时间，究竟如何把握课堂时间的尺度和内容的节奏，是每节课成功与失败的关键。

第三，学生、课堂、教师三位一体，统筹兼顾，渗透创新思维。

上海二期课改的主要精神就是逐步实现学生学习方式的改变，由原来的被动接受转变为积极的主动参与，学习者在学习过程中通过自身的尝试、体验和感悟来学习知识，充分体现学习是一种经历。因此，我们把核心放在改变学生的学习方式上。

关注学生生理和心理的发展过程以及学习效果的累积和上升过程，合理安排内容，由低到高螺旋递进。知识内容的展开，应遵循由感性到理性，由简单到复杂，由具体到抽象的认知规律。对难度较大的重要内容，可采用“孕伏—发展—形成—上升”的处理方式。换句话说，在大量的习题编拟与处理时，为了让学生解决问题的能力有所提升，我们将难点分解，并预设在前期教学中，给学生搭梯子，将问题步步分解，逐步上升，然后水到渠成。如我们在运用对数函数的性质解决“$y=\log_2(ax^2-2x)$在$[2,+\infty]$单调递增，求实数a的取值范围”时，学生很难理解到位，即使被动理解，大部分学生不久也就忘了；我们分析发现，影响学生解决该问题的障碍有两方面，一是对称轴与2的关系理不清，二是不会运用隐含真数大于零的条件，而这两方面正是我们认识函数很重要的两个方面，如果应用不好，势必影响后续学习效果；于是前期我们有针对性地预设演练了两个方面的函数的应用，等到上述问题真的临近，我们和学生边启发边探究，学生的思维自然瓜熟蒂落，效果出奇地好。

一方面我们遵循高一学生的认知规律，偏、难、生、涩的问题我们大胆除去，即便高考有所涉猎，我们也暂时放弃，如函数周期性、单调性、奇偶性的关系，我们都计划放到高三讲解；另一方面我们兼顾高一、高二、高三数学学习的系统性与递进性，比如正切函数图像的应用一课，我们将正切函数的应用放在突出位置，就是为学生在高二学习解析几何中的直线倾斜角与斜率的关系做准备。

第四，统整数学的教学过程，重视教学开放性和发展性。

数学知识在学生头脑中的再发生、发展、形成和应用的过程，是学生知识体系重新构建的过程，学生如果没有亲自体验，得不到探究过程的成功体验，就很难有继续学习的动力。因此，我们尤其关注课堂教学策略的统整。

教学策略的“开放性”，就是我们在课堂提问、习题设计、课后反思练习等各个教学环节为更多学生提供参与与思考的机会和时间。因此，开放试题的条件、结论、解法统整试题，并调节课堂节奏，降低课堂的重心，使更多的学生对问题的探究感兴趣。如我们在讲解基本不等式“$a\in\mathbf{R}^+, b\in\mathbf{R}^+, a+b\geqslant 2\sqrt{ab}$”时，将等式存在的三个条件“一正，二定，三相等”分门别类地进行开放性研究训练，使学生懂得了不等式条件的重要性，也懂得了数学的严谨。

所谓的发展性，实质在遵循教学大纲与学生身心发展规律的前提下，我们精心统整习题，重点设计能够体现数学思想与方法，能够培养学生创新思维的知识点。如在集合关系中培养学生的动静结合思维，通过数学史对学生进行爱国主义教育的培养，以及在数学的间接生成过程培养学生的兴趣等。我们都做足文章，以期为学生未来发展做铺垫。

2. 徐汇中学：抓住物理学科的特点，展开学期课程统整，系统培养创新素养

徐汇中学物理学科依托学期课程统整，研制《学期课程统整指南》，对学期教学的各要素进行统整，将创新素养的培养和基础课程的知识点融合，纳入单元教学目标中，并在教学过程中予以实现，以此实现“三个系统性”。下面是徐汇中学2014学年第一学期的物理课程统整指南。

表1－12　徐汇中学物理学科2014学年第一学期课程统整指南

进度	教学目标	基础内容	拓展内容	探究内容	学习能力	德育	创新素养培养	反思
3周	第一单元 原有目标： 一、知识与技能 1. 理解质点，理解质点是一种物理模型。 2. 理解位移，理解位移与路程的区别。 3. 理解平均速度和瞬时速度，知道它们的区别与联系。 4. 理解加速度。 5. 掌握初速为零的匀加速运动的规律，能用公式和图像描述这种运动。 6. 理解自由落体运动的性质和规律，知道自由落体加速度。 7. 知道伽利略研究自由落体运动的过程和有关的方法。 8. 知道数字化信息系统(DIS)，会用DIS测运动物体的位移、平均速度和瞬时速度。 9. 会用DIS测定匀加速运动物体的加速度。 二、过程与方法 运用DIS实验手段以及“逐渐逼近”的微分思想建立瞬时速度概念；通过对研究自由落体运动规律的探究过程，感受伽利略的“假设、推理、验证”思想方法。 三、情感、态度与价值观 1. 通过运动学与我国交通的练习，感悟我国交通事业的发展。 2. 通过伽利略对自由落体运动的研究及有关生平史料的介绍，感悟到科学思想和科学方法的作用及其生命力。 调整目标 加： 能处理单个物体的多段运动，和两个物体的追击运动	1. 质点、位移和时间 2. 匀速直线运动的图像 3. 平均速度和瞬时速度 4. 加速度 5. 匀加速直线运动 6. 自由落体运动 7. 学生实验：用DIS测运动物体的位移、平均速度和瞬时速度 8. 学生实验：用DIS测定匀加速运动物体的加速度	1. 掌握匀变速直线的规律以及初速不为零的匀变速直线运动的基本公式。 2. 理解竖直上抛运动。学会用匀变速直线运动的规律解决竖直上抛运动问题	1. 不同参照系下，看同一物体的运动情况是否相同，有何联系。 2. 用DIS测匀加速物体的瞬时速度和平均速度的联系	1. 培养抽象思维 2. 培养分析问题、解决问题的能力。 3. 培养物理探究能力	1. 通过介绍我国交通运输领域的成就，培养爱国主义精神。 2. 领略伽利略的探究精神和科学态度	1. 通过变速运动的位移与速度的关系，初步体验积分的科学思想。 2. 通过作图的方式探究自由落体运动性质，学习化曲为直的科学作图方法。 3. 实验探究能力的培养（技术创新）	1. 作为进入高中的第一个章节，难度上不宜设置过高，造成和初中物理过大台阶。教学内容应注重知识概念和基础，尽量避免过多复杂情景。 2. 可以让学生讨论设计探究自由落体运动的实验方法和环节，并讨论分析实验误差

（续表）

进度	教学目标	基础内容	拓展内容	探究内容	学习能力	德育	创新素养培养	反思
3周	第二单元 一、原有目标 1. 生活中常见的力 （1）知道形变，知道弹力和形变的关系，知道弹力的方向。 （2）在观察和实验的过程中，通过微小形变的研究，体会放大法思想。 （3）了解重力、弹力、摩擦力等常见力在日常生活中的重要意义。 2. 力的合成 （1）知道共点力，理解力的合成概念；理解平行四边形定则，会用作图法或解直角三角形法求合力；会用橡皮筋、弹簧测力计等器材研究合力与分力的关系。 （2）通过实验探究过程学习平行四边形定则；认识力的合成是一种等效替代方法；感受矢量和标量的求和方法。 （3）通过有关力的合成的实例分析，感悟力的合成在桥梁、工地及日常生活中的实际意义和应用价值。 3. 力的分解 （1）理解力的分解概念，知道力的分解是合成的逆运算；会根据实际需要分解力和求分力。 （2）经历在实际问题中建模、分析过程，领悟等效替代的思想方法。 （3）通过有关力的分解的实例分析，感悟力的分解在实际生活中的应用价值；通过对赵州桥的力学结构的分析领略古代人们利用力学原理的久远历史和伟大创造。 4. 共点力的平衡	1. 生活中常见的力 （1）什么是力？怎样用力的图示表示一个力？ （2）什么是重力？什么是重心？ （3）弹力是怎样产生的？ （4）什么是摩擦力？它有哪几类？ 2. 力的合成 （1）几个力的作用效果能被一个力替代吗？ （2）用什么方法求两个共点力的合力？ 3. 力的分解 （1）力的分解遵循什么规律？ （2）在实际问题中怎样分解力呢？ 4. 共点力的平衡 （1）什么是共点力？ （2）如果物体受到三个不共线的共点力作用，怎么样才能保持平衡？	1. 摩擦力 （1）静摩擦力和滑动摩擦力的区别 （2）摩擦力的作用 （3）摩擦力方向与物体运动方向的关系 2. 物体的受力分析 （1）受力分析的基本方法 （2）受力分析的注意事项 3. 力矩 （1）为什么要引入力矩 （2）力的作用与转动轴的距离 （3）求力矩的两种基本方法 4. 有固定转动轴物体的平衡条件 （1）理解力矩平衡条件 （2）运用力矩平衡条件解决问题的一般步骤 *（3）关于转动轴的确定	1. 物体重心位置与哪些因素有关？ 探究哪些因素会影响物体重心，以及如何影响？ 与物体重心相关的应用有哪些？ 2. 形变与弹力的关系。 选择生活中常见的物品分析形变与弹力大小及方向的关系。 利用橡皮筋和弹簧定量研究形变与弹力大小的关系。 3. 滑动摩擦力大小的影响因素。 影响滑动摩擦力大小的因素有哪些？ 查找资料，了解这些因素本身有何特点？ 4. 力的合成遵循什么规律。 利用橡皮筋和弹簧秤探究合成和分离的关系。	1. 受力分析的方法 2. 力的分解的多解性 3. 共点力平衡分析方法 4. 动态平衡分析方法	1. 在“验证力的平行四边形定则”实验中，让学生动手探究，验证结论，养成实事求是的科学态度。 2. 在共点力平衡分析的过程中，培养学生系统的科学思维方式方法，并且通过平衡问题渗透平衡美、对称美等美育教育	1. 在对力的认识过程中，通过分类、归纳及建构等过程，培养学生发现问题的能力、观察能力、质疑能力、独立思考能力等，提高学生创新思维的基本素质。 2. 在探究内容的多个活动中，培养学生动手操作的能力，提高创新技能。 3. 在共点力平衡分析的过程中，培养学生系统性、综合性、条理性的思维能力，进而提高学生的创新能力。 4. 在动态平衡分析中，培养学生发散思维或合理想象的能力，提高思维的深刻性、灵活性和独立性	

（续表）

进度	教学目标	基础内容	拓展内容	探究内容	学习能力	德育	创新素养培养	反思
3周	(1) 理解共点力平衡的概念和条件；会用力的合成和分解方法求解简单的共点力平衡问题。 (2) 感受共点力平衡问题的分析过程，能运用数学中建立直角坐标系和三角函数关系等方法解决共点力平衡问题。 (3) 感悟共点力平衡的实际应用价值。 调整目标 加： 1. 在认识常见力的过程中，掌握分类认识事物的方法，体会其中的优势。 2. 在力的合成分解中体会矢量运算和标量运算的区别。 3. 在学习受力分析的过程中，体会分析问题的系统性、综合性、条理性。 4. 在动态平衡分析的过程中，灵活应用已有知识和经验，通过发散思维和合理想象，提出适当的解决办法			能够用实验验证力的合成遵循平行四边形法则。 5. 力的作用效果怎么样分辨。 利用生活中的常见物品如海绵、尺、橡皮筋、硬纸板等探究力的实际作用效果				
3周	第三单元 原有目标： 一、知识与技能 1. 理解牛顿第一定律。 2. 掌握牛顿第二定律。 3. 理解牛顿第三定律。 4. 知道国际单位制。 5. 知道经典力学的局限性。 6. 知道牛顿的生平及其成就。 7. 知道爱因斯坦在创立相对论等方面对科学的贡献。 8. 设计并能用DIS研究加速度与力、质量的关系。 二、过程与方法 运用“控制变量法”和对数据的分析归纳方法，引导学生探究物体的加速度与力和质	1. 牛顿第一定律 2. 牛顿第二定律 3. 牛顿第三定律 4. 国际单位制 5. 经典力学的局限性 6. 牛顿对科学的贡献 7. 爱因斯坦对科学的贡献 8. 学生实验：用DIS研究加速度与力的关	1. 综合运用牛顿定律和运动学公式解决实际问题 2. 了解钱学森生平 3. 课外查阅资料了解牛顿生平并交流 4. 查阅资料了解爱因斯坦创立相对论的过程并以小组为单位进行交流	1. 物体不受任何外力作用会怎样？ 2. 利用DIS验证牛顿第三定律。 3. 加速度与力和质量的关系研究，小组为单位自行设计探究方案，在课堂上比较各方案优劣，选出最优方案进行实验探究	1. 培养抽象思维 2. 培养分析问题、解决问题的能力 3. 培养物理探究能力	1. 通过介绍我国航天事业的成就，培养爱国主义精神 2. 领略牛顿和爱因斯坦的创新精神和科学态度	1. 超失重教学中，让学生通过几个小实验亲身体验（不利用DIS），自主分析超失重的条件（技术创新）；通过收集神舟十号资料并作成PPT交流，培养学生爱国情操以及演讲的能力（艺术创新）	1. 应用牛顿定律解决实际问题可分为几个部分：水平方向、竖直方向、水平面斜拉、斜面上斜拉、多段运动。循序渐进、逐渐巩固。超重和失重专题可应用多媒体技术，设计小游戏小实验增加学生体验，从实际出发分析问题。 2. 学生自行设计方案之

（续表）

进度	教学目标	基础内容	拓展内容	探究内容	学习能力	德育	创新素养培养	反思
3周	量的定量关系。 三、情感、态度与价值观 1. 结合实际感悟我国航天事业的成就。 2. 了解科学的辩证发展历程，领略牛顿和爱因斯坦的创新精神和科学态度。 调整目标 加： 能应用牛顿定律解释超重和失重现象	系，加速度与质量的关系					2. 通过拔河小游戏，培养学生从实际生活中发现问题、分析问题、解决问题的能力（技术创新）。 3. 实验探究能力的培养（技术创新）	前可先充分讨论，避免出现完全错误的设计

3. 市二中学生物学科：依据学科特点，从基础型实验入手设计统整指南

生物学科以基础型实验作为突破口来设计创新素养培养的序列点，设计了《生命科学基础型实验与创新素养的统整指南》。通过设计指南到实施指南，实验教师归纳了一些可供借鉴的经验：

（1）教师要敏锐发现可供培养学生创新素养的训练点；

（2）教师要有效设计有价值的问题，循序渐进地引导学生提出问题、分析问题、解决问题；

（3）教师在整个过程中要尊重学生的思维并加以合理适时的引导和指导。

表 1－13　市二中学生命科学基础型实验与创新素养培养的统整指南

统整内容	教学目标	创新培养目标	培养方法	设计思想
食物中主要营养成分的鉴定	初步学会鉴定糖类、脂肪和蛋白质的生化检测方法	1. 利用生物和化学知识，分析实验过程中出现的现象，得出相关结论。 2. 通过合理想象，提出合理的假设，并尝试着设计实验来验证假设。 3. 尝试与人分享，共同探讨，反思自己的探究过程	1. 鉴定已知的营养成分。 2. 鉴定未知生物样品的营养成分。 3. 讨论分析实验结果和存在的问题	建立初步的分析问题的能力，知道实验探究的方法，尝试合作探究
探究植物细胞外界溶液浓度与质壁分离的关系	1. 学会观察植物细胞质壁分离的现象。 2. 能够应用显微测微尺测量细胞质壁分离的程度。 3. 初步学会细胞质壁分离图的绘制	1. 初步学会分析问题，通过收集数据信息，进行一定的综合和归纳，尝试透过现象寻找本质。 2. 初步学会一些探究的方法。 3. 初步学会实验记录表的设计、实验数据的记录、标准曲线图的绘制方法	1. 定性观察 30% 蔗糖溶液中洋葱表皮细胞的质壁分离现象。 2. 测量不同浓度蔗糖溶液中洋葱表皮细胞的质壁分离程度	初步学会实验探究的方法和步骤

（续表）

统整内容	教学目标	创新培养目标	培养方法	设计思想
探究酶的高效性	1. 学会实验操作中试剂滴加、振荡等有关技能。 2. 理解酶的生物学特性	1. 尝试运用知识解决实际问题。 2. 初步学会有条理地分析问题，透过现象把握问题的本质。	1. 分析教材中实验表格的设计方法。 2. 思考实验中呈现的一系列现象	初步学会对照组的设置、变量的控制
光合作用的研究历史	1. 知道光合作用的研究简史。 2. 知道光合作用的原料、条件、生成物	1. 感悟科学史和科学方法。 2. 理解生命科学中实验探究的科学方法和基本步骤。 3. 体验思考的独立性与批判性	分析科学家设计的光合作用研究实验	学会实验设计中控制变量、设置对照等基本原则
探究影响光合作用的因素	1. 能设计并实验探究影响光合作用的因素。 2. 学会观察和检测应变量的变化。 3. 学会设置对照组	1. 初步学会应用已有知识和经验，通过发散思维或合理想象，提出合乎逻辑的假设并设计实验进行探究。 2. 学会分析问题的方法（事物的两面性、现象的综合性等），能把握问题的本质，初步形成综合的判断能力。 3. 乐于合作，懂得分享	利用真空渗水法分组设计并探究影响光合作用的因素	将前期所学的实验设计方法加以运用和实施

实验案例分析：

这里呈现的是中学数学、物理、生物三个学科的实验教师提供的实验的过程性材料。读者可以看到，尽管学科不同，但是其培养的方式方法是相同的：首先对一学期的教学内容和教学进程安排作系统设计，形成自己所教学科的《学期课程统整指南》；在形成这个指南的时候，将创新素养作为一个教学要素做系统设计，实现培养内容上的系统性；根据这个《指南》，再做单元设计，将创新素养的培养目标落实到单元，实现培养目标的系统性；再在课堂教学的过程中体现创新过程和教学过程的基本吻合，这样基础课程中创新素养系统培养的“三个系统性”就得到了落实。实验结果证明这种做法教师是接受的，也是可以操作的，取得实际效果是必然的。

（四）一位语文教师的实践与反思（华东理工大学附属中学吕三堂老师提供）

1. 实施创新素养教学的背景

跨入21世纪门槛，人类历史开始步入知识经济时代，社会经济的发展越来越依靠科技创新，创新成为时代最响亮的口号。提升民族自主创新能力，建设创新型国家，成为世界各国共同的追求。建设创新型国家，需要创新型人才，1999年《关于深化教育改革推进素质教育的决定》明确提出，素质教育的重点是培养创新精神与实践能力。

毋庸讳言，由于传统的思维方式，传统的教育观念、教学模式和方法，尤其极端的功利思想和短视行为，教育主管部门对升学率和考名牌学校的一元性评价等影响，许许多多的学校教学存在着严重的以考定教、以考定学等现象。教师不能按照学科特点、遵循学科学习规律与能力生成规律实施教学，满堂灌、一言堂的授受式教法与题海式训练充斥课堂；学生成为作业的俘虏、分数的奴隶和教师的听差，唯书唯师，潜能得不到释放，个性得不到张扬，好奇心被泯灭。巨大的高考压力、乏味的学习生活和过重的课业负担不仅导致许多学生厌恶甚至痛恨学习，而且在很大程度上抑制甚至扼杀了学生的独立鲜活的个性与创新潜能。

面对时代对创新和创新人才的呼唤，直面当前教学的现状，责任呼唤着我们教师的良知与改革的动机：教学必须改革，教育必须创新，培养创新精神与创新能力。2014 学年度，上海市徐汇区教育学院对全区中小学高级教师进行了“在教学中如何培养学生的创新素养”的培训，因此，我们教师把学生创新素质的培养当作义不容辞的责任。

2. 进行创新素养培养的教学过程和实施原则

（1） 创新素养培养实施过程的三个阶段

① 学习理论阶段（2014 年 8 月—2014 年 9 月）：自觉学习创新理论，研究国内外先进学校经验，认真听专家讲座，了解学生语文学习现状，研究制定学生创新素养教学方案，完成两个学期课程统整。

② 形成新的教学模式阶段（2014 年 10 月—2014 年 11 月）：本阶段开发建构完善了培养学生创新素养的课程教学模式，研究了学生创新素养构成与影响生成的要素，形成了创新素质培养的有效方法与模式，创设了倡导创新、鼓励创新、支持创新的班级学习文化氛围。

③ 反思完善阶段（2014 年 12 月—2015 年 6 月）：经过一段时间教学，我们发现教学过程中存在一些问题：语文基础知识学得不扎实，考试成绩不如意，在课堂讨论过程中容易游离教学重点等。为此，我们高二语文教师共同研讨，重新审视一个学期教学，找出原因，制定并完善教学模式。

（2） 创新素质的课程教学模式、实施原则与方法

① 探索引领学生创新入门的有效路径。我们设计了“了解创新—发现课题—尝试创新”的逻辑流程，把学生带入创新殿堂。

了解创新——揭开神秘面纱，让学生建立创新的自信。打破学生神秘感，让学生了解创新，建立创新自信，是成功实施创新教育的前提。首先借助创新图片、案例与故事，创设情意场，把学生自然带入创新情境之中。学生对创新的神秘感很快消失，而且普遍感觉到“创新，我也能做啊”，学生创新的火花已在大脑中迸发。

发现课题——学会观察，让学生拥有发现的眼睛。创新从发现开始，要创新，先要发现课题。一是培养问题发现意识与能力。通过创新故事和案例，引导学生打破思维定势，从司空见惯的事物中发现从未注意过的问题。二是鼓励学生实现“三跳”，从而发现、创新。“三跳”即：“跳出课本”，不能只关注课本知识；“跳出教师”，不迷信权威、不轻信已有结论；“跳出课堂”，星期天、节假日，让学生走向自然、走进社会，去观察、去发现。

尝试创新——学会思维，让学生形成创新的大脑。开展创新教育的根本目的，是培养创新意识、创新思维和创新能力。我们通过故事和案例渗透创新思维方法和创新技法；通过对优秀创新发明的鉴赏，拓展视野，提升创新见识与鉴赏水平；通过“头脑风暴”，创设情意场，激发创新灵感，释放创新潜能；借助学生创意，组织学生讨论、修改与完善，训练创新

思维与能力。

② 创新课程中的培养创新素养的常见课型模式

课型模式1:引导学生从自然、社会、生活中选择有价值的课题,改变思维定势,从人们司空见惯的事物中发现新问题,培养观察生活、问题发现的意识与能力。

课型模式2:先指导学生分组自我论证研讨,再在教师指导下开题论证,培养学生鉴别课题、改造课题的能力和质疑精神。

课型模式3:在研制课题方案中,培养发散思维能力。

课型模式4:在考察、调查、访谈、问卷、实验、查阅资料中,丰富创新土壤,锻炼人际交往能力与合作精神,培养获取信息的能力与实践能力。

课型模式5:运用归纳思维、创新方法进行资料数据分析与信息整合,培养抽象概括与知识创新的能力,形成富有创新性的观点与结论。

3. 效果与反思

(1) 实施效果

实施创新素养教学促进了高二学生显著发展,学生普遍形成了创新意识、创新思维、创新能力与创新精神。同时也促进了我们教师发展。这种新的教学模式,要求我们不断开发新课程,不断探讨培养学生创新素质的途径与方法,这样也使我们突破以前的教学模式,接受新的教学理念,开拓新的教育教学模式。

(2) 反思与改进

尽管我们实施了新的教学模式,但由于我执教语文30多年以来,形成了固有的教学模式与方法,一时间很难摆脱。突出表现在以下几方面,今后要改进。

① 重视语感体验,忽视思维能力的培养。将语言混同于思维,认为学生的语感强了其思维能力自然就强,思维能力是不需要培养的,是自然天成的,不需要教,也教不会。

② 重视发展学生的形象思维能力,忽视逻辑思维的培养。形象思维由于其具有整体性、跳跃性,能直接形成灵感和顿悟,往往比逻辑思维更适合于探索和创新的需求。但是逻辑思维对创造性目标的实现却有指引和调控作用,离开逻辑思维的这种作用,光靠形象思维,创造性活动是不可能完成的,或完成不好。因此,我们在重视学生形象思维的同时,不能忽视对逻辑思维的培养。

③ 重视思维结果的正确性,而忽视思维过程的训练。随着创新素养教学日益深入,越来越多的语文教师已经认识到教学的根本任务在于培养学生的思维能力。我们不但逐渐树立了以思维为核心的教学思想,而且在实践中不懈地探索着思维培养的有效方法和途径。在教学实践中,不能只重视学生思维结果的正确性,而忽视思维过程的训练。在作文教学中,我们不仅把写作理论讲得头头是道、天花乱坠,把写作方法归纳得井井有条,把写作过程分析得环环相扣、丝丝入理,而且要注重学生记忆库房中材料的激活训练,要求学生运用分析、比较、抽象、概括、系统化、具体化等思维活动进行思维加工,创设情境,对学生进行相关的思维训练。

实验案例分析：

基础课程中对学生进行创新素养系统培养的“三个系统性”，为一线教师所掌握，并且展开实践的操作，取得实效。这样的过程与方法是靠教师来实现的。教师在学生创新素养系统培养中的作用是不可替代的。而教师的转变是这项教育改革的关键，也是我们实验中的重要观察点。实际上只要一线教师学会创新素养系统培养的方法论（见上一章），并且大胆实践，就会自然而然地改变自己的教学，或者提升自己的专业能力；在实验推进中有许许多多的教师实现了自己的转变，形成了自己的研究成果。以上是本次实验中的一位有 30 多年语文教学经历的老教师成功进行了语文教学中系统培养学生创新素养的实践以后的感悟，特别难能可贵。一些资深的老教师，长期积淀了教学经验，要适应创新素养系统培养的新要求，使自己的教学发生新的改变，不是容易的事；本案例的三个反思对语文教师，甚至其他学科的教师，都是有启发的，这实际上是揭示了教师要实现创新素养系统培养不但需要方法论，更需要思想认识上的反思与改善。

三、学校课程系统设计，统整实施，系统培养学生创新素养

除了在基础课程教学中系统培养学生创新素养，体现培养内容、培养目标、培养过程的系统性以外，实验学校还进行了对全校课程的系统设计和统整实施，以此展开对学生创新素养的系统培养，从而形成了一批成功经验和典型案例。（下文以华东理工大学附属中学为例）

系统培养学生的创新素养，需要对全校课程作系统设计，并且和基础课程统整实施。我校在以下方面展开了实验研究，取得了很好的实验结果。

（一）借助大学优质教育资源，积极开展学生创新素养的培养

如何培养学生的科学创新素养呢？我们不断拓宽探索途径，尝试借助大学优质的教育资源，通过一系列的活动实现创新素养的培养。经过多年的实践研究，我们成功开辟了多种有效的培养途径，取得了丰硕的实践成果。

1. 学术讲座拓展学生创新视野，培育学生的创新素养

我校聘请十余名教授组成学术讲师团，根据学生的实际需求，向教授提出讲座意向，教授再对中学开出全年的讲座清单与内容简介，这样极大地方便了我校按不同年级的需要合理安排讲座内容和时间。

4 年以来，我校共聘请 15 位有丰富教学经验的大学教授，举办近 40 次科学与人文类学术讲座，参加听讲的师生达 5000 余人次，在徐汇网、校园网发通讯报道 50 篇，学生的讲座感悟、心得、体会 300 多篇。这些学术讲座大大拓宽了学生的知识与创新视野，为学生了解前沿科技知识，培养学生的科学精神、科学态度和实践能力起了十分重要的作用。

教授学术讲座内容丰富，联系生活实际，授课深入浅出，形式生动多样，拓宽了学生的知识面，形成大学教授进中学校园的特色课程。这些学术讲座，有的是培养中学生的创新精神与创业意识，有的是培养中学生的自主学习与实践能力，有的则是培养中学生的民族

情操与艺术修养。如潘家桢教授、博导开设的“创新就在你身边”学术讲座，学生积极参与聆听与互动，从中大受启发；程建新教授的“中国传统文化的内涵、魅力”学术讲座，讲述了创意产业的兴起与东方文明的启示，为学生传递该领域信息，为他们今后的学习提高积累创新意识和能力。

2. 创新实验为中学生搭建了一个全新的研究和展示平台

中学生能否参与大学的创新实验项目？我校有着得天独厚的条件，可以利用华东理工大学的资源用于培养学生创新素养和科学精神。华东理工大学每年都会承担一批国家级、市级的大学生创新实验项目，加上自主开发的一批校级项目，总数多达200个。我校本着“兴趣驱动，注重实验，重在过程”的原则，从中筛选出一定数量的研究项目，供中学生参与研究，以拓展中学生的研究视野和提升中学生的研究能力。学生自由组合，成立课题小组，跟着大学生们一同研究与实验。在这个过程中，我们既强调了发展学生的兴趣，又注重了学生参与的体验。

我们加强管理与指导，使中学生参与大学创新实验项目研究落到实处，收到实效。每个创新实验项目研究小组都有两个指导老师：一个是大学的教授，本身就负责该项目的指导，顺便对参与项目的中学生进行指导；另一个是学校指定的相关学科的指导教师，他们对项目的进展起到关心、答疑、指导的作用。学校的教科研室还多次召开学生课题组负责人会议和项目组师生动员工作，带领师生参加大学的项目中期答辩会和师生见面会。频繁的接触和联系沟通，培养了中学生与大学生的深厚感情，增强了中学生与大学教授的友谊，使项目的各个环节进展顺利。

中学生通过参与项目研究，提高了自身的创新意识和实践能力，取得了良好的成效。经过三年的探索与实践，我校参与大学项目研究的力度逐年增强，项目研究的数量和研究质量也在逐年提高。学生们亲身参与了项目研究，付出了宝贵时间和精力，感受颇深，收获颇丰。为了鼓励同学们的这种研究精神和热情，学校每年举行一次研究成果评比，大学领导、区教育局领导和我校领导共同见证学生的论文答辩过程，并颁发奖状和奖金。2011年和2013年，我校分别有学生参加“上海市青少年科技创新大赛”，并荣获二、三等奖。

3. 挖掘大学场馆对中学生潜在的教育功能，汲取大学的创新素养

我校与大学签署了合作协议，每年都组织入学新生到大学参观，包括材料博物馆、校史馆、化学实验室、物理试验室等，学生们在参观中增长见识、开扩眼界，从而激发创新意识。

(1) 双方领导重视中学生参观大学场馆的重要意义，负责人明确各自的责任与要求，积极沟通，理顺关系，疏通环节，保证了参观活动的顺利进行。我校安排教科研室出面，全面负责与大学工会的各项事务联络，如参观内容的甄选、参观的时间安排、讲解与接待事务等，然后由学校的课程建设办公室具体落实到位。

(2) 形成参观管理制度，制定学校的参观管理流程，规范常规管理，提高中学生参观大学场馆的德育实效。结合前期形成的组织管理经验，我们把参观活动划分为三个阶段：在参观之前，我们先通过印发资料、学科渗透等途径，让学生对将要参观的大学场馆有一个初

步的印象，提高学生的参观兴趣和参观效果；在组织参观时，班主任全程陪同，让学生在参观的过程中保持有序，切实有所得、有所悟，并做记录；参观之后，要求学生们认真撰写参观体会，消化吸收参观体验。参观活动变成一次拓展学生知识面和培养人文精神的生动课程，学生们的组织纪律性和责任心也都得到了锻炼，收到很好的德育效果。

(3) 认真组织学生参观大学先进的专业实验室，进一步拓展大学优质教育资源的德育功能。随着国家课题研究的不断深入，我们还组织部分学生分别参观大学的化学实验室、机器人实验室、生物实验室。学生们一边听着专家的讲解，一边看着大学生们做科学实验，仿佛遨游在科学的海洋。在条件许可的情况下，我们还请一些中学生亲自试验，体验科学实验的乐趣。这种参观活动大大激发了学生热爱科学、严谨治学的情感和学习动力。

(二) 借助化学创新实验室的资源，编写《工科》校本教材，开设工科课程，通过化学创新实验室培养学生的创新素养

我校借助华东理工大学的教育资源优势，建成一座化学创新实验室，向高中生开设一系列的创新课程，由大学教授和本校教师共同执教，为学生提供了具有创造性氛围的实验研究环境，同时开发有理工特色的校本课程，有利于创新文化氛围的创建与学生创新素养的形成，有助于培养出新世纪创新型人才。

1. 借助大学优质资源，创建了先进的、综合性的、示范性的化学创新实验室，正常投入使用

我校依托华东理工大学优质化学工科资源和先进的教学管理理念，在徐汇区教育局大力支持和大量投入下建成了创新实验室。从创新实验的课程内容选择，到实验室的规划、建造以及后期跟踪，无不渗透着华东理工大学的帮助与扶持。创新实验室的创建打破了学校围墙，整合多方面资源，使实验室形成一个创新实验室。

在工科课程的内容选择和制订上面，大学的专家教授与我校双方考虑到国内中学化学创新实验室比较缺乏，学生在化学方面兴趣在硬件缺乏的条件下无法得到发挥，因此学校明确了学校以新理念、新模式培养以工科见长的学生为指导思想，经过策划、设计、装修、仪器采购后，建成了现有的化学创新实验室。其中华东理工大学实验室专项负责的虞大红教授给了学校极大的帮助，运用他多年的实验室设计管理经验，使学校创新实验室得以按照规划如期保质保量完成。

2. 编写了《工科》校本教材，使学生的创新素养培养系统化、科学化

"工科"这门课程贯彻我校"理工见长，多元发展"思想，以新理念、新模式建设的课程内容，以培养学生关心身边的社会热点以及相关学科中的化学现象为指导思想，建设了一些相关的知识板块和化学实验教学内容。它面向理工见长的高中学生，设立了开放性创新实验平台，以开拓学生思维、培养学生创新精神为目的，通过创新实验来增加学生对于化学学科的新认识。化学创新实验教学与活动使学生对身边的化学现象能仔细观察、思考、研究，提高学生对化学的探究兴趣。

《工科》校本教材的主要内容结构如下：

第一章　走进实验室

第二章　水质分析与水质处理

第三章　日用化学品制作

第四章　空气质量评价

第五章　水培植物营养液的配制

第六章　果蔬农药残留检测

（三）利用学校的科技节活动普及科学知识，营造科技与创新的良好氛围

我校的科技节是深受学生喜爱的重大节日，活动丰富多彩，比如机器人表演、高空落蛋、船模航模等，学生的参与面很广。科技节活动前有相关培训，活动后有总结。学生们在参与科技节的活动过程中，学习创新知识，掌握和运用创新技能，体验和分享创新的快乐，在动手动脑中快乐成长。

2013年的学生科技节主题为“梦，在春天里放飞”，科技活动分年级集体活动和学生个人竞赛两部分。举行的主要活动有预备年级的建模制作，初一年级的蝴蝶标本，初二年级的创意脸谱绘制和高一、高二年级的环保创艺赛。

2014年的“快乐动手动脑，圆梦2014”科技节，我们对活动作了改进，项目增多了，而且更加注重理工特色，激发学生的创新精神。2014年的科技节活动，学校为学生们设计了60多个科技小实验，分散到每个年级，全体学生都参加到科技活动中去。在5月9日的科技节闭幕式上，与会的市区专家领导们观看和体验了各种科学实验，对活动形式给予了积极的评价。

为培养学生关注当代科技发展、探究身边科学问题的能力，鼓励学生充分发挥想象力和创造力，就自己发现的问题和解决途径进行创意设计，我们还在科技节活动中举办了“科技创意设计大赛”。科技创意设计大赛评选出“华理科技金点子”，然后进行现场答辩，当场评定等第。学生们有的动手动脑进行小发明创造，有的仅是提出一个富有创意的设想，他们的想法虽然还很稚嫩，但大大激发了创新思维。

（四）拓展型课程和研究型课程内容更加丰富，教师的教学行为发生了很大变化，教学能力得到明显提升

1. 积极开展校本课程研究，探索学生创新素养培养新途径

多年来，我校一直认真坚持拓展课的建设和研究性课程的开发，每学期开设多门拓展课和多个高中研究课题。学生们在两类课程的学习中，不仅可以增长创新知识，还能提高创新能力。对于一些特色的校本课程，我校组织骨干力量开发校本教材，编印成册。目前已经形成了18门相对成熟的校本拓展课，如“走进上海历史名人”“中华传统节日趣谈”“心理”“身边的植物”“羽毛球”“趣味物理”“数学思想与方法”“古诗词吟诵”“社交与礼仪”等。

2. 借助大学资源，开设特色拓展课，深入推进学生创新素养的培养

如“药学”“生活中的化学”“发光二极管”“机器人”“跆拳道”等拓展课，都是大学教授为

我校的学生开设的特色拓展课，很受学生的欢迎。学生们在与大学教授的零距离接触中，感受到大学教授的学术气质，学习他们严谨的治学精神。

3. 借助大学资源开设的“机器人”特色课程，促进了中学生创新精神的培养和实践能力的锻炼

我校在大学教授的支持和指导下，开设了“机器人”拓展课程，编写了校本教材《未来之星机器人》，有课程目标与考评内容，使“机器人”拓展课程化建设渐渐走上了正轨，学生的创新素养得到提升，实践能力得到锻炼。学生们学习了机器人的相关知识之后，多次参加了上海市徐汇区机器人比赛，获得区一等奖、团体二等奖等多项好成绩。实践还证明，学生们参加了机器人拓展班的学习，不但没有影响他们的学习，而且还会对其学习成绩起到推动作用。

4. 通过创新素养的课题研究，教师转变了教育观念，教研组的活动形式发生了改变

教师是校本课程的开发者和实施者，教师转变传统观念，树立与课改精神相匹配的新教材观是十分重要的。我校教师们的教材观、课程观的转变，在很大程度上是依托了本课题研究。例如英语教研组从自身专业发展的需求出发，依托大学专业资源优势，学习教学理论，拓宽教学思路，通过教师专业培训与学习活动，实现教研组的知识管理。他们在建设学习型教研组方面，作了积极而有意义的尝试。英语组的教师们主动参与大学“报刊阅读”专业课程学习，提升了课堂教学的水平；他们充分利用外事接待促进教师专业发展的薪新平台，创建教研组内自我培训机制；他们开展英语沙龙主题活动，立足教师发展，探索教研组知识管理模式，从而促进教师队伍专业水平的提升。

实验案例分析：

华东理工大学附属中学是一所普通中学，其依托华东理工大学的优势，展开学生创新素养的系统培养，其中一个重要的抓手是课程。

基础课程中的系统培养　作为徐汇区“学期课程统整”的第二轮实验学校，自2006年起就开始进行“忠于课标，调适教材，创生教法”的学期课程统整实验，任课教师每学期开学前都要对自己一学期的课程教学作统整，形成自己所教学科的《学期课程统整指南》，然后按自己设计的这个《指南》备课上课。学生创新素养的系统培养是建立在“学期课程统整”的基础之上的，任课教师经过“学生创新素养形成的基本理论”的培训，把握了一般形成规律，又学习了学生创新素养系统培养的方法论，理解了把创新素养培养作为一个课程教学的要素融入自己所教学科的《学期课程统整指南》中的重要性，实现培养内容的系统性、培养目标的系统性、培养过程的系统性的“三个系统性”要求。经过两年的努力，一线教师基本上学会了在自己所教学科内对学生进行创新素养系统培养的方法论和核心技术，取得了很好的培养实效。

全校课程系统设计统整实施的培养　2013年，学校和华东理工大学进行了课程链接，有力地推进了校本课程的建设和实施，为创建特色高中奠定了课程基础，客观上需要把全

校课程作一个统整，形成以基础课程为核心，拓展型课程、研究型课程有机统整的整个课程体系，然后展开统整实施。上面的案例就是这方面的反映，读者如果能和本书第三章第三节有关的方法论核心技术对照起来阅读，就不难理解其中的方法论和核心技术的原理。中国教育学会专家组在实地考察后对该校的高度评价，以及学生从中受益，取得良好发展，其内在的合理性就在于此。

第四节　撬动课改重点——如何引导学校教师破解难题

学生创新素养的培养是本次课改的重点，而当前我们在客观实际的培养中存在着四个突出问题，它们阻碍着课程改革的推进，迫切需要我们研究解决。我们先来回顾一下本书第一章提出的四个突出问题：

（1）培养的对象上，以少数"尖子"学生为主，没有普及到每一个孩子；

（2）培养的途径上，以课外、校外为主，没有真正进入"主渠道"；

（3）培养的方式上，以教师自发进行为主，没有掌握必要的方法；

（4）培养的目标上，以学生现阶段为主，没有对基础教育作系统性思考。

本课题就是针对当前中小幼课程改革中创新素养培养的突出问题展开的研究。其实，上述四个问题，我们需要把教师这个关键因素考虑进去，从专业的角度来看，可以进一步归纳成为两个问题。

（1）教师对学生创新素养的形成规律，缺乏整体性的系统把握；

（2）教师缺乏基于课程实施的系统培养的方法论和核心技术。

我们要引导教师撬动课改重点，实现对学生创新素养的培养，需要帮助他们突破上面的这两个专业难题。我们的研究在理论与实践上取得了一些成功经验，为破解这些难题开辟了新的途径。

一、引导教师系统把握学生创新素养形成的一般规律

我们在实验中发现，教师对学生创新素养的形成不是一无所知，对学生创新素养的个别方面、个别要素还是有所了解的，在实际上有些教师也在作这方面的努力，比如，引导学生发现问题，启发学生分析问题，这在我们一线教师中大家也是在努力贯彻的。问题是教师对学生创新素养形成的一般规律缺乏系统把握，因此，反映到培养上就缺乏系统性。什么是学生的创新素养？学生的创新素养是怎样形成的？这些问题是我们一线教师进行创新素养系统培养必须掌握的基本理论。因此引导教师把握学生创新素养形成的一般规律就显得特别重要。

本课题做了大量的文献资料的收集和研究。国内外心理学家、教育学家对此有过许多研究，为我们提供了有益的借鉴，但是，纵观各种已经发表的文献资料，不难发现，现有的理论成果有两个重要的缺陷：一是比较分散，基本都是对某一方面的理论阐述，缺乏整体的系

统的阐述；二是难以为一线教师掌握和运用。针对目前国内外理论研究的实际情况，和一线教师进行学生创新素养系统培养的实践需要，我们将有关理论作了归纳整理，使之更加系统化，使之成为一线教师可以直接掌握，并且可以直接应用于实践的基本理论。

于是，我们对已有的关于创新素养、创新能力、创新人格、创新精神、创新习惯等一系列心理学概念作了梳理，遵循“能力与活动相辅相成”的心理学原理，把学生创新素养的培养放到创新活动的过程中展开，又把创新活动划定在科学创新、技术创新、文艺创新三方面，不涉及政治体制创新、经济体制创新等方面。运用陶行知先生的小孩子“天天是创新之日，人人是创新之人”论述，明确中小幼学生创新的一般特点，重点是指只要对学生本人有创新意义的就是我们需要的创新；以此把培养要求同创新活动过程的各个环节结合起来，并且明确引导学生开展创新活动，在有关环节上直接培养其创新能力的相关要素，而通过创新活动在学生心理上积淀下来的是创新人格，创新人格是我们间接培养的要求。由此，形成了《学生创新素养系统培养指南》，给实验教师作参考。

我们通过实验教师培训、中学高级教师学分培训等途径，引导一线教师掌握学生创新素养形成的一般规律，遵循一般规律创造性地运用到自己的教学中，读者可以从我们的实验结果中看到一线教师的这种变化。正是这些变化使一线教师的培养有了基本理论的支撑，有了基本的方向。

二、引导教师展开各学段学生创新素养发展特点的“草根研究”

我们在实践中碰到了一个现实的难题——针对各学段的学生创新素养发展特点，我们的心理学家还没有拿出可以为一线教师直接掌握的理论成果。我们可以帮助一线教师掌握创新素养形成的一般规律，但是我们缺乏研究揭示各学段学生创新素养发展特点的能力，而我们又不能等到心理学家们研究出各学段学生创新素养发展特点后再来培养他们。这也是我国教育理论研究落后于教育改革实际的一种反映。如何解决这对矛盾，我们采取的办法是引导一线教师展开“草根研究”。

根据创新素养与创新活动相辅相成的一般原理，我们认为只要学生能够成功地在教师指导下完成创新活动的过程，教师能够成功地上好这样的课，那么，学生的创新素养发展就是适应的。我们可以通过课堂观察学生在创新活动过程中的行为表现，归纳出这一学段学生创新素养形成的一般特点，并且可以直接指导以后的教学培养。

我们认为，单纯从心理学角度的研究难以取得真正为教师接受的成果；本课题进而转向引导教师从“教育行为学”和“心理学”相结合的角度进行研究：深入课堂，深入学生的学习过程，从他们在学习过程的行为表现中归纳出一般特点。这样的“草根研究”结果容易为教师所接受和运用。

我们已经引导实验教师观察学生在创新过程中的行为表现，将这些观察与经验进行收集和整理，描述出本学段学生在创新过程中的一般行为表现。比如我们已经在长三幼儿园和教师们一起“头脑风暴”，归纳出幼儿在“想”与“做”上的年龄差异：小班孩子，先做后想；

中班孩子，边做边想；大班孩子，可以先想后做。

我们认为：一线教师掌握学生创新素养形成的一般规律，运用已有经验展开适合本学段学生的培养实践，取得培养结果，并且通过观察、反思等展开"草根研究"，积极探索本学段学生的创新素养发展特点，形成揭示发展特点与展开有效培养的良性互动机制是可行的。我们的实践已经证明了这一点。

三、引导教师在基础课程的教学中系统培养学生的创新素养

要克服过去"点缀式""碎片状"的培养，必须进行基础课程教学中的"系统培养"，这是本课题需要突破的重点和难点。我们形成了《学生创新素养系统培养的基本理论》《学生创新素养系统培养的方法论》，并且转化成为教师的培训课程，展开实验教师和中学高级教师的培训。其中的核心要素是创新素养系统培养的方法论和核心技术（详见本书第一编第二章第三节）。

中小幼学生创新素养系统培养的方法论与核心技术是建立在徐汇区近十年展开学期课程统整实验的基础上的，要求任课教师研制《学期课程统整指南》，进行一学期教学的系统设计，将创新素养系统培养作为其中的一个元素加以强调与突出，形成培养序列，实现培养内容的系统性、培养目标的系统性、培养过程的系统性，通过系统设计，再展开课堂教学。我们感受到一线的校长、教师（包括600多位中学高级教师）是接受、认同这些基本理论和系统培养方法论的，并且努力在自己的教学中创造实践经验。实践证明我们的方法论和核心技术能够为一线教师所掌握运用，他们能够学会并且运用到自己的学科教学中，展开成功的系统培养，产生实际成效；本课题创建的创新素养系统培养的方法论与核心技术，接受了全区20所实验学校的实验教师和600多位中学高级教师的实践验证，证明是可以直接操作的，是有效的。它使基础课程实施中创新素养的培养有了方法论基础和核心技术的支撑。这个方法论与核心技术同基础课程中系统培养学生的创新素养有内在的本质的必然联系。

四、引导学校教师对于全校课程作系统设计，统整实施

本次课改把课程按管理权限划分为国家课程、地方课程和校本课程；上海则把它划分为基础型课程、拓展型课程和研究型课程。这种课程设计的特点是既有国家统一要求的课程，又有地方和学校的特色课程。但是在实施过程中出现了三类课程相互割裂的现象，难以有效发挥课程的整体功能。培养学生的综合素养（包括创新素养）必须要发挥学校课程的整体功能。

如何引导学校发挥课程的整体功能，推动创新素养的系统培养？我们采取的方法是"系统设计，统整实施"。要求学校对全校课程作系统设计，把创新素养培养作为学校课程的一个重要元素加以突出，形成全校系统设计的课程，同时在实施的时候由一线教师作统整实施。

对全校课程系统设计，统整实施方法论的确立和核心技术的培训，使得实验学校有了

明确的改革方向和举措，取得了比较好的实效，其中华东理工大学附属中学和长桥第三幼儿园更为突出，他们的经验得到中国教育学会督导组的肯定。

社区与学校联动，系统培养学生创新素养。我们实施的是社区教育资源与校本课程相连接，以课程为纽带展开学校与社区联动培养。这方面的实施，只要教师在基础课程的教学中有所突破，学校并以此为核心再展开全校课程的“系统设计，统整实施”，社区与学校联动，系统培养学生创新素养是可行的。我们在这方面也取得了一些成功经验。

五年多的实践已经表明，本课题提出和实施了的全校课程“系统设计，统整实施”的方法论和核心技术，它对于提升学校课程的整体育人功能、系统培养学生创新素养有其内在的本质的必然联系，并具有了进一步推广应用的标杆意义。

五、关于创新素养系统培养的评价问题

关于学生创新素养的培养效果，本课题没有将其列为研究内容，原因有两点：一是学生创新素养的测量非常困难，如果本课题自行评价，则其可信度往往难以服人；二是作为一线教师，其主要任务是如何培养，而不是如何评价。因此，我们的研究重点是引导一线教师如何展开系统培养，以此破解难题。至于培养效果的评价，自有权威机构对学生创新素养进行测量和评价，比如上海市教委的“绿色指标”中关于高层次思维能力的变化等。我们的实验学校已经普遍感受到了自己在这方面的进步。但是本课题并不把实验学校的高层次思维能力的变化作为实验的观测指标，因为我们进行的是自然状态下的原生态教育实验，不是严格控制变量的实验。

重要的是通过本课题的研究，徐汇区有1000多名教师掌握了学生创新素养形成的一般规律，掌握了在基础课程中系统培养学生创新素养的方法论和核心技术，取得了成功经验；20所实验学校学会了对全校课程作系统设计统整实施的方法论和核心技术，成功取得了全校性系统培养的经验。本书后面将介绍各学段和各实验学校的成功经验。这些经验既有方法论核心技术的统一要求，又有结合各学段、各校特点的实践智慧，值得我们珍惜。

第二编　中小幼学生创新素养系统培养的学段实验报告

第一章　幼儿创新素养系统培养实验研究报告

第一节　关键概念与关键问题

一、关键概念界定

创新素养，是指人为完成某项创新活动基本过程中形成新思维、新认识、新观点、新发展、新成果等所必须具备的知识素养、实践技能和身心品质。心理学研究认为：创新素养不仅仅是一种智力特征，更是一种人格特征，是一种综合素质，它包含了创新能力（A.动脑能力，包括发现问题、分析问题、提出假设，完成解决问题的思想建模、创意设计、方案设想、创作构思以及验证、实施、物化等方面的能力；B.动手能力，包括将科学假设进行验证的能力、将思想建模物化的能力、将计划规划方案付诸实施产生实效的能力，将创作构思物化呈现的能力等）和创新人格（浓厚的认知兴趣、旺盛的求知欲、情感丰富，坚持不懈，独立性强，自信、勤奋、进取心强，自我意识发展迅速，一丝不苟，勇敢、甘愿冒险、敢于标新立异，敢于逾越常规、喜欢刨根问底等）。

本课题中幼儿创新素养，具体指幼儿敢于质疑、敢想、敢说的精神，好奇、好问的态度，浓厚的探究兴趣，丰富的想象力，发现问题和尝试用不同方法解决问题的习惯，坚持不懈的意志品质等。

系统培养，有三方面含义：(1)融于课程的系统培养，即依托幼儿园现有课程，将幼儿创新素养培养融于现有课程的设计和实施之中，而不是另外开发一套课程；(2)各年段的系统培养，即注重在幼儿园各个年龄段展开适应幼儿身心发展特点的连续培养，各年龄段相衔接，为每一个孩子的终身发展奠基，为在区域内形成学段连贯的“线状”培养打好基础；(3)“因材施教”上的系统培养是指：对已经显露出创新特长的幼儿，提供合适的培养途径和方法，进行系统培养。

二、本课题拟解决的关键问题

当前幼儿园开展创新素养培养，存在着三个突出问题，迫切需要研究解决：

(1) 了解和把握幼儿阶段的心理发展特点，为创新素养的系统培养提供心理依据；

(2) 将创新素养培养和幼儿园课程有机融合，立足幼儿园基础，与幼儿园特色项目（园本特色）密切结合，系统梳理，形成培养幼儿创新素养的幼儿园课程。

(3) 注重适应创新素养培养的教师教育行为研究，总结培养幼儿创新素养的有效做法和经验，转变教师观念，改善教师培养幼儿创新素养发展的行为，营造保护幼儿创新素养发展的支持性环境。

第二节 研究的概况

一、研究目标

本课题将积极探索幼儿创新素养的发展特点，并立足幼儿园基础，与幼儿园特色项目（园本特色）密切结合，全面梳理培养幼儿创新素养的经验和做法，形成幼儿创新素养的系统培养实施方案，培育幼儿的创新素养。

二、主要研究内容

(1) 幼儿创新素养发展特点研究；

(2) 幼儿创新素养的系统培养研究；

(3) 适应创新素养培养的教师教育教学行为改善研究。

三、主要实验过程及内容

基本遵循总课题组的设计思路，幼儿园学段结合幼儿园教育的特点，开展了一系列实践探索活动，主要经历了以下三个阶段：

（一）酝酿、启动阶段：2012 年 2 月—2012 年 9 月

1. 构建研究共同体，基于园所实际确立实验内容

在总课题组的指导下，产生了 5 所实验单位，分别是科技幼儿园、机关建国幼儿园、襄一幼儿园、长三幼儿园和益思幼儿园。每所基地园都是全体教师共同参与研究。

根据幼儿园以主题活动为主要学习内容的特点和 5 所基地园的不同基础，我们努力促使创新素养研究与幼儿园优势项目（园本特色）密切结合，确立了每所基地园培养幼儿创新素养的切入口。例如：

科技幼儿园 在建立了完善的科学教育课程基础上，结合幼儿园承担的区级重点课题“幼儿创新素养早期开发的实践研究”，幼儿园确立了“在科技教育课程中培养幼儿创新素养的实践研究”专题。

机关建国幼儿园 根据幼儿园的环境教育特色，确立“在环境教育活动中培养幼儿创

新素养的实践研究”。

襄一幼儿园　一直致力于幼儿科学启蒙教育的研究和发展。在此基础上确立了“以创新活动室的开发与研究为载体，对幼儿实施创新素养的培养”的研究专题，以专用活动室环境的创新研究为抓点，开展系统培养的具体实验工作。

长三幼儿园　近年来一直进行“探索式科学教育活动的实践研究”，获得了一些有益经验。因此，该园确立的专题为“在科学教育活动中培养幼儿创新素养的实践研究”。

益思幼儿园　作为5所实验园中唯一的一所二级幼儿园，益思幼儿园借助总课题的力量，围绕学校生态环境教育特色建设，开展了专题为“在生态环境教育中培养幼儿创新素养的实践研究”。

在此基础上，学段子课题组集体研讨幼儿创新素养包含的具体内容，明确了幼儿园学段培养的重点和研究的路径，研制了幼儿园学段的3年研究实施方案，5所基地园也相应地制订了园本化的创新素养研究3年实施方案。

2. 积极参与理论培训，努力加深对创新素养的认识和把握

学段子课题组积极参与总课题组组织的一系列培训活动，如“创新素养研究的理论体系”“学生创新素养特点”“课堂教学中的观察技术及其运用”“如何研制学期课程统整指南”等，希望能基本准确理解“创新素养”的科学内涵，为后续的实践跟进提供认识上的保证。

实验园都成立了园级课题组，并由园领导及科研负责人将培训的内容在园级层面落实。例如，机关建国幼儿园从以下几个层面推进幼儿园实践研究：

(1) 成立创新实践研究活动园课题组。

(2) 大教研组行为跟进。组织全体教师学习、领会总课题下发的学习材料和幼儿园补充资料，了解幼儿创新素养的培养要素、创新过程，也从意识上强化对幼儿创新素养发展特点的观察与解读，逐步学会从幼儿的视角理解幼儿。

(3) 小教研中全面落实。通过共同备课，商讨如何将创新素养的培养渗透到主题中；通过对幼儿园环境教育主题活动进行调试，让创新素养培养全面渗透到幼儿园课程的方方面面，让创新素养培养惠及每个幼儿。

(二) 实验第一阶段：2012年9月—2014年1月

1. 以课例为载体，明确教师行为改进的方向

理论和实践都表明：幼儿期的孩子想象丰富，正处于创新素养最旺盛、最充沛的阶段。因此，幼儿阶段的创新素养的“培养”，更多是“呵护”“保护”好幼儿的好奇好问、敢于质疑等创新人格，创造支持性的环境，改善教师的行为十分重要。

如何创设支持性的环境？如何引导教师实现自身行为的改善？

幼儿园学段以课例为载体，由科研员和实验教师共同观摩和现场研讨，关注教师教育教学行为细节的适宜与改进。一线教师们在与专家的互动研讨中，从创新素养系统培养的

视角，反思自己的活动，逐步改变观念、改善教育行为，寻找行为改进的方向和路径。

幼儿园学段先后组织了9场现场观摩和研讨活动，有10位教师执教了创新素养培养研究课。经过一次次的实践探索和尝试，在专家的点拨下，形成以下共识：

(1) 幼儿的创新素养，受生活经验等各方面的局限，更多呈现的是幼儿自己以前没有经历或没有做过的事，而不是去和同龄孩子相比，有怎样的独特和创造。

(2) 幼儿创新素养培养，关注的重点应该是幼儿的探索发现过程以及幼儿在探索过程中的思考，而不是让幼儿了解和掌握多少知识。

(3) 幼儿园教师培养幼儿创新的意识和方法还是比较多的，但多数是无意识、零星、散点式的，现在要做的是将这种培养“有意识”“系列化”和“过程化”。

(4) 教师要为幼儿提供支持性的环境，使幼儿经历自由选择、自主探索、自我建构的过程，有充分展示自己的机会，能轻松愉快地用语言表达自己的想法和见解。

(5) 培养幼儿创新素养的渠道，集体活动只是很小的一部分，更多是在区域活动和一日生活之中。

2. 加强研究方法改进，关注活动过程中幼儿和教师的创新行为表现

在开展研究的过程中，我们深切感到研究方法尤其是观察法的重要性。总课题组邀请夏雪梅老师主讲的“课堂教学中的观察技术及其运用”，引起我们思考如何在本研究中加强观察技术的运用，为研究积累鲜活的第一手材料。于是，我们着手研制了“幼儿创新素养研究课”观察记录表。

设计的观察记录表经过多次试用，从幼儿行为和教师行为进行观察和记录，明确了观察的维度和内容指向，并采用文字记录与等级评定方法相结合的方式进行观察记录。即下面的样式：

表 2-1　集体教学研究课现场观察记录表(试用)

幼儿园：＿＿＿＿＿＿＿　班级：＿＿＿＿＿＿＿　活动名称：＿＿＿＿＿＿＿

活动时间：＿＿＿＿＿＿＿　执教教师：＿＿＿＿＿＿＿　记录者：＿＿＿＿＿＿＿

对系统培养的整体实践	简要记录	观察维度	观察情况(打✓)	简要记录	观察维度	观察情况(打✓)
培养内容		与前一活动具有逻辑联系			为后一活动提供经验基础	
培养目标		与创新培养要求(指南)相吻合			与课标相吻合	
培养过程		与幼儿创新过程接近			抓住培养重点	

（续表）

预设活动目标	简要记录	教师行为观察点	观察情况（打√）	简要记录	幼儿行为观察点	观察情况（打√）
	导入	能迅速吸引幼儿注意	1 2 3		注视教师，注意观察和倾听	1 2 3
		进行启发提问，引发幼儿思考	1 2 3		大胆表达自己的想法或发现	1 2 3
		认真倾听幼儿想法	1 2 3			
		……	1 2 3		……	1 2 3
	展开	交代任务及要求清楚、具体	1 2 3		敢于尝试和动手操作	1 2 3
		提供适宜的操作材料和工具	1 2 3		做事有一定条理	1 2 3
		提供直接感知和体验的时间、空间	1 2 3		能坚持完成任务	1 2 3
		支持和鼓励幼儿大胆联想、猜测并设法验证	1 2 3		完成任务的思路或方法与别人不同	1 2 3
		帮助幼儿回顾操作过程	1 2 3		遇到困难能想办法克服	1 2 3
		……	1 2 3		……	1 2 3
	深化	通过提问等方式进一步引导幼儿观察和思考	1 2 3		能观察和倾听同伴的想法或做法	1 2 3
		真诚接纳、多方支持和鼓励幼儿的不同想法或行为	1 2 3		能与他人交流与合作	1 2 3
		支持幼儿与同伴分工合作与分享交流	1 2 3			
		……	1 2 3		……	1 2 3
	小结	梳理总结，提升经验	1 2 3		敢于提出疑问	1 2 3
		结合生活实际，拓展延伸	1 2 3			
		……	1 2 3		……	1 2 3

注：数字表示该项内容的程度由弱到强，依次为：1.不佳；2.一般；3.很好

襄一幼儿园在实践中对观察记录表作了进一步修订，研制了集体教学活动中供教师使用的观察记录与评价表，指标和记录内容更加清晰、简便，如下表所示：

表 2－2　集体教学活动中教师观察与评价表

活动环节	观察要点	其他表现
发现问题	专注的眼神看着教师、教具等	注意力分散，自顾自玩
	能跟着教师指令动作	与同伴说无关话题
	能跟随教师话题回答	看一看就去做其他事情
	能用生活经验，说出自己的想法	
	用语言向教师发问，表现出想知道	
	能大胆讲述自己的想法	
分析问题 形成创意	听清教师指令，积极探究活动材料	面对操作材料随意摆弄
	能自己选择需要的活动材料	玩了一会活动材料后放弃
	能跟随教师的提问说出自己的想法	无意的东张西望
	对感兴趣的话题能提出下一个活动的建议	不关注同伴或教师，自己活动
	根据话题和同伴积极讨论、商量	和同伴说与无关的内容
	能说出自己的观察或操作过程	
	操作过程中能根据需要寻求教师、同伴的帮助	
	能叙述自己的操作情况，并与预先设想相比较	
	选择与同伴不同的解决问题的方法	
	采用自己没有使用过的活动材料或自己没有使用过的方法	
	对于同伴不同的方法有关注或认同的行为	
物化呈现 分享成果	对本次讨论和操作的话题继续感兴趣	有已经结束的倦怠
	能始终跟随教师进行回答	对提出的新话题不感兴趣
	能根据话题说出自己的想法	注意力分散，做自己的事情

3. 汇集一线教师的宝贵经验，初步梳理出幼儿创新素养发展特点

在总课题组学术负责人的指导支持下，我们在长三幼儿园组织了一批教育经验丰富的教师进行头脑风暴、集思广益，按照“提出问题”“分析问题”“提出假设”“分享交流”“物化呈现”五个环节的线索，描述幼儿的典型行为表现，然后再经过梳理，初步归纳出小中大幼儿创新素养的基本行为表现，为创新素养发展特点的认识奠定了基础。

4. 探索尝试，研制融合创新素养培养的课程实施方案

在接受总课题组组织的“如何研制课程统整指南”的培训之后，幼儿园立足已有的课程实施方案，在同步实施本园课程的过程中，强化“创新”元素，初步形成了以主题活动为主要载体，将创新素养培养有机渗透在区域活动、集体活动以及一日生活之中的课程统整指南，努力从内容系统、目标系统和过程系统三个方面落实总课题组的要求。

例如，长三幼儿园研制的《学期课程统整指南》，从小中大年龄开展的主题、主要组织形式以及对幼儿发展的价值三个维度，增加了“创新”一栏，依据每个活动对幼儿发展价值的不同，用星号标识，星号越多，说明该活动对某方面的发展价值越大。如下表所示：

表 2－3　长三幼儿园小班(上)主题活动中培养幼儿创新素养统整指南(节选)

主题活动				领域属性					其他
名称	目标	组织	内容	健康	语言	艺术	社会	科学	创新
小宝宝	学用普通话说出自己与同伴的姓名，能关注自己与同伴的五官和四肢	集体	小小手	★	★★★	★★	★★★	★	★
			我的杯子	★★★	★★		★★	★★	
			我会打招呼	★★	★★★	★	★★★	★	
			好孩子不要妈妈抱	★	★★	★★★	★★★	★★	
			小手拍拍	★★	★★	★★★	★	★★★	★
			好闻的气味	★★	★★★	★★	★	★★★	★★
			男孩、女孩排队	★★	★		★★★	★★	★★
			小牙刷	★★★	★		★★	★	
		个别	小熊穿衣	★★	★★	★★	★★	★★★	★★★
			印小手	★	★	★★★	★	★★	★★
			小跳舞毯	★★		★★	★★	★★	★
			小纸人	★★	★		★	★★★	★★
			拍拍踏踏	★	★★			★★★	★★
			叠叠高	★	★★★	★	★★	★★★	★★★
			串项链	★	★★		★★	★★	★

再如，益思幼儿园修改、补充、完善园本课程实施方案，重新制定课程实施方案的总目标，将“在生态环境教育中培养幼儿创新素养”的教育理念置于重要地位，将创新培养与园本课程有机融合。为了保证幼儿创新素养培养目标的系统性，她们又细化了各年龄段生态环境教育课程的阶段性目标。

5. 组织阶段研讨，澄清认识，把准研究的路径

基地园经过一年的摸索，对创新素养内涵及培养的认识，逐渐从文本化的理解，发展到融合进自己的感性经验，再逐步深化。但是，随着思考的深入，教师们在操作过程中也遇到一系列问题和困惑。

于是，在研究启动一年后，我们组织 5 所基地园进行了阶段交流和小结(详见本书第三章第二节《学前教育实验研讨会纪要》)，明确了下一步研究的方向和路径。

2014 年 1 月，我们又针对实践过程中发现的问题，组织 5 所基地园对“幼儿创新素养培养定位”“创新素养与培养目标的关系”“创新素养培养内容与原有课程之间的关系”等进行

了讨论，达成了几点共识(见本章第四节)。

(三) 实验第二阶段:2014 年 1 月—2015 年 6 月

主要是聚焦前期积累形成的“发展特点初步认识”和“系统培养框架”，继续在实践中进行验证、调整和完善，积累更多的成功经验。

参与中国教育学会对徐汇教改实验区的中期督导，进行幼儿园学段的展示汇报。

(四) 总结阶段:2015 年 9 月—2016 年 7 月

汇总资料，各实验园进行总结，幼儿园学段子课题组进行总结。

四、研究方法

文献研究法：收集和查阅幼儿创新素养培养、创造教育、创新教育等国内外相关研究成果，对幼儿创新素养、创新素养发展特点、系统培养等核心概念进行界定，了解研究现状。

行动研究法：与实验基地课题组老师一起，通过活动展示、案例分析、活动反思等多种途径，对幼儿进行行为观察、心理揣摩和深度访谈，初步揭示各年龄阶段幼儿创新素养基础性品质发展的一般特点；依托幼儿园现有课程，补充、完善和开发幼儿创新素养培养的课程；根据新的发展要求，对幼儿园管理进行改进的实证研究。

调查研究法：设计调查问卷，结合对教师、园长的深度访谈，对幼儿创新素养培养的现状进行调查研究，总结幼儿创新素养培养的有效做法和经验，发现在课程设置、教师言行、幼儿园管理等方面阻碍幼儿创新素养培养的问题或不足，为后续寻找基本的应对行动策略提供事实依据。

经验总结法：积累、总结幼儿创新人格培养的有效方法和经验。

案例研究法：积累幼儿创新素养培养的经验，以案例形式，提炼幼儿创新素养培养的基本过程和有典型意义的经验。

个案研究法：确立若干名幼儿(小、中、大班)进行创新素养培养的个案跟踪，了解幼儿创新素养发展的状况和培养的成效。

第三节 主要研究成果

一、对幼儿创新素养发展特点的研究

(一) 归纳了幼儿创新素养构成要素

与中小学有很大的不同，幼儿天生就对周围事物充满好奇心和强烈的求知欲，头脑中充满了奇思妙想，具有与生俱来的好奇好问、敢于质疑的创新人格，在活动过程中，幼儿还具有独特的思维、丰富的想象力等创新能力。创新知识不是幼儿阶段的主要任务。

基于此，我们认为：幼儿创新素养的构成要素主要有两部分，分别是：

1. 创新人格

（1）好奇、好问、好探究（兴趣）

（2）敢想、敢说、敢质疑（自信）

（3）坚持不懈（意志）

（4）合群、乐于分享等（社会性）

2. 创新能力

（1）想象力（大胆、丰富）

（2）思维力（发散、独特）

（3）表达和表现力（大胆、创意）

（4）探究能力（初步、简单的观察，比较，操作，实验等）

（5）习惯（做事有一定条理，尝试用不同方法解决问题等）

（二）总结了幼儿创新素养发展特点

根据总课题组的设计思路，我们汇集了实验园教师的丰富实践经验，依据幼儿的一般创新活动过程，初步总结了不同年龄段幼儿创新素养发展的行为特点，并提出了一定的教育建议：

表 2－4　幼儿创新素养发展特点行为描述

过程	幼儿创新素养发展特点行为描述			教育建议
	小班	中班	大班	
发现问题	没有目的性，随意地玩，问题意识很淡薄，遇到问题时会寻求帮助	满足于操作摆弄，在过程中体验，问题和发现源于幼儿的需要，用不到的时候不会去想，多数是猜测。遇到问题时，有时候会选择放弃	往往会玩很长时间，不会一开始就关注活动内涵的东西，过了一段时间之后，才会发现问题。常常从同伴的操作中受到启发，容易受到同伴的影响	不要强求幼儿发现问题。提供丰富、多元的操作材料和游戏的场景。注重幼儿的操作过程，不要过多关注结果。教师要适时介入
分析问题	依靠感觉认知，依赖于头脑中已有的前期经验积累。只在乎过程，不追求结果。分析问题的意识不强	会有初步的质疑，但并不明显，属于萌芽阶段。中班下学期会有争论，满足于说出来，表达出自己的想法，如“我知道”“我做过”，但还找不到有力的证据。在分析问题时会表达意见，但不会分析	会猜测，这种猜测是基于幼儿自己已有的前概念。会寻找问题，并会出现争论的现象，除了表达自己的意见，还要强调自己的理由，会寻找一些资料，力图用事实来说服别人、反驳别人的意见，如“我是从书上看到的”等。有独特的思维	注重创设丰富的环境，帮助孩子积累生活经验。丰富的环境以及成人给予的经验与视野，决定着幼儿分析问题的能力。家长固有、保守的养育思路会干扰幼儿的创新素养
提出假设	不会预先想好，而是伴随着动作突然间会出现一个设想，但提不出假设	往往会受到环境的暗示或者是根据教师的提示来提出他们的设想	会根据自己的经验进行猜测，“你做成功了，我也要成功”。会提出假设，强调自己的理由。也需要成人的引导	对于幼儿的奇思妙想给予鼓励和引导

（续表）

过程	幼儿创新素养发展特点行为描述			教育建议
	小班	中班	大班	
猜测验证	模仿是小班孩子最典型的验证方式。喜欢用多种方式去体验	喜欢用模仿方式	通过模仿进行学习，在小组活动中很容易受到同伴启发，一个成功的个人经验可以很快变成集体经验，常说："老师，我也做出来了。"	运用视觉、听觉、触摸觉等多种方式、途径帮助幼儿积累感性经验，进行体验、验证。教师的引导很重要。分组时要注意，对教师来说，分组时的人员安排需要考虑到一个组里要有不同能力的幼儿
成果表达	很积极	喜欢自己的成果被教师同伴肯定或者展示出来	看到自己也成功了，十分高兴。乐意将自己的成功与他人分享	要给孩子积极的、成功的体验

科技幼儿园则从"创造"维度来研究幼儿的创新素养，并设立五个水平作为评价或观察标准。如下表所示：

表 2－5　科技幼儿园创造素养发展水平

创造	以具体的形象或图像为内容，运用心理表征进行创造	水平 1：幼儿能够使用记号笔、蜡笔、铅笔、粉笔、水彩颜料、手指颜料等工具、材料进行绘画 水平 2：在涂鸦过程中，幼儿开始注意到自己不经意间画下的图案，并能说出这个图案与某样物体相似 水平 3：幼儿能够画出某一个物体/事件，并能说出图案代表的意思 水平 4：幼儿能够画出包含 4 个组成部分的美术作品 水平 5：幼儿能够画出一个美术作品，其中至少有 1 个组成部分包含细节的展现
	创造具有可描述性，体现形象性和新颖性	水平 1：幼儿能够模仿一种动物、物体或另一个人 水平 2：幼儿能够使用一个或者更多物体作为道具来表示另一个物体 水平 3：幼儿能够同时使用该语言和肢体动作来扮演一个角色，描绘一种情况或场景 水平 4：幼儿能够与另外两个或更多幼儿共同合作进行角色扮演 水平 5：幼儿能够跳出所扮演的角色来介绍游戏进展的情况或对游戏成员发号施令，然后继续投入角色中

二、基于幼儿创新素养发展特点的系统培养研究

（一）纲举目张，从培养目标上寻找创新素养培养的"对接点"

课程培养目标是幼儿园课程实施的出发点和归宿。因此，课题组要求 5 所基地幼儿园对本园的课程实施方案进行分析，从本园的课程培养目标上寻找可以与"创新人格和创新能力"结合的要素，即分析已有培养目标与创新素养培养要素之间的关系，有机结合，相互依托。

表 2－6　幼儿园课程培养目标和创新素养培养要素比较一览表

<table>
<tr><th>研究基地园</th><th>幼儿园课程培养目标</th><th>创新素养培养要素</th></tr>
<tr><td>科技幼儿园</td><td>培养好奇好问好学好动、健康乐群、善于发现、勇于表达、全面和谐发展的、有个性的接班人</td><td rowspan="5">创新人格：
• 敢于质疑
• 敢想、敢说的精神
• 好奇、好问的态度
• 浓厚的探究兴趣
• 坚持不懈的意志品质
• 愿意尝试
• 积极向上的情感等
创新能力：
• 丰富的想象力
• 灵活、独特的思维能力
• 发现问题
• 尝试用不同方法解决问题的方法和习惯等</td></tr>
<tr><td>长三幼儿园</td><td>以科学教育为抓手，着力培养好奇好问、友善乐群、手脑相长的儿童，让幼儿在探索中学习，在动手中增智，为其终生发展打下良好的基础</td></tr>
<tr><td>襄一幼儿园</td><td>倾力打造幼儿科学启蒙之乐园，培养健康活泼、好奇探究、文明乐群、勇敢自信、有初步责任感的、面向未来的人才</td></tr>
<tr><td>建国幼儿园</td><td>通过园本课程的实施，促进幼儿健康水平以及情感、态度、认知能力等各方面的发展，培养关爱环境的情感，建立遵守环境的准则，养成爱护环境的习惯，激发探索环境的兴趣，习得保护环境的能力，让孩子成为健康活泼，勇敢自信，有初步责任感的儿童</td></tr>
<tr><td>益思幼儿园</td><td>幼儿——健康、有礼、自信、爱绿
教工——建设一支具有良好职业道德、爱园爱生、追求进步、具备绿色环保创新意识和相关教育教学能力的教工队伍</td></tr>
</table>

如上表所示，长三幼儿园的培养目标是："以科学教育为抓手，着力培养好奇好问、友善乐群、手脑相长的儿童，让幼儿在探索中学习，在动手中增智，为其终生发展打下良好的基础。"分析发现，幼儿园的培养目标和好奇、好问、敢想、敢说、合作、动手能力等创新素养培养要素"不谋而合"，这为创新素养培养融入幼儿园课程提供了极其有利的条件。

再如，襄一幼儿园的培养目标是："倾力打造幼儿科学启蒙之乐园，培养健康活泼、好奇探究、文明乐群、勇敢自信、有初步责任感的、面向未来的人才。"不言而喻，创新素养培养研究建构的好奇、好问、敢想、敢说、乐群等创新人格及思维独特、大胆想象等创新能力，与幼儿园的培养目标异曲同工。

又如，科技幼儿园的培养目标是"培养好奇好问好学好动的、健康乐群、善于发现、勇于表达、全面和谐发展的、有个性的接班人。"创新素养培养要素与之基本一致。

如此，创新素养的培养过程，就不是给幼儿园保教工作额外增加一项任务，而是找到了与园本课程培养目标的结合，在很大程度上能够伴随着幼儿园课程培养目标的落实过程而进行，创新素养研究充实和丰富了幼儿园的办园目标，创新素养研究就有可能在幼儿学段走上一条可持续发展之路。

（二）因地制宜，确立园本化培养幼儿创新素养的切入口

每个基地园都立足于自身实际和已有基础，与幼儿园特色项目（园本特色）密切结合，确立了本园培养幼儿创新素养的切入口，如下表所示：

表 2-7　基地园培养幼儿创新素养的切入口

基地园	切入点
科技幼儿园	在科技教育课程中培养幼儿创新素养
建国幼儿园	在环境教育活动中培养幼儿创新素养
益思幼儿园	在生态环保教育中培养幼儿创新素养
长三幼儿园	在科学教育活动中培养幼儿创新素养
襄一幼儿园	以小科学家工作室为载体培养幼儿创新素养

（三）系统设计，依托课程实施方案落实培养载体

在总课题组的指导下，各园立足幼儿创新素养的发展特点和本园实际，依托已初具雏形的幼儿园课程实施方案，对上海二期课改配套的教育参考书《学习》《生活》《游戏》《运动》进行了深入的研究与统整，将创新素养培养有机融入幼儿园教育实践之中，落实创新素养培养的内容载体，形成了各具特色的幼儿园课程统整指南，用以指导教师的教育实践，使创新素养的系统培养工作落到了实处。

例如，长三幼儿园按照不同年龄段每学期开展的主题活动，主要采用集体活动和区域活动两大组织形式加以实施，并用标星号的方法，在每个活动之后标出与创新素养培养的密切程度，星号越多，意味着该活动蕴含的创新素养培养元素越多(见下表)。

表 2-8　长三幼儿园课程统整指南(节选)

小班第二学期的主题活动				领域属性					其他
名称	目标	组织	内容	健康	语言	艺术	社会	科学	创新
熊的故事	尝试用各种方式表述故事情节，对物体的大小进行比较或匹配	集体	三只熊来做客	★	★★★		★★	★★★	★★★
			大熊山	★	★★	★★★			★
			三只熊搬家	★		★★	★★★	★★★	★★
			数熊山	★	★★★	★★			
		个别	三只熊的家	★★		★★		★★★	★★★
			给三只熊送礼物	★	★★		★★	★★★	★★★

再如，益思幼儿园将创新素养培养与幼儿园的生态环境教育课程有机融合，重新制定了生态环境教育课程目标，重新理顺了主题和生态活动的关系，将创新素养培养有机融入到每月、每个年龄段开展的不同教育活动之中，并做到了“三个合理”：

(1) 合理调整主题活动顺序，将生态环境教育有机融合；

(2) 合理挖掘主题活动内容，将生态环境教育有效融合；

(3) 合理增设全园系列活动，将生态环境教育有序融合；

如表所示：

表 2-9　益思幼儿园主题活动与生态环境教育活动中培养幼儿创新素养统整指南(节选)

安排 年龄阶段	生态环境教育活动 ——无车日活动	生态环境教育活动 ——粮食日活动
小班	“小宝宝”主题	“学本领”主题
	创新要素:结合一日生活中的实践,激发积极情感,鼓励幼儿尝试	
中班	“周围的人”主题	“好吃的食物”主题
	创新要素:主动收集各类信息,尝试同伴间的交流和合作,分享快乐	
大班	“我是中国人”主题	“我是中国人”主题
	创新要素:同伴间互助学习,通过多途径的探索,归纳总结出好方法	

再如,襄一幼儿园以小科学家工作室为载体,将每学期、每个年龄段的工作室活动内容与拟积累的核心经验有机整合,创新素养与之“无缝对接”(见下表)。

表 2-10　襄一幼儿园以小科学家工作室为载体培养幼儿创新素养的统整指南(节选)

大班“小科学家工作室”上学期活动内容		
序号	活动内容	核心经验的培养
1	万花筒	选择材料,运用工具,设计做法
2	溶解	合作,完成猜想、实验、记录等
3	电子通(2)——摩擦起电(并联)	学会看操作提示,会选择材料
4	哦,原来是肥皂泡	猜想,记录(想象表现)
5	管道通通通	大胆设计,合理使用材料
6	水墨画制作	充满合理想象,进行情感表述

(四) 多管齐下,借助各种途径进行创新素养培养

主题是上海落实课程培养目标的主要途径,而主题涉及集体教学活动、区域性学习活动、自主性游戏、活动室活动、生活活动、特色活动、社会实践、家园共育等多种形式和途径。在课程中落实创新素养培养,无疑也使创新素养培养有机渗透在上述形式多样的课程实施之中。

每个实验园都大胆尝试,设计了若干节有利于培养幼儿创新素养的集体教学活动,从活动目标、活动内容以及活动过程都力求体现创新素养培养的要求。

例如,长三幼儿园开展了科学活动“浇花器”的一课三研活动,逐步使教师从观念上加深了对创新素养培养的认识,并领会了科学教育活动中培养幼儿创新素养培养的要领,教师的反思也很深刻。

再如,机关建国幼儿园开展的艺术活动“美丽的小孔雀”(大班)活动目标为:(1)通过观察、欣赏,学习用手指造型表现出孔雀的主要特征;(2)鼓励大胆想象与尝试,激发幼儿用肢体表达、表现的兴趣。活动准备了音乐视频、孔雀服饰、头饰等,并从“引子”“学习”“积累”

“分享”四个环节层层递进落实活动目标。

襄一幼儿园开展了“管道通通通”“荷花水中开”“水泵”(中班)以及“曹冲称象那件事”“榨汁机”“会动的小车”(大班)等集体教学活动设计和实施。这些活动归属在小科学家工作室的活动中,以幼儿动手操作实践为主,在完成任务中,发现难点(问题)、提出设想,进行操作实践,对不同的结果充分展开讨论,开拓幼儿思维。

除了在集体教学活动中进行创新素养培养,各园还多管齐下,注重在多种形式的课程实施中落实创新素养培养。她们充分挖掘本园优势,开展了丰富多彩的教育实践活动。如机关建国幼儿园用一张图,展现了本园落实创新素养的途径。

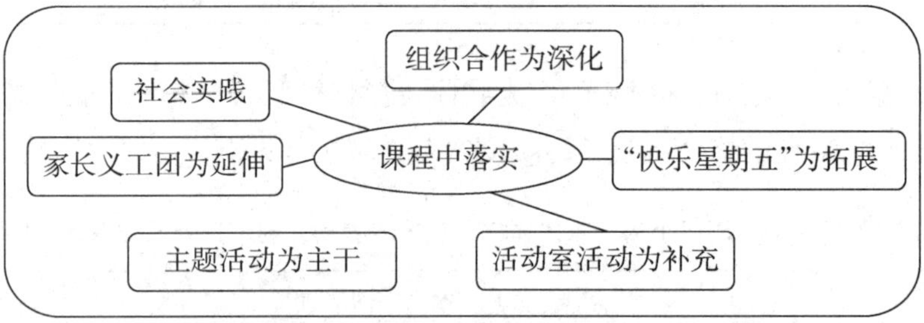

图 2-1　机关建国幼儿园在课程中落实创新素养培养

区域活动是幼儿园教育的重要形式。机关建国幼儿园在实践中,将创新素养作为区域活动的一个观察指导要素,如下表所示:

表 2-11　机关建国幼儿园区域活动提示

区域类别	活动提示	
美工区	活动名称	汽车大世界
	环境材料	剪刀、胶水、画纸、炫彩棒
	玩法	1. 幼儿发挥自己的想象,创造未来世界的车 2. 用炫彩棒装饰漂亮的颜色 3. 用剪刀剪下汽车外形,在汽车展中进行装饰
	创新素养观察指导要点	1. 幼儿是否有不同的想法 2. 幼儿制作方式是否与别人不同 3. 幼儿是否能够说出自己设计的理念

幼儿园还注重发挥家长优势,开展家园共育的多途径培养。例如,襄一幼儿园充分挖掘家长中可利用的资源,包括家长职业、知识结构、亲子互动能力等因素,开展了一系列家长参与式体验活动。在幼儿园学术节期间,以家园共话“创意、协作”为主题开展家长创意体验活动,幼儿园邀请了家长代表参与幼儿园美术创意教学活动,使家长感知、体验创新教育的意义和价值,感受创意美术与技能学习的区别,家长也能亲身体验到孩子在幼儿园课程实施中大胆表达表现的创意空间。这样一次互动式体验,让家长感受到襄一的创新教育理念,为家园携手共同促进幼儿创新素养的发展打下基础。随着家长对幼儿创新素养培养理念的认同,幼儿园还开展了很多亲子共育活动,如亲子阅读时间(讲科

学故事、解读科学现象等)、亲子科学演示台、亲子探索活动等。幼儿园将家长引入到创新教育课堂,与幼儿共同探究问题,创新解决问题的方法,在体验、沟通、交流、合作中,家园统一创新素养培养的教育理念,家园同步实施创新教育活动,在幼儿创新素养教育中形成合力。

三、言传身教,适应创新教育的教师保教行为改善研究

相比中小学,幼儿园教师在培养创新素养方面有许多不同的做法和经验,当然,也存在着一些不利于创新素养培育的言行。随着教师对创新素养认识的逐步深入,教师认识到:幼儿是天生的创造家。不压抑幼儿的天性,就是在培养创新素养。作为教师,要有意识地转变观念,改变教师压制幼儿创新素养发展的言行,引导培养幼儿创新;鼓励幼儿个性健康发展,关照幼儿个体差异,展开针对性的培养,将创新素养培养目标全面落实到幼儿园教育教学中。

(一)多给予激励性的评价

教师要善于挖掘每一个幼儿探究活动过程和结果的成绩,使每个幼儿在每一次探索活动中都有所发现,有成功的体验。尤其是那些探索失败的幼儿,教师更要给予支持和鼓励,即无论幼儿的想法对与错,教师都要真诚地接纳和认可,并鼓励幼儿轮流表达自己的看法。教师常用点头、微笑表示认可,也可用“你试试看”“你的这种想法很有意思”“你能行”“你也有可能”等语言激励幼儿,保护幼儿的好奇、好问,支持幼儿敢想、敢说。

如,幼儿在玩“磁铁的秘密”探索活动,有的发现磁铁能吸住铁的东西;有的发现磁铁能吸住垫板下面的环形针;有的发现磁铁能吸住纸,但吸的时候要把它夹在铁制品和磁铁的中间;还有在两个幼儿相对玩磁铁时,发现手中的两块磁铁会吸住。面对幼儿种种探索后的独特发现,教师给予不同的言语肯定和鼓励,及时表扬他们的探究和操作,肯定他们的发现和独创性,这种反馈能鼓励孩子提高他们的探究和操作水平。

(二)注重创设支持性的环境

幼儿认识事物大多依赖直接经验,“有材料陪伴”是幼儿的学习特点。提供合适的操作材料和探索的环境,以支持与辅助幼儿的创新活动,是教师的工作。

如,我们在教室门口放置一个个废旧材料储物箱,并且把这些储物箱装饰得非常可爱,有高高大大的长颈鹿,有胖胖的小熊,还有可爱的圣诞老公公等。幼儿要制作物品时,可以打开小门选取自己想要的东西。这样的摆放方式幼儿会喜欢吗?经过观察,教师发现,虽然动物形态的百宝箱很可爱,但是关上的小门让孩子们常常会遗忘它的存在。于是,教师根据“长颈鹿”的缺点,又重新设计出一条毛毛虫,敞开式的设计,摆放在地上,便于孩子们取放,也让幼儿在寻找废旧材料时一目了然。

(三)宽容对待孩子出错

教师要允许孩子出错,要认识到出错是幼儿在探索世界过程中的必然现象,幼儿的许多错误源于他们当前的认识水平,那些在成人看来是错误、可笑、荒诞的观点,在幼儿看来

却是合理和正确的。教师要给予孩子出错的权利，并把孩子的错误作为了解他们思维线索的机会和背景。

比如，自然角中饲养小动物，孩子们经常会将捡来的树叶、果子丢进饲养缸里，不久，缸里就变得杂乱肮脏了；有时，教师会发现宝石花的叶片上留下一个个小小的指甲印；洋葱被连根拔起……

对于幼儿所犯错误，让幼儿进行亲自尝试和验证，远比一句教条的灌输有益得多。当老师发现幼儿的破坏行为，不要急于批评或制止幼儿，而是真诚地询问、倾听，了解其“破坏行为”背后真正的动机，及时调整自己的教育策略，并鼓励幼儿通过实验来验证。这样，不仅了解、保护了幼儿的美好愿望，提供了安全的心理环境，而且满足了孩子主动探索和学习的愿望，为幼儿进一步发展提供了空间。

（四）给予充分的探索时空

幼儿的发现需要时间，探索需要过程，教师尽量把探索的时间和过程留给幼儿，促使幼儿的探究活动更加丰富和深入。

例如，小宝带了一盆猪笼草，放到班级的自然角，对于这株植物奇特的形状和特点，幼儿们展开了热烈的讨论。他们发现植物长了一个小口袋，并对口袋的作用及口袋里藏着什么东西展开了各种猜测。有的觉得口袋里藏着宝贝，有的觉得里面住着怪兽，最后，有个幼儿说这个口袋是用来吃虫子的。于是，幼儿们又产生了疑问，既然能吃虫子，是不是口袋里长着牙齿呢？这时，在一旁观察的教师没有直接告诉幼儿们正确答案，而是鼓励幼儿们自己去看一看。结果发现，口袋里并没有长牙齿。于是，幼儿们又针对猪笼草如何吃虫子展开了讨论。最后，幼儿们又将信将疑地看着教师寻求答案。发现幼儿的探索遇到了瓶颈时，教师再次引导和鼓励幼儿：“要动脑筋、想办法解决这个问题噢。比如，可以自己翻翻书，可以请爸爸妈妈上网找，还可以进行观察，看看猪笼草到底是怎么吃虫子。”第二天，当幼儿们分享了猪笼草吃虫子的过程后，又有幼儿提出疑问：猪笼草通过吃虫子维持生命，那是否还需要浇水？针对幼儿提出的新问题，教师依旧没有急着回答，而是引导幼儿自己去探索和发现，让他们有机会自己纠正错误，获得相关的科学知识经验，提高探究能力。

（五）引导记录探索后的发现

在以往的教学活动中，教师习惯于让幼儿得到正确的知识、经验，注重教学的结果，而对幼儿活动过程中的发现关注和支持得不够。现在我们意识到：良好的记录习惯，有利于幼儿更好地捕捉和收集各种创新的灵感，也为继续探索和创新提供依据。因此，我们比较注重为幼儿提供合适的记录工具和材料，鼓励幼儿及时记录探索中的发现。

比如，小班幼儿喜欢玩水，于是教师提供了一个装满水的水盆、一个空盆、一个小桶和几个杯子，还提供了一些其他工具。幼儿在游戏中很自然地运用工具去“运水”。在一次次“运水”过程中，他们不断地使用工具、认识工具。游戏结束了，“谁的本领大”成为幼儿交流、记录的主要内容。教师为幼儿设计了这样一张记录表格：表格中的工具暗示小班幼儿要有目的地去尝试各种工具。不仅如此，教师还为幼儿提供了许多笑脸花朵图案，小班幼儿可以根据自己的操作情况在每种工具相对应的空白处粘贴上不同数量的笑脸花朵，以表示这些工具运水本领的强弱。实践证明，让小班幼儿进行科学探究活动的记录是可行的，关键在于教师能否根据小班幼儿的认知水平和能力特点，提供合适的记录工具和材料，并进行适宜的指导。

（六）创新教师管理和评价

为了唤醒教师的自主和创新意识，有的实验园从改变教研和案头工作入手，改变单一的教学评价，倡导百花齐放的评价结果。

如襄一幼儿园创新管理方式，在每学期初进行保教环境创设交流与评价，组织全体教师对照评价表，对三个园区各个班级的保教环境作同一目标下的集中评价；同时教研组现场进行交流讨论，观摩教师各自将感受到的各个班级中的亮点，用图像解释的形式，阐述自己在本次评价中所要传达的理念与个人观点，使教师不仅为评价而评价，而是在该过程中发现于己有利的现成经验。幼儿园还采取了跨班组织自主游戏分享交流、同课异构、无标准答案的讨论等形式，强化从幼儿视角看待学习结果，拓展教师的思维。

第四节　分析与讨论

经过研究，我们加深了对幼儿创新素养系统培养的认识，并达成了以下共识：

一、幼儿阶段的创新素养培养，重在“呵护”“保护”幼儿的创新人格

教师对幼儿有着重要影响。教师要有意识地转变观念，改变压制幼儿创新素养发展的言行，多为幼儿提供探索的时间和空间，多给予激励性的评价，以宽容的心态对待孩子，引导记录探索后的发现，创造支持性的环境，才能实现创新素养培养目标。

然而，我们也日渐感受到：要让有创新意识和创新能力的孩子茁壮成长，教师必须也具有创新精神和创新能力。而要让教师营造有利于幼儿创新素养的支持性环境，光凭教师的个人努力是远远不够的，还需要从整个幼儿园管理和评价上加以改革，尤其是要改善教师所处的大的教育生态环境，给教师松绑和减负，为培养有创新精神和实践能力的教师提供政策支持和施展空间，才能真正让创新素养培养做到可持续发展。

二、创新素养是幼儿园课程培养目标的题中之义

研究发现，创新素养不是额外增加给幼儿园的培养目标，而是原来的课程培养目标中就有创新素养成分，本课题是把创新素养成分凸显出来，进行强化。如此，创新素养的培养过程，就不是给幼儿园保教工作额外增加一项任务，而是找到了与园本课程培养目标的结合点，在很大程度上能够伴随着幼儿园课程培养目标的落实过程而进行，创新素养研究充实和丰富了幼儿园的办园目标。

三、创新素养培养，渗透在区域活动、一日生活以及集体活动之中

幼儿园的活动是以主题形式呈现的，主题是落实课程的主要途径。幼儿园的创新素养培养融入主题中，通过集体教学活动、区域性游戏、自主性游戏活动、活动室活动、生活活动、家园共育等丰富、多样的教育途径加以落实。

第二章 小学生创新素养系统培养实验研究报告

第一节 实验研究行动

小学阶段的项目研究，是在总项目的要求和指导下，结合小学生的发展特点以及小学实验学校的基本情况开展实施。5 所实验学校中，有 2 所大型学校、3 所中小型学校。其中一所学校是课程统整的发源地，也是上海市第一批新优质学校。只有一所学校之前没有做过课程统整。所以大部分老师都有初步的系统思考意识和能力。5 所学校都有各自的特色，是项目研究的重要基础，可以作为项目的切入点或突破口。

小学阶段的课题研究在总课题的系统引领下，从 2012 年开始到 2015 年结束，大致经过了三个阶段：

实验准备阶段(2012 年 1 月—2012 年 9 月)：组建实验共同体，制定实验计划，明确实验目的与内容；组织系列培训，提升研究品质。

实验"试水"阶段(2012 年 9 月—2014 年 1 月)：区域推动，典型案例引路；梳理学科中创新素养培养的系统内容，开展课例研究，获得初步经验。

实验"延展"阶段(2014 年 2 月—2015 年 6 月)：反思梳理前一阶段的实验，明确后续的研究重点，特别是在学科培养中内容的系统性研究与小学生创新素养发展特点研究。

具体工作如下：

一、组建实验共同体，制定实验计划，明确实验目的与内容

根据总课题组的要求，小学学段子课题组建了由 3 位科研员和 5 所小学组成的实验共同体。这 5 所实验学校是：高一小学、启新小学、交大附小、光启小学、漕开发小学。在此基础上，各实验学校组建自己的研究共同体。如光启小学：学校在原先组织架构的基础上，进一步强化了科研室与教导处的联合，把科研工作作为学科组建设的一个组成部分，把科研、教研相结合，把科研的过程融入学科的教研活动中，制定了比较翔实的研究计划，形成了由教科室统领、学科教研组主抓、各备课组研究实践的组织框架结构，使科研课题的研究真正落到实处。特别是参与研究的教师们个人学期研究目标明确，使课题研究工作有序开展。

2012 年第一学期始，在总课题组的指导下，小学课题组制定了小学阶段的实验计划。

在此基础上，5所实验学校制定了各自总的实验方案。在学校方案交上来后，小学课题组对各校的实验方案认真进行审阅，并提出总的要求：

(1) 实验内容要做系统设计，即六个方面的整体思考与规划。关于学生创新素养发展特点的研究，学校要在培养过程中关注学生的发展过程，积累材料。

(2) 基础型学科中的系统设计，必须以统整指南为载体，条件不成熟的可以先做单元统整。

(3) 关注创新素养与学科培养目标的结合，是学科培养目标的深化与细化。

结合要求和校情，再对各学校提出初步的修改。

(1) 高一小学：加强教师层面基础型学科的系统设计研制课程统整指南，建议先从英语、数学学科入手；有了系统设计，才可能有系统培养。

(2) 光启小学：结合学校传统的OM特色进行设计，学校特色很明显；之后的实验要在原有的活动、拓展型课程的基础上，深入到学生素养培养的内涵与效果；特别是基础型学科的课堂教学效果，在原来统整的基础上将OM理念与学科结合，进行拓展和深化，抓住学科当中创新素养培养的本质特点，不是为OM而OM。

(3) 启新小学：在课程实施中的培养作了很深入的思考，对于培养什么和怎样培养做了校本化的设计；重点在课堂教学改革与教学创新上。

(4) 交大附小：依托交大资源，开发拓展型课程；数学是重点实验学科，提升品质，引领示范其他学科；语文建议不要做专题式的实验，否则就难以做到系统培养；建议选取个别年段个别教师先行实验，从单元统整开始；实验内容要做系统设计。

(5) 漕开发小学：依托漕河泾开发区资源，建设拓展型课程；语文学科从单元统整开始，夯实研究的基础；方案设计中实验内容要做系统设计。

学校课题组进一步修改完善实验方案，每学期制定相应的实验计划。从区域到学校，各实验主体都明确了实验学科、实验教师。其中涉及的实验学科，5所实验学校各有不同，但总体上涵盖了基础型课程中的语文、数学、自然、音乐、美术等学科，以及一部分拓展型课程。

在实验目标与内容上，各实验学校既体现了总课题组的要求，又反映了学校的特点和需求。如高一小学：

研究目标：

(1) 更新观念，唤起教师的创新意识，从而激发学生的创新意识。

(2) 建立对话共享的课堂教学模式，营造民主、和谐、宽容的教学氛围，为促进学生创新能力的发展创造条件，提升学生创新素养的个性品质。

(3) 改变和创新教学方式，设计以学生为中心的教学方式，以学定教，因材施教，促进教学过程的开放性和多样化，让学生参与到教学过程中，从而改变学生的学习方式，提升学生创新素养的思维品质。

研究的基本框架：

表 2-12　高安路第一小学创新素养系统培养的研究基本框架

研究目标	研究内容	研究途径
更新观念（详见上）	学生创新的意识	以学科教学为主渠道 以活动项目为载体
对话共享（详见上）	学生创新的精神 学生创新的习惯	
教学方式（详见上）	学生创新的思维品质 学生创新的一般技能	

结合我校学生的现状，我们提出相关概念的指向：

创新意识主要指创新动机、兴趣、欲望。

创新精神主要指创新意志力、批判精神、主动精神、挑战精神、冒险精神、务实精神。

创新习惯主要指乐于表达、交流、合作，勤于动手、实践、思考，敢于提问、质疑，保持自信心、好奇心。

创新的思维品质主要指思维的流畅性、变通性、独创性。

一般的创新技能主要指发现、提出、分析、解决问题的能力，独立获取知识的能力，利用新知识新信息的能力，写作、表达的技法。

二、培训先行，贯穿整个研究过程，提升研究品质

（一）相关理论培训，加强理解与认识

（1）实验学校从总课题组开题开始进入，实验学校负责人对课题有了一个宏观整体的了解。

（2）在开题之后，总课题组组织实验学校负责人、课题负责人和实验教师代表进行了创新素养课题理论概念体系的专题培训，包括核心概念、创新素养要素结构。

（3）请专家进行创新素养培养的相关讲座。

（4）购买相关理论书籍，组织学习。

（二）实践操作中的方法培训，提升研究的品质

总课题组邀请教科院专家做课堂观察技术的培训，让教师在课堂实践中运用科学的研究方法，开展教学研究。

小学课题组结合每次的课堂实践和实验教师开展行动研究，在过程中嵌入方法的学习，在研究中进行过程性的指导。

各实验学校自主组织实验教师进行学习。如启新小学：

为了不断提高实验教师的创新教育理论水平，课题组的教师们进行了系统、全面的理论培训，从整体上提升实验教师进行课题研究的业务水平和能力。教师们研读了各实验学科的《课程标准》《基于课标的教学与评价》《创新人才与教育创新研究》《教育与发展》等理

论文章。反复修订、完善各实验学科的《统整指南》。同时，我们每月进行一次课题组层面的学习与研讨活动，实验教师对实验情况及时进行交流，教师们围绕创新课题开展听评课活动，把自己研究过程中对创新素养培养的看法、具体的做法和经验进行交流。在学习与研讨的过程中，教师们相互学习、相互借鉴，共同提高，为课题的深入研究奠定扎实的理论基础。

三、区域推动，营造实验氛围，典型案例引路

在基础型课程领域系统培养学生的创新素养，这项研究至今鲜有人做，没有现成的经验可以借鉴，实验教师有很多困惑，主要集中在两个方面。一是小学生的创新素养到底包括哪些要素？与学科素养之间是怎样的关系？也就是说“我们要培养什么”这一点不明确，教师们的实验就无从下手。二是如何在日常的教学中系统落实？与平时的教学有什么关系？是另搞一套还是在原来的基础上进行深化和拓展？针对第一个问题，实验之初总课题组对实验学校负责人和实验教师进行了一系列的培训。对创新素养、系统培养等核心概念作了比较清晰的界定，对相关的理论作了阐述和分析。实验教师虽有了一定的理性认识，但在实践层面如何理解和操作，需要探索。因此，在总课题组的指导下，小学课题组在区域开展了5场研究活动，从而营造实验研究的氛围，通过实践案例又为实验教师提供操作的思路与方法。这5场活动具体如下：

2012年12月19日启新小学研究专场三节研究课：三年级数学“它们有多大”、二年级语文“黄山奇石”、五年级自然“土壤的成分”。

2012年12月5日高一小学研究专场研究课：二年级数学“长方体的初步认识”、四年级语文“太阳”。

2012年12月25日漕开发小学研究专场研究课：一年级语文“会说话的灯”、三年级美术“树叶面具”、四年级自然“变色的植物指示剂”。

2013年1月9日光启小学研究专场研究课：三年级语文“动物的休眠”。

2013年4月17日交大附小研究专场研究课：二年级数学“七巧板”、三年级数学“几分之一”。

每次研究，小学课题组先进入学校，与实验负责人、实验教师进行交流沟通，在基本理念和要求上达成一致。再由实验教师在课程统整的基础上，将本节课的创新素养培养的内容、目标和方法进行系统思考和设计，形成教案，经过学科教研员的指导，进行课堂实践。在课堂研究中，设计和运用课堂观察工具，聚焦创新素养培养的主题进行观课，收集资料，课题组成员在此基础上进行互动研讨。通过这样的学科研究，课题组及实验学校、教师逐步积累起学科教学培养创新素养的原初经验。如交大附小的研究专场活动案例：

引领教师主动创造原初经验
——小学生创新素养培养研究活动案例

一、活动背景

根据总课题组的实验要求，在4月底要组织一次“基于中小幼学生创新素养发展特点的区域性系统培养的实践研究”的小学研究专场活动。“基于中小幼学生创新素养发展特点的区域性系统培养的实践研究”是徐汇区教育局承担的一项市级重点课题。作为一名专职科研员，我主要负责小学阶段的实验探索任务。经过一个学期的课堂实践，实验教师已经初步有了自己的认识和想法，并在实践中积累了相应的经验。本次课题研究活动，我们是在教师主动探索了一段时间后，以上海交通大学附属小学的实验学科——数学——研究为案例，深入探讨学科教学中如何进行小学生创新素养的培养，同时促进实验学校的整体思考与阶段性梳理，为后一阶段的研究和实践积累经验，明晰方向。

二、组织实施过程

（一）共同协商，确定整体思路

学校的研究要靠自己主动的探索和实施，任何层面的专家都无法代替。即使是作为实验学校进行子课题研究，也要学校根据实际情况进行校本化的设计与实施。这是课题研究成功的前提。我把这次活动的主要意图与学校实验项目组的负责人徐校长和核心成员姚莉老师进行了沟通，并作了进一步明确，即学校的整体汇报要体现校本特点：真实思考与草根经验，不需要宏大理论和完美架构，教师的教学要围绕创新素养培养在微观教学中体现整体设计。不久，交大附小拿出了一个整体方案。那天，学校副校长徐老师走进了我的办公室，把学校的汇报材料拿到我面前，我在仔细阅读过后，欣喜地发现：这份材料朴实而扎实，学校对创新素养的基本认识体现了学校、教师的认知规律，呈现了对创新素养认识的发展过程，蕴含着学校、教师作为研究主体的主动性。学校在整体报告中写道：“这种对‘创新’的认识由狭义到广义的转变，使我们体会到‘创新’不仅仅是少数天才的专利，而是人人均具有的一种潜能。这种认识使我们在小学数学教学中提倡创新精神，培养创新素养成为可能。”学校在组织教师学习了《教育部数学课程标准》(2011年修订版)后，又进一步认识到在数学学科中培养学生的创新素养是学科应有之义。“我们围绕‘在小学数学教育中，什么是最主要的？’这一问题，展开了热烈的讨论，最终达成了一致：以数学知识与技能为载体，培养学生的思维能力和创新意识是最主要的，这也是基本任务，是我们应做的份内事。”学校的汇报针对在数学学科中如何进行创新素养的培养以及在丰富的探索性实践的基础上总结了自己的经验和做法，并对存在的困惑和以后的推动提出了初步的设想。除了一些细节的修改，基本上我们达成了一致。本来，根据其他四个实验学校的做法，学校报告要从我们课题涉及的六个方面进行整体汇报，但考虑到交大附小只有数学一门实验学科，还不如针对数学学科的思考与实践作更精细化的梳理，这样更符合学校的实际。事后，徐校长还跟我确定了第一次教学的具体内容和时间。

（二）整合力量，深入研究课堂

研究课堂，除了要有研究的思路和方法，还要有丰富的学科教学经验，才不会偏离学科的本质，才能提高教师对研究的认同感。虽然我有过教学经历，加上这么多年深入指导学校教师研究，也积累了很多学科教学的间接经验，但对具体的课堂教学的指导，还需要学科专家的介入。进行教研与科研的整合，这也是我们一贯的做法。

正式听课时，我们邀请了学科教研员黄老师，同时听课的还有我们教科室的两位同事杨老师和方老师，以及学校的校长、教导主任、教研组长和数学教师。两位执教教师戚老师和沈老师分别上了“七巧板”和“几分之一”，两节课都对如何进行创新素养培养进行了尝试。上完课后，大家集中在一起进行研讨。执教教师简单地进行了说课与教后的初步感受。“了解图形之间的关系部分花的时间太长了，学生老是搞不清楚！”执教《七巧板》的戚老师叹苦经。“二年级学生没有相应的几何知识的铺垫，没有认识，很难理解图形的大小！”戚老师继续说道。在简短的说课结束后，教研员黄老师从每个环节入手提出了自己的建议，对教师如何把握教学内容和方法都有很大的启示，包括要注意教学时间上的适当分配。如小学二年级拓展课“七巧板”，第二个环节“了解图形之间的关系”花的时间太长，影响后面学生的动手操作与探索。为此，在了解图形之间关系的时候，要引导学生不仅从面上考虑，还要涉及边的观察，即在运用活动单的时候，先让学生在拼中观察图形的大小。教研组长和其他的听课教师都发表了自己看法。最后，我也提了两个存在的问题：一是从教案设计来看，教学目标中对学生创新素养培养体现不太明确，教学的重点难点没区分；二是从我对学生的观察来看，在“了解图形之间的关系”环节中，教师设计的学习活动单，是大部分学生不太理解的，导致运用起来反而浪费了很多时间。所以建议修改完善教学设计，突出培养创新素养的目标和方法；再琢磨一下活动单，看如何根据二年级孩子的认知特点和思维水平，帮助他们理解图形之间的关系。两位老师表示，根据大家的建议，完善教案，再次进行课堂实践。

到了第二次教学实践的时候，基本上是原班人马听课。戚老师一如既往地热情满满。没想到，她大胆摒弃了上次的学习活动单，从七巧板图形最多的三角形入手，探索图形大小之间的关系，实践效果比上次有了明显的改善，但在探索大小关系时用三角形之间、三角形与四边形之间加倍的转化思想，学生仍然理解不了。我还发现，两位教师在教学目标、重点难点的设计上没有什么改变。针对这些情况，我专门与教师进行了深入的交流。尤其是对教学设计的整体思考方面，对教师来说非常重要，因为教学不仅关注细节，更要关注整体设计，只有有了这节课的通盘考虑，细节关注才不会偏离方向，才能体现出整体中的价值和意义。我们的教师在教学和研究中不习惯中观甚至宏观思维，喜欢从细节入手看教学，我一直提倡，教师要有整体和系统思考的能力，才能抓住本质，提高效率。当场我们引导教师对教学目标、重点难点进行了重新梳理。那次研讨，我们直到下午六点才结束。

通过这两次的课堂研究，两位教师对于如何以自己的教学内容为载体，实施学生创新素养的培养，有了很深的触动。她们在第二次实践的基础上再作尽可能的完善。

（三）开放研讨，提升研究智慧

到了开放研讨的日子，总课题组专家和本区其他4所实验基地的负责人和数学实验教师一起参加了研讨活动。活动的第一个环节是交大附小课题研究推进汇报。首先听了交大附小戚老师执教的二年级数学“七巧板”和沈老师执教的三年级数学“几分之一”两堂数学课。接着执教教师对这两节课围绕数学学科进行创新素养培养分别进行了说课和反思。特别是戚老师将三次上课的感受与反思进行了深入交流。学校对课题的推进情况进行了介绍。之后，在座的实验学校教师和基地学员进行了讨论。第二个环节是本课题区域层面的研究工作汇报。我作为小学阶段实验的负责人，从课题主要内容介绍、研究工作进展情况和以后的研究重点三个方面进行了汇报。在汇报中，根据一个多学期初步实践，我就区域小学阶段创新素养的培养提出了初步的理论框架，并对经验进行了总结和提炼。结合交大附小的实验研究行动，特别强调学校教师研究的主体作用，以及他们创造的宝贵的原初经验，这本身就体现了学校教师的探索与创新。随后专家们进行了指导。

三、效果与反思

当活动最后一个环节全部结束后，我身边的徐校长深有感触地说：“这次（活动）对我们的触动太大了。”我连忙接着说：“以后我们还要多做这样的研究活动，很累的噢。”“我们愿意做！”徐校长毫不犹豫地回答。究竟这样的研究活动对学校、对教师产生怎样的作用呢？又是如何发挥作用的呢？结合实验学校和教师的反思评价，我梳理了三个比较重要的方面。

（一）激发学校、教师的创造智慧，发挥研究的主体能动性——课题成败的关键

学校教师即使是区域重大课题子课题的承担者，也同样要基于学校情况进行校本化的思考与设计，我们不能预设一个完整的方案让学校去实施。课题研究不仅仅是实现个人的教育意愿和理想，更不是个人理性智慧的狂欢。教育实践研究要基于学校教师的主体需求，充分尊重学校和教师的主体地位，给予教师主动思考、探索和创新的空间，引导教师进行自下而上的实践探索，而不是提供给教师严密的施工图以便照样子被动实施。沈老师在交流时说：“要相信我们的孩子！”同样，我们“要相信我们的老师”，他们才是实践创新的主体。课题研究的所有经验要基于教师的参与体验、感悟领会、共同讨论的基础上提炼而成，从而让教师在研究中经历探索的痛苦与欢乐，得到实质性的成长。实践证明，教师主动性越强，体验越深，内在的创造性发挥得越多。这次活动交大附小的校长和老师投入了大量的精力，一个内容经过三次摸索和改变，不照搬科研员和教研员的意见，主动探索最适合学生的教学内容和方法。尽管很累，但更多的是快乐和幸福，其中还有兴奋和激动。“杨老师，这次课所有的点全都出来了！”在最后一次课（我没有听这节课）一上完，戚老师迫不及待地告诉我，兴奋之情溢于言表。“在实验过程中通过多次调整教学方案，学生在课堂上呈现出不同的状态，让我对学生学习这一内容的思维起点把握逐渐准确和清晰，也对小学阶段数学学科中创新意识培养有了更加深刻的认识。”戚老师在研讨活动结束后如是说。

（二）适切引领，为教师研究破解疑难，明晰方向——研究推进的重要外力

学校教师的研究解决了"我愿"之时，还要和他们一起解决"我能"的问题，毕竟学校教师不是专门的研究者，在理论认识、研究方法等很多方面需要专业引领，否则研究就会遇到阻碍甚至停滞，更重要的是会损害教师研究的主动性。就这个课题而言，我们的引领体现在四个方面。一是总课题框架与理论的引领。这个在研究初期需要完成的，以便各个年段、各实验学校领会总课题的主要目标和内容，在此基础上学校制定各自研究的方案。二是在教学实践中的共同研究。作为教师的研究伙伴，在具体的实践研究中共同探讨，提出建议。姚老师发出这样的感言："科研员在课题研究中进行信息的传播、知识的传递、经验的交流、方法的指导，拓宽了教师的视野，教师的教学在科研员的引领下，也可以少走弯路。"三是阶段性的理性提炼与理论引领。不给教师框架，并不意味着教师的研究随心所欲或无所适从，作为开创性的实践研究，我们需要在充分了解实践情况的基础上，作出尽可能科学可行的理论概括和理性认识，从而有效指导学校教师的研究。启新小学的魏老师在活动反馈时表示："这次活动中杨老师的小学年段实验研究报告，尤其是其中的小学阶段创新素养培养的理论部分，对于我们基层学校如何培养学生的创新素养有很大的指导意义，使我们对如何在不同学段、不同学科实施创新素养培养的途径与方法更为明确了。"四是引入专家资源，开拓思路，明晰方向。不定期邀请市区级的专家为教师进行讲座或参与研讨。启新小学的魏老师觉得"整个活动还邀请了科研专家进行点评，让我们实验教师从更高的理论视角来审视自己的研究历程，对我们今后课题的开展给予了很有意义的指导"。

（三）运用科学的技术和方法，提升教师研究的内涵——研究本质的主要支撑

因为本次研究是对教师原初经验的揭示、认识和了解，在课堂教学中我们还没有运用课堂观察量表进行科学的课堂教学研究。但随着研究推进，下一步我们将与实验教师一起，重点研究和开发基于创新素养培养的课堂观察量表，对实验教学进行全程观察、讨论与反思，进一步加强过程性资料的积累，为小学生创新素养发展特点与教师教学行为研究提供科学翔实的研究材料。可喜的是，我们的实验学校和教师在研究中感觉到了方法的重要性，并产生了内在的需求。有了学校教师的主动性，我们的研究之路将走得更远，也更加顺利。

四、系统梳理创新素养培养内容，开展课例研究，转变教师行为

在区域性的专场研讨活动之后，每位实验教师开始投入到课堂实践中去。小学实验组专职科研人员深入现场，与实验教师一起探索实践。

2013 年下半学期，区域层面开了三节研究课，进行深度的课例研究。它们分别是启新小学的语文、数学课，高一小学的数学课。每节课遵循以下研究流程：确定研究主题—教师个人备课—集体备课研讨—课堂实践—课后研讨—第二轮备课—第二次上课—课后研讨反思—撰写教学反思。

在深度的课例研究中，我们聚焦了两个问题：一是如何根据学科的特点，系统地挖掘教学内容中的创新点；二是实验教师对创新素养的认识与教学行为的发展变化。

对于系统培养,应结合学科内容挖掘创新点。在总课题组的指导下,学校以课程统整指南的制定为抓手,将一个单元或一个学期的创新素养培养目标和内容进行了系统梳理。如启新小学数学学科:

将统整主线即数学思想方法,作为创新素养培养的切入点进行系统培养。对各年级教学内容中的数学思想进行系统梳理,目前小学阶段常用的数学思想方法主要以数形结合、转化、分类、化归、建模、假设(猜测验证)等几大思想方法为主。同时对各种数学思想方法在不同年级达成的目标进行梳理细化:低年级主要是对一些数学思想方法的渗透,让学生初步感受数学思想方法的运用,中年级对低年级已体验过的数学思想方法能初步应用,高年级则是能有意识地运用这些数学思想方法解决实际问题。这样形成有序衔接,并以此为依据确定创新培养目标,安排设计课堂教学活动来实现创新培养目标。结合数学教材编排特点和年级特点,以数学思想为主线的创新培养目标具有系统性和递进性。根据教材的编排特点,纵向以模块为主,主要有数与代数、图形与几何、统计与概率、综合实践应用四个模块,以同一模块不同年级的知识点教学内容的数学思想形成递进,从而形成创新培养目标的递进性;横向以知识点为主,在整册教材中属于不同模块的内容。创新培养目标的确立以纵向的模块的数学思想为主,同时注重前后联系,使学生感知数学思想方法在不同的知识模块也可以应用来解决问题。

高一小学的数学统整:

教学主线:渗透归纳式教学思想,即从特殊到一般的教学思路。

教学模式:问题探究型教学模式。

教学策略:猜想求证的方法学习。

学习过程:发现问题—提出假设—验证假设—归纳总结。

表 2-13　高一小学“猜想求证法”之一:猜想求证的有意引导,类推方法的适时渗透

年级	内容	发现问题	提出假设	验证假设	归纳总结
二年级第一学期	长方体的初步认识	正方体迁移到长方体联想到:长方体面、棱、顶点	用语言描述的方法提出长方体面、棱、顶点	用动手实验的方法验证	用不完全归纳法总结描述
四年级第一学期	乘法交换、结合律	加法迁移到乘法联想到:乘法有什么定律?	用符号化的方法提出定律内容	用举例的方法验证	用不完全归纳法总结描述
四年级第二学期	除法的运算性质	减法迁移到除法联想到:除法是否有类似的性质?	用符号化的方法假设定律内容	用举例的方法验证	用不完全归纳法总结描述
五年级第一学期	三角形面积、梯形面积	平行四边形面积推导方法迁移到三角形梯形的面积推导	用符号的方法假设公式	用动手实验、举例、统计推理的方法验证	用不完全归纳法总结描述

表 2-14 高一小学"猜想求证法"之二:猜想求证的有意引导,逻辑归纳的适时渗透

年级	内容	发现问题	提出假设	验证假设	归纳总结
三年级第二学期	谁围出的面积最大? 拓展:谁围出的周长最长?	20根小棒可以围出各种长方形、正方形。如果周长相等,面积有什么规律?	用语言描述的方式提出	用计算推理的方式验证	用不完全归纳法总结描述
五年级第二学期	可能性有大小	在问题情景中猜想出现概率的规律,提出假设	用数据描述的方式提出	用动手实验的方式验证	用不完全归纳法总结描述

语文学科在阅读和写作过程中培养学生的创新素养。

在课堂观察与课后反思中,我们关注教师的教学理念与行为的变化。许多教师基本表现出如下发展过程。

第一阶段:宏观层面上,基于已有认识的文本化理解。

通过文本概念的学习和理解,语文教师似乎知道了是怎么回事,但不一定能完整说出文献中的概念。这个阶段,教师对创新素养的认识停留在机械理解上,比较模糊和笼统。能结合概念与已有认识作出理解,主要表现在从已有相关资料中选取符合自己原有认知的阐述和说明。本阶段,几乎没有智力的加工,多凭已有的习惯性认识,也没有情感的投入和动力的参与。

"小学生的创新,只要是儿童创作自己从未见过、听过或接触过的东西的行为,而不是模仿抄袭别人的,都可视为创新。也可以是他们想出了在学习和生活中遭遇的难题的解决办法和策略,尽管这对我们老师来说可能是早已熟悉的,但对他们来说却是新的或者是独特的,是有意义的,有发展价值的,这也是创新。在我们看来,小学生的创新可以具体地表现为一个小发明、一个小创造、一篇富有创意的作文、一个新颖的图案设计、一条建设性的提议、一个新点子、一种新设想、一种新方法等。"

可以看出,教师认识到小学生的创新是相对而言的,不同于成人和科学家的创新,不只是创造从没有过的东西,不是高不可攀的,非凡的;另外创新是有具体显现的载体。

第二阶段:中观层面上,基于学科课程的经验性理解。

结合自己的学科教学经验和对学科本质的理解和把握,借助学科课程的相关资料,呈现出对创新素养及其培养的理解,这是被唤醒的认知,以某种相似的方式去理解。

"现在的数学课标明确地提出了'四基',即数学的基本知识、基本技能、基本思想方法和基本活动经验。小学生的创新是和他们已有的基础知识密不可分的,学生的创新思维是在他们已掌握的知识基础上进行的,学生只有掌握了一定的知识后,才能较好地把这些知识创造性地运用到他的其他活动中去。没有"四基"的积累,就不可能有创新素养的发展,两者相辅相成、互相促进,不可偏废。"

“其实平时的学科教学中也有培养学生创新素养的行为，但是很少意识到，同时在学科教学中较少地关注带有学科特点的学生创新性思维品质的培养。”

教师从创新素养和学科基本素养之间关系的梳理，以及与以往教学行为的反思、比较中理解创新素养的培养。认识到学科教学中的创新素养培养不是另搞一套、另辟蹊径，而是学科教学本身应有的责任，蕴含在日常的教学中；创新素养的培养不是全新的东西，平时教师的行为中也有体现，但在学科教学中关注不够。

这个阶段，教师对学生创新素养的宏观认识，与学科课程产生对接，主要表现在经验层面。开始投入智力、情感，但层次很浅，仍然没有动机的支持。

第三阶段：微观层面上，基于行动的情境化建构。

在这个阶段，教师在具体的课堂教学实践中，对创新素养进行情境化的、碎片式的建构，积累点上的、零散的经验。但是这个阶段是最复杂的阶段，也是时间最长的阶段，更是多样化的阶段。不同发展阶段的教师有不同的表现形态。如李老师在这节课后认为，语文课堂中要培养学生的创新素养，要引发学生思考、关注体验、关注表达，让学生主动学习。

下面是以李老师小学语文三年级（上）《梅兰芳练功》教学研究过程为例，作深度剖析。

教师经历了自己备课、集体备课、课堂教学、课后交流和共享四个课堂研究阶段。

教师“创新”，顾名思义，创造新的事物。刚接到上课任务的时候，我认为创新就是要与众不同，脑海中就想着语文教学可以如何改变，怎样把语文课上得与众不同、别出心裁。但是，越想越觉得毫无头绪。

关注自我——教师从自我出发，关注如何创新课堂。发现很难做到，从而产生理念与行为之间的矛盾。（原来的想法在教学中很难落实，所以会觉得以前认识得不对，想着怎样上得不一样，把自己给禁锢了。）

回到家中，我就在网上去学习一些关于语文创新的文章。记得一篇文章是这样诠释“创新”的概念的：学生作为独立的个体，通过自主地学习，能再次发现别人已经总结的经验，掌握其中蕴涵的基本规律，并具备一定的运用能力。小学生这种再次发现能力也是创新。

关注学生——教师在学习中的选择性建构，转换视角，改变原有认知，着眼于学生。原来小学生的创新是相对的，体现自主性。找到理念与行为之间的链接，问题也迎刃而解。

为此，我想到我们从第三单元开始进行的词语理解能力训练，我们可否从这个训练点引导学生发现问题、质疑问题？让学生在自主学习中找到词语理解的方法？比如联系生活实际、自身的生活经验，借助工具书或在语境中去理解、区分词语，等等。

虽然有了一定的思路，我也不确定这个主题定得对不对。我只是觉得语文教学的创新，还得立足于文本，指导学生正确理解、运用和积累语言文字，在对学生进行听说读写的训练过程中，开发、培养和发展学生的创新素养。

回归语文学科本源，围绕学科教学目标的实现。回溯原有认知，进一步聚焦，操作性越来越强。

本来只是想从字词理解的方法入手培养学生的理解能力，通过这次集体备课，我觉得我应该根据本班学生特点，在创新素养的培养上挖掘得更深一些。为此，我再次研读课文，觉得可以结合创新点，同时进行质疑能力的培养。我推翻了原来的教学思路，把教学环节又作了大幅度的修改。为了更好地让学生感受梅兰芳的人格魅力，我还借助课文插图资源，设计了“想象说话”。这样就为学生联系实际、运用词语表达自己的经历和体验作了铺垫。这些都是可以促进学生创新素养发展的。

修改教案的过程虽然是辛苦的，但在修改的过程中，我的教学思路越来越清晰，创新点在教学中如何体现也越来越了然于胸。

在集体备课的智慧互相碰撞后，创造新知。教师经过主动思考和构建，开始关注学生的主体性活动，关注学生的高阶思维。创新素养培养在这节课中的落实更有针对性。

对于词语的积累和理解，以后可以在课堂中有意识地挖掘有些词语，让孩子说说自己的理解，这样对句子、对文本的理解的确推动很大。久而久之，孩子主动阅读和理解课文的能力就会增强。学生会说“这个词我是这么理解的”“老师，我有个想法”，学生会自主地理解词语，这就是一种能力的提高。教师在备课中更多地要关注如何更好地提高学生自主学习的能力。在有了问题以后，学生会主动说“老师，这个问题我是这样想的”，这启发我很多事情要敢于放手，让学生自己去说，自己去做。

从以上叙述中，可以看出李老师通过本次课堂教学研究，沉淀了两种认识：要在课堂中结合课文内容提供孩子大胆表达的时间；孩子表达的时间增多了，但并不会影响课堂教学效率，相反，只会增强学生的理解能力。更重要的是激发了孩子自主思考、自主发现和敢于表达的意识和能力，孩子的表现就是很好的证明。

研究过程初步结束后，教师把自己创造的原初经验沉淀下来，并及时运用到平常的教学中。久而久之，形成自己对创新素养及其培养认知图式中的一部分，为第四个阶段的形成奠定基础。

在这一阶段，教师在实践情境中经历思维的怀疑、困惑和冲突，并主动探究问题解决的方法，表现出深度的情感投入和问题解决的强烈动机。

第四阶段：立体层面上，持续研究，系统建构。

教师通过对一节课中如何进行创新素养培养的思考与行动，可以说，只是积累了一个点上的经验。如何在整个学期、学年甚至年段中，在语文学科中落实创新素养的培养，需要从点的经验上升到面的，甚至是立体的经验，通过持续的行动，形成结构化的认识。

五、关注学校教育生态环境的改变

培养小学生的创新素养是一个系统工程，要有匹配的教育生态环境。其中学校的教育教学管理、学校文化也要作相应的改革，创建良好的育人生态环境。小学实验学校在实验过程中有所改变。如漕开发小学学校层面的教学管理：

领导重视，全校动员，精心选择参与人员。为了使实验室发挥更大的作用，我们成立了学校领导小组，开展了全校课题总动员，进行课题宣传，招募课题研究的教师。最终学校从学科建设和教师培养的目标来最终选定了实验学科，确定了人员。目前，我校参与的研究学科与年级分别是语文、美术、自然、音乐及拓展活动版块，涉及研究的教师为8人。

管理模式相应调整。学校对原有的各项制度进行了修订和细化，在完善各项管理制度的同时，特别建立了立体、全面和细致的“试验组内成员互相听课”制度，并积极推行家常课和研究课相结合的听课、评课、讲课活动，大家进课堂、促规范。其实一开始，教师们也会有顾虑，怀疑这样的听评课是不是一种负担，有时甚至觉得不同学科没有必要互相听课。但是，经过几轮听评课活动以后，大家的观念都有所转变。因为大家发现我们实验组的听课不同于以往的听课活动，我们更注重创新素养环节设计和实施的互相促进。就算不是同一个学科，我们也能针对课题相关内容了解教学设计的目的、意义，大家一起找亮点、扬先进，促进教师改善教学行为，落实教学常规管理，在实验研究的同时也逐渐提升了我校的课堂质量。

加强学习，为实验顺利开展作好铺垫。为了能够提高课题组教师的课题研究能力，学校采用“请进来，走出去”的办法，经常邀请专家来校讲学指导，或有计划地安排教师外出学习。同时利用校本培训、教研组学习，促使教师迅速形成并提高创新意识、创新素质。除了区科研室下发的创新素养相关材料的学习外，在课题组内，我们选派专人再进行学生创新素养发展特点及创新素养情报资料的查找、搜集、整理，以供课题组教师了解、对照、学习。

定期沟通，组织阶段小结。学校每月定期与实验教师沟通，了解研究进展，共同商讨，把握研究方向，以便顺利推进下个阶段的研究。各实验学科在学期结束时也都会进行实验情况阶段小结汇报。

措施激励，提供经费保障。进入课堂教学研究阶段后，课题组要求各实验学科每月围绕课题要求，观察学生，反思课堂，完成教学反思、个案研究，积累学生作品等。学校给课题组教师每月发放一定的研究补贴，学期末根据一学期的实验情况进行年度考核、奖励，表彰激励的同时，借助谈话等形式帮助教师明确进一步的要求。

又如交大附小的评价改革：

对学生表现的评价——

以前，我们较多关注对学生学习结果的评价，忽视了学生学习活动、发展的过程，导致对结果评价的过度关注。把评价功能直接退化为仅仅对学生分数或会做题的鉴定，这是对学习评价的扭曲。在参加创新素养培养的课题研究以后，我们更重视学生学习过程的评价，关注他们在学习过程中的兴趣、参与度、好奇心、求知欲、合作性、发现问题解决问题的能力等与创新素养相关的学习品质；同时关注学生在学习过程中的情感态度与价值观，帮助学生认识自我，建立自信。

（附一位数学教师对学生小组合作学习表现的评价案例）

在小学数学学习中,小组合作学习已是一种常见的学习形式,这种学习方式对于增强学生的合作意识、培养创新素养、提高他们的综合实践能力都有很大帮助。而对学生在小组合作学习中的表现给予恰当的评价,不仅能提高学生在学习过程中的积极性,还可以帮助学生找出改进的方向,适时纠正自己在学习中存在的问题。

首先,学生在小组学习过程中会体现出交流、合作、表达、个性、竞争、品德、学习品质等多方面的问题,因此评价也应该体现学生诸多方面的情况,并且要结合每个学生最具代表性的特点进行评价。其次,小组合作学习只是数学学习的一个方面,且不是每节课都有,教师的评语可以用一句话来概括,通常以激励为原则。

根据四年级学生在小组合作学习中应达到的学习目标以及学生的不同特点,以下列举“优”“良”“须努力”三个层面的评价。

优:

(1) 你总是有与众不同的想法,真棒!

(2) 瞧你,分析问题头头是道,真让人佩服!

(3) 你总能耐心、谦虚地听取别人的意见,从不随意打断,这种品质值得大家学习。

(4) 与他人共同探究、共同分享时,你总是那么谦逊。

(5) 每次小组活动都能看出你真诚的合作态度。真好!

……

对教师教学行为的评价——

对一节课中教师教学行为的评价是一个比较复杂的问题,但是也可以简单化,即主要看教学目标是否完成,学生是否学会,再看师生配合是否愉快,教师是否能做到面向全体,等等。在参加了创新素养培养的课题研究后,我们的评价有了侧重点,即主要看学生在重要的学习过程中创新素养是否得到培养,教师的教学设计是否关注了创新素养的培养,教学过程是否体现了这一重点。以前,一节课要面面俱到,结构完整、过程流畅、不能延时、不能随意压缩教学环节;而重视学生创新素养培养的课堂,经常会因为一个探究活动的生成与发展而打破原来教学的时空,但学生的表现与收获却是前所未有的。

反思整个研究过程,我们总结出以下三点经验。

一是课题组与学校实验负责人一起交流讨论,逐步厘清学校实验的大致思路和突破口。学校实验负责人组织学校课题组进行学习和研究,形成学校的整体认识和初步做法。

二是专业引领,以校为本,教师为主,主动创造原初经验。充分尊重学校和教师的主体地位,发挥其主动性,给予教师充分的主动思考、探索和创新的空间,引导教师进行自下而上的研究,而不只是提供给教师严密的框架以便照样子实施。所有经验都要基于教师的参与体验、感悟领会、共同讨论的基础上提炼而成,从而让教师在研究中得到实质性的成长。

三是教师先行,学科先行,多方互动。在区域专业引领下,教师通过初步探索与体验,呈现对创新素养培养的草根思考与做法:案例示范,寻找感觉;课例研究,初步体验;持续研究,系统构建。

第二节　研究结论与分析

一、小学生创新素养培养是学科教学应有之义

学科教学中的创新素养培养不是另搞一套、另辟蹊径，是学科教学本身应有的责任，蕴含在日常的教学中，不是点缀、渗透，而是融合。由此，我们关注两点：一是改变原有阻碍甚至扼杀学生创新素养的教学行为，二是依托教学学科内容，把握学科本质，根据学生创新素养发展的特点和规律，抓住发展的关键因素和关键阶段，在现有学科中进行系统设计，有意识地进行科学培养。

二、课堂教学中的系统培养需要中观设计与微观切入双向融合

创新素养培养的中观设计，以课程统整指南为载体，将一个学期或单元的学科教学内容、目标、方法进行系统设计，将一课时的内容，包括教学目标、重点难点、方法、作业、资源等一体化设计。在此过程中，各学科教师要明确教学中创新素养培养的主线。如语文学科中的创新素养培养，要将语言能力的发展与思维能力的发展结合起来，从阅读和写作两个方面进行系统思考和设计。数学学科以数学思想方法为核心，结合数学知识模块，形成具有年级特点的、有序递进的系统目标和培养方式。通过课程统整指南的系统设计，教师逐渐站在课程的层面思考和设计教学，这是思维发展和课程能力提升的具体表现。但最终，教师将思考和设计落实到具体的教学中时，要从点进入，即与原有的经验对接，与重难点对接，与原有的课堂教学对接，从而实现中观设计与微观操作的融合，使创新素养的培养得到持续地落实。

三、教师创新素养培养的观念和行为是知行合一的渐进式建构

教师对学生创新素养培养的观念既是其行为的前提，也是行为的统一体，两者相辅相成。教师对创新素养的认识，决定了他/她的态度和行为；同时什么样的实践就会形成什么样的观念。真正意义上的教育观念转变，是“知”与“行”的高度统一。教育观念转变不仅是认识层面的问题，也是实践层面的问题。

在创新素养培养实践中，我们的教师大致经历了如下四个阶段。

第一阶段：宏观层面上，基于已有认识的文本化理解。通过对创新素养文本概念的学习和理解，似乎知道了创新素养是怎么回事，但不一定能完整说出文献中的概念。这个阶段，教师对创新素养的认识停留在机械理解上，比较模糊和笼统。能结合概念与已有认识作出理解，主要表现在从已有相关资料中选取符合自己原有认知的阐述和说明。本阶段，几乎没有智力的加工，多凭已有的习惯性认识，也没有情感的投入和动力的参与。

第二阶段：中观层面上，基于学科课程的经验性理解。结合自己的学科教学经验和对

学科本质的理解和把握，借助学科课程的相关资料，呈现出对创新素养及其培养的理解，这是被唤醒的认知，以某种相似的方式去理解。

第三阶段：微观层面上，基于行动的情境化建构。在这个阶段，教师在具体的课堂教学实践中，对创新素养进行情境化的、碎片式的构建，积累点上的、零散的经验。但是这个阶段是最复杂的阶段，也是时间最长的阶段，更是多样化的阶段。不同发展阶段的教师有不同的表现形态。如李老师在这节课后认为，语文课堂中要培养学生的创新素养，要引发学生思考，关注体验、关注表达，让学生主动学习。

第四阶段：立体层面上，持续研究，系统建构。教师对一节课进行创新素养培养的思考与行动，可以说只是积累了一个点上的经验，但如何在整个学期、学年甚至年段中，在语文学科中落实创新素养的培养，需要从点的经验上升到面的甚至是立体的经验，通过持续的行动，形成结构化的认识。

总而言之，教师在内心深处有一套对学科教学强烈的信念和认识，在面对一项新的事物时，教师根据已有的认知图式进行识别和编码，在各种外在因素的影响下，在实践中产生认知冲突，主动探索问题解决的办法，在行动成功之后，逐步建立新的认知，创造新的教学图式。认识的转变、理念的建构，是在行动学习过程中完成的。转变是经历的结果，是自身每一步行动成功后对相关理念的相信。但这需要一个漫长的过程，即从陌生甚至对抗到接受，从接受到理解和言说，从言说到行动。最终建构而成的是一个动态发展的过程，它不可能停留在某种确定的状态，它处于无止境的发展过程中。而教师，一定是这过程中的主角。从而实现系统思考，从点突破，逐渐过渡到线、到面的经验建构。

四、学校教育生态环境直接影响小学生创新素养的发展

学校教育生态环境是一个由多因素组成的系统，主要包括校园文化和管理制度，他们直接影响学生创新素养的发展。学生年龄越小，环境孕育的力量越大。因此，要创设和营造适应小学生创新素养发展所需要的生态环境。

基于小学生创新素养培养的学校管理制度和运行机制是重要的保障，它规范和引导教师形成创新素养培养意识和行为，引导学生创新行为和创新人格的养成。如学校的教学评价，以往注重学生知识技能的获得，现在更关注他们在学习过程中的兴趣、好奇心、求知欲、参与度、合作性、发现问题解决问题的能力等与创新素养相关的学习品质，同时关注学生在学习过程中的情感态度与价值观，帮助学生认识自我，建立自信。对教师课堂教学的评价，从关注教学任务的完成到关注教师教学过程中创新素养培养的行为、方法和能力，并结合常规的教学管理，使之形成常态。适于学生创新素养发展的校园文化的核心要素是人际关系中的尊重和信任。学校领导和教师、教师和学生、学生相互之间的尊重和信任营造了相对安全、自由的心理空间，学生的思维和心理不受束缚。

第三章　初中生创新素养系统培养实验研究报告

第一节　实验研究概述

在“基于中小幼学生创新素养发展特点的区域性系统培养研究”开题以来，初中学段子课题组确定了西南位育中学、位育初级中学、教院附中、园南中学和汾阳中学五所学校作为实验校，经过四年多的探索与实验，不论是在理论上还是在实践操作上，各校都取得了一些初步的共识，现将五所学校的实验开展情况总结如下：

一、梳理文献资料，形成理论框架，指导课题实验方向

（一）教育目标分类，高层次思维培养，提供认知基础

早在 1956 年，布卢姆(Bloom，B.S.)主编的《教育目标分类学》就已经提出了现代教学目标分类的基础，把认知目标分成了知识、领会、应用、分析、综合、评价六种水平。而后在数学学科中，威尔逊(Wilson，W.J.)又从内容维度和学习行为水平维度考量，形成了内容维度的数系、代数、几何三分类和水平维度的计算、领会、运用、分析四层类别。而在 2001 年安德森(Anderson，L.W.)等在《面向学习、教学和评价的分类学——布卢姆教育目标分类学的修订》中提出了两维框架：知识维度(事实性知识、概念性知识、程序性知识、元认知)和认知过程维度(记忆、理解、应用、分析、评价、创造)。

在目标分类学中，认知水平的分类有各种提法，虽然期间有过关于认知水平分类是否等距的争议和讨论，但是认知水平不外乎分为两大类：一类是低层次思维水平(或称浅层次思维水平)，另一类则称为高层次思维水平(或称深层次思维水平)。而本课题研究所围绕的创新素养能力，则明显是在高层次思维水平的讨论范畴之内的。那么这就包括了在知识维度的程序性知识和元认知，以及认知过程维度的分析、评价、创造等内容在内了。在上海青浦所做的关于“目标分类”的实验中，高层次思维水平包括了分析、综合、评价，重点在于解决一些非常规情境问题的能力培养，那么本课题的研究重点就应该放在这些内容之上。

但是，需要阐明的是，对于学生高水平思维能力的培养，并不意味着放弃学生基础的奠定，由 PISA 测试的结果可见，学生的非常规问题解决能力首先需要的是扎实稳定的基础，其次才是各种高层次思维水平能力的培养，否则这就是无本之木、无源之水。正如张奠宙

先生所言，就中国的学生学习基础和能力而言，就像是在无比华丽的花岗岩地基上建造了一间茅草屋。那么，本课题的研究，就是想设法在花岗岩地基上能够建起更好的建筑。

（二）课程标准阐述，学科素养界定，寻觅教学切入方式

在新制订的《课程标准》以及各方阐述之中，原本为学生确定的"双基培养"，已经无法适应社会要求，于是在原有的"双基"基础之上，提出了学生活动经验积累和学科思维方式培养两大要求。那么在此基础之上，本课题的研究着眼点就落实到了为学生提供适应其发展的活动机会以及思维历程的设计与研究。

首先，课题研究的方向并不是用新"双基"代替旧"双基"，原本的"双基"并不是被舍弃不要，而是在此基础之上，为学生提供更多的情境活动经验以及学科逻辑思维，有此基础，学生的创新素养才能提升，创新能力才会有机会体现。

其次，活动经验和学科逻辑不能游离在基础性课程之外，那么如何在学生理解范围内，让学生积累更丰富而有价值的活动经验，让学生体会最主要的学科逻辑思维历程，这就成为课题所要解决的关键问题。

然后，在课程标准与教学目标明确的情况下，设计怎样的活动与思维过程是合适的，怎样的频率是高效的，怎样的评价是有促进作用的，这些都是需要研究解决的问题。

最后，各学科的高层次思维并不一定适合每个学生的个性，那么课题研究的普适性与学生特点的个性化之间的矛盾如何解决，这又是课题研究的难点。根据课程标准的阐述，课题的研究将更注重学生的体验与经历，并不一定追求结果的显性化，这样的理解应该更能体现创新素养的表述。

（三）问题解决能力，元认知策略，综合体现创新培养

西方尤其是美国的教育，尤为重视问题解决能力的培养以及元认知策略的培养，虽然缺少系统的基础能力培养导致高层次能力的养成全凭学生悟性与个性特点，从而让成功者成为领袖而舍弃了大部分学生的学习，但是在这些方面的教育教学经验，也有可借鉴之处。

阿兰·施恩菲尔德(Schoenfeld，A.)对于学生问题解决过程中对行为特征的精细化分析、对于学生问题解决中思维显性化的描述等，都可以成为本课题组在对学生进行精细研究的手段与方法，尤其是对学生在解决非常规问题中相应策略的分析与研究。

问题解决和策略选择是学生知识能力的综合应用，不仅是在学科知识方面，更有人际关系处理、团队协作水平、交流表述能力等方面。多元智能的综合体现，并不仅仅是有良好基础就能够获得的，那么如何在学校学生学习历程设计中较全面地思量与取舍，就考验学校领导的管理设计能力了。

同时，这一方面的素养能力培养又是以学生学科素养的提升与凝炼作为要求的，那么学科教师的指引与导向成为实验学校各科教师需要考虑的内容。

创新素养的培养是中小幼全过程、全方位的综合系统工程，众多理论体系的阐述与解释纷繁杂陈，如何选择、如何贯彻、如何考量都考验着课题组实验学校。为此，研究人员付出了巨大的努力，深入研究数年，始有所获。

二、开展先期调研，找准实践问题，设计学段研究方案

（一）调查学生能力，了解培养现状，找出存在问题

在实验的最初，为了能够清晰地了解初中生的一些发展特点，为“初中生发展特点”的研究提供一些方向及依据，课题组通过问卷调查的方式对初中生在不同学科中表现出来的综合素质进行调查分析，及时跟进学生的变化情况，以下为集中调查的能力：

表 2－15　初中生在不同学科中表现出来的综合素质

语文、英语等语言类学科	能力 A：提出有保证而又负责任的有关材料的看法
	能力 B：提出有解释性、分析性、评价性或反思性的评价
	能力 C：将两段材料放在一起就主题、人物、观点加以比较和对照
	能力 D：对以上观点提出有洞察力和合理发展的联想作为论据
	能力 E：引用其他作品、作者、非印刷媒体或个人知识等作评判支持
数学学科	能力 A：系统地阐述和解决多种有意义的问题
	能力 B：作出合理的符合逻辑的陈述
	能力 C：通过正确的陈述和答辩，展示发展性推理能力
	能力 D：对原始问题的情形证实和解释结果
自然科学	能力 A：鉴定问题，提出并实施解决方案
	能力 B：采用多种方式（图解、图形或图表等恰当形式）来描述概念
	能力 C：提出认识、分析、考虑和评论等解释，并区分事实和观点
	能力 D：控制实验，准确控制变量，针对已设定的实验目标
	能力 E：预测实验难点，尽量避免实验失败或出现较大误差

在对当前徐汇区初中阶段学校开展的关于“创新素养培养”的一些教育教学实践的了解与分析的基础上，课题组提出了当前集中存在的一些问题，也是研究亟须解决的问题。

首先，初中阶段学生创新能力结构缺陷状况不明确。在知识结构全面优于国际初中段学生水平的同时，国内的学生并没有表现出与之相匹配的问题解决能力和综合表现能力，这体现了现阶段的初中学生在科学思维、实践技能和应用交流等方面有着明显的缺失，但是究竟缺什么、缺多少，这还不十分明确。

其次，创新能力培养和基础课程的有效融合方式不清晰。在现阶段的社会背景下，学校的教育教学改革不可避免背负着巨大的学业成绩压力，在要求学业成绩保持的条件下，融入创新能力的培养，就必须在课堂教学的实施中提高效益、提升品质。但是改进课堂教学行为，转变课堂教学方向的模式又不清晰，尚须摸索。

最后，以学生成长为基础的培养模式不具备系统性。在现阶段的学校课程实施中，时有零星散布的创新能力培养亮点，但是相互之间缺乏联系，没有形成一贯体系。这种结构性缺陷表现在两个方面：首先，在单一学科中，各个创新能力培养实施方案没有一以贯之的

逻辑主线；其次，在各学科之间，各种培养实践手段相互缺乏联系。纵向联系的缺乏导致了学生的培养断断续续，没有达到应有的连续性效应，而横向联系的缺乏导致了学生综合能力欠缺，无法就源自实际的综合问题给出有效应对策略。

初中学段子课题组将力求能够在以上三个问题中寻找到有效的实践方案，为初中阶段创新能力的培养提供一些可供参考的实例。

（二）提出研究假设，确立研究方法，明确学段研究计划

认知层次分类：根据布鲁姆(Bloom, B.S.)等人创立的"教育目标分类学"，人的认知过程的复杂程度由低到高排列有六个维度的分类：记忆、理解、应用、分析、评价、创造。

其中前三项为认知程度中的初级认知阶段，后三项是认知程度中的高级认知阶段。真正具有"创造力"的认知只有在进入后三项维度后才有可能发生。不过，这六项认知程度并非是割裂的，而是相互联系的，是一个连续变化的过程。记忆认知维度的行为也可以对创造认知维度有所作用，不过作用甚小，越接近的认知维度相互之间作用越明显。

"教育目标分类学"在布鲁姆之后又有更进一步的发展，六层次认知维度被认为并非等距架构，即相邻认知维度之间的思维跨度并不是一样的，也有人认为这六个层次的认知维度可以重新划分为四个层次。不过这些都是对布鲁姆的修正，并没有颠覆其对于人认知过程的结构序列。

在初中学段的研究中，课题组采用此分类方法开展研究。本课题组将目标定位于分析、评价、创造这三个高层次认知能力的培养。记忆、理解、应用的培养同样会对高层次认知水平有所作用，但是这样的作用并不明显。而且现阶段本区域内的记忆、理解、应用的培养已经处于一个较高层次，较难形成大跨度的突破，无法对高认知层次水平产生较大影响。

本课题组将在初中阶段寻找到现阶段学生缺乏创新的关键障碍所在，并试图在学校的课程实施中尝试突破其桎梏，为学生进一步发展奠定基础。在总课题的基础上，课题组确立了学段研究的目标与内容。

研究目标包含四个关键方面：首先，明确初中阶段学生能力结构中导致缺乏创新行为的原因所在，即阻碍其创新行为表现的能力结构性缺陷因素；其次，将创新能力培养融入各类课程实施过程中，尤其是在基础课程的实施过程中，在保证课程实施质量的同时，渗透创新能力的培养；再次，在各类课程中的实施必须形成一个循序渐进的系列，保证创新能力培养的持续有效；最后，在课程实施过程中，各校参与教师队伍的培养方针与成长历程。

研究内容包括：通过文献研究和行动研究，寻找初中阶段学生综合能力结构中导致创新能力不足的关键性因素，以及相关的教育教学行为特征；在三类课程实施过程中，尝试弥补初中阶段学生能力结构缺陷，帮助其提升创新行为能力水平，形成有效的教育教学培养方式；在学科内、学科间有效串联创新能力培养方式，架设初中阶段学生创新行为能力基础平台，构建学生创新能力培养系统模式；探寻学校创新能力培养课题参与教师队伍的有效培养方式和管理模式。

第二节　研究过程与方法

一、理论学习启动实验，结合校情确定目标，制定计划准备实践

（一）多层面多渠道开展培训，普及实验相关理论知识，提高对课题的认识和理解

课题启动伊始，各实验校从项目负责人到一线教师，对“创新素养”这一名词都感觉距离遥远，字面熟悉但实践陌生。一线教师长期埋头于教学，理论基础相对薄弱，解决问题时多凭经验、直觉，所以提到“创新素养培养”，大都将其理解为脱离教材的课外活动，或是带着探究目的的让学生任意去说去想的开放性课堂。为了保证实验的顺利进行，不论是总课题组，还是各实验学校，都注重对实验相关理论的学习。

一方面，总课题组开展了普及性培训。为了能够让实验学校、教师充分地理解总课题的目标与研究内容，也能够清晰地理解课题的意义，总课题组组织了实验学校项目负责人和实验教师的培训活动，不仅对实验关键词“创新素养”“发展特点”“系统培养”进行了阐述，也对如何开展实验、教师层面能够进行怎样的探索实践提供了思路。

另一方面，实验学校开展了形式多样的学习活动。在总课题的普及培训之后，各实验校纷纷结合本校的实际情况，在不同层面开展了不同形式的学习活动。如：

汾阳中学　认为转变观念是普通初中创新素养培养的关键，提出了“学习理论，更新理念”的做法。学校主要通过听报告和学习理论书籍的形式进行老师的培训。学校除了积极组织课题组老师参加区层面的培训活动，还加强校内自培，先后组织了多次培训活动，分别听取来自区教科室、高校专家、学校教研组长等不同层面的报告。并且将区推荐的三本书介绍给课题组教师，同时学校教科室还另外推荐了一本书。学校做到教师人手两本书，并要求每位教师完成一篇读后感。

园南中学　我校开展了和专家面对面的交流活动，专家帮助教师们梳理了中外学者对创新、创新素养、创造、创造教学等方面的理论，解答了我校教研组长、备课组长在课题研究中的困惑。同时，学校通过教工大会，中层“两长”会，教研组、备课组活动等积极开展相关的宣传、学习和研讨。在学习过程中，学校首先从创新素养研究的价值、培育目标、概念理解、培育视角和案例分析等五个角度指导教师明确对初中生创新素养的系统培育的内容。其次，重点落在学科课程统整与教学方式革新的研究上，例如学科内容的统整、教学方式的变革、作业设计的变革、评价模式的变革。

西南位育中学　坚持各备课题组教师加强教育理论学习，学习了上海市教育委员会关于开展“上海市普通高中学生创新素养培育实验项目”的通知：“经研究决定，在本市部分普通高中开展‘上海市普通高中学生创新素养培育实验项目’，探索高中阶段对拔尖创新人才早期培养的办学机制、课程设置、教学途径、学习管理与综合评价办法。在取得经验的基础上，稳步推进这项实验，以提高全市普通高中对学生创新素养早期培育的能力和水平，为全

面推进创新人才培养提供经验。”我校搜集和学习了参与“上海市普通高中学生创新素养培育实验项目”的学校做法及实验内容，并开展学习、讨论、交流、分析等活动。

（二）结合校情生情，以本校特色为起点，确立学校研究目标与重点

在理论学习和培训的基础上，各校结合学校生源特点、教师队伍发展状况，以及学校在多年办学中传承的特色等因素，逐渐明确了学校的实验目标及方向。

教院附中 将学校的特色课程建设作为本校的实验研究重点，争取形成有层次、内容丰富、思维水平高的多方位立体化课程。将课程与课堂作为培养学生创新素养的主要载体与途径。以“基于学生核心素养培养的课程校本化”为抓手，推进对学生创新素养的培养，其主要任务是课程方案的校本化、国家课程的校本化实施和校本课程的系统开发。

西南位育中学 以初、高中衔接为目标，以学校基础课程为抓手，设计形成一体化课程。在民办教育区域中，以优化基础性课程为核心，在实验班的教育、教学实践中，探索系统培养学生创新素养的有效方法、手段和途径，提高实验班教育教学的效益。加强实验班课程研究，改进实验班课程设置与结构，提升实验班的内涵。加强校本教材建设，加强学校学术研究与创新氛围，打造一支具有创新精神和创新教育专长的教师队伍，进一步提升学校办学内涵和品质。

园南中学 把学生认知思维过程的绿色可持续发展作为研究的重点，主要针对学生逻辑思维和分析推理能力的培养形成系统性设计。

汾阳中学 我校依据学生的特点，通过基础课程的实施，加强学生创新素养的培养。我校体育“跳踢”、美术“国画”、科技“三模”三大特色已经形成，近年来在徐汇区内也有一定的影响，希望结合课题的研究，进一步促进三大特色的完善和发展，进一步促进新课程的实施，转变教师的观念。

位育初中 学生的全面综合素质是学校办学目标，为实现这一目标，学校为学生开设类型丰富的课程，教学中体现多角度、多维度的教学实践方法。本实验以学校承担的市教育学会课题“初中教师教学创新能力实践研究”为依托，通过一线教师个人子课题的研究，带动课堂教学，促进教师主动探索以便改进自己的工作，尝试新的教学方式和教学风格，创生能激发学生创新潜能的教学方法或模式。

（三）制定研究计划，确立实验教师，明确研究任务

各实验校经过培训和学习，在做好理论铺垫的基础上，分别制定了各校的课题研究与实施计划，根据学校的情况，确立实验参与教师的人员结构、实验学科、实验年级等。分别明确每个学期学校层面、教研组层面以及教师层面的实验任务和进度，细化和落实每个学期、每个阶段的研究目标、研究内容以及研究预期成果等。如园南中学在深入分析创新素养培养的不同层面含义的基础上，形成了“园南中学创新素养培养要求任务表（讨论稿）”。

二、借力课程统整，开展教学实践，探索培养路径

在没有可直接借用的研究经验的基础上，各校在创新素养培养的行动前都经历了迷

茫，疑惑于究竟通过什么样的方式将学生的创新能力与学科教学的知识点有机地结合，并融入日常的教育教学实践中，而不是纯粹做“加法”加重教师、学生的学习负担。考虑到五所实验学校都是区课程统整的实验学校，许多教师都参与过课程统整的实践，学校也积累了一定的经验，我们决定借助课程统整的研究方法，来开展研究实践。

（一）梳理创新生长点，调整统整指南结构，完成学科统整指南

实验学校以教研组或备课组为单位，在基础课程中以知识统整为抓手，以知识单元为单位作一个学期或是一个单元教学的系统安排，梳理出一个阶段学科教学中能够与创新素养培养相结合的内容或知识点，明确知识内容、教学过程与学生创新能力培养三者之间的关系，经过交流与讨论，逐步形成各校不同学科的《课程统整指南》及相关的表格：

西南位育中学　编制了西南位育中学学科统整指导(单元设计)表、西南位育中学初中生学科创新素养系统培养指南表。此外，为了便于课题实验过程性材料的积累，学校还编制了备课组研讨活动记录表、研究课实施细则一览表、研究课设计一览表等相关表格。在实验启动的半年内完成学科整合16单元，各备课组在组内开设研究课共计16节。

园南中学　考虑到文科和理科的差异，从文理科两个方面将创新的内容结合到指南中，形成了文科和理科两个版本的学科课程统整内容模块表格：

表 2－16　园南中学学科创新素养培养指南(文科示例)

年级第　学期　学科创新素养培养指南								
项目或章节	进度	教学目标	创新素养培养目标	基础知识	培养创新素养的重点篇目	培养创新素养的知识点	课内培养创新素养的相关活动	课外培养创新素养的相关活动(包括作业设计和各类学习活动)

表 2－17　园南中学学科创新素养培养指南(理科示例)

年级第　学期　学科创新素养培养指南							
章节	进度	教学目标	创新素养培养目标	基础知识	培养创新素养的知识点	课内培养创新素养的相关活动	课外培养创新素养的相关活动(包括作业设计和各类学习活动)

教院附中　坚持国家课程校本化实施的方向，在原有《指南》的基础上，开展以学生创新素养培养为重点，落实“九大核心素养”能力指标的《指南》优化工作，实验教师把创新素养培养作为一项重点内容予以标注，根据需要补充创新所必需的知识等学习内容，改变“教材本位”观念，设计开放性教材，制定了课时、单元、学期的学科创新素养培养目标。

徐教院附中 2013 学年第 一 学期《课程校本化实施指南》

六 年级 信息科技 学科

指导思想：根据新课标的教学要求，依据中国地图版的信息科技教材，再针对教学活动及教学策略，将教和学有效地统整在"项目活动"的完成过程中，最后利用"过程性评价平台"评价学生的学习过程及学习结果；通过课程的统整，我们根据每章节的知识点，各自设计有针对性的小项目，展开教学；在所有的知识点学习结束后，设计一个整体性较强的项目活动，围绕从信息的收集到作品的设计、制作、数据统计和分析，使学生对教学内容有系统的认识；我们的设计目的在于让教学不是将知识灌输给学生，而是要培养学生获得知识的方法和解决问题的能力。

学期创新培养目标：

(1) 能主动探究信息科技和信息技术工具在日常生活、学习中的用途；

(2) 能理解新技术(例如：传感、微电子、通信等)的产生对社会发展和人们生活质量带来的影响，能理解与技术有关的伦理、文化、社会问题，对使用新技术有正确的认识；

(3) 能主动运用信息技术设计完善演示稿；

(4) 能主动探索便捷生活、学生、工作等方面的信息技术。

表 2-18 信息科技学科创新素养培养指南(节选)

单元	单元教学目标	课时目标	基础内容	拓展内容	探究内容	学习能力(方法、习惯)	德育渗透	创新素养培养内容
第一单元 信息科技基础	1. 知道视窗操作系统的一些基本术语。 2. 知道文件的命名规则、类型及文件夹结构。 3. 能根据信息分类独立管理存储器中的文件和文件夹。 4. 学会通过计算机自动查找文件	活动1： 1. 完成小学阶段与初中阶段信息技术知识与技能的衔接。 2. 能理解信息、信息技术、信息技术工具的基础知识。 3. 掌握在局域网环境下的Windows XP文件及文件夹常规操作	1. Windows视窗操作系统(了解) 2. 文件、文件夹定义及命名规则(掌握) 3. 资源管理器的使用(熟练掌握) 4. 文件夹的各种操作，如：移动、复制、改名、删除、新建(熟练掌握) 5. 查看文件的属性(知道) 6. 建立快捷方式(了解) 7. 搜索文件或文件夹(掌握)	设计一个明晰的文件夹结构来管理自己的文件的方案。 头脑风暴：信息获得的途径等	《今天我当小老师》 要求：学生确定讲课主题进行讲解 1. 资源管理器 2. 文字输入及文件操作 3. 文本编辑	自主探究：能主动通过查找资料学习新技能，遇到问题积极寻找解决办法，不轻易放弃。 阐述表达：能用清楚、流畅、有吸引力的语言表达自己的实践和思考结果，对他人的疑问能给予准确的解释说明	了解信息社会中"信息"的含义，知道对于知识需要尊重其知识产权	使用左手开发右脑的培养，除了用左手使用鼠标来刺激右脑外，还可以用哪些方法训练右脑？

徐教院附中 2013 学年第 一 学期《课程校本化实施指南》

初一 年级 科学 学科

指导思想：根据新课标的教学要求，选择合适的教材，针对教学活动及教学策略，将教和学有效地统整在一起，最后界定评价学习的方式；通过课程的统整，构建更适合学生认知特点、思维特点的课程内容体系，让教学不是将知识灌输给学生，而是要培养学生掌握获得知识的方法和解决问题的能力；同时，拓展学生活动的时空，让学生利用课余时间，在家里或是社团活动等时间，开展有意思、激发学生创新思维的小实验活动，培养学生热爱科学的情感。

学期的创新培养目标：

(1) 在了解知识的基础上，获得有关科学知识的深入思考；

(2) 学习设计实验方案，获得一定的实验结论；

(3) 根据实验结论，将科学知识生活化，并更好地服务于社会。

表 2-19 科学学科创新素养培养指南(节选)

单元	教学目标	基础内容	拓展内容	探究内容	学习能力(方法、习惯)	德育渗透	创新素养培养内容
第8章 身边的溶液	1. 了解有关溶解的知识 2. 知道同一物质在不同溶剂中溶解情况不同 3. 认识影响溶解快慢的因素(拓展) 4. 认识常见的酸性溶液和碱性溶液 5. 初步学会用酸碱指示剂区分溶液的酸碱性 6. 知道pH与溶液的酸碱性的关系 7. 了解酸雨的成因	1. 溶解 2. 水以外的溶剂 3. 生活中常见的溶液 4. 常见的酸碱指示剂 5. 酸碱溶液混合后的变化 6. 酸碱溶液在日常生活中的应用	★ 家庭小实验探究：奶粉、肥皂、白糖、酒精、橄榄油是否能在水中溶解？认识影响溶解快慢的因素。 ★ 学生进行课堂实验探究(每组探究一种)，找出影响溶解快慢的因素	★ 设计并实施酸雨对植物生长影响的实验	着重培养学生的分析、概括能力，意识到应采取必要的措施来防治酸雨	培养学生的环保意识，提倡低碳生活；养成安全使用酸碱溶液的习惯和安全地处理化学药品的意识；使学生体会到，学习科学需要善于观察、动脑	家庭小实验探究：奶粉、肥皂、白糖、酒精、橄榄油是否能在水中溶解？课堂教学中展示交流。 学生进行课堂实验探究(每组探究一种)，找出影响溶解快慢的因素

(二) 全面试水课堂教学，理论实践研讨并行，区域分享研究进展

各校在按照计划于实验学科中全面进行课堂教学实践探索、学段课题组在关注实践的同时，还注重实践过程中理论的积累与研讨，不断在教学中总结提炼新的认识，并注重将某一学科或某一学校获得的经验在实验校之间进行共享。期间，位育初中、西南位育中学、汾阳中学分别组织了区级公开交流展示活动，分享学校实验的做法、成效与疑惑。同时，2013 学年下半学期，初中学段子课题组分别在园南中学和位育初中召开了“基于中小幼学生创新素养发展特点的区域性系统培养研究”的徐汇区“语文专场研讨”和“数学专场研讨”的现场研讨活动。两次研讨活动不仅面向实验校，还面向了区内所有初中；在关于课堂教学的研讨中不仅关注了创新素养在本学段的培养，还关注到了初中与其他学段的衔接，尤其是位育初中费晓芳老师执教的数学课，邀请了小学学段五所实验校的高年级数学教师来听课，并听取了来自小学实验的经验与成果，获得了市、区级专家的好评。

位育初级中学费晓芳老师执教的“用‘原型’启迪创造素养——线段中点和角平分线的尺规作图方法”关注了以下几个重要的片段：

我们对教科书内容作了调整。前一节课先与学生一起学习“线段中点”“角平分线”的概念、数量表达以及用刻度尺、量角器等度量工具的作图方法。这节课则由教师、学生一起来探讨：只用直尺和圆规，是否也能作出线段的中点、已知角的平分线？紧接着教师介绍“平分器”模型及其对折和叠合的原理，重要片段简述如下：

(1) 师生合作——从模型到尺规：画线段中点

教师出示学生工作单，指导学生画线段中点。然后，组织学生讨论每边的长度与已知线段之间的关系。最后，教师示范尺规作图的书面表达，让学生不仅会画而且会说(但不作书面表达的要求)。

(2) 独立探索——类比迁移：从线段中点到角平分线

学生同桌讨论，利用工作单作类比，教师事先作一定指导。然后学生自行探索，教师巡视指导。最后教师组织学生汇报与讨论。

(3) 课外探索性作业：过直线外一点作垂线

除了通常的作业布置外，教师再次拿出一个问题要求学生课后自己做。这对学生来说，是有一定挑战性的。全班交回作业的共34名学生，结果如下表所示：

表2-20　学生作业情况统计表

水平	未能完成	作图有错误	能完成	创意完成
人数	8	4	13	9

这样的结果，超出了预先的估计，尤其是能有创意完成的竟有9人之多。

评课专家认为，这节课的设计者对尺规作图在平面几何教学改革中的作用、地位有精到的把握，并在此基础上，首先利用模型(即自制的“平分器”)来启发；然后作迁移学习的铺垫与变式，注意有可能出现负迁移的指导；最后，课后作业又是一次新的探索学习。抓住这三个环节十分有益于学生创新素养的培养。

园南中学举行现场研讨会，分上下午两个专场。上午是学校层面的研讨课专场，共有包括数学、英语、物理、美术、劳技、心理等6门学科的6节公开课首先进行了教学展示。在上半场交流研讨活动中，数学教研员徐晓燕老师从逻辑起点、逻辑生长点的角度点评了园南中学数学教师姚春花的“探究中位线性质”的一节课。上海师范大学刘兰英教授首先对参与课题教师的投入程度给予极大的肯定，同时她也对学校子课题历经多次磨砺后的困惑与收获进行了总结。徐汇区教育学院倪志刚副院长针对园南中学在研究过程中聘请专家指导、全员参与课题、多门学科发展、校际联动积极、着力教学转型等经验进行了分析与指导。最后徐汇区教育局杜俭副局长作总结发言，在肯定了园南中学所做工作的同时提出了新的要求，并结合课题就一些教育领域的问题发表了见解，引起了与会者的共鸣和广泛的思考。

下午总课题组倪志刚院长所主持的徐汇区语文学科专题研讨会专场，庄小凤局长从生物学的“遗传与变异”角度阐述了创新的意义。她同时指出，徐汇教育绝不为“创新”而创新，课题还是强调“内化深化”，不作“短平快”式研究，课题成果要对助推学生学习能力起到本质的影响。与会的许多教师表示，园南中学的创新阶段成果汇报和各位专家领导的发言对自己学校今后开展创新教育有较大的启发。

（三）梳理学校实验进展，深入理解课题本质，调整研究实践策略

在经历了实验全面推进的尝试后，总课题组组织各校对阶段推进的过程及取得的成果、遇到的问题等进行交流与互动，通过相互学习、互相激发、取长补短的方式，帮助各实验校更加深入地理解课题研究的本质，根据学校推进的实际情况，合理地调整与确定下一步的研究目标与策略。各校实验的进展及收获分别如下：

西南位育中学　实验在初高中同时推进，主要在初二、高一两个年级，涉及数学、英语、政治、物理等学科，采取课题研究与教学相结合的方式，由教研组和备课组主要实施。一年多来，已经形成了完整的初二、高一年级的《教材统整指南》，并相继开设了10次以上公开研讨课，并以表格形式积累了大量实证性资料，如《统整指南》《初中学生创新素养培养指南》《创新素养培养研究实施细则》等。通过课题的研究，实验教师加深了认识，不断发掘出课题的前瞻性。在后续的实验中，学校将着重从新的课堂教学模式的建构，新的对学生、教师及课堂评价模式的探索两个方面开展研究。

园南中学　学校承接课题以后，以内挖潜力、外求协同的方式开展了项目研究，通过组织理论学习、梳理研究路径，联动区校资源，实施共建共享，在文科、理科的统整指南中融入“创新素养”的研究与结构调整。以处理好六对关系（强调基础—追求创新、创新普适—个别创造、传统教学—创新教学、单科试验—多科整合、理想追求—现实矛盾、区域要求—校本研究）为抓手，以此推进学科课程统整与教学方式革新。2013年5月9日，成功向全区进行包括7门学科8节课的全面展示，并开设语文专场的研讨。学生的创新素养以及教师的研究能力都得到了不同程度的提升。为了进一步地推进研究，学校将在教学设计、教学模式的规律性方面继续开展研究。

汾阳中学　在实验开展之初，首先对实验教师进行理论培训，促进其观念的更新。着重开展学校培养途径的研究，探索创新素养培养与基础课程之间的关系。理清创新目标与三维目标、创新内容与教材内容、创新课堂与学科教学课之间的关系，在实践中观察教师观念的转变、教师教学方法与行为层面的变化，初步形成符合创新素养培养的教学策略与方法，并积累汇编了学校优秀研究成果。

位育初中　将创新素养培养实验与学校已有课题之间建立联系，进行整合，通过教学活动推进，每个学期设立1—2个主题性活动，主要在数学、语文及英语学科中进行实验。学校在推进实验的过程时，特别注重家长的参与，并将原有评价方式改进为四个维度的评价，不把创新活动局限于教师的行为，而是教师、学生、家长共同研究，并于每个学年优化“活动”，修正《指南》。通过研究，教师的认知与行为发生了变化，备课时关注教材、关注学生，不断完善设计活动方案，促进自身潜力的发挥。

教院附中　主要在科学与技术类课程中开展创新素养实验的研究，紧紧抓住“系统培养”的核心，对学校课程进行优化，调整校本课程的架构。以学期课程统整为载体，通过教研组、备课组活动开展课堂教学模式的探索、学生习惯的培养等方面的研究。

针对各校实验研究的进展情况，总课题组提出各校要防止对“创新素养”认识的泛化导致行动的偏离，实验要紧紧扣住本课题研究需要突破的两个方面：创新素养系统培养和学生创新素养发展特点。

“创新素养系统培养”要引导实验教师紧紧抓住三个环节：通过基础课程的《学期课程统整指南》的研制，找到教学内容的创新点，实现学科教学内容的系统性，且本学期开始还要对全校课程进行系统设计，实现全校课程培养的系统性；其次，根据教学内容的系统性，对单元教学目标作系统设计，并且落实到教学目标，实现教学目标的系统性；第三，在课堂教学中努力使教学过程与创新过程相吻合，实现教学课程的系统性。

学生创新素养发展特点的研究，不仅仅从心理学层面进行探索，还要着重梳理其显性的行为表现，展开教育行为学的研究。实验教师选择班上好、中、差三类学生，每类两名，进行教育观察研究，形成六个学生学习行为的个案。区教科室专业科研员汇总各校提供的学生个案教学进行归纳，得出初中阶段学生不同发展水平的特点框架，从而理清不同阶段学生创新过程中表现出的不同的心理历程。

关注终端。紧扣课堂教学，展开实例剖析，梳理教师教学过程中的行为创新。

三、剖析典型课例，关注研究难点，开展深化研究

在经过了不同学科的全面试水之后，实验学校和教师们都有了初步的感性认识，也形成了一些较好的经验做法，但是普遍存在的一些疑惑，阻碍了研究的进一步深化，主要集中在以下几个方面：首先，创新素养到底包含哪些要素，可以从哪些维度来说明？其次，按照学科知识单元或者章节顺序梳理出的创新素养培养点，互相之间有着什么联系？如何在不连续的培养中体现出系统性？再次，创新是一种能力，对能力提升的关注如何转变为课堂教学的行为？最后，能力的变化是隐性的，需要长期积累，教学过程中何种显性的行为可以被认为是培养了学生的创新素养呢？为了能够更好地理清思路，推进实验的进一步深化，初中学段课题组开展了典型课例研究，从实验学校、实验教师的选取，到实验内容的选择，从典型课例的备课、磨课，到教学实践后的总结、反思和追踪，总课题组全程参与研究，获得了对“创新素养培养”的许多新的认识，取得了较好的效果。

（一）确定课例内容，开展备课活动，追踪过程变化

经过与学校和教师的沟通，以及考虑到学科因素，初中学段课题组分别在语文、数学及英语三大学科中开展典型课例研究，分别是汾阳中学语文学科陈华香老师的“阅读伴我来写作”、数学学科郭鸿老师的“分式的意义和性质”，园南中学语文学科周婷老师的“心与手”，以及西南位育中学英语学科梅晨华老师的“The Further Adventures of Sherlock Holmes”。

每一个课例在进入课堂之前都经过2—3次的专题教研活动，在研讨中，来自教研组内不同年级的教师都针对课例内容的选择与教学设计的适切性、教学方法与创新素养培养之间的联系等方面开展积极的讨论。同时，课题组借助于“研究课简案及分析表”对执教者每一次教学设计的意图、教学过程的调整以及为何作出这样的调整等多个方面进行追踪记录，进而从中窥探出教师的思想转变及行为变化历程。

表 2-21 研究课简案及分析表

教学设计	思考及分析要点
教学目标	为何这样设计？依据是什么？（是否作出修改？为何这样修改？）
主要教学环节	
环节一	
环节二	

（二）利用观察量表，引导教师思考，关注能力培养

在典型课例的研究过程中，学段课题组借助于对一些课堂观察量表的引用与调试，来引导教师在备课过程中思考“创新素养培养目标与知识目标之间的关系”“学生学习目标与教学设计环节之间的一致性”等问题，让教师能够对如何在课堂教学中实施创新素养培养有更深刻的认识。例如，汾阳中学数学学科郭鸿老师的记录如下：

教材中的三个引例我没有借鉴，而是通过自己对教材的理解和对学生实际情况的准确定位，重新进行统整与开发，原因有三：

（1）课本中的引例不符合我执教班级学生实际情况(即生活实际和预备数学知识实际不匹配)，并且这三个引例有横向的比较但缺乏纵向的、数学知识本身内在的逻辑结构联系。

（2）数学概念的学习心理方式有两种，一种是同化，一种是顺应。课本采用的是顺应方式，其实学生头脑中已经有了基本图式结构，即分数概念结构。因此我个人认为，从数学知识逻辑起点分析，更应该采用同化学习方式。

（3）数学概念的学习必须建立在学生的理解基础之上。如果教师充分考虑从数学概念的现实意义的合理性以及引入的必要性这两个方面做深入研究，应当从数学知识发生的过程来揭示数学概念的内涵，这样有助于改善学生知识结构，让概念的表象建构得比较精确，与其他概念的联系变得更加合理。

从教学目标、教学环节一致性分析(如下表)中可以发现，这种设计更加符合学生实际。

表 2-22 教学目标与教学环节一致性分析

目标一	对应教学环节	匹配与一致性分析
问题引入 概念形成	（一）教学情境引入环节	以问题为载体，以辨析为基础，以归纳和概括为核心，符合学生对数学概念形成的心理过程。以类比为方法，形成学生对分式意义和性质的理解，符合学生对数学原理的理解策略

（三）转变听课方式，观察学生行为，关注发展特点

我们对典型课例的研究，对传统的听课评课环节作了重大的调整。以往教师听课习惯于关注教师在课堂上的教学设计、环节流程以及教学实施对教学目标的达成度等方面，因此教师听课时的目光和关注更多是集中于讲台上的教师。我们在典型课例的听课前，设置了“听课前预备会”环节，根据听课教师的数量和班级学生的总数，进行分工布置，要求听课教师将关注点集中于学生身上，一般来说，一名教师负责观察4—5名学生，教师进入教室后通常坐在学生旁边，在学生自主活动环节如实记录和描述学生的行为表现。在教学结束后，教师们评课时除了对教师执教部分进行讨论外，还集中对学生的行为表现的共同点和差异性进行交流和研讨，进而对初中学段学生在学习这一学科时的发展特点有更多感性和理论的认识。

表2-23　课堂自主学习活动分类观察表（现场观察用）

学科	教学内容	班级	执教者	教学时间
自主活动内容	时间	活动中学生行为分类描述	活动评价	

表2-24　基于合作要素的学生合作质量观察单（现场观察用）

学科	教学内容	班级	执教者	教学时间
积极有个体关联与影响力				1 …… 5 6 很不符合 很符合 没有
小组成员有均等机会的表达机会				
当一个成员表达时，其他成员注意倾听				
当一个成员表达时，其他成员表示赞同				
当一个成员落后或迟钝时，其他成员给予支持和鼓励				
小组的学习资源和材料是共享的				
不存在“小组讨论时不说话，公开讨论时个人滔滔不绝”的现象				
明确而共享的目标与分工				
小组成员明白在这一段合作时间内要达到什么结果				
小组成员明白自己的任务、职责和角色				
当某一成员玩乐或走神时，其他成员提醒他				
90%以上的合作时间是用在学习任务上				
良好的人际和团体合作技能				
小组中不存在明显的因人际关系而产生的隔离、摩擦				
小组中不存在对某一成员的歧视与不尊重				
遇到争论时能够友善地处理				
提供对别人发言的反馈，也接受别人的反馈				

（续表）

学科	教学内容	班级	执教者	教学时间
清晰的个人绩效责任				
小组中每一个成员都对最终的结果作出努力				
小组中每一个成员都能够说出自己对小组的贡献				
小组中每一个成员都对自己的贡献有一个合理的评价				

四、回顾研究历程，反思总结经验，明确未来方向

经过了数年的研究实践，各校都在经历了学校层面的顶层设计、深入学科课堂教学实践的过程中，丰富了研究资料，并在经验教训中不断反思，继续前行，不论是在学校课程建设、教学改革，还是在教师观念更新与行为改进上，都取得了一些成效。

（一）初步形成了创新素养培养的课堂教学流程

在大量的课堂教学实践的过程中，初中学段实验校始终积极关注课堂教学模式的建构，各校在秉持着以学定教、少教多学的原则的基础上，积极探索“两点（低起点夯实基础、高视点培养能力）、两度（小坡度、大密度）、三动（动手动脑动嘴相结合）、四导（导读、导思、导练、导行）”的课堂教学方式。虽然由于学科差异，教学实践的具体实施会有不同，但仍然可以建立起相对具有普适性的教学流程：

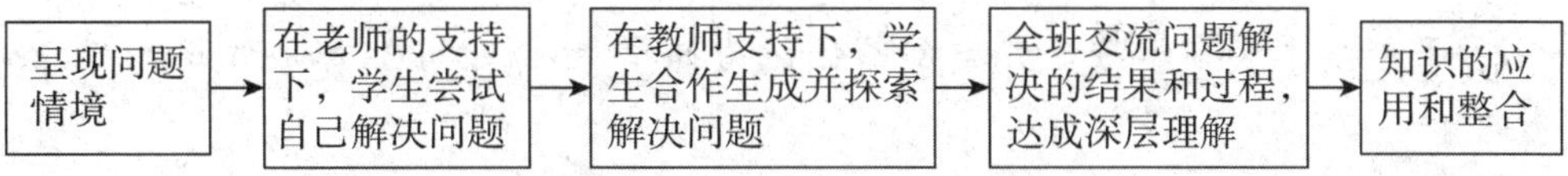

（二）丰富了对“系统培养”“学生发展特点”的认识与理解

本课题的关键词“系统培养”“发展特点”，从课题启动伊始就一直困扰实验学校和教师。在实验推进过程中，不论是学段课题组还是各实验学科备课组，学习和研讨的重要内容之一是关于“怎样才是创新素养的系统培养”“学生在不同阶段不同学科学习过程中的心理特点与行为表现有着怎样的共同特点”。虽然各实验校都无法全面准确地回答这些问题，但大家在探索的过程中得到了一些新的认识。如：

西南位育中学　经过前面的实践与探索，现对于“系统培养”的认识有了比较清晰的轮廓，其内容包括培养目标的系统性、课程与教材的系统性、教学过程的系统性、课堂教学策略的系统性、培养创新品德的系统性、学校与校外教育教学资源的系统性。

但是“发展特点”是我们课题研究比较纠结的地方。教师以前对学生在各个学段的年龄心理特征和需求，学习行为和方式，社会、家庭对学生成长的影响等方面的研究思考很少，系统考虑更是空白，因此就比较困难去发现、总结学生发展特点。

著名教育学家波斯纳曾提出一个教师成长公式，即“经验加反思等于成长”，并指出没有反思的经验是狭隘的经验，至多只能成为肤浅的知识。教师的课后反思是从教师本身的

教学得失进行的反思。而这里的教师课后反思再加一层内涵，就是反思学生的上课行为，寻觅学生的发展特点在哪里。

课后反思意味着教师对刚刚结束的一节课要总结出得与失。课堂教学的得失的渠道来自两个方面：其一是来自教师本身，教师要在课后总结自己本节课的精彩点在何处，有无创新点和让学生看好的“卖点”，以及这节课最大的失败是什么，出乎意料的是什么，为什么自己事先没有想到，等等，去思考学生心理、学习基础、学习需要、学习行为表现和原因，从个案逐渐形成系统，也许我们就可以找到“学生发展的特点”；其二是来自学生，教师要在下课或放学后向学生发放简洁的问卷，让学生填写本节课最赞成的是什么、最不赞成的是什么、期望教师作出哪些改进，以及认为本节课老师的课堂行为能够得多少分，等等，教师再换位思考，从学生的学习基础、学习行为、学习方式、心理生理、生活经历去总结学生发展特点，找出师生观点共有基础上的创新，发现新的教学契机。

（三）清晰了进一步实验的目标与操作路径

经过了数年的摸索后，无论是实验学校还是教师，在更加认可课题价值的基础上，不断反思与总结经验教训，也不断调整实践方法，更不断探索未来的实验方向。实验该如何进一步开展，各校的思路更加清晰。

园南中学：

学校在今后的教育教学中应该积极探索在基础课堂中落实创新素养培养，着力在课堂教学中抓好三种转变——由传授型转向发现型，由训练型转向体验型，由习得型转向实践型——引导和激发学生在学习过程中创造性能力的培养，帮助学生形成发现问题、分析问题、解决问题的能力。

初中生创新素养的培育，尽可能处理好六对关系，即强调基础—追求创新、创新普适—个别创造、传统教学—创新教学、单科试验—多科整合、理想追求—现实矛盾、区域要求—校本研究。

学校将重点推进学科课程统整与教学方式革新。以学科教研组校本教研为抓手，加强教研组共同体建设（绝非教师个体行为）；以现有教材作为基本点，集体备课寻求创新生长点，分单元形成创新内容模块，分学期分学科有机推进创新教学。具体地说，在教学内容统整上，要注重学科单元内容统整、多学科统整，甚至多教材统整，寻找创新生长点，构思创新模块，定位创新教学目标，设计学生活动；在教学方式上，强调从以“教”为中心到以“学”为中心，从以“知识传递”为中心的教学到以“教学对话”为中心的互动教学，从而让学生在经历和体验活动中学会发散思维、质疑问难、合作探究、自主建构知识，并运用知识创新性地解决现实问题；在作业设计上，提高作业质的要求，适当增加“做”和“设计”的比重，鼓励学生在具体项目驱动下，做现状调查、创意设计、热点评论等作业；在评价模式上，从强调知识传递到注重高层次思维能力的培养。

汾阳中学：

(1) 在基础课中重点关注“三对关系”的处理以培养学生的创新素养。

一是处理好创新教育目标与三维目标的关系。创新教育目标并不是在三维目标上在新增加目标,它是三维目标的一部分。它本身是过程与方法、目标的重要内容,它的落实需要学生经历一定的过程,在体验中学会相应的方法,同时它需要必要的知识与技能作为支撑。创新人格的培养也是情感、态度、价值观的一部分。

二是处理好创新教育内容与教材知识内容的关系。创新教育内容不是在原有教材内容以外新增加知识来培养学生的创新素养,它是依托现有基础课课程内容,以其中适合的知识作为载体,来培养学生的创新素养。

三是处理好创新教育课时与学科教育课时的关系。同样,创新教育并不是在常规的课时安排外新增加课时来实施,它是在常规的课时安排内,抽出一部分课时用于学生创新素养的培养。

(2) 在“两课型”课中以重点做好“三个开发”来培养学生的创新素养。

学校“两课型”课是比较开放、自由的,它没有教材的限制,没有时间的限制,更没有考试的压力,所以在“两课型”课程中实施创新素养教育自由度很大。正是因为它的自由性,所以更要做好创新素养培养的“三个开发”。

一是做好课程内容的开发。“两课型”课程没有现成的教材,多是校本化课程,实施创新素养教育必定要对校本教材作二次开发。确定哪些知识内容更适合培养学生的创新素养,是实施创新素养培养的起点。

二是做好课程资源的开发。教师要充分利用好现有的课程资源,如专用教室中已有的器材、设备。但这是不够的,课程内容的开发必然带来课程资源的开发,新的内容需要新的器材、设备,要积极发挥学校、教师、学生三方面的作用,使课程资源不断完备。

三是做好组织形式的开发。专用教室不像一般的教室课桌椅的位置是固定的,它可以根据需要自由安排,教师的站位也是自由的。教学的实施可以在教室中间、前面,也可以是后面;可以是集中在一处,也可以是多处,更可以在一处和多处的不同形式间变化。教师要依据教学内容灵活地使用专用教室,以达到最佳效果。

第四章　高中生创新素养系统培养实验研究报告

第一节　实验研究概述

高中学段正处于基础教育后期，既承担全体学生的普及教育任务，又面临着为高等教育培养学有所长的学生的特色教育难题。在本课题中，高中学段同样处于这两难境地：既不能忽略每个学生素养的培养，又不能缺省特长、特色个性的专门发展。基于此，高中学段的研究强调了参与实验基地学校的全员参与和基础性课程的全面融入，同时又借助联合攻关的优势，突出各校各自传统特色，形成有点突破，有面提升的综合态势。

自2012年"基于中小幼学生创新素养发展特点的区域性系统培养研究"开题以来，高中学段课题组根据总课题组的整体规划和推进要求，充分发挥各实验学校自身的特点和优势，围绕培养目标、内容和过程的系统性设计，主要开展了以下相关工作。

一、理论研究预培训先行，统一对核心概念的认识

在总课题组确定的理论框架下，高中学段课题组对实验学校校长和教师进行了专题培训，培训内容主要集中在创新素养系统培养的基本理论与方法论，重点统一课题参与人员对课题的三个核心概念的认识。

一是系统培养。本课题组依据以基础课程为根本的学校课程体系的培养开展高中学生的系统性创新素养培育，从而区别于针对个别学生的，或者是零星的、碎片状的、随意的培养。它是以中小幼学校课程设计与实施为保证的一种整体性的设计与培养。在国家基础课程实施中，创新素养系统培养是本课题需要突破的重点。

二是学生创新素养发展特点。培养学生创新素养必须适应学生在进行创新活动的过程中所表现出来的身心特点。科学创新、技术创新，其创新活动一般都是从发现问题开始的；而在发现问题这个活动环节上，幼儿发现问题的特点、小学生发现问题的特点、高中生发现问题的特点是各不相同的。高中学生思维灵活，思维能力结构日趋完善，辩证思维能力得到明显发展，自主意识增强。

三是区域性。"基于中小幼学生创新素养发展特点的区域性系统培养研究"是建立在学校、教师系统培养基础上的区域性研究项目，幼儿园、小学、初中、高中四个学段互相衔

接、整体推进。

二、根据学段特点，构建具有操作性的课程实施框架

高中学段课题组将总课题的要求化为符合各高中实验学校需要的具体实施方案，重点围绕七个方面的研究内容给出研究的方向和指南，并在做法上突出以下特点：

（一）突出学段特点，强调全员参与

高中阶段是开展创新素养培育的教改实验最有必要性的一个学段，同时也是矛盾最突出的。从个人的身心发展、知识准备、成长规划等角度来看，相比基础教育的其他学段，高中学生培养创新素养的迫切性和必要性都更加高；从有目的、有意识、系统性地培养国家创新人才的角度，高中学段正处在这一工程最为关键的位置，其质量将决定高等教育生源的基础，也对义务教育阶段的培养目标起着更明显的导向性作用。因此，高中阶段在整个创新人才培养中起着关键作用。同时，高中学段也是开展各类教改实验最困难的一个学段，原因不言而喻，就是升学的压力。如何解决教师、学生的工学矛盾相当考验各实验学校的智慧和勇气。

（二）鼓励学校在总课题框架下增强特色

在开展本课题研究之前，各实验学校已经在类似研究领域形成了自身的特点和优势。经过区域性新课程实施改进策略课题的推进过程，各实验学校也形成了自身参与和推进教改的经验。学段课题组鼓励各实验学校发挥在办学定位、办学特色等方面的不同特点和优势，形成差异化的研究策略，互相借鉴、互相补充，在总课题的统一框架内进行多种模式的探索和实验。

华理附中　自2009年以来，学校就开始参与华东理工大学的创新实验项目活动，学生的兴趣很高，也取得了一定的成果，这对学生的创新素养的提高起到了积极的作用。在课题设计时，学校计划进一步借助华东理工大学的资源，建设化学创新实验室，向高中生开设一系列的创新课程，并由大学教授和本校教师共同执教。

紫竹园中学　学校是一所美术特色高中，已经形成“以美强校、德美一体、创新求美、美化人生”的特色目标。在此基础上，学校通过培育创新素养的课题，构建以支持学生创新素养培养的课程体系，优化适应学生创新素养培养的教师教育教学行为和学生学习方式，加快推动将“学校美术特色”上升为“美术特色学校”，努力探索形成美术特色学校的高中学生创新素养的培养模式。

南模中学　在与上海交通大学合作“创新实验班”的基础上，基于高中学生身心特点和认知发展规律以及改革现有的培养模式，通过夯实基础型课程、优化拓展型课程、提升研究型课程，来进一步整合国家及地方课程，发展有利于培养高中学生创新素养的校本特色课程体系与校园生态文化，探索形成有南模特色和学科特色的高中学生创新素养培养的课程体系与培养模式。

市二中学　学校曾深入开展过课程统整实验，已逐步形成适应培养高中学生创新素养的优势学科，如化学学科成为徐汇区学科基地；形成创新素养培养的有效工作机制，整合信

息与劳技课程，形成校本“简易单片机器人制作”等拓展型课程。为此，学校重点以基于新课程实施的中学生创新素养培养实践研究为核心，探索形成校本特色和学科特色的中学生创新素养的培养模式。

徐汇中学　以课程统整为基本思路，采用课程统整的方法统整三类课程、统整课内外活动，以基础型课程、拓展型课程、探究型课程为抓手完善课程，使之更具开放性、综合性、选择性，从而在课堂教学主阵地实现培养学生创新素养的目标。优化基础型课程，细化课程标准，将国家制订的课程标准细化成具有本校校情、学情特点的课程标准，将课程标准分解为“教学目标层次化、教学内容结构化和操作步骤具体化”。

第二节　围绕主要研究领域，开展研究实践的具体内容

一、基于身心特点和认知发展的高中学生创新素养培养目标的研究

高中学段的学生身心特点和认知发展已处于较成熟的阶段，虽然有一定的总体特点，但在不同层次、不同类型的学校中仍然在创新素养各项指标中有较大差别，各实验学校在课题开展过程中不断结合本校特点总结提炼并修正适合本校学生发展的创新素养构成要素，并不断细化融入各学科教育目标之中，形成有体系的、可落实的、行之有效的创新素养培养体系。此处以南模中学为例。

南模中学希望在宽松环境下将学生培养成具有初步创新精神与创新能力、热爱祖国、勤俭求实、谦和大气、善于学习、敢于竞争、讲求效率、有着全球意识、懂得欣赏自我、发展个性、尊重他人、感恩生活、承担责任，且心理品质良好、知识基础扎实、意志毅力顽强、人格健全的优秀高中毕业生。他们要具备一定的创新素养。只有具备创新素养的人，才会在未来产生创新行为，适应社会需求。高中阶段可以培养学生的创新素养包括创新人格和创新能力两部分，其具体特征和培养目标见下表。

表 2－25　高中阶段学生创新素养具体特征和培养目标

创新素养的构成要素	创新人格	创新意识	有好奇心、求知欲、怀疑感、问题意识、发现意识，独立性强，不迷信书本和师长、易接受新事物、敢冒险
		创新情感	有高自我实现的需要、创新激情与兴趣高涨持久、乐观积极、情绪自控力强、善于从探索中获取成功的愉悦
		创新意志	追求卓越、有目标、有胆识、有勇气、有竞争心、能抗挫、能坚持、有责任感、有毅力、不怕苦、自制力强、自信
	创新能力	创新思维	对问题敏感，思维上有变通性、流畅性、独创性，有发散思维、聚合思维、直觉思维、形象思维、抽象思维
		创新技能	有创造性的观察能力、演绎与推理的能力、信息加工与动手操作的能力、与他人交流合作的能力
		创新知识	具有相关学科的背景知识、思维创新的方法论知识等

创新人格是创新素养的核心要素，没有创新人格，人的创新潜能很难充分发挥。塑造创新人格是培养创新人才的核心，而培养创新能力是产生创新人才的落脚点。创新人格与创新能力是相互联系、相互制约的。创新人格是形成创新能力的前提，可支配和强化创新能力，并促使创新能力更好地发挥和运用；创新能力的提升反过来又能增强创新人格。

南模高中生的思维相比初中阶段更加灵活敏捷，批判性与深刻性有较大提高，但多数人的思维独创性不明显、水平不高，少数人的思维还好走极端、较片面。在创新人格方面，南模高中生有很强的自我意识，独立、自信又非常现实。他们十分强调个人兴趣和需要，乐于参加学生社团活动，其好奇心在兴趣基础上易形成特长，但因学业压力，对要花较多时间的课外科技活动感兴趣的不多。在创新能力方面，因学校课程学习内容丰富深刻、校园活动和人际交往增多，又面临高考升学压力，南模中学高中生的自学研究能力、评价能力、组织能力、合作能力有较大提高，但他们在学习时间上的自由度不高，创新能力表现机会有限。

我们认为，高中阶段的学习可以为学生将来进一步发展成为创新型人才奠定良好基础。创新人格是创新能力形成的内在动力源，创新能力的形成要以创新人格的培育为基础，所以高中阶段更应注重培养学生的创新人格，这主要可以通过德育课程与实践活动来培养。而创新能力来源于扎实的基础知识和良好的学习素质，主要可以通过智育课程的学科学习活动来初步培养。实际上，我校对学生创新素养的培育内容是全面而整体的，不是单纯培养学生的创新人格和创新能力。学校将优秀的校园文化传统和多姿多彩的文化活动一起融入创新教育实践活动中，构建起一个大的课程学习场，让学生在一个大的课程体系中获得德、智、体、美、劳的全方位进步，为学生最终成为能报效祖国、开拓进取、回馈社会、身心健康的创新型人才而打下坚实的基础。

各校的培养目标是学校各层面开展研究、指导实践、评估反馈、总结提炼的基准，只有有了各校切实有效的目标体系，才有本阶段研究进展的可能。因此，高中学段目标体系的建立是本阶段研究的重点。具体表述可见本书下册各校实验报告。

二、基于目标体系的高中学生创新素养培养实践研究

（一）针对培养高中学生创新素养的学校课程统整和学程设计研究

总课题组在培训中针对如何实施课程统整进行了有针对性的培训，以保持“系统性”培养的特点。

在实践中，实验教师按照培训内容，针对所教学科的特点，选取部分可以培养学生创新素养的知识单元做实验。具体的做法是：根据总课题组的《中小幼学生创新素养系统培养指南》，结合课程实施具体单元内容，在分析教材后得出应该引导学生在这个知识点单元的创新学习应该培养哪一类创新素养（如：科学发现、技术创新、文艺创新等），编制《课程统整指南》，并把《指南》中的培养内容和单元培养目标转化成为教案中的教学内容和教学目标。

这里强调教学过程和创新思维的过程要尽可能吻合。当然创新是一个复杂的过程，不一定要在一节课上全部完成整个过程，一节课可以是整个过程中的某个环节，也可以是某几个环节，关键是实验教师要学会：系统设计，统整实施；创新方法，以学定教。以下以市二中学为例。

高二物理教师结合本学段的教学内容和学生学力的特点，立足教学实际把基础型和拓展型课程进行整合，形成了系统性强、内容全面的课程指南。实验教师试图以物理概念的引入、物理规律的探究、物理现象的分析为突破口，设计了创新素养培养的目标和内容，制定了《学生创新素养系统培养指南》。

以高二“电路”单元为例。本单元主要学习内容为电和磁，概念多、实验多、运用多，教学内容上涉及创新思维培养点多，效果更明显。而且高二学生已具备一定的物理学习基础，有独立的想法，敢于质疑，实验教师感到学生如果在针对性强的目标培养下，更易发挥自我的创新意识。为此，实验教师设计的培养指南，主要有以下几个层次：提出问题；科学猜想；观察能力；实验探究；解决实际问题；合作探究；设计实验。经过一年多的实践，教师发现：学生在提出问题、探究问题、解决问题的能力上都有所提高；学生对物理学科的兴趣更加浓厚；学生思维得到激发的同时，逐步养成了良好的创新思维品质。

通过指南设计和内容实施，实验教师对于设计指南总结几点有效策略：

(1) 理科可以从“提出问题—猜想预设—数学推理—实验验证—合理外推—得出结论”这几个探究环节提升学生创新思维。

(2) 创新能力的培养不是一蹴而就的，需要教师持之以恒的课堂预设，需要教师不断挖掘“创造思考”的有效问题，鼓励学生发挥想象，提供学生思考的有效时空，久而久之，学生才会将思考视为一种习惯，把创新当成一种本能。

(3) 每堂课都有学生迸发出创新思维的火花，教师应及时捕捉并记录学生的思维变化，积极反思自己的教学行为，根据教学对象来适时更新《学生创新素养系统培养指南》。一言以蔽之，《培养指南》不是一成不变的，应该是根据学情而设计的动态生成的产物。

（二）指向培养高中学生创新素养的基础性课程课堂教学实验

任何创新素养培养的探索最终由任课教师落实到课堂教学中。实验教师普遍在自己的课堂上做了方法的创新，但高中阶段培养学生的创新素养的根本是要把思维方式的培养放在比较重要的位置，将教学过程与创新思维的过程相统一，强调发现知识的过程和创造性解决问题的方法，而不是简单地介绍其结果。具体的教法因不同学科、不同内容而不同，教师们各显神通，关键是实现教学行为的转化，促进课堂教学方式的变化。以下以徐汇中学蔡科老师的物理教学实践为例。

物理规律，指一类现象及物理过程本质的、内在的联系，在人们头脑中的反映。它反映了运动变化的各个因素之间的本质联系，指明了事物本质属性之间的内在联系。物理规律包括物理定律、定理、原理、法则、公式和方程等，它揭示了物理现象，是物理过程在一定条件下必然发生、发展和变化的规律。

相较于物理概念而言，物理规律似乎少了一些天然的创新属性，它不是人们创造出来的新事物，而是本身就存在的客观规律。但在培养学生创新素养方面，从发现的角度来说一样可以使学生获得乐趣，也同样可以因为它的发现而获得诸多便利，因此一样具有使学生产生创新欲望和意识的功能；同时因为规律相较于概念要复杂许多，在规律发现的过程中可以就创新素养的培养深挖开去，因为这些规律并非直白地展现在人们面前，它们隐藏得很深，甚至有时候加了很多伪装，因此掌握发现和辨识它们的方法就至关重要，这些方法就是创新的手段。

课堂实录：物体下落快慢的影响因素

师：秋叶飘然落下，秋实轰然坠地，同样是下落，反差却又如此之大。生活中下落的现象多种多样，相近者有之，迥异者亦多，物体下落的快慢到底与什么因素有关呢？

生：物体轻重、空气阻力。

师：我们先来看看物体轻重对下落快慢的影响。

师：轻重不同的物体下落快慢如何呢？轻的快还是重的快，或者一样快？希望大家积极猜想，踊跃发言，并能够对自己的猜想进行验证。

生：可能一样快。（两手分别拿轻重不同的金属球，从讲台上方同一高度由静止开始同时释放，落入纸盒。）

师：有没有不同意见？

生：重的物体下落快。（一手拿金属球，一手拿一张纸片，从讲台上方同一高度由静止开始同时释放，落入纸盒。）

师：还有别的意见吗？能不能做个实验让轻的物体下落快？

生：轻的物体下落快。（将小纸片团成球，再与大纸片从讲台上方同一高度由静止开始同时释放。）

师：很好，几个同学都分别验证了自己的猜想，我们一起来看一下他们的结论。

PPT：下落的快慢相同（如轻重不同的两个小球几乎同时着地）

重的物体下落快（如重的铁片比轻的纸片先着地）

轻的物体下落快（如轻的纸团比重的纸片先着地）

师：这几个结论都是经过验证了的，却又彼此矛盾，原因在哪里呢？

生：因为有空气阻力，不同物体所受空气阻力不同。

师：很好，这就是刚才大家提到的另一个因素。大家请看。（释放小纸片，缓缓下落；同一纸片，团成球后释放，快速下落。）

师：小纸片团成球前后下落快慢不同，改变的只是形状，其轻重并未发生变化，这说明空气阻力对下落快慢有影响。

结论1：因为空气阻力的影响，不同物体下落快慢不能单凭轻重来判断。

问题：那么没有空气阻力时，不同物体下落快慢有何差别呢？

师：这个需要在真空条件下演示。（教师演示牛顿管实验，学生观察。）

结论2：没有空气阻力时，物体下落快慢相同。

师：大家想想，物体下落的这两个规律，可以在生活中得到哪些好的应用？

生：降落伞，增大空气阻力就可以减缓下落的速度，安全降落。

蔡科老师在分析这一课堂教学实践时认为，对于物理规律而言，不管你发现没发现，它就在那里，若隐若现。因此，掌握发现的方法就至关重要，这些方法就是创新的手段。发现规律的过程中，首先要能找到与规律相关的问题。本案例通过对生活中现象的观察，发现了物体下落现象既有差异又有近似，而了解下落的原因对生活又有诸多效用，因此也就发现了一个有效的创新点。物理规律通常与生活结合得较为紧密，比如案例中的下落问题，在教学中可以让学生多体会、感悟，学做一个有心人，经历发现问题的过程。

（三）基于探究性和拓展性课程的培养高中学生创新素养特设课程的开发与实施

课程建设是学校教育的核心。系统培养学生创新素养的高中课程体系除了基础型课程之外，拓展型课程、研究型课程孕育着丰富的创新素养培育元素，也给学校发展自身特色提供了广阔的空间和领域。各学校在基础性课程的统整实验基础上，积极开发富有校本特色以及有利于培养创新素养的创新素养培育专题课程和教材。以华理附中为例，学校借助华东理工大学的资源建设了自己的化学创新实验室，并编写了《工科》校本教材，开设工科课程，通过化学实验培养学生的创新素养，这项举措促进了创新文化氛围的创建与学生创新素养的形成。以下是华理附中的案例说明。

学校借助大学优质资源，创建了先进的、综合性的、示范性的化学创新实验室，并同步开发了“工科”课程。

在工科课程的内容选择和制订上面，大学的专家教授与学校双方考虑到国内中学化学创新实验室比较缺乏，学生在化学方面兴趣在硬件缺乏的条件下无法得到发挥，因此学校明确了学校以新理念、新模式培养以工科见长的学生为指导思想，经过策划、设计、装修、仪器采购后，建成了现有的化学创新实验室。

“工科”这门课程贯彻学校“理工见长，多元发展”的思想，以新理念、新模式建设的课程内容，以培养学生关心身边的社会热点以及相关学科中的化学现象为指导思想，建设了一些相关的知识板块和化学实验教学内容。它面向理工见长的高中学生，设立了开放性创新实验平台，以开拓学生思维、培养学生创新精神为目的，通过创新实验来增加学生对于化学这门学科的新认识。化学创新实验教学与活动使学生对身边的化学现象能仔细观察、思考、研究，提高学生对化学的探究兴趣。

基于实验室基础上编写的《工科》校本教材，使学生的创新素养培养系统化、科学化。《工科》校本教材的主要内容结构如下：

第一章　走进实验室

第二章　水质分析与水质处理

第三章　日用化学品制作

第四章　空气质量评价

第五章　水培植物营养液的配制

第六章　果蔬农药残留检测

（四）指向培养高中学生创新素养的学校生态的研究

体系框架总体设计；典型范例引领带动；特色课程分工就位，素养培育中尚有氛围文化浸润的发展余地。高中学段中各实验学校同样没有忽略这一能够为学生自主发展内驱力提供有力支撑的研究领域。依托自身特色，各校都营造了一个突显本校传统，又着力孕育内涵的创新发展文化氛围。如徐汇中学背靠“西学东渐”的工程特色；华东理工大学附属中学借力华东理工大学的高校化工资源；尤其是紫竹园中学德美一体的文化建设，其用心和造诣可见一斑。

作为一所美术特色高中，紫竹园中学主要培养艺术设计人才，因而培养学生的视觉思维、创新思维能力，以及对基本设计元素的综合运用和相应的表现能力等非常重要。作为一种实用美术，设计与其他艺术门类相比是一门更具有创造性的课程，它同生活之间的联系更密切；而其注重创新与独特的本性，决定了它永远都在推陈出新。设计的本质是注重设计与生活的联系，强调创新性，要求着重培养学生观察生活的能力，从生活中发现创新点，打破固有观念，进而提升其创新意识等基本素质。因此，学生不能再单纯地依赖以绘画技能为中心的专业培训，而应在日常学习中注重创造性思维、创新意识等基本素质和能力的培养。

学校在课程设置上调整了架构。除了在基础型课程中开展实验，还根据美术特色高中学生创新素养培养目标优化课程设置，充分挖掘和运用课内外资源，合理开发拓展性、探究性校本课程，并开设了手绘设计课、电脑设计课、摄影课等必修课。发掘和利用学科拓展课程和研究性学习课程中创新素养培养因素，设计创新素养培养方案和编写探究型课程、研究性课程教案，提供创新活动载体，引导学生自主创新研究。通过建立服装设计工作室、多媒体设计工作室、摄影工作室、版画工作室、陶艺工作室等专用教室，为学生开展高层次的创新体验提供丰富空间。这些课程、工作室尤其注重对学生设计创意思维的培养，学生在学习体验中打开视野，激发志趣，体会艺术创作的一系列过程（包括乐趣、成功、挫折、失败等），更真切地感受到艺术的真谛在于创造，只有不断培养自己的创新素养，创造才会源源不断。

同时，学校还结合国家级课题“德美一体”，根据创新素养培养的要求，围绕美术特色高中学生创新素养培养目标，加强综合实践活动的系统设计，与学科德育等相统整，整合德育课程形成系列化，如学校德育专题课程、写生德育课程、主题类社会实践德育课程等，建设梯度化的校本德育课程体系，以学校校本课程的形式来促使学校原有德育有序化、有机化、有效化,通过德育模式的创新来实现对学生创新品德进行系统的培养。

表 2-26 紫竹园中学培育学生创新素养德育实践活动课程一览表

德美一体 创新求美 美化人生			
德育实践活动课程		实践活动主旨	活动主要内容
德美一体课程模块	体验民族之魂	继承优秀民族传统精神,开展社会实践创新活动,感受祖国的传统美和现实美	传统节日教育 爱国主义纪念日宣传 南京红色之旅活动 红五月系列活动 夏令营活动
	增强国防观念	组织创新教育体验活动,激发学生爱国主义情怀	东方绿舟国防素质教育 八一拥军活动
	感悟成长足迹	在各种仪式中强化对学生的责任教育,让学生领略人生成长的过程就是一个创新发展的过程,从而领悟到创新在人生成长中的价值、意义和生命存在的魅力	十八岁成人仪式 升旗仪式 毕业典礼 入团仪式 主题集会仪式
创新求美课程模块	探索科技之光	组织学生开展科技创新活动,让学生领略科技之美	科技节
	绽放青春之花	组织学生开展各种志愿者服务,锻炼学生的实践活动能力,让学生感受和体验心灵美的社会价值和意义	学雷锋活动 客运南站志愿服务 紫薇幼儿园服务 社区服务 “蓝天下至爱”活动
	创造艺术之魂	组织学生开展各种艺术创造活动,让学生在创新中体会创造的美和艺术的美	艺术节 社团活动
	品味人文之韵	通过各种讲座和读书活动,陶冶学生情操,提高学生人文素养,净化学生心灵	读书节 人文素养讲座
美化人生课程模块	强化生命意识	通过消防演练、参观,开展安全教育活动等多种形式提高学生的安全意识和自我保护意识,教育学生珍爱美好生活	消防逃生演练 参观禁毒馆、消防馆 安全教育日活动
	培育感恩之心	组织学生开展创新活动,通过自我组织、自我设计,表达自己的感恩之心	妇女节 母亲节 教师节 毕业典礼
	促进身体健康	提高学生健康意识,让学生了解保护健康的基本方法	健康讲座 体育节(运动会) 阳光体运冬锻
	开启心灵之窗	维护学生心理健康,疏导学生心理障碍,教给学生基本常识	“心灵花园”广播 心理咨询 心理周活动
	学习行为规范	教学生做现代文明人,成为城市好公民	午会课 校班会课 年级大会

（续表）

德美一体 创新求美 美化人生			
德育实践活动课程		实践活动主旨	活动主要内容
美化人生课程模块	创新德美实践	开展各种社会实践活动，强化学生责任意识，在履行责任中体验人生成长的美丽	春秋季社会实践考察 走进博物馆 写生活动
	开展职业生涯规划教育	拓展职业教育，拓宽专业基础，强化职业定向	专家开设专题讲座 走进高校切身体验

第三节 教师教学行为转化的实践案例

研究的实施与推进，关键在于实践操作者，也就是一线教师。教师的理念认同、实施推进的力度、创造性的操作实践，无一不是本项研究取得进展的重要环节。

在本项研究中，各实验学校的教师团队体现出了极大的变革动力、研究热情、创造能力与对教育本身追求的各种能力和愿景。正是凭借着这样一支队伍的创造与热情，高中阶段的研究内容才呈现出了别样的精彩。以下试举两例，皆来自普通一线教师的实践。

紫竹院中学李杰老师：重组型思维模式

创造性思维是什么？怎样提高？要回答这个问题并不是件轻而易举的事，但又必须给予学生一个明确的解释，才能让他们在接下来设计过程中有法可依、有据可循。

关于创造性思维，从古到今并没有一个令人满意的定义。有人把直觉、灵感、顿悟等看作创造性思维的几种主要形式；有人则把这几种形式看成同一东西，而把创造性思维称为直觉思维或灵感思维，并与逻辑思维和形象思维相对照。然而，直觉、灵感、顿悟同样没有明确的定义。例如，对于直觉，柏拉图认为是一种直接的认识方式；柏格森认为是一种通过理智体验把握实在的生命本能；莱布尼茨则看作一种认识自然的理性的真理能力；贝弗里奇在《科学研究的艺术》一书中则综合了一些科学家的观点，把直觉定义为突然跃入脑海的能阐明问题的思想。

结合专家学者的论述，在教学过程中，我也有了一些心得体会，逐渐对创造性思维有了自己的理解。创造性思维既是心理的过程，又是逻辑的过程，是心理过程与逻辑过程的统一。创造性的直觉、灵感、顿悟等并不是神秘莫测的东西，也不是对事物表面现象生动直观感受的，而是对事物本质或规律的洞察性猜测。

在理论方面有了依据，接下来最重要的就是用它去指导实践。我校的学生从高一入校开始便有了设计课，对于美术零基础的孩子来说什么样的创意是能够用具体的视觉元素表现出来的，什么样的创意是不利于视觉表达的，这些他们是没有基本的区分能力的。

重组型思维是我在进行设计教学中为了启发学生而经常用到的造型创造性思维方式。

近代的客机把稳定翼安装在靠近机头处，螺旋桨放置在机尾，用以推动流线型机身，既增加飞行速度，又可以排除失速和旋冲，提高飞行的安全性。如果对螺旋桨和稳定翼的位置进行重新组合，即把螺旋桨放置机身顶部，稳定翼安装在机尾，则变成直升机的结构了。这种通过重新组合事物的结构或事物形成的操作程序，从而产生新成果的思维方式类型，就叫作重组。

重组从性质上说是一种发明、创造活动。著名科学家爱因斯坦曾经说过：组合（重组）是创造性思维的本质特征。重组又是当今社会发明、创造的主要方式。

在学生遇到造型设计瓶颈的时候，我教他们用一些具体的图形重组手段来打破瓶颈，完成设计初衷。大致分为以下几条：

加一加，能在这件东西上添加些什么吗？

减一减，可在这件东西上减掉些什么吗？

扩一扩，把这件东西扩展会怎样？

缩一缩，让这件东西缩小会怎样？

变一变，改变一下形状会怎样？

换一换，改变一下次序会怎样？

改一改，这件东西存在什么缺点需要改进？

联一联，把某些东西或事物联系起来能达到什么目的？

代一代，有什么东西能代替另一些东西？

搬一搬，把这些东西搬到别的地方，能有其他用处吗？

反一反，一件东西、事物的正反、上下、左右、前后、横竖、里外颠倒一下，会有什么结果？

通过这些重组手段，学生的设计初衷一般就能保存下来，同时作品的效果也能被更为合理、更有力地表现出来。这样做是为了在最大程度上保护学生的创作积极性。在平时，学生通过创意设计的物象造型是很重要的一个部分，其次是画面构成和色彩搭配。很多物象并不存在于现实生活中，在表现的时候不能够完全地描摹对象，而是要加入很多创作者主观的想象，使物象之间的结合具有“合理性”，使物象的造型与情节相适合，与环境相协调，所以创意设计的画面中有很多形象都经过了重组。

在创新的过程中，我鼓励学生利用各种形式、各种方法进行设计，只要能最好地表现出自己的想法，从个体独有的角度描绘生活中的真善美，就是值得去尝试的。

市二中学俞欣老师：科技教师在学生创新项目指导中的作用

科技教师怎样培养学生对于科学研究的兴趣，提高学生的科学素养，是一个非常重要的课题。首先我们来看一个学生科技创新项目案例。

学生项目：《适用于崩塌形成堆积地貌的轮腿式混合平台基座的机械研究》

课题来自学生对机器人的爱好。学生在网上观看美国最新军用机器人 Bigdog 视频，很感兴趣，我引导他关注近年来我国不断发生的大规模地质灾害（地震、泥石流等），因为地质灾害发生后，设备与人员的运输成了急须解决的问题，从而引发他思考能否设计出一种路面应对性广、行进效率高且具有一定负载救援能力的交通工具，由此提出这一课题。

学生在与专家的交流中，他那稚嫩的设计暴露出了一些问题，有些严厉的专家甚至声称这样的设计是完全不能用于实践的，也超越了一个中学生的知识结构和能力。他感到过迷茫，也想到过放弃。针对这种情况，我及时和他进行交流分析，鼓励他尝试先完成项目设计局部制作，从实践中获取第一手资料，找出和完善设计中的问题。经过这一过程的锻炼，一切从头来过，重新设计的结构仍旧那般大胆创新，但更富于理性。

有人认为这位学生家长是搞工程的，但实际上他的家境并不优越，父母学历并不高，他没有现在大多数独生子女的依赖性和优越感，具有吃苦耐劳和独立自主的品质。

为了将这些大胆的设计用于实践，他在暑假期间自学了部分机械设计原理、CAD制图技术、SOILDWORK虚拟样机技术等课堂上学不到的知识。一切制作材料都是自己网上查找订购。

为了使作品得到最佳效果，在比赛前夕，他在区活动中心熬了几个通宵进行调试。正如学生在谈到发明创造体会时所说："经过此次发明创造，我了解到其中种种不为人所知的艰辛。往往为了分析出一个问题的原因，需要查阅数篇相关资料，并得通过联想，将其解决方案与所须解决的问题相连通。有时问题一时难以解决，会为此寝食难安，也正因着这一原因，才会更积极查阅、询问，得到解决的方法。"

通过学生项目案例分析，我感到教育本身就是一个创新的过程，培养学生的创新兴趣是关键。首先应该经常进行换位思考，尝试从学生的角度来体验教学，我们要看到在信息时代，青少年具有比成年人更优越的地位，学生提出每一个课题对教师来说都是一次全新的认知过程。其次应该尊重每个学生的个性差异，这些学生往往很有主见，某种意义上说很"固执"，因此倾听学生的意见，了解学生的感受，让学生在教师创设的问题里，通过积极、自觉的思维去接受、理解、消化和运用，使教育成为互相信任、真诚交往、共同探索的知识创新过程，就变得至关重要。

对于学生的创新实践，应该把目光放在过程中而不是放在结果上。要让学生知道失败是难免的。要相信在失败中能学习成功，创新有时候甚至来自犯错，如果一直循着亘古不变的"标准答案"，或许会错过许多美好的东西。

实践中注重自主创新实践的磨炼是保证。一是在创新实践中捕捉知识。学生只有自己在学，才能成为学习的主人。教师要在学生创新实践中起到"监护人"的作用，要关注学生真实需要，多与学生开展对话；不要总是给学生现成的结论和答案，而是让他们在自主选择中增长创新的知识。二是在创新实践中获取方法。古语云："授之以鱼，不如授之以渔。"科技创新实践的目的在于教会学生"渔"而非"鱼"。创新项目光凭创意是不够的，只有教会了学生科学的学习方法，才能在创新中实践，在实践中创新。三是在创新实践中营造环境。我们说教育要"言传身教"，但更要注重"环境氛围"。创新能力潜伏于每个学生之中，只有在适宜的环境和条件下才能激发出来，从"会学"走向"学会"。只有"放手"才能"上手"，只有"放心"才能"省心"，才能使学生上手快、肯实干、能力强。

第四节　实验研究的亮点和创新之处

在“基于中小幼学生创新素养发展特点的区域性系统培养研究”总课题组的指导下，高中阶段课题组把“在基础课程的教学中如何实施中小幼学生创新素养的系统培养”这个问题作为实验与研究的重点，各实验学校也将其也作为学段课题研究的突破点，进行深入系统研究。

系统培养的方法论与核心技术是建立在徐汇区近十年展开学期课程统整实验的基础上的，要求任课教师研制《学期课程统整指南》，进行一学期教学的系统设计，将“创新素养系统培养”作为其中的一个元素加以强调与突出，形成培养序列，实现培养内容的系统性、培养目标的系统性、培养过程的系统性，通过系统设计，再展开课堂教学。这些方法论能够为实验教师所掌握运用，他们能够运用到自己的学科教学中，展开成功的系统培养。

各实验学校也从自身的整体发展、学校课程方案、教学改革等角度出发，系统思考和设计校本研究课题，结合课程改革，以课程为基础开展系统性培养，使课堂教学过程与学生的创新活动过程相吻合：一是从一学期系统设计的角度对学习内容进行系统梳理，找到创新点，达到教学内容的系统化；二是通过备课组的讨论形成每一个创新点的教学目标，从而形成一个学期的培养目标，达到培养目标的系统化；三是引导教师对每一个创新点在课堂教学中努力将教学过程与创新活动的过程相吻合，达到教学过程的系统化，努力构建基于学生身心特点和认知发展水平的学生创新素养模式、课程体系、教师教育教学行为改善等。尤其重视通过教学实例的分析，研究教师在培养创新素养过程中教学行为的特点，形成可推广的教学范式，促进教师教育教学行为的改善。

上海市哲学社会科学规划教育学一般项目
上海市教育科研重点项目
中国教育学会全国教改实验区重点项目

ZHONGXIAOYOU XUESHENG

中小幼学生
创新素养系统培养

CHUANGXIN SUYANG XITONG PEIYANG

下 · 学校实验报告

庄小凤 倪志刚 主编

上海教育出版社
SHANGHAI EDUCATIONAL
PUBLISHING HOUSE

第三编　中小幼学生创新素养系统培养的学校实验报告

徐汇区长桥第三幼儿园实验报告

一、实验的背景

(1) 长桥第三幼儿园(以下简称“长三幼儿园”)是上海市教委重点课题“基于中小幼学生创新素养发展特点的区域性系统培养研究”的实验园。“基于中小幼学生创新素养发展特点的区域性系统培养研究”是由徐汇区负责教育的局长领衔的课题。课题组成员都是徐汇区资深的科研员,他们在前期已经做了大量的情报综述研究,研究的核心概念已经十分清晰,推进的办法也十分清楚,有专家的领衔与指导,研究会稳步推进。

在总课题组的引领下,研究从 2012 年至今,已经历经 3 年,共 3 个阶段。第一阶段,理清了幼儿创新素养发展的心理特点;第二阶段,梳理了科学教育中幼儿创新素养发展的行为特征并形成了教师指导意见;第三阶段,形成了创新素养培养的园本统整课程。

(2) 长三幼儿园近年来一直进行“探索式科学教育活动的实践研究”,获得了一些有益的经验,为本课题的研究奠定了一定的基础。我们是以建构科学教育为特色的幼儿园,在开展科学教育活动中,教师对自己的教学活动都进行了深刻的反思和调整,设计活动的能力有了提高,研究意识得到加强,而且发现问题、解决问题、反思问题的能力也有很大的提高;幼儿在活动中对周围的一些有趣的科学现象产生了浓厚的兴趣,在问题提出后能大胆假设,并通过自己的实践来验证自己的假设,在不断操作尝试的过程中,探究能力、交往能力也有了很大的提高;同时家长参与幼儿园科学教育活动的热情也提高了。但是如何进行系统的、全纳型的、符合幼儿行为特点的培养,以形成全园性的课程统整指南,还需要进行进一步研究。

二、实验的目的

本课题将积极探索幼儿创新素养发展的阶段性特点,并且以此作为幼儿创新素养培养的心理学基础,展开全纳性系统培养的实验研究,在理论与实践的基础上,积累经验,提供可资借鉴的做法,形成区域性的幼儿创新教育培养模式,提高幼儿的创新素养。

三、实验的过程

准备阶段(2012 年 7 月—2013 年 3 月):完成研究方案的制定,对全体教师进行核心概念的培训和了解课题背景的培训。

实施阶段(2013年4月—2014年12月):结合本园科学教育活动的开展,通过多种途径和方法,揭示各年龄段幼儿创新素养品质发展的特点;根据特点,开展幼儿创新素养培养的实证研究并积累过程性研究资料,以案例的形式,归纳总结有价值的和有借鉴价值的做法。

总结阶段(2014年12月—2015年6月):全面总结幼儿阶段的课题研究,收集成功案例,总结典型经验,参与出版教育专著。

四、实验的结果

(一)理清了相关概念

1. 科学教育

激发、支持和引导幼儿主动探索,让幼儿经历发现和探究的过程,从中获得有关周围物质世界及其关系的感性经验的活动。

2. 创新素养

人为完成某项创新活动基本过程中所必需的知识素养和身心品质。它包含如下基本品质:

(1) 基于创新活动基本过程的思想行为习惯;

(2) 实现创新活动基本过程的心理动力;

(3) 实现创新活动基本过程的能力;

(4) 创新的品德;

(5) 实现创新活动基本过程所必备的知识素养等。

3. 幼儿创新素养发展特点

幼儿在完成创新活动基本过程中所表现出来的好奇好问、求知欲强、创造的无意性占主导等身心品质特征。

4. 系统培养

横向的系统培养是指:坚信每一个智力正常的幼儿都有创新潜能,创新素养培养应当照应到每一个幼儿。

纵向的系统培养是指:注重在幼儿各个年龄段展开适应幼儿身心发展特点的连续培养,各年龄段相衔接,为每一个幼儿的终身发展奠基,形成年龄段连贯的"线状"培养。

因材施教的系统培养是指:对已经显露出创新特长的幼儿,提供合适的培养途径和方法,进行系统培养。

区域内外多种资源的利用和整合，为具有不同潜质幼儿的创新素养培养提供系统支持。

融于课程的培养：依托幼儿园现有的课程资源，将幼儿创新素养培养融于现有课程的设计和实施之中，而不是另外开发一套课程。

（二）明确了拟解决的关键问题

当前幼儿园开展创新素养培养过程中，存在着三个突出问题，迫切需要我们研究解决：

（1）了解和把握幼儿阶段创新素养发展的心理特点，为创新素养的系统培养提供心理依据。

（2）注重幼儿创新素养培养的内外部环境研究。学习借鉴和灵活运用陶行知先生的“五大解放”理论（解放儿童的头脑、解放儿童的双手、解放儿童的嘴巴、解放儿童的时间、解放儿童的空间）注重对影响幼儿创新素养培养的内外部支持环境——尤其是教师的创新素养——进行研究。

将创新素养培养课程和幼儿园课程有机融合，立足幼儿园基础，与长三幼儿园特色项目（科学教育）密切结合，系统梳理培养幼儿创新素养的幼儿园课程。

（三）梳理归纳形成了幼儿创新素养发展的心理特点与基本行为特点

1. 幼儿创新素养发展的总体心理特点

（1）无意创新占主导，逐步向有意创新发展；

（2）幼儿的创新活动需要环境、材料等外部诱因的激发；

（3）幼儿的创新能力与创新人格在不同的年龄阶段呈现一定的差异性。

2. 各年龄段呈现的心理特点也有所不同

小班：好奇心强，对新鲜的事物特别好奇；思维依赖于行动；处于无意创新阶段；具有一定的表现表达愿望。

中班：有意创新开始萌发；喜欢借助感官来探索；想象力特别丰富；喜欢用手、口、动作、表情来表达表现。

大班：求知欲、创造欲强；能初步理解周围世界中比较隐蔽的因果关系，进而根据周围事物的属性进行概括和分类；表达表现的方式多样化；能尝试用合作的方式来创造。

3. 幼儿在创新活动中表现的基本行为特点

小班是先做再想；中班是边做边想；大班是先想再做（见表1）。

教育建议：教师需要把握幼儿的年龄特点来引导幼儿；前期需要大量的欣赏感知，积累经验，然后再动手做；欣赏的过程是用视觉、听觉来积累经验，这样在制作时才能发挥出幼儿的创新素养。

表1　长三幼儿园创新素养活动表现的基本行为特点及教育建议

过程	创新素养的基本行为特点			教育建议
	小班	中班	大班	
发现问题	没有目的性，随意地玩，问题意识很淡薄，遇到问题时会寻求帮助	满足于操作摆弄，在过程中体验，问题和发现源于幼儿的需要，用不到的时候不会去想，多数是猜测。遇到问题时，有时候会选择放弃	往往会玩很长时间，不会一开始就关注活动内涵的东西，过了一段时间之后，才会发现问题。常常从同伴的操作中受到启发，容易受到同伴的影响	不要强求幼儿发现问题。提供丰富、多元的操作材料和游戏的场景。注重幼儿的操作过程，不要过多关注结果。教师要适时介入
分析问题	依靠感觉认知，依赖于头脑中已有的前期经验积累。只在乎过程，不追求结果。分析问题的意识不强	会有初步的质疑，但并不明显，属于萌芽阶段。中班下学期会有争论，满足于说出来，表达出自己的想法，如"我知道""我做过"，但还找不到有力的证据。在分析问题时会表达意见，但不会分析	会猜测，这种猜测是基于幼儿自己已有的前概念。会寻找问题，并会出现争论的现象，除了表达自己的意见，还要强调自己的理由，会寻找一些资料，力图用事实来说服别人、反驳别人的意见，如"我是从书上看到的"等。有独特的思维	注重创设丰富的环境，帮助幼儿积累生活经验。丰富的环境以及成人给予的经验与视野，决定着幼儿分析问题的能力。家长固有、保守的养育思路会干扰幼儿的创新素养
提出假设	不会预先想好，而是伴随着动作突然间会出现一个设想，但提不出假设	往往会受到环境的暗示或者是根据教师的提示来提出他们的设想	会根据自己的经验进行猜测，"你做成功了，我也要成功"。会提出假设，强调自己的理由。也需要成人的引导	对于幼儿的奇思妙想给予鼓励和引导
猜测验证	模仿是小班幼儿最典型的验证方式。喜欢用多种方式去体验	喜欢用模仿方式	通过模仿进行学习，在小组活动中很容易受到同伴启发，一个成功的个人经验可以很快变成集体经验，常说："老师，我也做出来了。"	运用视觉、听觉、触觉等多种方式、途径帮助幼儿积累感性经验，进行体验、验证。教师的引导很重要。分组时要注意，对教师来说，分组时的人员安排需要考虑到一个组里要有不同能力幼儿
成果表达	很积极	喜欢自己的成果被教师同伴肯定或者展示出来	看到自己也成功了，十分高兴。乐意将自己的成功与他人分享	要给幼儿积极的、成功的体验

（四）形成了长三幼儿园课程统整指南

在总课题组的指导下，我们结合《上海市学前教育课程指南》精神，对二期课改配套的教育参考书《学习》《生活》《游戏》《运动》进行了深入的研究与统整，将创新素养系统培养融进二期课改的主题教育实践中，形成了《长三幼儿园大中小班各学期课程统整指南》，用以指导教师的教育实践，凸显了创新素养系统培养的路径，明确了创新素养的培养是融合在日常的教育实践中的，踏踏实实推进了创新素养系统培养的工作。

表2　长三幼儿园创新素养系统培养实践活动(小班节选1)

小班第一学期的主题活动				领域属性					其他
名称	目标	组织	内容	健康	语言	艺术	社会	科学	创新
小宝宝	学用普通话说出自己与同伴的姓名,能关注自己与同伴的五官和四肢	集体	小小手	★	★★★	★★	★★★	★	★
			我的杯子	★★★	★★		★★	★★	
			我会打招呼	★★	★★★	★	★★★	★	
			好孩子不要妈妈抱	★	★★	★★★	★★★	★★	
			小手拍拍	★★	★★	★★★	★	★★★	★
			好闻的气味	★★	★★★	★★	★	★★★	★★
			男孩、女孩排队	★★	★		★★★	★★	★★
			小牙刷	★★★	★		★★	★	
		个别	小熊穿衣	★★	★★	★★	★★	★★★	★★★
			印小手	★	★	★★★	★	★★	★★
			小跳舞毯	★★		★★	★★	★★	★
			小纸人	★★	★		★	★★★	★★
			拍拍踏踏	★	★★			★★★	★★
			叠叠高	★	★★★	★	★★	★★★	★★★
			串项链	★	★★		★★	★★	★
娃娃家	了解自己的家和家人,亲近父母和长辈,以各种方式表达自己的情感	集体	飞呀飞	★	★★★		★★	★★★	★★★
			别吵，小宝宝睡了	★	★★	★★★			★
			圆圆的世界	★		★★	★★★	★★★	★★
			爸爸妈妈好	★	★★★	★★	★★★	★	
			爸爸的胡子	★	★	★★	★★		★
			小熊醒来吧	★	★★★		★★		
			图形宝宝	★	★★		★	★★★	★
			逗蚂蚁		★★★	★		★	
		个别	花儿送给爸爸妈妈	★★		★★		★★★	★★★
			宝宝在长大	★	★★		★★	★★★	★★★
			做相框	★	★	★★★	★	★★	★★
			做围兜	★★	★	★★★	★	★	★
			炒小菜	★★	★	★★	★★	★	★★
			美丽的纽扣	★	★	★★★	★	★	★
			整理物品	★★★	★		★★	★	★★★

表 3　长三幼儿园创新素养系统培养实践活动(小班节选 2)

小班第二学期的主题活动				领域属性					其他
名称	目标	组织	内容	健康	语言	艺术	社会	科学	创新
我的幼儿园	乐于参加集体活动,体验幼儿园生活的快乐,能遵守简单的集体规则	集体	玩具店	★	★★★		★★	★	
			找小铃		★★	★★★		★★	★★
			胖熊吹气球		★★★	★	★★	★	
			大家一起玩	★★	★★★		★★	★	
夏天真热闹	感知夏天明显的气候特征,乐意参加各种使身体凉快的活动	个别	小凉帽	★★	★	★★★	★	★★	★
			漂亮的花雨伞	★★	★	★★★	★	★★	★
			做雪糕	★	★	★★★	★	★★	★
			找阴凉	★★★	★★		★★★	★★★	★★★
			找一找夏天的用品	★★	★★		★★	★★★	★★
好玩的水	初步感知水的性能,尝试利用水玩各种游戏,并体会玩水的快乐	集体	冲泡饮料	★★★	★★		★★	★★★	★★★
			小鱼游	★	★	★★★	★★	★★★	★
			好玩的水	★★	★★★	★	★★	★★★	★★★
			水娃娃变变变	★	★★	★★	★★	★★★	★★
		个别	水战灰太狼	★	★★		★★	★★★	★★★
			我给花儿浇浇水	★★★	★★		★★★	★★★	★★
			浮起来,沉下去	★	★★		★★	★★★	★★
			有趣的水画	★	★★	★★★	★	★★★	★★
			吹泡泡	★	★★		★★	★★★	★★★

表 4　长三幼儿园创新素养系统培养实践活动(中班节选 1)

中班第一学期的主题活动				领域属性					其他
名称	目标	组织	内容	健康	语言	艺术	社会	科学	创新
我在马路边	1. 观察马路上的各种车辆,尝试按某一特征进行归类。 2. 了解交通设施,并有兴趣识别马路边的标记、数字及其含义,初步了解与人们的关系,并理解和遵守交通规则	集体	大吊车		★	★★★	★		★
			车子		★	★★★	★	★	★★★
			路灯		★★★		★★		★★
			有趣的滚动		★★	★	★	★★★	★★★
			租车公司		★		★	★★★	★
			我是汽车小司机		★	★★★	★		★
			汽车		★		★	★★★	★★
			马路边看到的数字		★		★★	★★★	★★
			马路下边有条龙		★★★		★★	★	★
			热闹的马路		★★		★★	★	★

表 5　长三幼儿园创新素养系统培养实践活动(中班节选 2)

中班第二学期的主题活动				领域属性					其他
名称	目标	组织	内容	健康	语言	艺术	社会	科学	创新
常见的工具	1. 认识生活中常见的各种用具,了解它们不同的用途。 2. 愿意学习使用一些简单的用具,体会它们给人们带来方便和快乐	集体	连接		★★	★★	★	★★	★★
			大鞋和小鞋	★	★	★★★		★	★★
			七彩蜡笔鼠		★★★	★	★		★
			粉刷匠	★	★	★★★	★		★★
			纽扣分类		★	★	★	★★	★★
			修理工具用处大		★		★	★★★	★★
			筷子展览会		★		★★	★★★	★★
			这是谁用的工具	★	★		★★	★★★	★★★
		个别	修理工具	★	★	★	★	★★★	★★
			剥果果	★	★		★	★★	★★★
			拼装玩具	★	★	★★★	★	★★	★★★
			穿线板	★		★★		★★	★
			纸娃娃会游泳		★★	★		★★★	★★
			剪剪贴贴真有趣		★	★★★			★★

表 6　长三幼儿园创新素养系统培养实践活动(大班节选 1)

大班第一学期的主题活动				领域属性					其他
名称	目标	组织	内容	健康	语言	艺术	社会	科学	创新
有趣的水	1. 观察大自然中的水,探究和发现水的不同来源和特性。 2. 乐于动手动脑探究水的变化,了解水的各种特性,获得有关经验。 3. 体会人们的生活离不开水,乐意关心周围的水环境,爱护水资源,节约用水	集体	浣熊和小溪(语言)	★	★★★	★	★★	★★	★
			嬉水(科学)	★★★	★	★	★★	★★★	★★
			小海螺(音乐)	★★	★	★★★	★		★
			单数和双数(计算)	★	★★		★★	★★★	★
			大鲸鱼在海边(语言)	★★	★★★		★★	★	★
			水中哈哈镜(科学)	★	★★	★	★	★★★	★★
			水一样多(计算)	★	★★	★	★★	★★★	★★
			会说话的水(语言)	★★	★★★		★	★★	★
			好喝的饮料(科学)	★★	★★		★	★★★	★★
			小河之歌(语言)	★	★★★	★	★★	★	★
			哈哈镜中的我(科学)	★	★★		★★	★★★	★★

（续表）

大班第一学期的主题活动				领域属性					其他
名称	目标	组织	内容	健康	语言	艺术	社会	科学	创新
有趣的水	1. 观察大自然中的水，探究和发现水的不同来源和特性。 2. 乐于动手动脑探究水的变化，了解水的各种特性，获得有关经验。 3. 体会人们的生活离不开水，乐意关心周围的水环境，爱护水资源，节约用水	集体	是谁毒害了小鲤鱼(语言)	★★	★★★	★	★★	★★	★
			我们的生活离不开水(社会)	★★	★★		★★	★★★	★★
			美丽的鱼（艺术）	★	★	★★★	★★	★	★★★
			水娃娃漫游记（语言）	★★	★★★	★	★★	★★	★
			世界水日（社会）	★	★★		★★★	★★	★
			曹冲称象（语言）	★	★★★		★★	★★★	★★
			水娃娃漫游记（看图说话）	★★	★★★	★	★★	★★★	★
		个别	淡水和盐水(科学)	★★	★★	★	★★	★★★	★
			浣熊和小溪(诗歌朗读)	★	★★★	★	★	★	★
			倒来倒去（守恒）	★	★		★	★★★	★★★
			水的力量(张力)	★	★		★	★★★	★★★
			数序拼版（数序、相邻数）		★		★★	★★★	★★
			七彩水杯(敲敲打打)	★★	★	★★★	★★	★★★	★★★

表 7　长三幼儿园创新素养系统培养实践活动(大班节选 2)

大班第二学期的主题活动				领域属性					其他
名称	目标	组织	内容	健康	语言	艺术	社会	科学	创新
春夏秋冬	1. 有兴趣观察风、雨、雷等自然现象，注意它们的不同变化。感受天气的变化，了解天气与人们生活的关系。 2. 比较四季的明显不同，初步了解四季轮换的顺序，感受季节的不断变化及其对人们生活的影响。 3. 了解四季中常见花草树木和它们的变化，乐于参加照顾花草树木的活动，体会爱护它们的意义	集体	会变的天气	★	★★		★★	★★★	
			气象台认识	★	★★★	★	★★	★★★	★
			云彩和风	★	★★	★★★		★	★★★
			小雨点旅行记	★★	★★★		★★	★★★	★★
			四季轮换	★★	★★	★	★★	★★★	
			小熊登月	★	★★★		★★	★★	★
			听雨		★★★	★★	★	★	★★
			树叶排队	★	★★		★	★★★	★★★
			风爷爷	★★	★★★	★		★★★	★
			小动物避雨		★★★		★	★★★	★★
			下雨了	★★	★	★★★		★	
			雷声隆隆	★	★★		★	★★★	

（续表）

大班第二学期的主题活动				领域属性					其他
名称	目标	组织	内容	健康	语言	艺术	社会	科学	创新
春夏秋冬	1. 有兴趣观察风、雨、雷等自然现象，注意它们的不同变化。感受天气的变化，了解天气与人们生活的关系。 2. 比较四季的明显不同，初步了解四季轮换的顺序，感受季节的不断变化及其对人们生活的影响。 3. 了解四季中常见花草树木和它们的变化，乐于参加照顾花草树木的活动，体会爱护它们的意义	集体	小雪花		★	★★★	★	★	★★★
			雪花（律动）	★★		★★★	★		★★★
			秋天（打击乐）	★		★★★	★		★
			跳谱游戏	★★		★★★	★	★	★★★
			魔法奶奶的电话	★	★★★	★	★	★★	★
			它到哪里去了	★	★	★		★★★	★
			四季的树和花		★★		★	★★★	★
			一棵小桃树		★★★	★	★	★	
			四季花开		★	★★★		★	★★★
			让世界变得更美丽	★	★★	★★★			★★★
			多变的天气		★★		★	★★★	
		个别	小雨点旅行记	★★	★★★		★★	★★★	★★★
			美丽的树叶	★	★	★★★	★	★★	★★★
			秋天的果实		★★		★	★★★	
			跳舞毯	★★	★	★★★	★	★★★	★★
			四季的成语拼贴和认读	★	★★★		★	★★★	★★
			插花		★	★★★	★★	★	★★★
			魔法奶奶的电话	★	★★★		★★	★★	★
			会变的温度计		★		★	★★★	★
			春夏秋冬益智宫	★	★		★	★★★	★
			制作晴雨表		★	★★		★★★	★★

（五）教师的教育行为在研究中得以转变

经过两年多的课题研究，教师对为什么培养、如何培养、培养什么有了了解，教育的行为也随之有了明显的转变。以下两个案例就能很好地说明教师的教育行为正在发生的变化。

大班张莉老师在探索类活动“浇花器”教学活动后进行的反思：

（1）转变认识，更新观念。起初听到“创新素养培养”一词，我的第一反应就是培养幼儿创造出新的东西来。幼儿园的孩子能创新什么？玩出新玩法，编出新动作，画得和别人不一样——我想来想去，仅此而已。加入了课题组后，在科研老师的引领下，我对幼儿创新素养培养的认识也逐渐丰富起来：敢想敢说、乐于动手动脑、乐于合作、坚持不懈……这些都是创新素养培养的要素。于是我开始转变视角去观察幼儿的创新人格和创新能力表现，也尝试着转变思路设计各种活动以培养幼儿的创新人格和创新能力。

(2) 大胆尝试，勇于实践。科学活动是我园的园本特色课程，孩子们在科学活动中发现、探索、尝试、判断，并通过教师一定的启发、支持，在做中学，在玩中体验。大班学习活动“浇花器”正是我以科学活动为载体来培养幼儿创新素养的一种尝试。

内容的选择以“简单好玩”为先，“可探索性”为重。玩水是每个孩子的天性，浇花器就是玩水的一种小道具，在玩的过程中幼儿们往往会因为浇花器喷出水来而雀跃不已，乐此不疲。与此同时，浇花器的材料简单(一个小瓶、一个橡皮塞、两根吸管)，制作方法简便，能让幼儿有充分的时间“玩”，也是这一材料深受幼儿喜爱的原因。浇花器不仅好玩，且可变性强：吸管的摆放位置不同，浇花器的出水现象也会随之变化。每个幼儿都会在玩中有不一样的发现，每一次的玩也会有不同的发现，这为幼儿的探索发现提供了有利的条件。

目标的制定 根据大班幼儿的年龄特点和《幼儿创新活动基本过程与创新素养要素一览表》中幼儿创新人格和创新能力的要素提示，我将活动目标制定为：目标一，“在做做玩玩中，探索浇花器中吸管出水的秘密”(指向过程与方法)；目标二，“乐意大胆地表达自己的发现和观点，体验实验成功的快乐”(指向情感与态度)。

值得强调的是：在目标制定的过程中我们更关注的是幼儿探索发现的过程以及幼儿在探索过程中的思考(即什么情况下浇花器会出水)，而并不要求幼儿去探寻了解浇花器出水的原理。这也是我们幼儿园阶段幼儿科学活动和小学、中学的不同之处。

环节的设计 活动设计成四个环节进行，每一个环节都通过提问来引发幼儿的思考和探索，与此同时，每一个环节对幼儿的创新素养的培养也各有侧重。

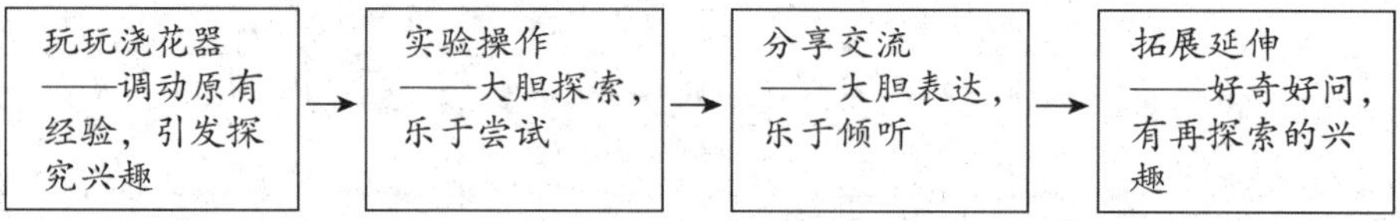

(3) 积极反思，及时调整。在第一次执教中，我预设了三种不同的吸管摆放位置，让幼儿来猜测这三种情况下浇花器是否会出水，之后又通过图片形式将这三种不同情况下浇花器的出水情况进行了小结。当幼儿高兴地说“我和老师的答案一样”时，阎岩老师的话将我的原有认知又进行了一次冲击：“我们的教学总喜欢让孩子们找答案，在孩子尝试过后，总喜欢公布正确答案，导致了我们的孩子逐渐形成了‘老师的话都是正确的’的思维定势……”是呀，创新素养培养要素中提出要培养幼儿“敢想敢说、与众不同”，但我的这种做法还是框住了幼儿，引导幼儿向我预设的方向走，树立着教师的权威。

于是我对活动进行了调整，舍去了原先预设的三种不同的吸管摆放位置，抛出问题让幼儿自己来思考可以如何摆放吸管的位置。这样的做法虽然大大增加了我教学的难度(因为不知道幼儿会想出什么方法，也不知道不同方法会造成的实验结果)，却充分发挥了幼儿的主观能动性，使得幼儿的思维更活跃，参与度更高，实验的可变性和结果也更多。活动的小结部分我也调整为使用记录表进行梳理小结，根据幼儿现场的探索发现，将不同情况下浇花器的出水情况进行了梳理小结。

调整后的教学过程中，师生互动、生生互动、平等讨论、相互补充的气氛相当浓烈，这是因为活动为幼儿提供了充分展示自己的机会，让幼儿张扬自己的个性。幼儿们无拘无束地探索发现，轻松愉快地用语言表达自己的想法和见解，在自由选择、自主探索、自我建构中积累了关于浇花器出水条件的认知经验。当然，活动并不是完美的，在面对幼儿的不同想法，不同实验结果的点拨和梳理上感觉还不够到位。

（4）感悟收获，总结经验。教学艺术的本质不在于传授知识，而在于激励、唤醒和鼓舞。通过这次的研究课，我更深刻地认识到：教学活动必须真正地唤起幼儿的主体意识。教师在教学中的充分放手，可以让幼儿更好地去思考、去实践、去发现；不让幼儿按教师的思维、想法去行事，可以更好地激发幼儿的想象力、创造力和思维力，更好地培养幼儿的创新素养。在愉悦、宽松的氛围中，幼儿才会敢于想、敢于说；当幼儿的思维发生碰撞，才会迸发出智慧的火花；教师在活动中有意识地引导和有效地点拨，更能增加幼儿的学习深度和广度。

在培养幼儿创新素养的过程中，教师对创新素养内涵的认识须清晰（完整的、正确的、全面的认识）并牢记心中，同时创新素养的培养也不是能通过一个或几个活动来达成，而要渗透在幼儿的一日活动中，要用一双发现的眼睛去观察、组织、引导、鼓舞、欣赏幼儿的创新人格和创新能力。不断地了解和吸取创新素养培养的相关知识和经验，提升自身的创新素养也是极其重要和亟需的，也是我自己后续努力的方向。

中班周勤老师在科探类活动“站起来”教学后进行的反思：

长三幼儿园作为“基于中小幼学生创新素养发展特点的区域性系统培养研究”的基地园之一，将创新素养培养要素有机融入幼儿科学教育活动之中。通过学习，我对培养幼儿创新素养有了自己的想法：我认为对幼儿来说，教给他们多种创新方法，让他们建立有主见的、独立的、敢于创新的方法，做同龄人、做他自己没有做过的事就是创新。由此可见，幼儿园应该多让幼儿看一看、想一想、试一试、做一做，时时做有心人，随时在联想。为幼儿创设宽松愉悦、安全和谐的氛围，在没有心理压力的情况下，幼儿会自发地陶醉于充满乐趣的想象创新活动之中，更有利于幼儿创新能力培养。

本次中班科学探究活动“站起来”，是结合我班开展的主题活动及幼儿的发展情况而设计的。前段时间我班一直在开展主题活动“我在马路边”，活动激发了幼儿对于马路上不同种类车辆的关注，开始尝试自己亲手用废旧材料制作车子，并将制作好的车子放到建构角的马路上。可幼儿觉得马路上还应该有红绿灯、路牌等，于是他们开始制作起来。可做好的红绿灯应该怎么让它站起来放在马路上呢？这个问题引发了幼儿的极大兴趣，他们都想了许多办法，有的说“可以用积木让它站起来”，有的说“用纸盒让它站起来”，也有的说“用吸管让它站起来”。抓住了幼儿对于“怎样让物体站起来”这个话题的关注，我想到可以收集生活中的各种材料，让幼儿设法使物体“站起来”，以此激发幼儿对生活中各种“站起来”的物体的关注与思考。根据本班幼儿的认知情况及原有经验，结合中班幼儿科学探究的特点，我设计了这节科探活动——“站起来”。

（1）在初次备课中，我参考了《上海市学前教育课程指南》《3—6岁儿童学习与发展指南》。

《上海市学前教育课程指南》使我更明确了中班幼儿的年龄特征和阶段目标。该指南指出：4—5岁幼儿活泼好动、积极动用感官，愿意尝试使用各种材料、工具和方法，进行拼装、拆卸、制作和绘画，有初步的想象能力，体会成功的快乐。因此，在活动设计中，我鼓励幼儿观察比较和动手操作，让幼儿探索让物体站起来的各种方法。

《3—6岁儿童学习与发展指南》让我更清晰地了解中班幼儿科学探究的目标。“科学探究1”中指出，4—5岁幼儿常常动手动脑探索物体和材料，并乐在其中。在“站起来”这个科探活动中，我设计了四个环节，其中中间两个大环节就是让幼儿动手操作探索物体和材料，保证了幼儿充分探索的时间和空间。第二环节要求：探索能独立“站起来”的物体（幼儿操作：请小朋友把能自己站起来的宝贝找出来）。第三环节要求：探索帮助没“站起来”的物体站起来（幼儿操作：请小朋友探索有什么好办法让不能站起来的宝贝也站起来）。

（2）在第一次上课后，通过集体评课，提出建议：

① 提供幼儿的操作材料不要过多。

② 每个环节的关键问题还要更清晰、明确。

③ 针对物体站起来的不同方法，用几个关键词帮助幼儿归类。

（3）与初次备课相比，我对创新素养培养也有了新的想法：

① 对年龄特征和创新素养发展的基本特点的把握是达到活动目标的关键。只有把握了这两点，教师才能更好地把握活动目标的重难点，才能提高对创新素养的培养意识与课程意识。

② 创新活动需要环境、材料等外部诱因的激发，因此，在科学活动中教师要选择适合幼儿发展和需要的材料，要注意种类和数量的适宜，过多的材料有时反而会阻碍幼儿的创新活动。

③ 科学活动中教师要用问题激发幼儿的探索，有效的关键提问能帮助幼儿更好地明确探索的目的，解决活动的重难点问题，更好地达成活动目标。

（4）第一次上课后，我参考了资料并对教案进行修改。

《上海市学前教育课程指南》指出：4—5岁幼儿思维具体形象，能根据事物的表面属性进行概括分类，因此，我重新设计了几个关键提问，并用几个关键词“插”“靠”“夹”，让幼儿根据物体站起来的不同方法进行分类，帮助幼儿更好地掌握使物体站起来的方法。我还参考了《学生创新素养系统培养指南》，了解到中班幼儿创新素养发展的基本特点：有意创新开始萌发；喜欢借助感官来探索；想象力特别丰富；喜欢用手、口、动作、表情来表达表现。因此，在活动设计中，我调整了材料的数量和种类，通过让幼儿动手探索和交流分享，让幼儿在动手中探索，并用语言和动作来表达自己的创新发现。

（5）第二次上课后，我认为有以下几个地方需要改进：

① 调整操作材料可以有效支持幼儿完成任务，并为幼儿的动手操作提供了可行性，更

有利于幼儿的探索和创新活动的开展。

② 这个教学环节的关键问题是引导幼儿探索使物体站起来的方法，有利于发展幼儿的创新能力和动手能力，鼓励幼儿不怕困难，尝试用多种方法解决问题。

③ 针对物体站起来的不同方法，用几个关键词帮助幼儿归类和理解。

(6) 通过第二次上课，我又一次进行了反思，发现了新的问题：

① 关键问题把握好了，但缺少了有效追问。

② 材料种类减少了，对幼儿就缺少了挑战点。对于这个新问题，我认为在幼儿回答问题后，教师可以提高回应的能力，适时进行追问，更好地激发幼儿的创新素养。材料种类上还可以添加玻璃胶或黏土，这样能为幼儿创设更多的让物体站起来的方法。

(7) 在整个研讨过程中，让我印象最深的是：

① 在科学活动的设计过程中，有效的关键问题能为幼儿解答一些相关问题奠定基础，帮助幼儿更好地明确探索的目的，解决活动的重难点问题，更好地达成活动目标，从而使每个幼儿都能体验到成功的感觉。

② 科学活动要给予幼儿充足的操作材料和充分的操作时间，保证幼儿探索过程的时间和空间，更有利于幼儿创新素养的培养。

(8) 通过这次经历，我下一步在创新素养培养中设想：

① 继续研究符合本班幼儿年龄段的科学活动，通过学习设计更有利于培养幼儿创新素养的活动内容和方法。

② 挖掘符合中班幼儿年龄特征的科学活动内容，在活动中要把握关键问题及有效的追问，选择有一定挑战性的活动，更好促进幼儿创新素养的培养。

(9) 此次研讨同我以往参加的研究课讨论的不同之处：

此次研讨是采用叙事方式进行撰写的，以往是以议论方式撰写的。以往的研讨活动注重教师对整个活动的反思，此次研讨重在真实、客观的叙述及研讨的整体性和系统性，能更好地完整体现教师们在研讨课例活动中的感受和收获，能真实地反映教师们在接受任务后的想法和具体的落实情况。

研讨让教师们在整个过程中成长，更深入地反思自己每一步的教育行为和教育策略。也提醒我们在设计一个科学活动时，首先要参考各类资料，了解该年龄段幼儿的年龄特征、阶段目标、科学探究的目标及学生创新素养系统培养指南，只有准确把握了这些，才能设计出符合幼儿需要的活动目标和内容。系统完整的自我研讨活动，也使我对幼儿创新素养的培养有了新的认识和体会，更有利于我在今后开展幼儿创新素养的活动。

(10) 对于这种课例研究形式，我觉得还需要改进的地方有：

① 如果课例研究的内容能事先给予教师，我想这样能更好地落实和开展研讨活动，更有利于教师有步骤有目的地研究。

② 这种系统的课例研究建议可以设计成表格形式，表格使用操作性强，可以更方便教师及时地记录和反馈。

五、分析与讨论

从这两份案例中我们不难看出，教师从最初的不理解到能主动地根据创新素养的基本要素来设计活动，体现了她们的进步。在实践研究的过程中，她们积极反思，及时调整活动设计，体现了她们的成长。她们比以往更会观察幼儿了，更能把握年龄特征了，也更懂得如何培养创新素养了。

六、困惑与反思

三年的实践，我们在总课题组的引领下，对幼儿的心理特征与行为特征都有了一个充分的认识，对长三幼儿园的课程进行了统整，教师的教育行为发生了很大变化，收获颇丰。可是，这样的梳理、这样的成长，能否涉及每位教师，能否惠及所有幼儿？我们感受到培养的关键还在教师。教师是否放开了幼儿的头脑、手脚、空间与时间，这是关键；加紧、加大对教师的培养是重中之重。

徐汇区襄阳路第一幼儿园实验报告

一、实验背景

在知识经济为主导的时代，一个拥有持续创新能力和大量高素质人才资源的国家，将具备发展知识经济、实现可持续发展的巨大潜力。早期创新素养的培养是幼儿综合素质全面提高的关键。因此，对幼儿进行创新素养培养，使之成为人才培养的第一环，已经成为时代发展对幼教改革的迫切呼唤。

在市级课题积极探索中小幼学生创新素养发展的阶段性特点的背景下，并且以此作为学生创新素养培养的心理学基础，徐汇区襄阳路第一幼儿园（以下简称“襄一幼儿园”）展开全纳性系统培养的实验研究，在理论与实践的结合上，形成幼儿园园本课程系统的培养模式。

二、实验目的

作为本次学生创新素养培养的第一轮实验校，我们立足幼儿园科技创新活动室的开发与研究，对幼儿创新素养等进行情报综述，对课程目标、内容、形式等做二度开发与研究，对教师在指导幼儿科技探究活动的教育行为做改善与提高的研究。

三、实验过程

（一）第一学年（2012 年 9 月—2013 年 8 月）研究内容

（1）按年级成立实验小组，对应区域内的创新素养培养的目标，分别筛选和修订出本年级各种活动类型下的典型活动研究项目内容，如：以大班教研组为主，依托部分骨干教师的力量，对应幼儿创新人格等区域内的培养目标，分别研究“幼儿想象与表达”“幼儿自主探究”的典型课例样式，在各教研组中推广与实践运用。

（2）成立骨干教师领衔的专题研究小组，从系统培养的角度，整理和总结出“襄一幼儿园各年龄段幼儿创新素养的培养目标”，并制定《××活动中观察指标的一级指标》，而后由教研组进行细化和调整，并运用在培养过程中。

（3）从“中、大班幼儿创新培养的典型活动案例”入手，对《襄一幼儿园课程园本化实施方案》以及创新活动室“小科学家工作室”的培养目标、活动内容、组织形式等，作出调适和补充。

（4）组织实施园本培训“多角度开放性的教师创意思维训练”的课程，开展教师创新素养训练与培养的系列活动，以及对幼儿创新素养培养的各类活动课例的展示与交流。

（二）第二学年（2013年9月—2014年6月）研究内容

（1）以创新活动室“小科学家工作室”的典型课例的继续研究为主线，拓展为由，从中大班教研组研究及从不同年龄段幼儿的创新素养培养过程等入手，开展各类活动课例的实践研究。

（2）由骨干教师领衔，修改和调整《襄一幼儿园课程园本化实施方案》中的中大班幼儿主题学习的培养目标、学习内容、组织形式等，实施创新素养培养的系统教学方式的系列研究。

（3）以“幼儿活动中观察记录表”的细化研究为主要脉络，开展各个教研组选择课程主题下的集体教学活动，并进行创新培养的教师组织范式的系列研究，以及调整性研究在创新实验室中培养幼儿的内容系统化等，形成成果内容。

（三）第三学年（2014年7月—2015年7月）研究内容

（1）以课例研究中“教师组织行为对促进幼儿创新素养发展的实践研究”为主线，梳理促进幼儿创新素养发展的教师典型组织行为，并根据“幼儿创新素养发展情况量表”，形成“教师组织行为与幼儿创新素养发展评价表”。

（2）完善创新实验室系统培养课程，在原有园本课程基础上，根据促进幼儿创新素养发展的教师基本组织行为，将创新教育向游戏、生活、运动等基础课程渗透，形成襄一幼儿园“创做合一”的学校课程建设目标。

（3）梳理相关资料和研究经验，形成襄一幼儿园幼儿创新教育系统培养的研究成果报告。

四、实验结果与分析

（一）“小科学家工作室”课程系统培养幼儿的创新素养

幼儿园在课程实施中开展了系统培养的研究：

第一，《襄一幼儿园课程园本化实施方案》是立足于幼儿“玩中学”的科学启蒙教育理念，设置在幼儿探究活动的内容层面上，关注“教师对幼儿评价的开放空间”的转变，综合调整并不断趋向《3—6岁儿童学习与发展指南》的教育指导要求。我们还基于总课题组研制的“幼儿创新活动的基本环节和培养要素”，从系统培养幼儿创新素养的角度，进行了部分学习主题下的学习目标与内容的调整，使调整后的课程内容既贴近襄一幼儿园所要体现的幼儿玩中学的学习特征，也符合了本课题研究所要解决的“对幼儿创新素养的系统性培养”的问题。

结论：我们在课程方案中，选择中、大班幼儿学习主题内容，与总课题组研制的“创新素养培养的课程指南”进行调整，弄清了可以调整纳入课题实验中的相应学习内容，作出了一个系统安排，实现了教师对幼儿创新素养的系统培养的课程指南。列举如下：

中班幼儿学习主题“玩具总动员”（部分），如表1所示：

表1　中班幼儿学习主题部分展示(1)

学习目标	集体活动内容	个别活动内容
1. 乐意尝试探索各种玩具的玩法，了解它们不同的性能和作用 2. 愿意和同伴分享玩具，初步体会游戏规则的意义，并愿意遵守	科学：我喜欢的玩具 表现：制作磁铁玩具	科探区：不同的玩具、有趣的电、摩擦起电、小电珠发亮、电动玩具动起来

中班幼儿学习主题“有用的工具”（部分），如表2所示：

表2　中班幼儿学习主题部分展示(2)

学习目标	集体活动内容	个别活动内容
认识生活中常见的各种用具，了解它们不同的用途	科学：刷子展览会、筷子展览会、笔的展览会、小家电展览会	科学区：纸中探宝 生活区：刷皮鞋 建构区：建筑师 计算区：破译电话号码 美工区：拼瓷砖

大班幼儿学习主题“我们的城市”下的小主题，如表3所示：

表3　大班幼儿学习主题展示(1)

小主题	学习目标	集体活动内容	个别活动内容
通畅的路	1. 关心城市交通道路的变化，体会通畅的路给我们带来的方便 2. 了解各种不同的交通信号和它们的作用，自觉遵守交通规则	科学：各种各样的桥、我家门前一条路、各种有趣的车 家园互动：会跑起来的车、各种各样的飞机	科探区：桥系列（如：搭纸桥、纸桥承重、千变万化的桥、椅子或罐头或积木搭桥）、会开动的小车系列（如：斜坡、喷射小车） 美工区：制作标记、幼儿园地形图、废旧材料制作车子 建构区：造桥（多种材料搭建） 数学区：设计车牌、不一样的车牌、交通标志
新式的车	1. 有观察和了解各种车辆特点的兴趣 2. 体会现代车辆越造越新奇，大胆想象未来时代的车		

大班幼儿学习主题“有趣的水”，如表4所示：

表4 大班幼儿学习主题展示(2)

小主题	学习目标	集体活动内容	个别活动内容
在海上 在水边	观察大自然中的水，探究和发现水的不同来源和特性	科学：《少年派漂流》大海片段、猴子捞月 艺术：水中的哈哈镜 ……	科探区：船系列(如：能浮起来的船、船的承重、能开动的船) 数学区：用瓶瓶罐罐来玩水
会变的水	乐于动手动脑探究水的变化，了解它的主要特性，获得有关经验	科学：乌鸦喝水 语言：水一样多 ……	科探区：七彩音乐杯、水帘门、水车转了

第二，襄一幼儿园参与本课题实验的主旨是“以创新实验室的开发与研究为载体”，实施对全体中大班幼儿的创新培养的系统性研究。我们将总课题组研制的幼儿创新培养的要素，与襄一幼儿园课程特色项目之一“小科学家工作室”的培养与发展目标等，做了相关性匹配，调整后的内容能够继续体现“我愿意、我可以、我能”的幼儿自主学习的发展要求，也非常明显地突出了本课题所要解决的“基于幼儿创新特点的系统性培养”的问题。

结论：细化了课程方案中的特色项目“小科学家工作室”以培养与发展为主要目标，依据幼儿创新活动基本过程以及创新素养培养的要素等，研究制定了目标与内容，落实了对幼儿创新素养培养的可操作性指导。列举如下：

(1) 培养与发展的目标

小年龄幼儿的培养与发展目标：我会使用一种小工具，我会制作一种玩具，我会养殖一种动(植)物，我会玩一个科学游戏，我会推广一个环保方法，我会运用一个生活技能，我还会很多！

大年龄幼儿的培养与发展目标：我会自己养殖一种动(植)物，我会选择工具自己做玩具，我会和同伴一起自由地想象，我会和同伴合作完成实验，我会有步骤地看操作提示学习，我还会很多！

(2) 培养与幼儿活动的内容(见表5至表8)：

表5 中班“小科学家工作室”上学期活动内容

序号	活动内容	核心经验的培养
1	做个不倒娃娃	猜想、验证、动手实验
2	连接	各种连接的方法
3	喜羊羊变多了	镜子的各种运用方法，发现后会表述

（续表）

序号	活动内容	核心经验的培养
4	颜色变变变	选择中实践，猜想、验证、发现后表述
5	管道连接	会看设计图，探索连接方式
6	电珠发亮	自主选用不同材料做连接，发现后表述

表 6　中班“小科学家工作室”下学期活动内容

序号	活动内容	核心经验的培养
1	气球飞上天	合作寻找方法，实施自己设定的方法
2	荷花开开	发现问题，提出设想，验证与解决问题
3	香香的葱油饼	
4	电子通(1)——摩擦起电(串联)	选择方法，自我实现，后续反问
5	放大镜下看蜗牛	提出问题，观察验证 发现问题，共同验证
6	放大镜下看蚂蚁	

表 7　大班“小科学家工作室”上学期活动内容

序号	活动内容	核心经验的培养
1	万花筒	选择材料，运用工具，设计做法
2	溶解	合作，完成猜想、实验、记录等
3	电子通(2)——摩擦起电(并联)	学会看操作提示，会选择材料
4	哦，原来是肥皂泡	猜想，记录(想象表现)
5	管道通通通	大胆设计，合理使用材料
6	水墨画制作	充满合理想象，进行情感表述

表 8　大班“小科学家工作室”下学期活动内容

序号	活动内容	核心经验的培养
1	小木工——钉木板、做合页	有设计与制作的两个过程
2	榨汁机	会看有难度的操作提示图，合作解决问题
3	神奇的蒲公英	用肢体、材料等创意表达蒲公英的美丽
4	水泵装配(1)	发现材料连接的秘密，设计自己的水泵，积极与同伴合作完成
5	水泵装配(2)	
6-7	曹冲称象那件事	验证中发现原理

（二）开发校本课程，提供创新活动载体，引导学生主动创新

襄一幼儿园参与本课题实验的主旨是“以创新实验室的开发与研究为载体”，实施对全体中大班幼儿的创新培养的系统性研究。将总课题组研制的幼儿创新培养的要素，与襄一幼儿园课程特色项目之一“小科学家工作室”的培养与发展目标等，做了相关性匹配，调整后的内容能够继续体现“我愿意、我可以、我能”的幼儿自主学习的发展要求，也非常明显地突出了本课题所要解决的“基于幼儿创新特点的系统性培养”的问题。

于是，我们在课程中选择了相关集体教学活动内容，紧扣总课题研制的“幼儿创新活动基本过程及创新素养培养要素”，并将其融入教学活动范式的创新设计与课例研磨的过程中，帮助教师弄清楚“在当前我引导幼儿的学习活动，是属于哪种创新要素”。

开发园本课程，提供幼儿创新活动载体，形成对幼儿实施创新培养的教学活动园本课例以及教法的范式化。例如：

1. 促进幼儿想象力培养的“认知探究与艺术表现结合”的活动范式

如大班教学活动：“哦，原来是肥皂泡”，归属在“小科学家工作室”的活动里；“美丽的蒲公英”，归属在主题“春夏与秋冬”内容里；“无字书”系列，归属在“科普阅览室”里。

中班教学活动：“有趣的草莓”，归属在“春天来了”主题里；“花格子大象艾玛”，归属在“在动物园里”主题里。

解读课例“哦，原来是肥皂泡”，以拓展幼儿视野、唤醒幼儿想象为抓手，尝试探索和研究：

(1) 多感官多侧面地感知和发现事物的多样性，在常规认知学习模态上、在情趣上、可见性中，建立起另一种学习视角，满足和支持幼儿“探索和发现周围的事物”的能力发展。

通过向幼儿展示在显微镜下物体形态的照片和作品，抓住看见奇幻、发现秘密等过程，引导幼儿充分想象。通过设置多个思考的阶梯，让幼儿在反复猜想—创意—验证的过程中，在同伴分享交流中、在赏析中，将想象不断深入下去。

第一环节：图片猜想。在不带任何框架的猜想提出后，给予幼儿一定时间去看、去发现、去想，通过适当的同伴交流后，再次补充和自我肯定。第二环节：创意表达。无边无际的幼儿想象，用恰当的形式表达是教师提供给幼儿最好的保护方法。本次活动避开了讲述表达，尝试运用色彩绘制的形式，保留想象的痕迹，同时在同伴分享中进一步想象。第三环节：揭示秘密。在回答“究竟是什么”的设疑情景中，幼儿得到了寻找发现事物的兴趣体验，当最后“泡泡大人”视频出来后，幼儿看到了肥皂泡多样化的造型，更是满足了“是什么”的探究点，幼儿想象的空间更大了。

(2) 教师围绕所设置的活动三个环节，始终对幼儿的所想、所说、所呈现不给出任何答案性的评价，讲求“大家看到了吗，找到了吗”的肯定想象的指导语，努力实现“去框架式”，去教师痕迹。教师在活动组织中的语言，反复传递的信息是“每一个人看到的、想到的都不

一样，画出来的也是不一样的”的支持性语境，幼儿获得“去教师唯一”的自主思考的可能，以此达到教师保护好幼儿想象的需要。

加大对幼儿创新素养的培养，折射了在学生素质教育上的价值取向。创新包括丰富的想象力和独特的创造性思维。幼儿的思维无拘无束，没有模式，不受社会经验和生活规则的束缚，他们建立在现实生活、游戏情境、幻想中的想象，想象的角度出乎意料、天马行空，想象的内容奇特、打破常规、富有创造性。襄一幼儿园立足这一特征，从保护好幼儿想象出发，设计和研究了“将幼儿科学探究活动与创意表达有机整合”主题。

此类园本课程是以认知冲突引发幼儿猜想作为活动开始，在大量的信息中，幼儿逐步开始自己的猜想，并以肢体语言表现、材料创意表现的形式，记录自己的猜想和愿望。整个创作过程，幼儿可以表现得自由奔放、无拘无束。最终教师将幼儿的小作品组合成大作品时，幼儿的想象力在得到保护的同时，又一次激发了探索的欲望……

2. 培养幼儿解决问题能力的“设计与动手实践”的活动范式

如中班教学活动：“管道通通通”“荷花水中开”“水泵”等；

大班教学活动：“曹冲称象那件事”“榨汁机”等。

以上教学活动归属在“小科学家工作室”的活动中，它从幼儿动手操作实践入手，在完成任务中，发现难点（问题），提出设想，进行操作实践，以不同的结果讨论，开拓幼儿思维。

3. 从知识信息中，培养幼儿发现问题、提出问题、解决（回答）问题的活动范式

如大班教学活动：“兔子、企鹅”，归属在“动物大世界”主题里。

以幼儿的基本认知经验为前提，采用“向同伴发问”的形式开展同伴间的辩论和现场验证，期间采用数据的具体化、信息的视频化等过程，帮助幼儿选择想要的结论。这一形式，对大班幼儿来说，冲破了“老师说的就是答案”的固化思维，它可以去创造自己的答案，提出自己的解答方法等，非常符合大班幼儿创新素养的基本特征。

4. 以开发男孩子的天性入手，在开发园本课程时，重点探究为幼儿提供创新活动载体的教法

如中班教学活动：“放大镜下的蚂蚁”“放大镜下的蜗牛”“捉泥鳅”；

大班教学活动：“会发光的元宵灯”。

以上教学活动，作为创新设计的园本课例，从培养中班男孩子的大胆动手、激发好奇心、会提出自己的想法等角度为出发点，活动的载体是日常孩子所不能触及的东西。所采用的直接接触的方式，可以让幼儿无拘无束地与小动物接触，在触摸、细看、记录中，发挥想象力，发现问题。动手接触过程中和结束后，幼儿还可以获得自我解答、同伴纷争结论等培养因素的落实。

（三）利用优质资源，展开多途径培养

充分发掘家长中可利用的资源，包括家长职业、知识结构、亲子互动能力等因素，纳入

幼儿创新活动载体的研究中，研究出家园共育培养途径。我们从家长的参与式体验活动入手，感知创新教育的意义和价值，进而家园携手营造创新教育的氛围。

襄一幼儿园在学术节期间，以家园共话“创意、协作”为主题开展家长创意体验活动。幼儿园邀请了家长代表参与幼儿园创新课程中美术创意教学活动的体验。襄一幼儿园是幼儿创新素养培养的实验学校，随着科研工作的推进，还将实验项目辐射到教师队伍建设、课程建设、家长社区教育等方面。如今襄一幼儿园的游戏、学习、运动等多领域中都渗透着对幼儿创新素养培养的活动。在这次活动中，家长感受到了创意美术与技能学习的区别，家长也能亲身体验到幼儿在幼儿园课程实施中大胆表达、表现的创意空间，同时感受到襄一的创新教育理念，为家园携手共同促进幼儿创新素养的发展打下基础。

随着家长对幼儿创新素养培养理念的逐步认同，随之而来的共襄活动不胜枚举，例如亲子阅读时间（如讲科学故事、解读科学现象）、亲子科学演示台等。我们将家长引入创新教育课堂，与幼儿共同探究问题，创新解决问题的方法。在亲子探索活动“会动的小车”中，家长作为幼儿的操作伙伴参与整个活动，活动由“制作会滚动的小车”和“制造‘动力’小车”共两大环节组成。

第一个环节：“制作会滚动的小车”，目的是让幼儿与家长根据制作说明书做成一辆会滚动的小车。整个环节中，教师关注、引导家长让幼儿有好的习惯，幼儿与父母一起仔细阅读说明书，并按照说明书的程序，拿取材料按步骤成功制作完成。在“开开自己的小车”“比比哪辆小车开得快”的游戏中，幼儿的活动兴趣都得到了激发，幼儿对制作小车充满了探索的期待。

第二个环节：“制造‘动力’小车”，教师用“我们不用手推，想什么办法，也能让小车开起来呢？”的提问，引发幼儿和家长第二轮的探索与思考。这一环节中，教师是以提供的操作材料，引导孩子与家长充分想象，家长的思路激发了幼儿探索的欲望，各个家庭各显神通，制造出了方法各异的“动力”小车，活动达到了高潮。同时，“玩玩别人的小车”的游戏，表现了幼儿间互相交往、同伴友爱的情感。

亲子活动“会动的小车”，在幼儿园创建的“小科学家工作室”里，家长、幼儿与教师一起，通过亲子共同学习说明书，制作一辆会滚动的小车，更好地让幼儿积极探究、大胆想象、独特创造，从而培养幼儿的探索精神，建立良好的探索习惯素养，鼓励幼儿大胆创新。

在体验、沟通、交流、合作中，家园统一创新素养培养的教育理念，家园同步实施创新教育活动，在幼儿创新素养教育中形成合力，为促进幼儿的发展添砖加瓦。

（四）适应学生创新素养培养的教师教育教学行为改善

培养学生的创新素养，关键是改善教师的教育教学行为，引导教师实现自身行为的改善。总课题组提出了“研制《学期课程统整指南》等，并将创新素养的培养目标全面落实到基础课程的课堂教学中”的实验要求。我们立足学前教育教学的特点，以及课程系统设置上的特征，重点研究了“促进幼儿创新素养发展，教师如何跟进、如何实施”的系列研究，体现了“要孩子成为什么样的人，教师自己先做这样的人”的理念。

我们在研究幼儿、研究教师教学、研究教师管理等三方面作了深入研究。

1. 研究幼儿的学习特点，力求在教育目标、组织环节、评价上与培养实现趋同

我们将课题“在科学探究活动中大班幼儿探究特征的实践研究”成果内容，即“大班幼儿在科学探究中的行为特征”，融合在“大班幼儿在探究活动中的观察评价的指标”中，这既成为教师在教学活动过程中判断幼儿培养要素是否体现的基本参照，又成为教师在开发教学活动载体、选择活动载体时的基本要素。

(1) 我们将《3—6岁儿童学习与发展指南》中“科学领域”的学习与发展目标、教学建议等，与“幼儿创新素养培养要素”作比对，简化“大班幼儿在科学探究中的行为特征”，使其能让教师在开发课程、研究活动载体时更具可操作性，也作为教师在评价幼儿实践成果时的指南。

大班幼儿在科学探究中的行为特征：

① 满腔热情、主动积极地投入探究活动，并不因“受阻”而停顿，有着反复探究的行为过程。

② 能够为自己的探究成功而喜形于色，并不因“失败”而退缩，有对问题再一次猜想和设计的思维过程。

③ 在操作过程中非常专注于使用材料和工具，并不因“不会”而结束，有着继续埋头钻研不停止摆弄的过程，不轻易听从成人的要求而停止操作过程。

④ 大班的男孩子更多的是满足于实验性探究活动，女孩子更多的是满足于制作性探究活动。

(2) 我们将“小科学家工作室中幼儿活动的观察评价”，与总课题组提供的实验试用的“集体教学活动简案及任课教师自我反思表”“幼儿创新活动基本过程”等融合，做了观察评价表的调整(见表3-19)。

表9　集体教学活动中教师组织行为与幼儿创新素养发展观察与评价表

活动环节	观察要点	其他表现
发现问题	专注的眼神看着教师、教具等	注意力分散，自顾自玩
	能跟着教师指令动作	与同伴说无关话题
	能跟随教师话题回答	看一看就去做其他事情
	能用生活经验，说出自己的想法	
	用语言向教师发问，表现出想知道	
	能大胆讲述自己的想法	

（续表）

活动环节	观察要点	其他表现
分析问题形成创意	听清教师指令，积极探究活动材料	面对操作材料随意摆弄
	能自己选择需要的活动材料	玩了一会活动材料后放弃
	能跟随教师的提问说出自己的想法	无意地东张西望
	对感兴趣的话题能提出下一个活动的建议	不关注同伴或教师，自己活动
	根据话题和同伴积极讨论、商量	和同伴说与话题无关的内容
	能说出自己的观察或操作过程	
	操作过程中能根据需要寻求教师、同伴的帮助	
	能叙述自己的操作情况，并与预先设想相比较	
	选择与同伴不同的解决问题的方法	
	采用自己没有使用过的活动材料或自己没有使用过的方法	
	对于同伴不同的方法有关注或认同的行为	
物化呈现分享成果	对本次讨论和操作的话题继续感兴趣	有已经结束的倦怠
	能始终跟随教师进行回答	对提出的新话题不感兴趣
	根据话题能说出自己的想法	注意力分散，做自己的事情

以上调整后的评价表包括了“观察要点”和“其他表现”共两部分，两部分都记录着幼儿活动中的表现。观察要点以幼儿创新发展的活动表现做记录，其他表现则从另一角度加以记录，目的是基于培养中教师要思考的两个方面：教师既要明晰本次活动要引导幼儿哪些方面的创新素养的培养，哪些活动载体能促进幼儿发展，还要明晰我们忽略了哪些方面而使得幼儿在活动中错失了发展的机会，我们预设活动计划时忽略了哪些组织行为的引导。

我们坚信，当教师真正做到两者融合时，就能出现幼儿培养素养过程中的教育行为的改善。这样我们的培养才能有针对性。

2. 研究教师的教学组织方式，力求与培养要点衔接，实现促进幼儿创新发展

教学活动方式的开放性是培养的前提，教师实施开放性的教学方式则是关键。

实验中以课例“蒲公英”为载体，对不同教学任务设计后，对幼儿创意表达方式、数量、材料选择等进行对比，获得相关数据（见表10、表11）：

（1）一元任务设计即为同一目标、同一方法、同一评价的活动任务设计的教学活动。

（2）多元任务设计即为多种目标、多种表达、多元评价的活动任务设计的教学活动。

（3）幼儿表达情况。

表10　一元任务设计与多元任务设计对比表

	一元任务设计	多元任务设计
目标	同一目标：表现蒲公英生长的过程	多种目标：创作你心目中蒲公英的样子

（续表）

	一元任务设计	多元任务设计
方法	同一方法：运用肢体语言合作进行表达	多种表达：选择你喜欢的各种材料来创作
材料提供	同一材料提供：蒲公英生长过程视频及图片；皱纸条	多种材料提供： 1. 蒲公英生长过程视频及图片；不同摄影师拍摄的不同造型的蒲公英图片（围成一团、独立漂浮、三四根聚合在一起、灯光下的、自然光下的等） 2. 吸管、纸、羽毛、亮片、珠子、剪刀、丝带、绒球、粘贴板、木夹子、圆环等
评价纬度	同一评价：根据视频和图片所提供的蒲公英生长过程对照幼儿肢体表达情况进行评价	多元评价：用自己的话语大胆表述你心中蒲公英的样子

表 11　一元任务设计与多元任务设计儿童表达情况对比表

	一元任务设计	多元任务设计
表达内容空间	蒲公英生长的过程	蒲公英生长过程的不同样子；不同造型的蒲公英（聚合的、飞散的、稀稀疏疏的等）；不同色彩的蒲公英
表达结果异同性	1 种	12 种
材料选择使用情况	1. 选择皱纸条作为蒲公英开花时的替代物 2. 没有改变皱纸条的形状，只是摆弄	1. 选择肢体表现 2. 创意美术中选择不同的材料：吸管、纸、羽毛、亮片、珠子、剪刀、丝带、绒球、粘贴板、木夹子、圆环 3. 选择材料的不同使用方法：丝带整卷使用；丝带剪断粘贴，羽毛整片粘贴；羽毛剪碎使用，吸管排列粘贴；吸管剪成一段段后粘贴
语言表述情况	主要围绕“像”与“不像”比较： 1. 表演蒲公英时手要圆一些 2. 蒲公英开花的时候手要打开	自由表述无定义： 1. 形状上的描述：像水母一样的蒲公英；蒲公英像闪闪发亮的灯；蒲公英像魔法棒，像焰火，像风车，像朵花，像长着翅膀的爱心 2. 不同状态下的蒲公英：像鸟一样飞的蒲公英；落在地面的蒲公英 3. 不同色彩的蒲公英：蒲公英是变幻莫测的，现在是它炫彩的样子；冷静、冷漠的蒲公英

分析：

在“一元任务”设计下的教学活动中，幼儿根据教师提出的同一目标都选择了用动作进行演绎表达的方式来展现蒲公英的生长过程。在同一目标定位下，幼儿会根据教师要求的方式进行表达，没有自己独特的表达方式。表达过程中，教师只提供了单一的皱纸条作为辅助工具，每一个小组或徒手表达或拿皱纸条作为表达材料。教师幼儿提供参考的视频与图片定位为“蒲公英的生长过程”，幼儿都根据图片或视频中蒲公英的生长顺序进行表达，无脱离及不同表现情况出现。教师和幼儿在教学活动中都是围绕着视频与图片中蒲公英的造型对同伴作品进行评价，主要围绕“像与不像”，幼儿根据顺序和造型进行评价。开始的第一个小组有自己的设想，而在教师评价后进行表达的小组都处于模仿状态，修正前一次表达中动作不到位或辅助材料没有选择的情况，最终呈现几乎相同的动作模仿，基本没有个性化的创意表达。统一的目标、统一的材料提供、统一的评价标准，抑制了幼儿创意表达的积极性，进而出现重复、模仿的表现。

在“多元任务”设计下的教学活动中，教师提供大量的不同造型的蒲公英视频及图片，有生长过程的，有摄影师镜头下的，造型多样、色彩丰富，给予幼儿不同的感知。在幼儿创作前，教师提示幼儿创作自己心中的蒲公英的样子，没有定位任何一种造型的要求。为给予幼儿选择的自由，教师提供大量的操作材料，供幼儿自由选择。创作过程中教师没有过多要求，在语言上鼓励幼儿大胆创作。幼儿出现对材料不同的破坏、组合、重叠等不同的表现形式，最后 12 名幼儿的作品呈现各不相同。在最后的分享及评价环节，教师请幼儿表述自己心目中的蒲公英是什么样子，12 名幼儿从蒲公英的形状、不同状态、不同色彩等方面用不同词语进行描述，并且没有重复。

由上述的对比实验研究，我们觉得多元任务设计的集体教学活动能激发幼儿的创意表达，它的基本特点包括：

（1）多元目标的设定。在呈现任务时，如果单一的信息呈现方式即可传达完整且明确的意义，容易造成幼儿单一地完成既定任务，重复模仿多。当面对开放式的多种目标任务时，在实施活动中教师运用自由目标定位，肯定了同一个年龄班中幼儿之间个体差异的客观存在，从而设置不同层次的任务，让幼儿创作出自己心目中的蒲公英的造型，给予幼儿自我定位的空间。幼儿可以同时利用不同的感官通道，实现对任务的多元表征，创意表达的行为表现得以充分展现，作品呈现幼儿独立创意设计意图。

（2）选择性材料的提供。多元任务设计下的教学活动中教师提供大量观察素材，让幼儿多角度、多维度、多侧面观察同一事物，在观察中对事物获得深刻、全面的认识，为创造思维储存丰富的表象。丰富多彩的材料为幼儿的创意表达提供更自由的氛围，教师过程性的鼓励成就了幼儿大胆破坏性、重叠性、组合性使用材料的行为呈现。设置丰富多彩的环境刺激和活动内容，是培养幼儿活动兴趣、维持探索热情和发展创造力的前提。

（3）多元评价角度的建立。评价环节中没有既定的目标，重在鼓励幼儿大胆表达，幼儿表达各具特点，观察角度的不同造成了表述角度的不同，这正好体现了教师允许幼儿进行富有个性的、创造性的表达。同时，教师应给予每个幼儿以激励性的评价，肯定他们的探究活动的独特价值，使他们在每一次探究活动中都有所发现，都有成功的体验。总之，教师启图在鼓励幼儿大胆、自由、真诚地表达他们的情感和想象的同时，明确地向他们传递这样的信息：想象、设计和动手的兴趣比完成好看的作品更为重要。

以上,我们在研究教师的教学组织方式的案例中,始终贯穿着“让幼儿可以自主学习”“教师给予更多自主空间”的理念。研究教师的组织方式更大的价值是为幼儿自发探究、创意想象等学习与发展提供空间和可能,当幼儿有了与生活经验并存的学习空间时,他们潜在的能力就会被激发,我们的培养才能具有有效性。

(五)学校管理的改革

让教师的教学行为处处散发开放的、多元的评价思维,让教师的教学行为本身浸染创新意识,我们的孩子才可能有创新素养上的无限发展。

总课题的研究关键点之一是“把创新培养惠及每个孩子”。为了解决这个重难点,我们从管理教师的形式出发,从改变教研和案头工作入手,唤醒教师的自主和创新的意识。我们的做法是:

1. 改变单一的教学评价的思维方式,形成百花齐放、百家争鸣的评价结果

案例:学期初保教环境创设现状交流与评价。它是每学期幼儿园课程管理的必备环节。在实验研究过程中,我们将已有的几种组织实施办法进行了融合,借以帮助教师把评价作为目标的教研活动,拓展成为多元目标下的不同经验的提升。如下:

(1)用评价表评价的同时,捕捉亮点“图说”个人观点。我们组织全体教师对照评价表,对三个园区各个班级的保教环境,作同一目标下的集中评价,同时教研组现场进行交流讨论,观摩教师各自用图像形式阐述自己在本次评价中所要传达的理念与个人观点。

效果:体现了“评价”与“学习”两者的效率。这个方式让教师不仅为评价而评价,而在过程中去发现于己有利的现成经验,因而成为具有“打破”特点的管理方式。

(2)以建立个人对环境创设的认同为主线,捕捉亮点专题思考。我们开展教师的专题培训,提出保教环境创设的意义和目标,以及环境使用的归属等理念和信息,建议教师建立起自己认知水平下的观点,通过对进入各班现场的采访和发现,得出各自的评价结果。

效果:开始从研究者的角度深入思考“我究竟如何做”。它让教师像记者一样去评价,并在发现中体会和反思怎么样才是幼儿需要的,因而成为具有“拓展思考”的管理方式。

以上所述管理者对教师教育评价方式的改变,本身就充分展示了:教师需要有开放的思维,需要有多元化的评价方式,需要对结果有多样化的评价视角。于是,教师评价的结果就呈现出了多样化,不再“唯一”而是更多“可以这样、还可以这样”的效果。

2. 用幼儿的视角,看待幼儿学习的结果

案例一:幼儿自主游戏分享环节的跨班组织。它是我园教师教学能力评价中的一种做法。它以熟知幼儿年龄特点和发展特点为出发点,抛开成人的经验,是以幼儿的视角看幼儿的学习结果的一种提升教师能力的好方法。

案例二:同课异构。作为一种传统的课例研究方法,同课异构在用来拓展教师教学视角,与幼儿一起看待学习结果上,是非常好用的方法。

案例三:选择无答案的教学载体,指导教师以幼儿的结论作为学习的结果,也是拓展教师创新思维的一种方法。

以上案例从教师教学结果的评价角度上,解决和落实了我们幼儿园课题实验中所提出的“我们要培养怎么样的人,自己就要做怎么样的人”的观点。因此,在创新实验室的开发与研究中,我们积累了大量的培养经验,教师使用课例、创新设计课例时,都能依据幼儿的年龄特点和学习指南,为幼儿的自主学习进行设计和教学,幼儿的学习结果也体现在能力上。

五、回顾与思考

(一)创新素养系统培养与学校课程体系的关系问题

创新素养的培养不是单独存在的,而是与学校课程体系紧密相连的。创新教育是一种教育理念,其落实的载体是学校的课程体系。

(二)教师组织行为与幼儿创新素养发展的关系问题

陶行知认为儿童的创造力需要及时、正确的培养。正如美国学者史蒂芬·利汉斯所说:“2—6岁是创造性发展的关键期,如果不能及时加以培养,那么创造性在以后的生活中很难再被激发出来。”张衡数星星、骆宾王作诗、曹冲称象、牛顿自制小风车、爱迪生孵蛋等,这些杰出的创造性人才在童年时期就表现出了独特的创造力。中外学者的观点大多认为孩子在幼儿时期创造力就开始萌发了。相关研究也表明,一般孩子5岁时,拥有90%的创造力,7岁时拥有10%的创造力,但是8岁以后,创造力就下降到2%。因此,要抓住解放和启发孩子创造力的关键时期。孩子小时候有旺盛的好奇心和求知欲,思想和思维开阔,没有什么束缚,有不可限量的创造能力,因此,培养孩子的创新素养的黄金时期是在幼儿期。但是,创造素养却为传统教育所忽视。当前我们的教学理论和教学实践存在着许多弊端,其中最根本的是压抑和扼杀儿童的创造性。

传统教学集体教学上教师的组织行为多以“一统性”和“一刀切”的形式呈现,忽视了幼儿的个体差异,排斥创新性和多样性,存在使孩子原有的创新能力得到抑制的诸多弊端。尝试改变传统的教师组织行为,为幼儿提供选择的充分自由、解决问题的多种方法、丰富多样的操作材料、去除唯一的评价模式的新的教学组织行为,才可能保护和萌发幼儿的创新素养。

创造素养的核心是创新,具备新颖性、非重复性和超越性等本质属性。丰富多彩的环境刺激和活动内容,是培养幼儿活动兴趣、维持探索热情和发展创造力的前提。在呈现任务时,如果单一的信息呈现方式即可传达完整且明确的意义,容易造成幼儿单一的完成既定任务,重复模仿多。当面对开放式的多种目标任务时,幼儿可以同时利用不同的感官通道,实现对任务的多元表征,创新的行为表现得以充分展现,作品呈现幼儿独立创意设计意图。总之，教师启发在鼓励幼儿大胆、自由、真诚地表达他们的情感和想象，明确地向他们传递这样的信息：想象、设计和动手的兴趣比完成好看的作品更为重要。

幼儿拥有充分的创新思维能力，保护与支持是让幼儿保有一颗创新之心的关键。只有改变教师的行为才能引发幼儿的创新，这也是实验研究过程中我们对教师行为改变的最深的认识。

襄一幼儿园作为实验学校，在实验研究的过程中，形成了创新教育课程体系，落实了教师教学组织行为的改善，形成了幼儿园整体创新教育的研究的氛围，对促进幼儿园的整体发展起了巨大的推动作用。最为关键的是教师、家长教育理念的转变，同步带来的收获是幼儿大胆表达、敢于探究，这是实验效果的充分体现。

徐汇区益思幼儿园实验报告

一、问题的提出

（一）关键词界定

1. 生态环境教育

生态环境教育是近半个世纪以来伴随全球性生态环境的不断恶化，生物多样性出现严重危机，人类必须扭转这一趋势的紧迫社会需要下，应运而生的一项新的教育内容。本课题中的生态环境教育是指培养幼儿关心周围环境、珍惜爱护自然界的资源、探索尝试环境保护方法。

2. 创新素养

心理学研究认为，创新不仅是一种智力特征，更是一种人格特征、一种综合素质。创新素养是指完成创新活动的基本过程中，所需具备的基础知识素养和身心品质，主要包括创新知识、创新能力、创新人格等。

3. 幼儿创新素养培养

这主要包括创新人格和创新能力两部分，基本要素框架为：创新人格（敢想、敢说的精神，好奇、好问的态度，浓厚的探究兴趣，坚持不懈的意志品质等）；创新能力（丰富的想象力，发现问题的能力和方法，动手操作能力，尝试用不同方法解决问题的习惯，灵活、独特的思维能力，创新的基础知识等）。

（二）研究的意义

1. 更新幼儿生态环境教育新理念

生态环境教育（Ecological Education）是整个世界教育发展的趋势，是一种教育进步的新理念，是人类为了实现可持续发展，创建生态文明社会的需要，具有可持续的战略意义。生态环境教育是新时期幼儿教育的必然选择，贯穿于教育的整个过程，是一个重大的世界命题。

2. 拓展幼儿生态环境教育新视野

作为基础教育的启蒙阶段，3—6 岁儿童对万物世界充满着好奇，对自然充满着探究欲望，他们好奇好问、好学好动，喜欢用自己独特的视野看世界。教师必须保护每一位幼儿的探究兴趣，在生态环境教育中引导他们，敢问、敢想、敢说、敢做，并不断拓展自己的视角。

3. 打造幼儿生态环境教育新高地

益思幼儿园有着悠久环境教育历史的绿色学校，“幼儿创新素养培养”这一课题，无疑为幼儿园的特色建设和内涵发展打开了思路，促使益思幼儿园有了进一步的思考。如何解读课程环境和生态环境中的创新素养？用什么方法来引领幼儿成为学习的主体？怎样让教师提升专业自觉……这些研究定会让幼儿园踏上更新、更广阔的高地。

（三）国内外现状

1. 国外现状

首先，生态环境教育备受世界的关注。生态环境的教育在当今已不是陌生的字眼，它随着环境问题的突出而倍受世界的关注。亚洲许多国家在针对中小学生态环境教育的课程中，主张把生态概念渗透到各门学科的教学大纲里。英国的野外教育中心，在最近10—20年，从事幼儿生态野外活动增多。美国威斯康星州法令要求对教师进行自然资源保护的教育。可见，生态教育不仅是对学生，更是对教师的一种挑战和提升。

其次，创新学习理论已获世界的认可。创新性学习是国际著名组织“罗马俱乐部”提出的。该组织指出：人要在急剧变化和发展的社会中生存发展，在解决自己面临的新问题中进行创新性学习。这种创新性学习，旨在学习者自身观念、行为、知识、经验的重组和更新，使学习者成为创造性适应环境变化的人，成为不断发展的人。

再次，教育理论为创新素养培养实践提供了依据。著名的美国教育家杜威认为，最好的教育就是“从生活中学习”。他提倡“做中学”观点，认为教学中要注意培养儿童的创造思维能力，注重儿童的主动性和创造性的发展。杜威认为，好的教学必须能唤起儿童的思维。

生态环境教育作为当前最前沿的教育内容之一，与创新素养培养的有机融合，必将对幼儿产生终生有益的发展。

2. 国内现状

中国环境保护部和联合国环境署在第二届联合国环境大会上共同发布——《绿水青山就是金山银山：中国生态文明战略与行动》报告。报告指出：生态文明将成为我国“十三五”规划的一部分。这些无不需要与创新思维、创新能力、创新技术相关联。那么当前，我国的生态环境教育的现状如何呢？

（1）关注幼儿的生态科学教育内容多。我国目前关于幼儿生态环境教育方面的书籍和文章很多：《3—6岁儿童学习与发展指南》中提出了对幼儿进行绿色生态教育的重要性，包括让幼儿认识生存的环境、爱护生物、了解大自然的生态结构等。更多专家在文章中提到，环境教育作为基础教育的重要组成部分，对于幼儿的生态环境教育，应从生活环境、言语行为、情感心态等方面着手。

(2) 落实幼儿创新素养培养的行动少。相对于幼儿的生态环境教育的内容，我国已经开始关注幼儿创新素养的培养，也有了相关的教育内容和教育文件，但真正落实到学校层面的教育行动相对较少，这也体现了本课题的适切性和适宜性。

(四) 解决的问题

基于我园生态环境教育的特色，结合我园小、中、大幼儿在生态环境教育上的现状，本研究将“创新素养与生态环境教育课程的有机融合”“生态环境节日中的创新素养培养纳入课程”“幼儿思维发展特点与创新素养培养的关联”列为主要问题，以期更好地培养幼儿的创新素养。

结合我园生态环境教育工作，我们更具体地思考：爱迪生小组活动如何与幼儿创新素养有机融合？借助本课题研究，如何有效提升教师专业行为？

二、研究方法与过程

(一) 研究时间

2012 年 9 月—2015 年 7 月。

(二) 研究对象

徐汇区益思幼儿园小、中、大年级的幼儿。

(三) 研究目标

在幼儿园生态环境教育中，发现在培养幼儿创新素养方面存在的问题和影响因素，通过“创新素养与生态环境教育课程的有机融合”“生态环境节日中的创新素养培养纳入课程”“把幼儿思维发展特点与创新素养培养相关联”“教师在幼儿创新素养的研究中的行为改善”等途径，激发幼儿的创新意识、提升幼儿的创新能力、萌发幼儿的创新素养，最终促进幼儿成为具有创新素养的现代公民。

(四) 研究内容

(1) 生态环境教育、创新素养、幼儿创新素养培养相关概念研究。

(2) 我园的幼儿在生态环境教育中创新素养的现状、问题、成因。

(3) 关于幼儿园的创新素养与生态环境教育课程有机融合的研究。

(4) 关于将生态环境节日中的创新素养培养纳入课程的实践研究。

(5) 关于把幼儿思维发展特点与创新素养培养相关联的实践研究。

(6) 关于教师在幼儿园创新素养的研究中其行为改善的实践研究。

（五）研究方法

1. 文献研究法

生态环境教育、创新素养的内涵、定义、现状等，采用文献研究的方法，通过中国知网、专业书籍，搜索相关文献，并进行摘要，形成对培养幼儿创新素养的文献综述。

2. 行动研究法

根据我园课题实施计划中要解决的重点问题来开展幼儿创新素养培养的研究，并在实践研究中发现问题，积累相关的资料。

3. 案例法

在日常生态环境教育活动中，捕捉幼儿创新的精彩片段，积累幼儿创新素养培养的案例，提炼幼儿创新素养培养的基本过程和有典型意义的经验。

4. 经验总结法

梳理汇编在幼儿园生态环境教育中，幼儿创新素养培养的成果和经验总结。

（六）研究过程

1. 准备阶段(2012 年 9 月—2012 年 10 月)

课题伊始，我园成立了由正副园长、教研组长、科技总指导组成的科研中心组，对全园开展课题研究工作的总体思考和设计。确定研究课题名称、课题组成员，通过文献资料收集及查阅形成专题文献综述，并设计研究方案。

2. 课题实施阶段(2012 年 11 月—2014 年 8 月)

(1) 前期研究阶段(2012 年 11 月—2012 年 12 月)。参加总课题组的培训活动，与姐妹园教师共同讨论，分析关于幼儿创新素养培养的内涵和定义，为实证研究做好前期准备。

(2) 行动研究、案例研究阶段(2013 年 1 月—2014 年 4 月)。制订课题实施计划，开展实证研究(参加姐妹园的研讨活动，组织课题组的研讨活动，园内开展生态环境教育系列活动)，对实证研究进行反思，并撰写案例。

(3) 完成中期报告(2014 年 5 月—2014 年 8 月)。2014 年 5 月至 8 月，对前期的工作加以梳理总结，以书面形式呈现研究的过程，总结研究中期的结果，发现研究中的不足，提出进一步研究的方向。

(4) 开展后续实践(2014 年 8 月—2015 年 1 月)。继续开展实践探究，积累典型教育案例，丰富实践经验。

3. 课题总结阶段(2015 年 2 月—2015 年 7 月)

2015 年 2 月至 7 月，对课题实施以来的整个研究工作加以梳理总结。

撰写总结报告，以书面形式呈现研究开始、研究中期、研究后期的过程，梳理总结研究结果，发现研究中的不足和问题，提出进一步改进的方向。

三、研究结果

（一）我园的幼儿在生态环境教育中创新素养的现状、问题、成因

1. 现状与问题

（1）从幼儿解决问题水平看，创新意识的能力有待增强。幼儿在环境节日中，能对大自然进行探索，有较强的环保意识，但在幼儿园一日生活中，幼儿解决问题的能力有限，经验缺乏，环保行为常是短暂的、表象的。

（2）从教师专业自觉发展看，创新意识的培养有待加强。我园教师具备一定的环保意识，但开展生态环境教育常局限于对环境保护的宣传和知识传递，如何调整教学行为，激发幼儿创新意识，探究保护环境的方法，缺乏整体性思考。

（3）从家园有效互动视角看，创新课程的拓展有待提升。我园家长对创新的理解有较大差异。大多数家长支持、理解幼儿园工作，积极参加幼儿园的生态环境教育的活动，但部分家长对我园特色课程的理解，还有一定的距离。

（4）从我园特色教育内涵看，创新课程的建设有待提高。正如"益思"幼儿园的园名诠释：有益于幼儿的健康成长、有益于幼儿思维发展。对幼儿进行生态环境教育要给幼儿一种思考方式和观察方法，并与其个性发展有机结合。

2. 主要成因

益思幼儿园是国际生态学校绿旗荣誉学校、全国生态文明教育示范学校、全国绿色生态教育示范学校、上海市徐汇区绿色学校示范校。

20多年来，我园以生态环境教育为特色，形成了一系列的生态环境教育课程。然而，时代的突飞猛进，对教师和幼儿都提出了更新更高的要求，从生态环境教育的现状来看，我园在幼儿创新素养的培养遇到了前所未有的难点和瓶颈。究其原因，主要是：(1)知识传递和行动落实之间有差距；(2)经验拓展和习惯养成之间有差距；(3)家园宣传和家庭生活习惯有差距。如何引导幼儿生态科学的思维方式，如何有效实施幼儿的生态环境教育，成为我们必须思考的问题。

总之，我们将构建新型的生态观、科学观、社会观，在《幼儿园教育指导纲要》和《上海市学前教育课程指南》教育理念的引领下，尝试多样化的创新途径，在课程开发的过程中，不断发展和完善！

（二）关于幼儿园的创新素养与生态环境教育课程有机融合的研究

1. 重新制定生态环境教育课程目标，凸显幼儿创新素养的内涵

创新素养培养必须依托幼儿园的课程，我们在制定课程方案时，突出"在生态环境教育

中培养幼儿创新素养"的教育理念，特别是从四个维度诠释了幼儿生态环境教育课程的总目标：认知经验、情感态度、行为能力和创新意识。

认知经验——掌握与生态环境保护相关的粗浅知识和方法，了解人、动植物与生态环境相互依存的关系，积累相关的经验。

情感态度——具有初步的生态环境保护意识，意识到人类、动植物与生态环境休戚相关，亲近、热爱大自然，乐意做力所能及保护生态环境的事，有关心保护生态环境的愿望。

行为能力——初步养成良好的环保行为习惯，形成解决实际生态环境问题的行为方式，有认识和探索自然环境的兴趣，积极参与绿色活动。

创新意识——在生态环保实践活动中具有新思维、新发现、新描述。

我们针对四个方面的总目标，细化了各年龄段生态环境教育课程目标，利用生态环境教育这个平台，从方法和途径中将创新素养的内涵融入其中。例如：小班——激发兴趣，乐意尝试和观察，获得知识；中班——引发探索，鼓励发现和表达，提升经验；大班——大胆质疑，敢于探究和比较，拓展能力。我们重新梳理每月课程的计划，在原有主题目标、特色目标的基础上，增加创新素养培养目标，以此凸显幼儿创新素养培养的重要性。

2. 重新理顺主题和生态活动的关系，凸显幼儿创新素养的要素

原本，我们在开展主题活动中，生态环境的教育内容往往是作为非主题的活动纳入计划中的，两者之间的关联并不多。但现在是怎样的呢？

首先，纵观小班、中班、大班的主题活动内容，由浅入深呈现递进式的关系。而对于这部分的主题活动，三个不同的年龄阶段可以同时进行，把生态环境教育做实做大。其次，许多小班、中班、大班的主题活动，无论是从核心经验来看，还是从目标内容来看，都和生态环境教育有着密切的联系，可以在主题活动中，穿插生态环境教育的内容。再次，对于不能和生态环境教育相融合的主题活动月，我们可以有其他相应的活动内容作补充。实践中我们做到了以下三点：

（1）合理调整主题活动顺序，将生态环境教育有机融合（见表1）。

（2）合理挖掘主题活动内容，将生态环境教育有效融合（见表2）。

（3）合理增设全园系列活动，将生态环境教育有序融合（见表3）。

表1　合理调整主题活动顺序

时间	主题活动	生态环境教育活动	创新素养
10月	小班——"学本领" 中班——"在农场" 大班——"动物大世界1"	1. 秋天里的参观活动：动物园 2. 制作活动：我最喜欢的动物	激发兴趣 大胆操作 分享交流

（续表）

时间	主题活动	生态环境教育活动	创新素养
3月	小班——“小花园” 中班——“春天来了” 大班——“有用的植物”	1. 教室里的种植活动 2. 校园里的采摘活动	主动参与 学会坚持 观察感知
3月—4月	小班——“好玩的水” 中班——“水真有用” 大班——“有趣的水”	1. 家庭中的宣传活动 2. 生活中的节水行动 3. 区域中的科学实验	交流表达 操作交流 发现问题
4月	小班——“动物的花花衣” 中班——“在动物园里” 大班——“动物大世界 2”	1. 幼儿园里的鸟类观察站 2. 大型绘画活动:美丽的地球 3. 春天里的参观活动:野生动物园	观察感知 主动操作 乐于表达

表 2　合理挖掘主题活动内容

安排年龄阶段	生态环境教育活动 ——无车日活动	生态环境教育活动 ——粮食日活动
小班	“小宝宝”主题	“学本领”主题
	创新要素:结合一日生活中的实践,激发积极情感,鼓励幼儿尝试	
中班	“周围的人”主题	“好吃的食物”主题
	创新要素:主动收集各类信息,尝试同伴间的交流和合作,分享快乐	
大班	“我是中国人”主题	“我是中国人”主题
	创新要素:同伴间互助学习,通过多途径的探索,归纳总结出好方法	

表 3　合理增设全园系列活动

时间	年龄阶段	生态环境教育活动	创新要点
11月	小班、中班、大班	幼儿园健康月大活动	围绕一日生活,多维度、多视角活动
2月	小班、中班、大班	幼儿园环保节大活动	每次聚焦一个内容,鼓励亲子参与
5月	小班、中班、大班	幼儿园科技节大活动	将多个活动内容整合起来,形成系列

3. 重新细化创新素养各个阶段要求,凸显幼儿创新素养的特点

幼儿的学习与发展与其心理发展特点密不可分,只有充分了解幼儿心理发展特点,才能把握幼儿创新素养培养的基本要素(见表 4)。

幼儿创新活动的基本过程:发现问题、分析问题、形成创意、物化呈现、分享成果。这五个步骤强调的是主动学习、感知体验、充分探究和分享快乐。无论什么年龄阶段的幼儿都需要教师提供宽松适宜的条件和环境,这样才能真正激发幼儿内在的创造力。

幼儿创新素养的基本要素,无论是创新人格还是创新能力,从小、中、大这三个年龄阶

段来看，都凸显由浅入深、由易到难的心理发展特点，前一阶段是后一阶段的铺垫和准备，后一阶段是前一阶段的提升和拓展，具有很强的层次性和递进性，而且对每一个年龄阶段都提出了明确的要求，这为幼儿园生态环境教育中创新素养的实践和评价提供了有力的依据。

表 4　幼儿小、中、大班创新活动基本过程及创新素养培养要素

幼儿创新活动基本过程			发现问题	分析问题	形成创意	物化呈现	分享成果
创新素养	创新人格	小	好奇、好问	分辨	情感积极向上	愿意尝试	乐于分享
		中	敢于质疑	听取别人的意见	敢想、敢说	乐于合作	合群、乐于分享
		大	敢想、敢说	实事求是的精神	敢想、敢说与众不同	乐于合作、坚持不懈	合群、乐于分享
	创新能力	小	乐于观察			乐于动手	乐于表达
		中	观察能力	分析问题的方法	大胆想象、听取他人想法	动手能力	连贯表达
		大	发现问题的方法	能力、思维灵活、独特	提出解决问题的不同方法	合作能力	完整表达

（三）关于将生态环境节日中的创新素养培养纳入课程的实践研究

1. 结合生态环境节日，拓展创新课程指南（见表 5）

环境节日作为生态环境教育的一部分，不乏亮点和新意的素材点，教师所要做的就是打破常规，结合教学目标，在原有教材点的基础上拓展内容，使创新课程更加符合幼儿创新素养的培养。

表 5　创新课程拓展指南（各年龄阶段）

教学目标	基础内容	拓展内容
1. 生态环境节日课程目标 2. 将生态环境节日和主题活动有机融合，拓展主题活动目标，形成生态环境节日的课程目标	1. 教材中的素材点 2. 主题活动中的生态环境教育的内容，教材中原本就有的素材点	1. 拓展的内容凸显生态环境节日的内涵要素 2. 拓展的内容围绕生态环境节日的创新元素 3. 拓展的内容依据生态环境教育的行为养成 4. 拓展的内容说明生态环境教育的思维方式

2. 结合生态环境节日，拓展创新活动内容

环境节日作为生态环境教育的一部分，不乏亮点和新意的知识点，教师所要做的就是推陈出新，结合环境节日的主题内涵，思索生态环境节日中所特有的创新点，以此培养幼儿的创新素养。

(1) 追随每年环境节日的主题内容。我们每年开展的生态环境节日活动都有怎样的变

化呢？其实，国际生态环境节日每年都会有不同的主题，主题的内容往往具有时效性，符合当前社会的热点，所以，幼儿园的生态环境节日也应与时俱进，拓展新的内容，并将这些纳入每月课程计划中。

2012—2015年，我们追随“世界动物日”主题的内涵，开展了系列大活动。①创意绘画大赛“动物好朋友”。创新内容：引导幼儿大胆畅想，画出最喜欢的小动物生动形态。②科普故事大赛“我和小动物的故事”。创新内容：鼓励幼儿把和小动物之间发生的趣事，创编成小故事。③亲子环保制作“美丽的环保袋”。创新内容：利用废旧衣服，通过剪剪贴贴，变出可利用的环保袋。④亲子爱心义卖“大手牵小手，我们在行动”。创新内容：家委会组织进行爱心义卖，义卖款捐给相关机构。

（2）寻求新颖的环境节日活动内容。益思幼儿园的环境节日活动，得力于课程领导小组、科研团队、科技指导员的精心策划，吸引着教师、幼儿、家长的积极参与。我们把握生态环境节日这个平台，尽心尽力推出新颖有价值的活动，并将其纳入每月的课程计划中。

例如，园环保节的活动“超级纸艺变变变”着眼于创新和创造，通过构思和制作，把普通的纸变成一件件艺术品。又如“科普故事大赛”活动结合世界读书日和世界地球日，把科学故事中的创新理念渗透到幼儿的生活中。

3. 结合生态环境节日，拓展亲子指导策略

益思幼儿园的生态环境节日活动年复一年地开展着，但如何在形式上有所突破和创新，一直困扰着我们的教师。两年前，由区级骨干领衔，区级科研课题“生态环境节日中亲子活动的家长指导策略的实践研究”的实证研究，使我们在生态环境节日的亲子活动策略上有了新的思考，这也使我们每月的课程计划内容更加充实。例如“小班无车日”的亲子指导策略，引导幼儿健步走田林，不仅体现绿色理念的宣传，更凸显活动中的体验。对小班幼儿来说，“健步走田林”是为了今后上幼儿园的每一天，能用小脚行走，为自己的成长迈出坚实的一步，而这正是我们所希望达到的活动目的。

（四）关于把幼儿思维发展特点与创新素养培养相关联的实践研究

3—6岁幼儿思维的主要特点是具有具体形象性。幼儿末期抽象逻辑思维开始萌芽，把握好幼儿的思维发展特点，用合理的方法引导幼儿，才能对创新素养的培养起到有效的作用。我们在实践中不断地探索。

1. 小班，从“玩”入手

小班幼儿的思维与直接感知和直接活动是分不开的，思维是在摆弄实物的过程中发展的，思维随着对具体事物的实际操作而展开，他们往往“先做再想”。

例如，在一次“吹画”活动中，当幼儿把纸上一个个水滴吹开后，发现了一幅似马非马的图像，教师就有意识地引导幼儿观察：“图像上的东西像什么？”“怎么样让它更像马呢？”“试一试，画上嘴巴和眼睛。”……在教师“加一加”的方法引导下，一幅形象生动的骏马图诞生

了。幼儿从无意吹画到有目的地创作过程中，逐渐具备了创造意识和行为。

又如，一次小班的早点，一个小朋友拿着圆形的饼干自言自语道："啊呜一口变成一个月亮。"旁边的小朋友也学着说："啊呜一口变成小船。"两个幼儿边吃边玩，无意中的举动给了教师灵感：只要利用饼干，让宝贝的小嘴巴咬一咬，就能创造出意想不到的效果。于是，教师抓住这一教育契机，每天早点都会让幼儿咬咬、看看、说说，发挥想象和创意，月亮、太阳、帆船、小轿车、裙子……当幼儿咬出变化无穷的"作品"后，教师总是以欣赏、赞许的眼光去肯定他们的创新。教师"减一减"的方法引导，使小班幼儿的创新潜能得到了充分发挥。

2. 中班，从"试"入手

中班幼儿在直觉行动思维的基础上，具体形象思维开始发展，思维加工能力以认知、记忆为主，表现出"边想边做"的思维特征。

例如，探索活动中，幼儿收集了各种各样的折纸材料，锋锋和晶晶分别用广告纸和铝箔纸折出小船，两艘小船同时下水，结果锋锋的小船先沉下水。这是为什么呢？峰峰发出了一连串的疑问："纸船晒干后能不能行呢？""铝箔纸的船为什么不容易沉呢？"……第二天，锋锋又做了相同的试验，最后锋锋意识到，原来是纸吸水和不吸水的道理。于是，他又开始尝试用其他材料做实验，寻求更多的答案。开放性的活动材料给予幼儿足够自由的探索空间，幼儿在宽松的环境中去实施他们的想法和做法，教师"比一比"的方法引导，使幼儿在探索过程中不怕失败、敢于尝试、不断思考，使幼儿的创新素养得到了培养。

又如，在"乒乓球垒高"的活动中，面对纸圈和乒乓球等材料，怎样让乒乓球一个一个往上垒得更高呢？教师引导幼儿看看想想，发现纸圈大小和乒乓球垒高之间的关系，思考纸圈改进的地方。幼儿一次次大胆操作和尝试，得出了结论：纸圈太小垒不高，纸圈太大不起作用，一定要恰到好处才能垒得更高！教师"改一改"的引导方法，帮助幼儿解决了难题。

3. 大班，从"思"入手

大班幼儿抽象逻辑思维开始发展，能掌握抽象、概括性强的概念，开始理解事物发展的逻辑关系，幼儿的思维加工材料和能力得到较大发展，表现出"先想再做"的思维特征。

例如，在插花活动中，教师鼓励幼儿发挥创意，大胆思考：如果把花枝的正反、上下、左右、前后、横竖、里外颠倒一下，会有什么结果？有了先期的思考，幼儿很快有了自己的想法，设计了独一无二的插花作品。教师"反一反"的方法引导，培养了幼儿与众不同的想象力和创造力，使幼儿体验到了成功的快乐。

又如，大班制作中国菜活动中，教师创造机会和条件，支持幼儿自发的艺术表现和创造。教师在教室投放"创新菜"的货架，让孩子们自己创作发明新菜肴。幼儿根据自己的想法制作的作品大大出乎成人的意料：阿泽做出"红烧双鱼"，豆豆做出"味智多星"……真正凸显了幼儿的个性特征和无限创意。教师"学一学"的方法引导，不断提升和培养了幼儿欣赏美、感受美、创造美的能力。

教师在实践中，针对不同年龄阶段幼儿的思维特点，采取了有效正确的引导方法，归纳下来有以下几种方法(见表6)。

表6 幼儿思维发展特点与幼儿创新素养培养的引导方法

年龄阶段	幼儿思维发展特点	幼儿行为具体描述	幼儿创新素养培养的引导
小班	先做再想	思维与直接感知和直接活动分不开。在摆弄实物的过程中发展，思维随着具体事物的实际操作而展开	从玩入手，“加一加”“减一减”
中班	边想边做	在直觉行动思维的基础上，具体形象思维开始发展，思维加工能力以认知、记忆为主，能按教师要求进行活动，学习用语言表达自己观点，对依赖的表象具有一定的概括性，主要概括事物的外部特征，掌握具体概念	从试入手，“比一比”“改一改”
大班	先想再做	抽象逻辑思维开始发展，能掌握较抽象、概括性较强的概念，开始理解事物发展的逻辑关系，幼儿的思维加工材料和能力得到较大发展，认知、记忆、聚合思维、发散思维、评价在思维活动中都有体现	从思入手，“反一反”“学一学”

四、研究成效

（一）开展“爱迪生小组活动”，与幼儿创新素养有机融合

我园特色课程生态环境教育，尽管把幼儿创新素养培养作为重要的组成部分提出来，也突破了传统形式和内容，但是，我们觉得这些还远远不够。究其原因：幼儿创新素养的培养应体现个性化；创新素养中的学习兴趣、学习品质应成为教育的核心，这是我园生态环境教育迈向“创新型教育”的重要体现。聚焦以上两点，我园重点研发了“爱迪生小组活动”，进行实证研究，历经创建、调整、完善的过程，取得了一定的成效。

1. 创建

2012年，幼儿园把每周五定为发挥幼儿特长、挖掘幼儿创能、体现幼儿个性的“爱迪生活动日”，创建了30分钟的爱迪生小组活动。

爱迪生小组活动由教师根据自己特长领衔，设有内容不同的小组：艺术语言、环保故事、创意美工、科幻画、“做中学”、OM擂台赛……幼儿根据自己的爱好和兴趣，自主选择活动小组参与活动。

活动中的亮点：发挥了教师的专业特长，充分体现幼儿自主性。

活动中的不足：教师对幼儿创新素养培养的认识不够，急于在30分钟内让幼儿完成一个任务，使活动成为仅区别于集体教学的分组教学。

2. 调整

2013年，经过教师的专项培训和实践积累，爱迪生小组活动依据幼儿创新思维的发展

特点，在内容和方法上有了新的调整。

活动中的亮点：给幼儿充分的时间去创新和体验，允许一个任务分两三次进行，鼓励幼儿好奇好问、发挥想象、动手创作、表达表现、分享交流。

活动中的不足：没有充分利用环保箱的材料开展活动；有些活动的内容偏离幼儿的生活实际；个别活动中的对象设定不是很合理；不同活动不符合生态教育的内涵等。

3. 完善

2014 年，大班教研组进行了专题研究，宗旨是通过爱迪生小组活动，培养幼儿的创新素养和环境意识，促进教师的专业成长与专业自觉。课程领导小组进一步完善并推出八个项目内容，潮童看世界、快乐运动、聪明达人、小画家、做做玩玩、巧手 DIY、开心乐队、小小建筑师等，倡导“做中学”“玩中学”“学中思”……

“潮童看世界”，帮助幼儿领略科学家成功背后的故事，产生向科学家学习的愿望。活动根据幼儿的需求和兴趣，选择合适的内容，拓宽了幼儿的视野，丰富了幼儿的知识。“小小建筑师”，鼓励幼儿利用废旧材料进行组合构造，发挥幼儿的想象力、合作力，鼓励幼儿将生活中所见所闻大胆地表达表现，并在构造的色彩和规律上有所突破。“聪明达人”，整合“做中学”项目和“OM”项目，精心设计操作情境，提供辅助材料，让幼儿在相互的启发和质疑中学习，培养幼儿解决问题、坚忍不拔的意志品质。“做做玩玩”，让幼儿在玩中学、玩中乐，在探索中促进幼儿逻辑思维的发展，培养幼儿好奇好问、敢于质疑、敢想敢说的良好品质。“开心乐队”，以节奏乐与舞蹈表演为载体，为幼儿提供创造性的自制乐器，提高幼儿对音乐艺术的表达表现力，从小培养积极向上的情感以及表达表现的能力。“小画家”，以科幻画与创意设计为主，为幼儿提供多样化材料，激发幼儿想象思维，大胆尝试设计与众不同的作品，并乐意共享成果。“巧手 DIY”，活动来源于幼儿生活，又服务于幼儿的生活。利用平常丢弃的废旧物来创造一种美，从中增进幼儿的创新意识与环保意识。“快乐运动”，对象是肥胖儿或超重儿，他们的协调性、平衡性较弱，活动从幼儿最薄弱的运动能力入手，让幼儿尝试挑战各种动作，考验他们的忍耐力和坚持性。

（二）进行课题实证研究，有效提升教师的专业行为能力

1. 营造课程环境，引领教师学习和探究

对教师而言，实践不是重复和模仿，而是创造和突破。我们借助课题的研究，营造“实践＋反思；合作＋互助”的课程环境，引领教师自主学习和探究。在实践中，幼儿园对教师提出了学习思考、设计交流、实践反思、存档积累的要求。学习思考是前期准备，学习以往的实践经验，思考有新意的活动内容和方式。设计交流是实践活动的重要部分，设计活动应满足幼儿的年龄特点和认知经验，必须有创新的内涵。互相交流是对自己设计的再认识。实践反思是活动的核心部分，考虑的是幼儿的感受和体验，为下次活动提供依据。存档积累，其实是保证教师资源共享的一个有效途径。

随着认识实践的深入，大家认为，培养幼儿创新素养并不是一件全新的、从来没有做过的事情，过去我们教育教学工作或多或少都在对幼儿进行创新能力的培养，只是我们没有很好地归纳和梳理。课程的实施就是一个完善和优化的过程，这对教师是一种考验，在“实践＋反思；合作＋互助”的课程环境中，通过一次次的思维碰撞，培养幼儿创新素养的实践能力不断得到提升。

2. 运用案例随笔，引导教师认识与理解

为了让教师走进幼儿，感受他们真实的活动状态，理解什么是幼儿的创新素养，了解如何培养幼儿的创新素养，我们鼓励教师撰写案例和随笔，进行分享和交流，从中发现教师所思所想。

一、背景

2012 年，我园开展了《在生态教育中培养幼儿的创新素养的实践与研究》的课题研究，如何将课题渗入幼儿园的一日活动？如何培养幼儿的创新素养？幼儿园组织教师进行了学习和讨论，鼓励教师不断探究和实践，这让我明白，幼儿创新素养的培养其实并不是那么高深莫测，只要教师善于捕捉身边发生的小事，就能获得启示。

二、实录

一天，原原的奶奶对我说：“我这个孙子其他方面都不行，电视里的广告却能倒背如流，能不能让他尝试表演一下？”为了激发他的表现欲，我让他在集体面前进行了表演，结果出乎意料地成功。我突发灵感，何不让幼儿进行创编呢？于是，我利用每天说新闻时间，让幼儿尝试创编环保短句，让他们在想象和思考中内化自己的绿色行为，萌发幼儿的创新素养。

（原原的表现让我懂得，教师要随时了解幼儿的所需，给幼儿创设一个宽松自由的平台，在这个平台中，让他们乐于分享、敢想敢说、与众不同、完整表达……）

三、反思

幼儿创新素养的培养需要“动”起来，以前我们的教育注重宣传，幼儿对某些知识早已耳熟能详，可做起来照样我行我素。问题究竟出在哪里？其实是缺少体验的过程。

幼儿创新素养的养成要从小抓起，是一个循序渐进的过程，要为幼儿创设自由开放的学习空间，为幼儿搭建创新实践活动的舞台，通过创新实践活动促进幼儿的体验。

意外的活动收获让我体验到了成功的喜悦，让我增加了对课题研究的信心。

3. 开展“一课多研”，实施创新活动的研究

为了提高课题研究的成效，幼儿园进行了创新课堂教学研究。如何在活动中体现幼儿的创新素养？活动目标、提问环节等需要从什么角度去思考？“一课三研”教研模式，发挥

了巨大的作用,集体智慧的互相碰撞,改变的不仅仅是活动教案的本身,更是改变着教师的教育观念和幼儿的行动……“奇妙的种子画”这一案例,就是最好的例证。

一、背景

中班年级围绕“世界粮食日”开展了“节粮周”的活动。活动中幼儿发现,农作物的种子很漂亮,红的、黄的、绿的、白的、黑的……由此他们产生了好奇心,并开始互相交流。有的说:“真像美丽的彩虹”,有的说:“五颜六色真美!”还有的说:“好奇妙的种子呀!”幼儿的话让我深受启发,彩色的种子能不能变成一幅美丽的画呢?如果能,那对幼儿来说不仅能感受种子的其他用途,更能体验生活中的一种美,从而换个角度来唤起他们的创新意识,这不是更有意义吗?

让幼儿产生好奇、大胆表现、乐于表达,是创新人格、创新能力的最好体现,而我们教研组以种子来设计教学活动,正是用新的视角来拓展幼儿的生态环境教育!

二、第一次研讨

(一) 实录

我们决定用种子让幼儿大胆地表现小鸡和小鸭。但如何激发幼儿用种子来创作呢?教研组展开了讨论。最后,我们决定用PPT的形式展示美丽的种子画,来激发幼儿的兴趣。如何引导幼儿来操作种子画呢?我们又开始了新的讨论。如果用固体胶来粘贴种子,可能会发生粘不住的情况;如果将橡皮泥作底板,幼儿操作起来好像又太简单了,最后,老师想出用即时贴的方法。

于是,教研组共同制定了“奇妙的种子画”的第一份教案:

活动目标:

(1) 尝试选择运用不同种子,表现动物的外形特征。

(2) 感受用种子来画画的奇妙,在操作中体验乐趣。

活动环节:

(1) PPT欣赏——美丽的种子画。

(2) 介绍种子画的制作过程。

制作要点:先贴轮廓,再贴满其他部分,不能留空。

(3) 幼儿操作,体验乐趣。

操作要点:可以选用自己喜欢的种子进行绘画。

(4) 交流与欣赏。

(二) 反思

整个活动的亮点是:PPT中的种子画,对激发幼儿的活动兴趣起到了很好的效果;即时贴的底板方便幼儿操作;教师的示范讲解非常清晰,有利于幼儿理解操作步骤。

活动的不足之处：整节活动中规中矩，似乎没有脱离传统的教学模式，按部就班的活动程序，阻碍了幼儿想象的空间，活动离幼儿创新素养的培养还有一定距离。

三、第二次研讨

（一）实录

第二次的研讨，我们围绕如何体现幼儿自主性和交流表达，决定将第一个环节稍作修改：PPT先出示各种各样的种子，引导幼儿大胆讲述种子的用处，再引出奇妙的种子画，激发幼儿的兴趣。将第三个环节作调整：教师出示不同的种子画范例，让幼儿讲述这些范例的相同之处和不同之处，然后梳理总结种子画的方法。

教研组制定了"奇妙的种子画"的第二份活动计划：

活动名称：奇妙的种子画

活动目标：

（1）尝试选择运用不同种子，表现动物的外形特征。

（2）感受用种子来画画的奇妙，在操作中体验乐趣。

活动过程：

（1）PPT欣赏——美丽的种子画。观赏各种美丽的种子，再引出种子画。

（2）介绍种子画的制作过程。出示不同的范例，引导幼儿比较讲述。

（3）幼儿操作，体验乐趣。鼓励幼儿发挥想象，尝试添画。

（4）交流与欣赏，展示作品。

（二）反思

活动第一环节、第二环节突出了幼儿的交流及自主的发现，第三环节中有了幼儿运用想象进行的添画。尽管活动目标的环节都没有变，但第二研讨活动有了新的提升，幼儿在活动中的交流机会更多，还尝试了想象和比较，活动的效果还是不错的。教研组的教师觉得活动还有突破的空间，两次研讨活动让我们更加清晰，活动要充分发挥幼儿的自主性，要体现幼儿的想法。

四、第三次研讨

（一）实录

我们设想，前两次都是幼儿无经验的活动，活动中肯定需要教师的指导，如果换个思路，让幼儿在一定的经验上开展活动，效果是否会好呢？于是，教研组推翻原先的两次活动，从经验铺垫到目标设定，再到环节设计都大胆地作了调整，一切都以幼儿经验为核心，以创新元素导入为方向。

教研组设计的第三份活动计划：

活动目标：

（1）乐意和同伴探索交流种子粘贴作画的方法。

(2) 尝试选用不同的种子表现动物的外形特征。

活动过程:

(1) 谈话导入——各种各样的种子(PPT)。

(2) 探索交流——种子粘贴画的方法(PPT)。

① 幼儿交流——我们的种子画。在学习性区域中的四种不同的方法。

② 幼儿探索——老师的种子画。

(3) 幼儿操作——表现小动物的特征。

(二) 反思

第三次活动中幼儿成了主体,教师的PPT呈现的是幼儿学习性区域中的作品,他们将自己的方法讲述给同伴听,有的用了先围轮廓的方法,有的用了抓一把撒一撒的方法,有的先做小块面,再做大块面……幼儿们尽情地交流着,体现着浓浓的同伴互学氛围,因为有了一定的经验。教师出示范例后并没有进行示范操作,幼儿一下子就能讲出范例用的是什么方法。教师请幼儿用自己喜欢的方法进行尝试,最后呈现的作品是多样化的,因为教师给了幼儿一个提升经验的机会。第三研讨活动达到了预期的效果。

"一课多研"有效促进了教师的专业能力,特别是在教学创新的行为上有了明显的进步。"一课三研",也使教师更加清晰地认识到,只有以幼儿发展为主体,以幼儿经验为核心,以创新元素为方向,这样的教学活动才会更有价值!

4. 借助科研外力,助推教师的专业发展

教师的专业发展关乎幼儿园的可持续发展,我园生态环境教育的特色课程不仅有着传统的知识经验积累,在后续的拓展中又注入新的增长点,在传承和发展中必须让教师有提升的空间,所以,带领教师开展课题研究,将对他们的专业发展带来重要的推动作用。

益思幼儿园课程领导小组借助科研力量,从不同层面助推教师的专业发展。

(1) 全园教师投入"在生态环境教育中培养幼儿创新素养的实践研究"的课题中,鼓励教师用敏锐的视角观察幼儿,用多元的信息解读幼儿,用宽容的心态理解幼儿……真正领悟幼儿创新素养的内涵。

(2) 青年教师加入上海市教育科学研究院黄娟娟老师领衔的上海市教育科学"十二五"规划重点课题的研究,开展子课题"在生态学习小组活动中,提升0—10年教龄教师专业自觉的实践研究"的实证研究,每学期向分课题组、外区姐妹园开放活动。

(3) 部分教师深入徐汇区教育学院"学习性区域中幼儿学习品质培养"的院校合作项目,将幼儿创新素养培养和生态环境教育内容纳入学习性区域活动的设计中,并在区内开展学习观摩、交流展示的活动。

(三) 适时与专家对话,把握课题研究的方向性和取向性

在开展课题研究的过程中,我们常会困惑,然而,我们总是努力寻求和专家的对话,解决困惑。

中国教育科学研究院刘占兰博士，在《3～6岁儿童学习与发展指南解读》一书中指出："儿童有着与生俱来的好奇心和探究欲望。好奇、好问、好探索是幼儿的年龄特点。"这与幼儿创新素养培养要素相吻合。书中强调了探究活动的重要性和多样性，科学探究和发现的过程包括：产生疑问、猜想假设、观察实验、记录整理、解释交流。这与创新活动的基本过程相匹配，也证明了我们的研究有着理论的支撑。

2016年，我园两位教师有幸参加了国际生态学校的培训，聆听了中国科协青少年部专家、特级教师周又红的讲座，并和她面对面地交流。周老师生动有趣、创新实用的"环保美人计""环保空城计""废物重生计"……使我们更加坚定了把生态环境教育中的创新素养，融于生活中的教育理念。

五、研究中的不足与需要进一步研究的问题

（一）研究中的不足

我园是一所普通的二级幼儿园，教师年龄呈两极分化，45岁以上的教师占大多数，虽然这部分教师在生态环境教育方面有一定的经验，但是常停留在以往的经验中，与时俱进的观念还有待进一步提高。我园0—10年教龄的教师也占一定比例，这部分教师好学上进、思维活跃，但在生态环境教育方面缺乏一定的经验。

（二）需要进一步研究的问题

经过多年的实证研究，生态环境教育在我园得到了较好的发展，幼儿创新素养的培养也积累了不少经验，我们希望挖掘有价值的内容作为后续研究的方向：幼儿园基础课程、特色课程、创新课程之间的关联性研究。

参考文献

1. 中华人民共和国教育部.3～6岁儿童学习与发展指南[M].北京：首都师范大学出版社，2012.

2. 徐月云.对幼儿进行生态环境教育的实践和认识[J].宁夏教育科研，2013(1).

3. 杨淑丽.3—6岁幼儿环境保护意识的研究[D].华中师范大学，2011.

4. 李季湄，冯晓霞.《3—6岁儿童学习与发展指南》解读[M].北京：人民教育出版社，2013.

徐汇区机关建国幼儿园实验报告

成为上海市教委重点课题“基于中小幼学生创新素养发展特点的区域性系统培养研究”实验学校，是我园发展的一次机遇。在前期与科研室专家积极互动的过程中，我们逐步明确了研究方向，并找到了研究的抓手，理清了研究的思路和实施的路径，制订了幼儿园的实施计划。

根据本园的特点和实际，我园确立的研究切入点是“在环境教育活动中培养幼儿创新素养的实践研究”。从2012年9月开始，我园将研究重点落实到教师层面，并采取了一系列切实可行的措施，细致部署如何在幼儿园系统培养幼儿的创新素养。

一、幼儿园推进研究工作的主要举措

（一）园课题组学习引领

实践初期，我们认真领会总课题组的精神，部署如何在我园开展“系统培养”。首先，我们认识到创新课题的深入落实离不开园内的每一位教师，教师是此次课题完成质量的关键因素。因此，我们成立了创新实践研究活动组，召集园内对科研感兴趣并有一定研究能力的教师，一起商讨如何开展此次研究工作，并制订了计划；结合幼儿园大教研，组织教师学习领会总课题下发的信息材料。通过学习，教师们了解了幼儿创新素养的具体表现和评价指标。

为使课题顺利、有序开展，保证课题研究的质量，我园成立了“幼儿园创新实践研究课题组”，成员由园长、年级组正副组长、科研负责人、骨干教师等组成，共同商讨如何开展“创新素养课题”研究工作。课题组制订了比较详尽的实施计划，并对每位课题组成员的职责作了明确分工。

课题组每两周开展一次活动，主要内容有：

（1）理论学习与培训。认真学习总课题组下发的资料，把握研究动态与方向；幼儿园还自行收集了“环境教育中培养创新素养”的相关资料，并进行学习和交流，以提升教师们对创新素养培养要素的认识。

（2）工作推进研究。商讨我园开展创新素养培养的思路与方法，就如何在区域活动、主题活动、家园共育等方面融入创新素养培养要素摸索实施的方法。

（3）实施中的问题研讨。如：商量如何将创新素养培养与我们的环境教育主题活动融合，如何及时梳理教师们积累的有效做法和经验等。

课题组先行学习，明确“创新素养培养”的方向和路径，统一认识，达成共识，对全园教师开展教学实践起到了有效的引领作用。

（二）大教研组行为跟进

我们认识到要让创新素养培养研究深入落实，让每一个孩子受益，离不开园内的每一位教师。教师是影响课题质量的关键因素。结合幼儿园大教研，我们组织全体教师学习、领会总课题下发的材料和我园补充的资料。通过学习，教师们了解了幼儿创新素养的培养要素、创新过程，也从意识上强化了对幼儿创新素养发展特点的观察与解读，逐步学会从幼儿的视角理解幼儿。

另外，在大教研中，我们要求每位教师在设计主题活动方案之前，就在目标中明确提出要求，对如何有机渗透“创新素养培养”有所思考，并从教师的提问、活动环节设计、教师的引导方法等加以落实。我们还把创新素养研究需要积累的第一手资料，如课例、个案、随笔、专题等，和幼儿园对教师案头工作要求结合起来，不做加法。

（三）小教研中全面落实

幼儿创新素养的培养最终是否能落实到位，最重要的阵地在每个年级组、每个班级。因此，小教研起到了至关重要的承上启下作用。

首先，我们在小教研中共同备课，商讨如何将创新素养的培养渗透到主题中，如何开展有效的集体教学活动，如何在游戏环节培养幼儿创新素养，如何创设具有启发性的教育环境，如何针对不同特点的幼儿开展跟踪观察指导，如何家园配合一致，提升幼儿的创新素养，等等。

其次，我们通过小教研对幼儿园环境教育主题活动进行调试，让创新素养培养全面渗透到幼儿园工作的方方面面，也让创新素养培养惠及我园每个幼儿。在主题活动开展的过程中，我们秉承“以幼儿发展为本”的理念，不断关注幼儿的兴趣、自主、需要和创造，将创新素养培养要素自然、有机地融入主题活动的培养目标、集体教学活动、区域性游戏、自主性游戏活动、活动室活动、生活活动、家园共育等方面，着力落实好各年龄段的主题活动。

二、课程统整，系统设计，幼儿园环境课程下的创新素养培养

我们牢牢把握总该课题组提出的要求，全面、系统地培养幼儿的创新素养。要落实这一精神，我们感到只有在幼儿园的课程中进行。因此，我们通过幼儿园课程调试，让创新活

动全面渗透到幼儿园工作的方方面面，也让创新素养培养目标惠及我园每个幼儿。

（一）课程中调试

首先我园根据总课题的要求考虑幼儿创新素养培养工作要立足本园实际情况，将幼儿创新素养培养要素有机融入本园的课程实施方案之中，从而补充、完善本园的课程实施方案。因此我园着重依据原有课程方案开展了边实践边调试的方法，将幼儿创新素养培养融入环境教育课程中。例如：我们寻找幼儿创新素养培养与课程的结合点，梳理出幼儿园各年龄段的创新素养发展的总目标和各领域的分目标。统整目标的目的是统整各年龄段目标实现纵向系统培养。

我们对幼儿园的课程结构作了调整（见表 1），将创新素养培养融入课程中，并加以突显，让实施的教师能够在实施时更清晰（见图 1）。

表 1　课程结构调整

进度 周次	主题名称	内容与要求	基础内容 （名称＋领域） （序度、平衡）	拓展内容 大活动	培养目标 （园本）	创新素养	德育素养

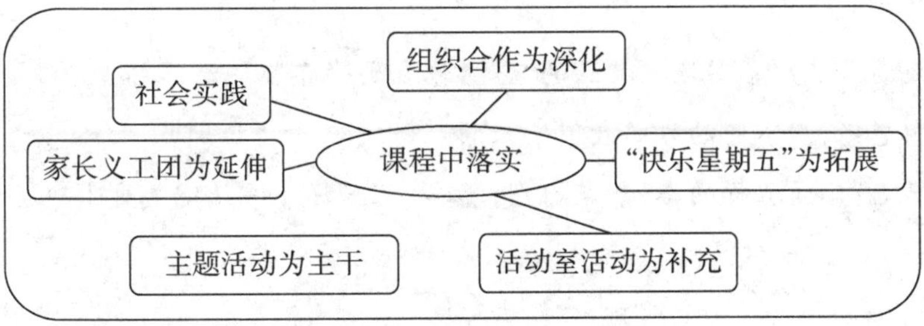

图 1　创新素养课程实施环节

（二）主题中落实

幼儿园的活动是以主题的形式呈现的，主题是落实课程的主要途径。将创新素养培养融入主题中就能从横向系统培养涉及每个幼儿的培养。主题涉及幼儿培养目标，以及集体教学活动、区域性游戏、自主性游戏活动、活动室活动、生活活动、家园共育等方方面面。主题教育的最大价值在于师生之间共同有深度地探讨，促进幼儿的主动探索与学习，引导幼儿在愉快的体验中获得成功与发展，从而丰富幼儿自身的学习生活经验，培养幼儿自主探究的意识、习惯与能力。在主题活动开展的过程中，我们不断关注幼儿的兴趣、自主、需要和创造，坚持“以幼儿发展为本”理念，让幼儿通过丰富有效的活动，在与周围环境、与材料的互动中不断探索、表现、操作中得到宽松、自主、创新的空间。因此，落实好各年龄段的各个主题，就是全面实施创新教育。

我们在实践中寻找幼儿创新素养培养与课程的结合点，调整主题活动各环节目标，对于主题中能够培养幼儿创新素养的活动内容加强表示，通过实践再将活动记录下来，并在主题实施过程中改善幼儿园的教学环境，注重家庭、幼儿园、社区三方合作，形成创新素养培养网络，推进创新素养发展全面实施。如“新式的车”主题是结合“无车日”环境节日生成的幼儿园环境教育主题。主题目标体现基础课程的目标与创新素养培养目标。主题目标是：一，活动中有观察和了解各种车辆特点的兴趣，体会现代车辆越造越环保了；二，大胆想象，用不同的方式表现未来的环保汽车。其中目标一体现我园的环境教育目标，目标二就是通过调试产生的创新素养培养目标。主题目标分成四个二级主题在各班有侧重点地开展。主题通过幼儿的环境创设、区域性小组个别化学习、集体教学活动和家园合作等途径实施。其中，在小组个别化学习中凸显创新素养培养目标，集体教学活动中带星号的活动为创新素养培养活动。在环境创设的过程中，我们也着重突显幼儿的设计与创意，师生共同布置。

我们以主题活动为主干，分别在主题建构、幼儿园环境创设、区域活动、家园共育等多个途径实施主题活动，培养幼儿创新素养。下文以“新式的车”主题教育为例。

主题目标：

（1）有观察和了解各种车辆特点的兴趣，体会现代车辆越造越环保了。

（2）大胆想象，用不同的方式表现未来的环保汽车。

二级主题名：各式各样的车；新车出厂；赛车；无车日——让空气更干净

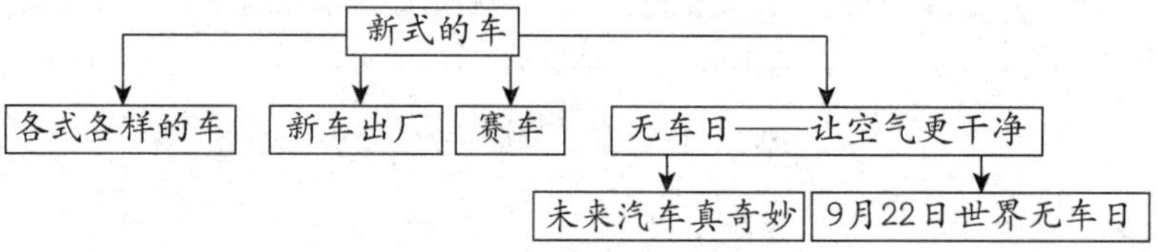

图 2 “新式的车”主题网络

1. 在环境创设中培养幼儿的创新素养

大一班环境创设：幼儿们通过奇思妙想，用自己的彩笔画出心中未来的汽车，并用各种废旧材料设计制作拥有特殊功能的未来汽车(见图3)。

图3　大一班环境创设

大二班环境创设:通过幼儿自己动手创作的不同种类、不同功能的未来汽车的模型,以及畅想绘画的未来世界的各种各样的车,教师与幼儿共同布置出“未来汽车展”的墙面环境(见图4),并结合9月22日世界无车日的活动,向幼儿进行宣传。

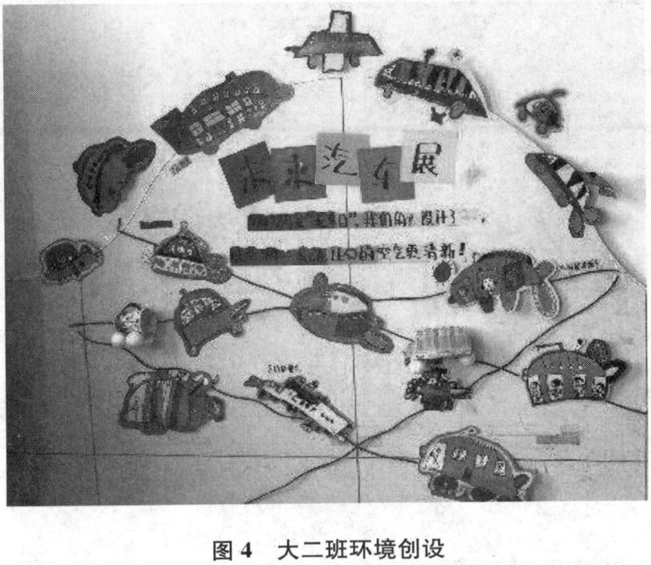

图4　大二班环境创设

大三班环境创设:现在汽车越来越多了,大量的汽油消耗量让我们的地球环境压力越来越大,孩子们通过自己的构想,设计出各式各样的新型环保车,希望能够给地球降降压!(见图 5)

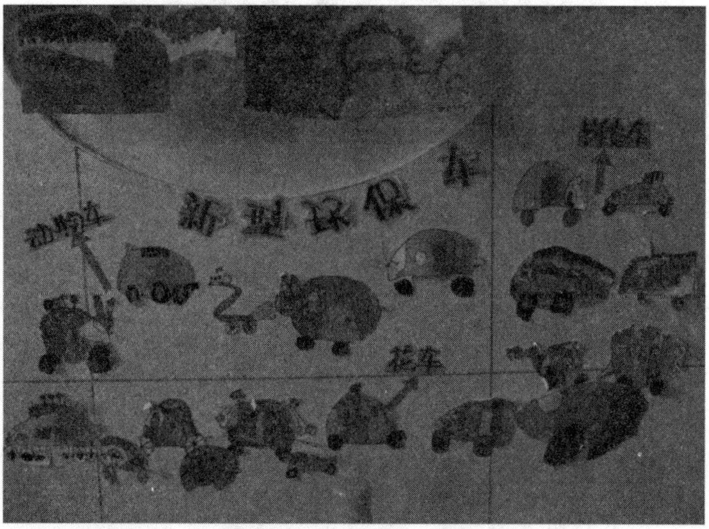

图 5　大三班环境创设

大四班环境创设:让幼儿了解汽车在马路上行驶所带来的好处与坏处,增强无车日的了解,并通过废旧材料制作的各种车子(见图 6),让幼儿了解不同汽车的种类,扩大眼界。

图 6　大四班环境创设

2. 在区域活动中培养幼儿的创新素养

表 2　区域活动提示

区域类别	活动提示	
美工区	活动名称	汽车大世界
	环境材料	剪刀、胶水、画纸、炫彩棒
	玩法	1. 幼儿发挥自己的想象,创造未来世界的车 2. 用炫彩棒装饰漂亮的颜色 3. 用剪刀剪下汽车外形,在汽车展中进行装饰
	创新素养观察指导要点	1. 幼儿是否有不同的想法 2. 幼儿制作方式是否与别人不同 3. 幼儿是否能够说出自己设计的理念
	活动名称	未来世界的车
	环境材料	墙面创设"未来汽车展",各类材质的美工纸以及双面胶、剪刀、记号笔、蜡笔、颜料等,收集的各种废旧材料
	玩法	1. 根据自己的创想,从废旧环保车中自行选择需要的材料制作出自己设计的汽车 2. 用剪贴、颜料添画等不同方法,对自己设计的汽车进行装饰 3. 依据自己的喜好将剪好的作品粘贴到背景墙上,或者投放到建筑角中丰富"未来停车场"的游戏
	创新素养观察指导要点	1. 幼儿是否能够有创新的想法,用不同材料大胆设计出各种各样的未来汽车 2. 幼儿是否会使用双面胶、透明胶等工具进行粘固 3. 幼儿能否选择不同的装饰方法,对自己的汽车进行美化
	活动名称	汽车改装店
	环境材料	各种玩具车、模型车以及汽车图片
	玩法	1. 幼儿自己选择喜欢的模型或者图片,画出车的基本结构 2. 用变一变的方法,改变车辆的部分特征 3. 运用颜色的配合和变化,为新车喷漆,画成想象中的新品牌
	创新素养观察指导要点	1. 幼儿是否能选择不同的模型 2. 幼儿改变车的部位是否有重复 3. 是否能根据自己的想象进行颜色的配合 4. 颜色的变化是否丰富
数活动区	活动名称	新车出厂
	环境材料	贴有不同车牌数字的汽车背景图、插塑积木、插塑板、单双数字卡
	玩法	1. 认识不同的车,了解其用途 2. 根据车牌的不同数字,区分单双数,将相应的字卡插入车旁
	创新素养观察指导要点	1. 幼儿是否能用两个数的方法来插塑粒 2. 幼儿是否能根据插完塑粒后的结果来判断单双数

（续表）

区域类别	活动提示	
表演区	活动名称	汽车开来了
	环境材料	节目单、歌曲录音
	玩法	1. 尝试用肢体动作表现歌曲中各种汽车的不同音乐形象 2. 在熟悉歌曲旋律的基础上，尝试加入各种不同的汽车名称，自己创编各种歌曲
	创新素养观察指导要点	1. 幼儿是否能够根据歌曲中的不同音乐形象尝试用肢体动作大胆地表现 2. 鼓励幼儿自己进行创编歌曲
	活动名称	大马路上、火车开来了、大吊车、小司机
	环境材料	小音箱、各类乐器：响板、响筒、小铃、三角铁、废旧材料自制小乐器
	玩法	1. 幼儿自主播放音乐 2. 幼儿单独演奏或者合作演奏 3. 选择合适的乐器进行演奏表演
	创新素养观察指导要点	1. 幼儿能否根据音乐的节奏创意表现和演奏 2. 幼儿是否会与同伴一起合作演奏 3. 幼儿是否会选择相应的变化组合乐器演奏
建构区	活动名称	未来停车场
	环境材料	薯片罐、牛奶罐、卷筒纸芯、雪花片、乐高玩具等
	玩法	1. 幼儿自主选择各种材料搭建“未来停车场” 2. 将乐高玩具搭建成各式各样的车子停放在“未来停车场” 3. 合作先商量“未来停车场”，再进行搭建
	创新素养观察指导要点	1. 引导幼儿选择各种材料搭建各式各样的未来汽车 2. 幼儿是否能尝试搭建出不同的未来停车场
	活动名称	汽车4S店
	环境材料	薯片罐、牛奶罐、卷筒纸芯、雪花片、乐高玩具等
	玩法	1. 幼儿自主选择各种材料搭建“汽车4S店” 2. 将乐高玩具搭建成各式各样的车饰，放在“未来停车场”
	创新素养观察指导要点	1. 引导幼儿选择各种材料搭建 2. 幼儿是否能表现出实用的汽车4S店

3. 在家园共育中培养幼儿的创新素养

（1）可带领幼儿参观嘉定汽车城。

（2）有汽车的家庭，可让幼儿观察车内外的构造，以便其设计制作未来汽车。

（3）以“小手牵大手”的方式积极参加“9月22日世界无车日活动，响应“绿色出行、低碳生活”的号召。

（4）收集各种废旧材料，创意制作幼儿心目中未来的汽车。

（5）提供一些概念车的车模或图片，引发幼儿对汽车的兴趣。

（6）请家长在网上与幼儿共同观看未来汽车的视频。

（三）专项活动室的内容作为补充

每个班级每周两次进行四个活动室的轮流运转，在科探室中，我们通过问题的提出、生活现象的介绍，引导幼儿发现生活中的科学现象，同时我们为幼儿提供符合年龄特点的科学实验，让幼儿在亲自动手操作中，培养敢质疑、敢想、敢说的精神，好奇、好问的态度，浓厚的探究兴趣。例如，在创意天地中，为了鼓励幼儿去大胆创造，我们提供了许多低结构的材料，如帆布袋、无纺布袋、颜料等，给予幼儿自由地绘制环保袋的机会，使他们不受局限地绘画，把自己的创意变成日常实用的袋子，让幼儿享受创作的过程，给予幼儿发挥想象的空间，尊重每个幼儿的个性特点，最终的成品也能给予幼儿更多的成就感。

（四）"快乐星期五"活动作为课程的拓展

为满足每个幼儿不同的发展需要及兴趣特点，我们从幼儿的年龄特点及兴趣点出发，开展、分设四大领域，共18种课程，幼儿完全自主自愿地进行选择报名，根据自己的爱好选择活动室。"心灵手巧编织社"中，幼儿制作精美的手链装扮自己，通过动手编织，充分锻炼小肌肉发展和手眼协调能力；"创意宝贝""创意达人"中幼儿利用废旧材料感受创造制作的快乐；"实验乐翻天""玲珑七巧板"也颇受到幼儿欢迎，大家在动手操作中提高科学探索能力以及创新意识；"儿童科幻画""中华小画家"等绘画类社团中，幼儿尽情想象，书画未来；"彩虹合唱团""小叮当话剧社""天使舞蹈社团""DoReMi小乐团"更是让幼儿园里充满了欢声笑语，让幼儿在感受艺术魅力的同时，获得丰富的情感体验，培养创新素养。

（五）以院校合作项目为深化

除去本园资源的开发与运用，我们也积极参与院校合作项目，以组织合作为深化，例如STEM项目和SAW项目的开展也为我园幼儿创新素养的培养提供了发展平台。如在飞机场项目中，幼儿将生活经验与课程知识相结合，设计并制造出模拟飞机场，并通过游戏获取经验，在操作与游戏中尝试用不同方法解决问题，培养灵活、独特的思维能力，养成坚持不懈的精神品质，从而提高创新素养。

幼儿教育不能只局限于园内，我们也要走出校园，开展各类社会实践活动，以社会实践为辅助，以丰富多彩的活动形式来激发幼儿的求知兴趣。细菌对于幼儿而言，既熟悉又陌生，幼儿对它充满好奇。为了满足幼儿浓厚的探究兴趣，我们前往中国科学院，参与由生化所组织举办的"爱科学，讲卫生"科普活动。通过"细菌和病毒"的讲座、显微镜下的观察等活动，幼儿对"看不到的细菌"有了直观的认识，对知识产生了探索的兴趣和欲望。

三、研究取得的初步成果

在实践的过程中，我们收集第一手鲜活的案例、课例，认真梳理总结，让研究工作成果逐步显现。我们依托一线教师的直接实践经验，获得创新素养培养的第一手资料——最生动鲜活的教学案例——从中总结出我园的创新素养培养特点、途径和方法。

（一）我园幼儿进行创新活动的特点

1. 幼儿通过直接经验来认识事物

我们发现幼儿是勇于行动的大胆实践者、通过直接经验来认识事物的人。但是，幼儿的年龄特点决定了他们对物质世界的认识还是感性的、具体形象的，思维还常常需要通过动作来进行。他们对物质世界的认识还必须以具体的事物和材料作为中介和桥梁，在很大程度上借助于对物体的直接操作。

如幼儿在种花的集体教学活动中，在种植时，很多幼儿把种植的顺序弄混了：个别幼儿将种子放在花盆底部，然后放泥；有的幼儿把花籽放在泥土上边，没有盖上土；有的幼儿只放了一点点泥土。虽然教师在之前的交流的过程中向幼儿讲述得比较清楚了，但是操作时幼儿还是出现了很多问题，从中我们可以看到幼儿的认知和行为往往是脱节的。认知转化为行为需要反复巩固。活动中让幼儿有一个良好的"自主探究—集体分享—经验提升"的过程，不仅要关注幼儿个体的自主探究，还要发挥集体共享的价值，创设一个积极的科学活动过程，通过活动提升幼儿的生活经验。在活动中我们发现幼儿的创新意识往往和创新能力是脱节的，有想法、在认知上已经理解，但是在行动时又会反复。因此，我们设计的活动应当着重培养幼儿动手操作能力，认知与操作相结合。

2. 幼儿所获得的知识经验具有"非科学性"

受其原有经验和思维水平的直接影响，幼儿形成了他们所独有的"天真幼稚理论"和"非科学性"的知识经验。幼儿在创新活动中所表现出的不合乎成人逻辑的想法和做法，在幼儿已有经验和认知结构上却是极其合理的，是合乎他"自身逻辑"的。幼儿对事物的认识还不能抓住本质特征，对事物及其关系的认识和解释只是根据具体接触到的表面现象来进行。幼儿总是用"儿童独特的眼光"来看待事物及其关系，获得一些有关周围物质世界的经验，学习一些浅显的科学知识。幼儿在认知发展上的这种局限性决定了他们在创新活动中的"非科学性"。

在成人看来，幼儿的想法幼稚，童话、幻想的成分太多，但教师要充分尊重幼儿这种"非科学"的想象，将此作为创新意识的萌芽，给予及时的鼓励和正确的引导。

3. 幼儿创新方法具有试误性

在解决问题的过程中，幼儿和科学家一样，也会使用科学探究法，只是不自觉而已。然而，由于经验水平和思维特点所限，幼儿探究解决问题的过程和方法具有很大的试误性。他们在创新活动中需要多次尝试，不断排除无关因素，需要很多次、很长时间的"创造"才能获得成功。

在"水"的主题活动中，当教师请幼儿为科学家想想好办法"怎样使我们生活中的脏水变干净"时，大家各抒己见、大胆想象。烨烨说："我要发明一种机器，到河里一喝水，一放到河里脏东西就不见了。"罗罗说："要培育一种虫子，专门吃脏东西，一放到河里脏东西就不见了，水变干净了。”玺玺提出自己的质疑，反驳说：“你们说的用机器太麻烦，用虫子吃太慢，还不如发明一种药，用直升机一洒，全解决了！”

在成人看来，幼儿的想法幼稚，幻想成分太多。但说不定有一天一个净水的好方案就在幼儿耳红面赤的争论中产生了。

4. 幼儿具有丰富的想象力和探索能力

在一次自主性游戏中，幼儿提出想玩“航空公司”的游戏，教师起初担心“航空公司”这个游戏太过复杂，游戏无法很好开展，但幼儿们却充分开展自己的想象力，顺利地完成了这个游戏。他们首先分配好了各自的角色，有的当造飞机的技师，有的当乘务员，有的当地勤人员，还有的当乘客；之后他们充分利用各种材料，将空饮料瓶和大箱子组合，变成安检员的安检工具，将彩色的绳子作为座位安全带，等等。无论遇到什么事，他们都能积极地寻找到答案。所有的问题在幼儿面前迎刃而解，所有的担忧仿佛都是多余。游戏时，幼儿们往往非常投入地活动。此时教师从旁静静地观察，会发现许多意想不到的创造发明。

我们可以发现，幼儿生来就对整个世界充满好奇，对各种事物也都充满着丰富的想象力与强烈的探究欲望，不知疲倦地探索着周围的世界，问题没完没了，探索接连不断。幼儿有调查和探究的本能，好奇、好问、好探索是幼儿与生俱来的特点。幼儿最初关心的问题大都和自然环境有关，是基本的科学问题。可以说，让幼儿产生疑惑的问题在本质上与科学家的问题并无太大的差异，所不同的只是，科学家们在以专业的方式从事幼儿自然而然在做的事，寻找着幼儿最关心的问题的答案。

5. 幼儿创新思维发展具有年龄特征

通过实践，我们发现：小班幼儿在进行创新活动时，是先做后想；中班幼儿在进行创新活动时，往往是边做边想；大班幼儿在进行创新活动时，则多有想好再做的特点。

如在小班游戏糖果屋中，幼儿正在用彩泥做着糖果。教师看见幼儿 A 正在捏，就走过去问她：“你做的是什么呀?”A 看了看教师，并没有回答。于是教师看了看她做的糖果样子，接着问她：“你捏的糖果有一对长长的耳朵，是不是一个小白兔糖果呢?”A 也看了看，说：“是，有两个长长耳朵的是小白兔，我做的是小白兔糖果。”在中班“海洋商店”游戏中，幼儿 B 正在用彩泥做海洋动物装饰纸盘，B 看见教师正在看他，于是向教师介绍了起来：“老师，我在做海洋纸盘，现在在做海浪，我在用蓝色的彩泥做呢。”在大班，幼儿正在进行学习性区域活动。在彩虹屋中教师看见幼儿 C 拿来了绿色、橙色、紫色、黑色的彩泥放在面前，并且拿来了许多工具。于是教师问 C：“你准备干什么呀?”C 说：“我要做恐龙乐园，做一条霸王龙，它的身体是橙色的，然后身上有绿色的条纹，我要用工具把绿色的彩泥弄得很细才可以，我还要用紫色的彩泥做山。”

综上我们可以看到，在创新活动中，幼儿具有丰富的想象力与强烈的好奇心，同时就幼儿年龄特点和发展水平而言，在创新过程中幼儿需要借助具体的操作反复地尝试，并且幼儿的有些想法比较天马行空，缺乏一定的科学性和理论依据。通过对幼儿在创新活动中特点的认识，我们发现，要培养幼儿的创新素养，一方面需要为幼儿提供有利于其探索和创新的材料和情境，另一方面教师要针对其发展特点，给予相应的鼓励和引导，要用发展和宽容的眼光来看待幼儿的创新活动。对此，我们总结了一些幼儿创新素养的培养策略。

（二）我园幼儿创新素养培养策略

1. 材料投放

《幼儿园教育指导纲要》明确指出："提供丰富的可操作的材料，为每个幼儿都能运用多种感官、多种方式进行探究提供活动的条件。"幼儿认识事物大多依赖直接经验，"有材料陪伴"的学习是幼儿的学习特点。对我园幼儿的研究也发现，幼儿的创新需要通过亲身反复的尝试，因此，合适材料的支持与辅助非常重要。

我们在教室门口放置一个个废旧材料储物箱，并且把这些储物箱都装饰得非常可爱，有高高大大的长颈鹿，有胖胖的小熊，还有可爱的圣诞老公公等。幼儿从自家带来一些废旧材料，如牛奶盒、塑料瓶、纸盒、纸巾筒、礼盒等，分门别类地投放进储物箱中，等要制作物品时，再到里面去取自己想要的东西。这样既能培养幼儿动手动脑的灵活性，还能帮助幼儿自觉养成回收废旧材料的主动性。在我班有一个高大可爱的长颈鹿，我们在它的脖子上开了好几扇门，这些门的外面有图片和文字，提示幼儿可以将相应的废旧材料投放在其中。由于长颈鹿是竖立着摆放的，当里面堆放的物品多了之后，就会有一打开门就有东西滚落的现象。于是我们根据长颈鹿的缺点又重新设计出一条毛毛虫。

这条毛毛虫首先是趴地设计的，这样既能堆放物品，还便于取放，另外，敞开式的设计便于幼儿在寻找废旧材料时一目了然。这条放在教室门口的毛毛虫，幼儿们非常喜欢，他们经常从自家带来一些废旧材料，分门别类地摆放在相应的地方，简单而有序。有时老师们要制作教学玩具也会来这里寻找材料，大家都觉得方便、实用。可是在学习性区域活动中的创意天地里要利用废旧材料制作各种各样的海洋生物时，我产生了另一种思考。我按照日常工作，在创意天地里摆放好了蜡笔、剪刀、糨糊、双面胶、封箱带、范例照片等物品，只等幼儿来发挥一番。幼儿们一到创意天地就摩拳擦掌，但是他们看着眼前老师为他们准备好的工具和材料束手无策。于是我提醒他们："你们可以到门口的毛毛虫里找你想要的东西制作啊！"幼儿们欢呼雀跃地跑出去寻找，一会儿就坐下来制作起来。可是做了一会儿，幼儿们就又像无头苍蝇一样，在桌子旁边拿拿蜡笔、拿拿剪刀不知如何是好。我看了也很纳闷，说："你们继续做下去呀！"可是幼儿们还是一头雾水地转来转去。观察一会儿后，我立刻醒悟过来了，是不是他们没看到废旧材料而制作不出东西呢？这样一想，我就动手把毛毛虫从室外挪到室内，刚放下不到片刻，幼儿们马上簇拥过来拿盒子的拿盒子，剪罐子的剪罐子，忙得不亦乐乎，连我想在旁边指导都无从下手。幼儿们不一会儿就用零食盒子做出了小鱼，用塑料盘子和喜乐瓶拼搭出了一条章鱼，又试着用泡沫球和纸盒连接做了一条大眼睛鱼……这下我终于明白毛毛虫摆放的位置和幼儿的创造力之间的关系了。因为幼儿们在制作时是一个无意创作的过程，当他们看到材料之后，才能通过比试、模仿、想象的方法做出他们心目中好玩的东西。

所以，教师应根据幼儿的年龄特点，提供与幼儿认知发展水平相适应的、丰富的操作材料，并给予充分的操作时间。对于幼儿来说，材料既是引发他们探究的刺激物，又是他们主动建构对周围物质世界认识的中介和桥梁。在幼儿的探索活动中，教师的任务是引导幼儿观察、思考、探索、发现，当幼儿遇到学习困难时应给予恰当的引导与帮助。

2. 情境设置

前面已经提到，幼儿具有强烈的好奇心和想象力，设置有效的"悬疑情境"，可以提供幼儿高层次心智活动的范围和机会，调动幼儿将原有经验迁移到当前情境中来，促进幼儿质疑行为的发生。"悬疑情境"可以通过幼儿周围物理环境的布置来达到，让幼儿"触景生疑"。另外，提出一些探究性的问题，同样也可以激发幼儿的质疑兴趣，并在教师潜移默化的影响下，养成质疑的思维方式，凡是都问个为什么，从中学会质疑并乐于质疑。

在对猪笼草的探究过程中，教师就用了设置悬疑情境的方式，引导幼儿一步步深入了解猪笼草的特性。

自从小宝带了一盆猪笼草来到班级，对于这株植物奇特的形状和特点，幼儿们展开了热烈的讨论。

他们发现植物长了一个小口袋，便对口袋的作用及口袋里藏着什么东西展开了各种猜测。有的觉得口袋里藏着宝贝，有的觉得里面住着怪兽，最后，有个幼儿说这个口袋是用来吃虫子的。于是，幼儿们又产生了疑问，既然能吃虫子，是不是口袋里长着牙齿呢？这时，在一旁观察的教师没有直接告诉幼儿们正确答案，而是鼓励幼儿们自己去看一看。

结果发现，口袋里并没有长牙齿。于是，幼儿们又针对猪笼草如何吃虫子展开了讨论。最后，幼儿们又都将信将疑地看着教师寻求答案。发现幼儿的探索遇到了瓶颈，教师再次引导和鼓励幼儿，让幼儿们回去，翻翻书，请爸爸妈妈一起上网，看看猪笼草到底是用什么来吃虫子。

第二天，当幼儿们分享了猪笼草吃虫子的过程后，又有幼儿提出疑问：猪笼草通过吃虫子维持生命，那是否还需要浇水？针对幼儿提出的新问题，教师依旧采取鼓励的方式，引导幼儿自己去探索和发现，让他们有机会自己纠正错误，获得相关的科学知识经验，提高探究能力，从中体验成功的喜悦。

3. 教师指导

心理学家罗杰斯认为，心理安全和心理自由是促进思维发展的两个重要条件。在幼儿阶段，幼儿的自我意识很脆弱，教师的一个眼神、一句评价都会对其产生很大的影响。在实践中，教师要支持和引导幼儿主动探究，培养科学素养，为幼儿创设一种安全的学习和探究心理环境，了解幼儿的行动、意图并鼓励探索解决问题的方式和创造性。

《幼儿园教育指导纲要》中提出："教师要关注幼儿在活动中的表现和反应，敏感地察觉幼儿的需要，及时以适当的方式应答，形成合作探究式的师幼互动。"因此，教师要认真观察幼儿，倾听幼儿的想法，及时地捕捉幼儿反馈的各种信息，敏锐地察觉他们提出的问题、困惑和需要，并及时地给予适当的支持、引导和鼓励，与幼儿形成合作探究式的师幼互动，真正成为幼儿探索学习的合作者、支持者、引导者。对幼儿在活动中出现的纠纷，教师不仅要明察秋毫，而且要支持、引导他们通过尝试、探究来获得正确经验。

(1) 给予孩子试错的权利，寻求孩子真实意图和知识水平。幼儿探究解决问题的过程和方法具有很大的试误性，他们在创新活动中需要多次尝试，不断排除无关因素，需要很多次、很长时间的"创造"才能获得成功。

教师要允许幼儿出错，要认识到幼儿的许多错误源于他们当前的认识水平，那些在成人看来是错误、可笑、荒诞的观点，在幼儿看来却是合理和正确的。教师要给予幼儿出错的权利，并把幼儿的错误作为了解他思维线索的机会和背景。

比如，有一次一个幼儿用牛奶为青菜浇灌，因为他妈妈跟他说过，喝牛奶会长个儿。于是，为了让青菜快快长大，他也喂青菜喝牛奶。这时教师并没直接告诉他这个行为是错误的，而是引导幼儿们进行讨论"青菜是否能用牛奶浇灌"，并且鼓励幼儿们自己进行实验，来验证自己的观点是否正确。最后，通过一段时间的实验，最终孩子们得出结论：青菜喝牛奶要死的，它更喜欢喝水。

从这个案例可以看出：对于幼儿所犯错误，让幼儿亲自进行尝试和验证远比一句灌输的教条要有益得多。幼儿的年龄特点注定了他们对事物的认识受直接经验的影响，也就是幼儿具有心理学上所说的"转导推理"的思维特点。教师发现幼儿的破坏行为，不要急于批评或制止幼儿，而是要真诚地询问、倾听，了解其破坏行为背后真正的动机。"妈妈说喝牛奶长高个。"多么善意的动机。教师要及时调整自己的教育策略，并鼓励幼儿通过实验来验证。教师的做法不仅了解保护了幼儿的美好愿望，提供了心理安全的探究环境，而且满足了幼儿主动探索和学习的愿望，为幼儿进一步发展提供了指导依据。

(2) 挖掘每一个幼儿探究活动的独特价值，给每个幼儿激励性的评价。教师要善于挖掘每一个幼儿探究活动过程和结果的成绩，使每个幼儿在每一次探索活动中都有所发现，有成功的体验。尤其是那些表面上看来失败的幼儿，教师要给予支持和鼓励，并培植他们乐于探索和从不同角度看问题的态度和品质。无论幼儿的想法对与错，教师都要真诚地接纳和认可，并鼓励幼儿轮流表达自己的看法。教师常用点头、微笑表示认可，也可用"你试试看""你的这种想法很有意思""你能行""你也有可能"等语言激励幼儿，反馈给幼儿主动探索的信息。如在"磁铁的秘密"探索活动中，教师向幼儿提供了多种游戏材料，让幼儿通过玩一玩、想一想、试一试，发现磁铁的秘密。其中幼儿的表现是多样的：有的发现磁铁能吸住铁的东西；有的发现磁铁能吸住垫板下面的环形针；有的发现磁铁能吸住纸，但吸的时候要把它夹在铁制品和磁铁的中间；还有在两个幼儿相对玩磁铁时，发现手中的两块磁铁会吸住。面对幼儿种种探索后的独特发现，教师给予不同的言语肯定和鼓励，及时表扬他们的探究和操作，肯定他们的发现和独创性，这种反馈能鼓励幼儿提高他们的探究和操作水平。实践证明，在随后的区角小制作中，幼儿大胆采用磁铁制作了钓鱼竿、会走动的小猫等。

(3) 鼓励幼儿多交流、探讨。“语言是思维的拐杖”，离开语言的思维是虚幻无力的。在科学活动中，教师应重视组织幼儿与同伴交流自己的操作过程和发现，它能使幼儿理清思路，更清晰地了解某些事。在操作中，语言伴随动作同步进行，同伴间的交流、争论有时是进一步探索的催化剂，教师要及时捕捉，并以此为契机，鼓励幼儿运用已有的经验大胆进行猜想和解释，按自己的想法作用于物体来验证，把问题弄个水落石出。石头与石头碰撞，可以碰撞出火花，争论一下也许能出个新思路、新举措，这样更有利于培养幼儿对科学活动的兴趣。

(4) 支持引导幼儿记录获得信息。在以往的教学活动中，我们习惯于让幼儿得到正确的知识、经验，避免让幼儿出现错误，不给幼儿思考、尝试、探索的时间，使幼儿的学习停留在机械的模仿。其实，幼儿的失败过程或失败行为会引起幼儿继续探索的积极愿望。教师要放手让幼儿大胆去探究，把幼儿的学习活动当成探究过程，而不再是课堂学习的重复和机械训练。这会使幼儿明白，任何知识都是通过人们的艰苦努力发现和探究得到的。

幼儿的发现需要时间，探索需要过程，教师只有把这些时间和过程留给幼儿，才能真正促使幼儿的探究活动更加丰富和深入。

比如，小班幼儿喜欢玩水，于是教师提供了一个装满水的水盆、一个空盆，还提供了一些工具。幼儿在游戏中很自然地运用工具去“运水”。在一次次“运水”过程中，他们不断地使用工具、认识工具。游戏结束了，“谁的本领大”成为幼儿交流、记录的主要内容。教师为幼儿设计了一张记录表格，表格中的工具暗示小班幼儿要有目的地去尝试各种工具。不仅如此，教师还为幼儿提供了许多笑脸花朵图案，小班幼儿可以根据自己的操作情况，在每种工具相对应的空白处粘贴上不同数量的笑脸花朵，以表示这些工具运水本领的强弱。

在大班我们也组织过类似活动，教师为大班幼儿提供的记录表格给了幼儿们很大的空间，幼儿不仅记录了自己的实验顺序，还记录了自己的猜想和实验结果。比较小班、大班这两张记录表格，不难发现其中的差异：提供给小班幼儿的记录表浅显易懂、形象直观并具有趣味性，有明确的任务指向，使小班幼儿一目了然，容易记录；而教师为大班幼儿提供的记录表则几乎是一张空白表，幼儿自主的空间较大。为什么小班和大班的记录表有如此大的差异？原因是小班幼儿有关科学活动记录的经验很少，记录能力也很不足，教师提供的记录表必须浅显易懂，有明确的任务指向并易于操作；而大班幼儿已积累了较多的记录经验，他们的记录能力也较强，教师可给予他们更多的自主学习的空间，充分发挥他们的创造性，鼓励他们进行个性化的记录。

实践证明，让小班幼儿进行科学探究活动的记录是可行的，关键在于教师能否根据小班幼儿的认知水平和能力特点，提供合适的记录工具和材料，并进行适宜的指导。而且幼儿养成良好的记录习惯，也有利于其更好地捕捉收集各种创新的灵感，引导其更科学地进行探索。

徐汇区科技幼儿园实验报告

一、实验背景

（一）国外幼儿创新素养研究的不断推进

当今世界强国美国拥有强大的竞争力，其雄厚的实力就来源于先进的科学技术。全世界有60%—70%最新技术诞生于美国，约有40%的先进技术最先在美国得到运用。即便如此，美国人仍念念不忘对青少年的科学普及教育，并将此与国际的竞争相联系。美国教育体制使得孩子学习的主动性和思维的活跃性得到最大程度的保持和鼓励。如今，在美国最流行的培养幼儿创新素养的方式之一是基于联结主义的课程培养。这一方式着重关注两个要点：

第一，幼儿的创造力主要体现在对事物之间的联结的掌握程度上。一般认为，拥有较好创造力的幼儿从同一个事物出发，能与多个事物产生联结，并且往往能在不同事物间建立起复杂而清晰的联结，形成知识体系中明确的网络；与之相反，创造能力不足的幼儿通常只能将一个事物与其他少量的事物间建立起联结，且这种联结的体系是不明确、不完善的。

第二，幼儿创新素养的培养并非无章可循，幼儿园教师以及家长都可以根据一定的操作方法为幼儿创设一定的课程或者活动，以促进幼儿建立事物之间更多的联结。其中，课程或者活动的设置应当根据幼儿发展的年龄状况，分别在艺术、音乐、科学等不同的教育领域中进行。

由此可见，培养幼儿的创新素养并不是鼓励幼儿进行无边界的想象，而是应当通过一定的课程和活动设置为其创造建立更多、更清晰的联结环境，同时课程和活动的内容应当按照幼儿的年龄阶段特征，分为不同的教育领域进行安排和设计，做到有针对性地培养幼儿各种概念的联结。

（二）国内学前教育领域对创新素养研究的迫切需求

近年来，我国对科技投入的增速令全世界羡慕不已，科技成果的数量已名列国际前茅。但迄今为止，我们的科技发展还是以跟踪为主，原创性的成果并不多，引领潮流的研究更是少。一句话：发展迅速，创新不足。因此，国家愈发重视人们创新能力和科学技术水平的提高，对科学领域的改革及科学技术人才的培养也提供了强大的政策和经济支持。

学前教育时期是个人创造力培养的关键时期，大力发展学前教育中创新素养的培养，有助于提升国民整体的创新素质和创造性能力，为科学强国提供巨大的支持，为国家科学技术的发展提供充足的后备力量。

纵观我国学前教育领域，各个学前教育机构并非都把幼儿创新素养的培养放到很重要的位置。然而，从促进幼儿全面发展而言，创新能力的培养是其中非常重要的领域，创新素养的提高不仅有助于提高幼儿的学习能力以及认知广度和深度，还有助于幼儿社会性情绪以及操作技能的提高。因此创新素养的培养对幼儿的全面协调发展至关重要。

幼儿创新素养的培养必须建立在园长、教师以及幼儿园各个工作人员较高的科学文化和创新能力素质的基础之上。例如，为幼儿创造有利于其联结建立的环境，不仅需要在课程和活动设置中涉及广泛的知识领域，还需要教师自身具有较强的创造能力才能完成。由此可见，幼儿园重视幼儿创新素养的培养，不仅有利于幼儿本身的成长，还能帮助幼儿园、园长、教师以及其他工作人员各方面素质和能力的提高，这对于幼儿园乃至整个学前教育领域整体、长远的发展具有重要的意义。

（三）科技幼儿园特色课程研究的实际需要

一个人从孩提时代开始就会对种种自然现象充满好奇心，产生丰富多彩的想象。如果对这种宝贵的萌芽细心呵护和正确引导，而不是漠视甚至压制，它就有可能发展为探索自然奥秘的浓厚兴趣，成为日后科学创新的强大动力。

科技幼儿园历来以培养幼儿的科技能力作为重要教学内容和目标，在培养幼儿的探索能力、专注能力、互动和创造力方面进行了诸多的探索和研究，在相关研究领域也具有一定的理论基础和实践经验，如何将国际先进的创新素养培养教育理念与我园既有经验结合，并在幼儿创新素养早期开发的实践研究上作出新的突破，就成为一个亟待解决的课题。因此，我们结合本园幼儿科学课程实际，提出了“幼儿创新素养早期开发的实践研究”，旨在从小培养幼儿的创新素养，通过多方面引导，拨正导向，为建设创新型国家的目标出一份力。

二、实验目的

（1）通过文献综述以及实践观察，梳理、归纳幼儿创新素养的年龄特征与教育目标。

（2）实验并发现培养幼儿创新素养的教育策略，从而改变教师的教育教学行为。

（3）设计研发一系列符合创新素养培育的活动，总结其原则、形式、方法，调整幼儿园现有课程。

三、实验过程

（一）启动阶段（2012 年 9 月—2012 年 10 月）

建立课题组，明确分工，落实研究任务，成立情报组，收集资料，组织分析探讨，掌握课题研究的有关动态和情报资料；制订研究计划，设计课题研究方案，明确研究的方向、内容、方法及研究成果。

（二）实施阶段(2012 年 11 月—2015 年 1 月)

在文献的基础上按照预定的课题研究要求实施行动研究。

（1）确定行动研究的教师对象和活动方案内容。

（2）实施的内容：幼儿创新素养培养的目标研究；幼儿创新素养培养的教育策略研究；幼儿创新素养发展的课程研究。

（三）总结阶段(2012 年 9 月—2015 年 9 月)

（1）整理研究资料，进行综合分析，撰写研究报告。

（2）组织课题研究汇报会，总结研究工作，展示研究成果。

（3）编著研究成果集。

四、实验结果

（一）幼儿创新素养早期开发观察指标与培养目标研究

虽然目前国际上对创新素养并没有形成绝对统一的操作定义和评价指标，但幼儿园要开展创新素养的早期开发，必须先确定一定的评价指标，作为教育实施的培养目标。

创新素养的培养目标与评价指标的内容与形式应该以观察指标为主，因为：首先，创新素养是内在的一种素养，教师进行培养与评价只能从幼儿外部表现来进行观察与评价；其次，创新素养的外在行为表现是多种多样的，不可能用简单的评价指标穷尽，而分等级的观察指标则可方便教师更加准确地掌握幼儿的发展水平和年龄特点。

本研究中，观察指标维度是根据我们具化的幼儿创新素养内涵“探索、专注、互动、创造”而定，然后给予每个维度以定义，根据维度定义，设立五个水平作为评价或观察标准，并以此作为目标对幼儿进行创新素养培养(见表 1)。

表 1　观察指标

维度	维度定义	评价/观察标准
探索	对于新知识和新奇事物的探索性	水平 1：能注意到身边的亮光，声响等刺激 水平 2：被身边不符合常规的现象吸引注意力 水平 3：能描述自己不理解的现象 水平 4：用动作对自己不了解的事物进行探索 水平 5：能对自己不了解的事物表达疑问，在探索的过程中能进行观察

（续表）

维度	维度定义	评价/观察标准
探索	借助于概念、判断、推理揭示事物的本质	水平1:幼儿将物品进行分组(每组包含5个或以上) 水平2:幼儿在一系列物品中挑出一些具有相似性的物品 水平3:在分类物品时,幼儿能够根据某些属性进行分类,并忽视一些其他的属性 水平4:幼儿将具有某些相同性质的物品分为一组,并能指出他们的相同点 水平5:幼儿可以找出两组物品间两种或两种以上的相似之处
	运用比较、分析等方法把事物的整体部分分解为若干部分进行考察和认识	水平1:幼儿会说出或者回应一些具有比较意义的词 水平2:幼儿使用反义词来描述具有相反性质的物品 水平3:幼儿改变物品的大小并且能说出这种变化 水平4:幼儿能够用比较词来描述两个物品间的不同 水平5:幼儿可以使用常见甚至不常见的工具,并说明结果
专注	计划的制订与实施	水平1:幼儿用指或者其他动作来表明选择 水平2:幼儿能用一两个词语来表达选择 水平3:幼儿能用短句来表达选择 水平4:幼儿能制订含有一两个细节的计划 水平5:幼儿能够制订含有3个或3个以上细节的计划
	做事时抵御外界干扰和诱惑的专注性	水平1:无目的性地摆弄各种物件 水平2:可以持续几分钟摆弄一个物件,但在受到打断后无法连续行为 水平3:能在成功完成某项任务后反复多次进行操练 水平4:能够说出自己摆弄物件的目标是什么 水平5:无法成功完成某项任务时,能够长时间(尝试多种方法)进行操作
	对要做的事情不轻易放弃的坚持性	水平1:幼儿在面对一样物品时遇到困难,会表达出沮丧 水平2:幼儿能说出在面对一样物品时遇到的困难,并求助 水平3:幼儿尝试用1种方法来解决面对物品时遇到的困难 水平4:幼儿尝试用2种方法来解决面对物品时遇到的困难 水平5:幼儿尝试用3种或3种以上的方法来解决面对物体时遇到的困难
互动	自我对事物的见解及看法	水平1:幼儿用指或者其他动作表明选择 水平2:幼儿能用一两个词语来表达选择 水平3:幼儿能用短句来表达选择 水平4:幼儿能够制订含有一两个细节的计划 水平5:幼儿能够制订含有3个或3个以上细节的计划

（续表）

维度	维度定义	评价/观察标准
互动	倾听与理解他人的语言	水平 1:幼儿用动作或一个词语来回应建议、问题或者要求 水平 2:幼儿能够用一个词或者短语补全故事、一段话或者儿歌 水平 3:当听到故事、儿歌或者一段话时,幼儿能给予一些评论或者提出一些问题 水平 4:幼儿能加入他人正在进行的对话中,并表达自己的想法 水平 5:幼儿能进行三轮或更多有主题的对话
	尊重接纳别人不同的想法,合理解决分歧	水平 1:在和其他幼儿的冲突中,幼儿通过喊叫和肢体动作来回应 水平 2:幼儿在解决与其他幼儿的冲突中请求成人的帮助 水平 3:幼儿能在与其他幼儿的冲突中,说出问题是什么 水平 4:通过成人的帮助,幼儿提出解决冲突的办法 水平 5:幼儿自主与其他幼儿协商,找到解决冲突的办法
创造	以具体的形象或图像为内容,运用心理表征进行创造	水平 1:幼儿能够使用记号笔、蜡笔、铅笔、粉笔、水彩颜料、手指颜料等工具、材料进行绘画 水平 2:在涂鸦过程中,幼儿开始注意到自己不经意间画下的图案,并能说出这个图案与某样物体相似 水平 3:幼儿能够画出某一个物体/事件,并能说出图案代表的意思 水平 4:幼儿能够画出包含 4 个组成部分的美术作品 水平 5:幼儿能够画出一个美术作品,其中至少有 1 个组成部分包含细节的展现
	创造具有可描述性,体现形象性和新颖性	水平 1:幼儿能够模仿一种动物、物体或另一个人 水平 2:幼儿能够使用一个或者更多物体作为道具来表示另一个物体 水平 3:幼儿能够同时使用该语言和肢体动作来扮演一个角色,描绘一种情况或场景 水平 4:幼儿能够与另外两个或更多幼儿共同合作进行角色扮演 水平 5:幼儿能够跳出所扮演的角色来介绍游戏进展的情况或对游戏成员发号施令,然后继续投入角色中

（二）幼儿园创新课程开发的研究

要实现对幼儿创新素养的早期开发培养目标，首先要有配套的课程。本研究希望能开发不同于以往的幼儿创新素养早期开发特色课程。以往的特色课程不管是融合在主题之中还是附加在主题之外，都会有具体的课程内容，而此次课程其实是统整了幼儿园整体课程，将幼儿在科技幼儿园三年内所有可以接触到的“概念”进行整合，有逻辑地让幼儿去体验、去建构概念网络。因此，本课题研究的课程具体活动主要来源于科技幼儿园原有的经典活动，其中大部分为二期课改主题课程的内容，在实施过程中也不会打破原有的二期课改主题课程的结构。保证活动在科学、语言、身体与健康、社会与艺术领域平衡的基础上，不同活动侧重于培养幼儿在探索、专注、互动、创造中所蕴含的创新思维、创新实践、创新个性。

研究主要经过以下几个阶段：

第一阶段：确立五大主题。针对主题活动框架的构建，发现课程领域的不均衡性，所以在课程设置上依据二期课改的主题框架搭建园本课程，推出“有趣的水”“我们的城市”“我自己”“春夏和秋冬”“动物朋友”五大主题。通过网络图的构建对主题中的课程内容作了较大的调整，撰写科学课程，扩大教学提示、教师操作的关键行为以及观察幼儿的关键行为，努力做到教学均衡性。

所有组成概念网络的活动之间的概念关系是通过幼儿接触这些经验而获得的，并不是简单地将相近概念的活动放在一起，这需要教师在贯穿三年的授课中，面对分布在各个主题下的相关活动，不断帮助幼儿去激活概念之间的联系，建立概念网络。因此，从概念网络的角度去整理活动，帮助教师理清概念网络，首先在教师头脑中建立概念网络。现以水为例（见图 1、表 2）。

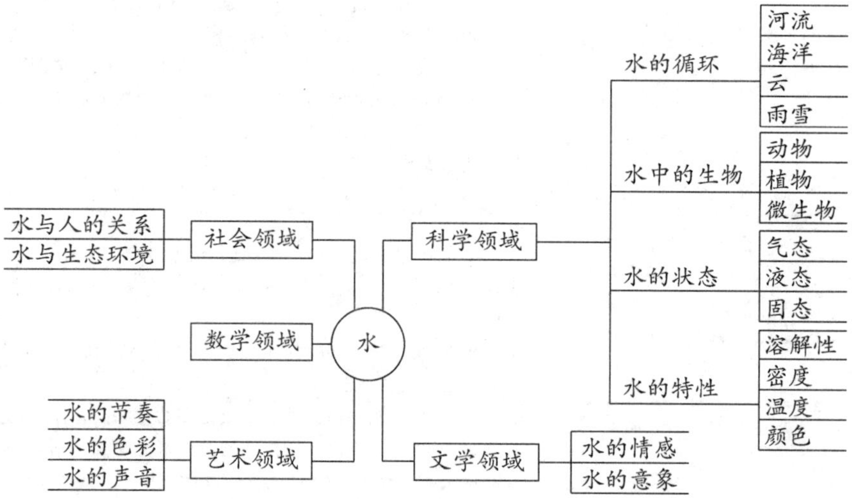

图 1　水的概念网络图

表 2　课时分布

	科学	数学	艺术（美术）	艺术（音乐）	文学	社会	持续时间（周）
小班 4 月上旬 （雨天） 6 月 （好玩的水、夏天真热）	3	2(1)	3	3	2(1)	3	4(16) 春游 清明节 艺术节

（续表）

	科学	数学	艺术（美术）	艺术（音乐）	文学	社会	持续时间（周）
中班 6月（有用的水、火辣辣的夏天）	3	2	2	2	2 (1)	2 (1)	3(13) 艺术节
大班 6月（好玩的水）	3	3	2 (1)	2 (1)	3	3	4(16) 艺术节 毕业典礼
总计	9	7(1)	7 (1)	7 (1)	7(2)	8 (1)	45

课程以五大主题推进，因为是同一个大主题，所以三个年龄段的呈现十分清晰，教师头脑中建立了概念网络。但问题随之产生，因为主题的统整，某些下学期的主题在上学期开展了，与幼儿的实际经验水平产生了差异，尤其是小班。因此，研究课程组又一次进行了调整。

第二阶段：建构三大板块。我们发现，在整个幼儿园阶段，幼儿接触最多的就是身边无处不在的变化莫测的大自然，经历从家庭到小社会班集体的逐步适应与从属关系的确立以及自我意识的逐步增强、自我认同的不断深入……这符合幼儿阶段的认知。于是我们把所有一级概念进行了重新建构，变为以下三大板块：人与自然、人与社会、人与自我。这三个概念涵盖了整个幼儿阶段的情感、能力和认知。

根据一级概念，我们对二级概念作了细分：在“人与自然”中划分出了环境、动物、植物、气候；“人与社会”划分为：社会风俗与活动、国家与城市、技术与创造、社会分工与职业；“人与自我”划分为：身体、感官、个性品质、自我意识。

同时根据一级二级概念，我们又把主题内容进行归类。小中班的主题内容相对比较单一，所以容易归类到一二级的概念中，但大班主题相对涵盖面较广，会出现一个主题横跨两个概念的情况。有了概念图，教师在实际操作中可以迅速准确地进行概念的链接。

我们试图在小中大三个年龄阶段，通过一级二级概念与各年龄段主题内容的链接，让教师和孩子们能建立起一张概念图（见图2）。

研究至此，新的问题又出现了：如何寻找隐性的概念图与显性的科技幼儿园的四个培养目标（好奇、好问、好学、好动）之间的关联？如何实现幼儿创新素养早期开发内容培养的系统性？在科技幼儿园三年的时间里，幼儿可以经历些什么？哪些是幼儿可以获得的关键经验呢？

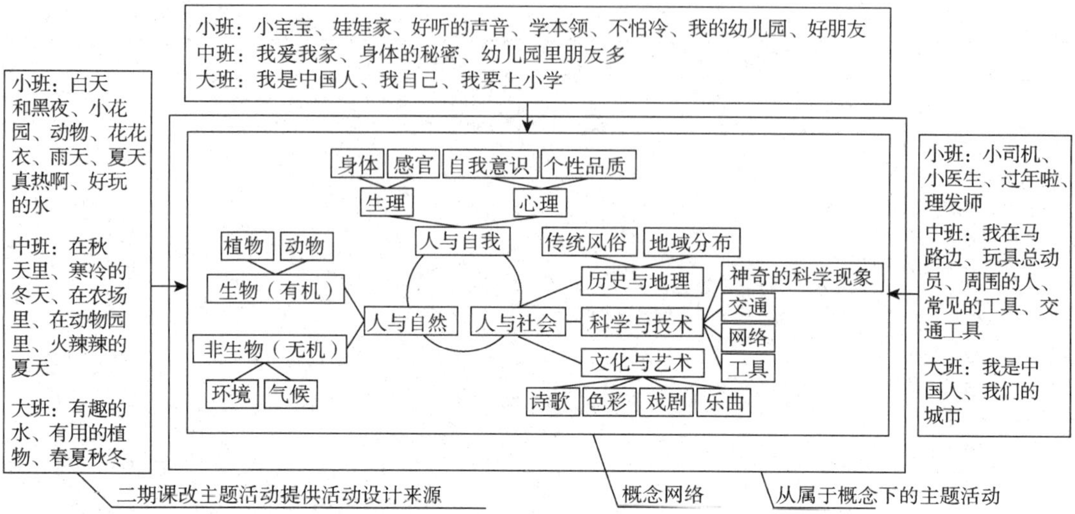

图 2　课程概念图

第三阶段：细分板块内容。围绕科技幼儿园创新素养内涵界定的四个维度——探索、专注、互动、创造的培养——我们对整个主题概念的内容又进行了细分，针对不同的活动内容进行了设计。某一个活动更偏向于哪个维度，我们分别作了颜色的区分，探索为蓝色、互动为黄色、创造为红色、专注为绿色，使得教师在设计活动及把控整个活动的过程中做到心胸有成竹。

在对整个科技幼儿园课程进行颜色划分后，我们对每个活动的课时量作了统计，新的问题又出现了：探索的内容远远超出专注的内容，整个课程内容的设置有些失衡。面对问题，研究继续深入，针对专注性，根据小中大各年龄段，分别对观察与倾听两部分内容进行了新增，使得课程内容设置更显均衡性。至此，以课程为载体的幼儿创新素养内容培养的系统性初见成果。

（三）幼儿创新素养早期开发的教育策略的研究

对于幼儿创新素养早期开发的研究，在明确了理论基础、观察指标和培养目标的基础上又构建了课程框架系统。然而在实践中，教师是课程的实施者，更是促进幼儿园内涵发展的主体力量，为此，幼儿园在教学管理过程中专注教育策略的研究，采取多种途径和措施，充分挖掘教师专业发展的生长点，改善教师教育教学行为，以适应幼儿创新素养的培养。

教研组“优化个别科学活动中师幼互动效力”展开的脉络，即：演绎——以课程目标、教师需求为引导；联结——通过积累、研讨、学习、质疑等的联结，产生应用性较强的创见；实践——把每一次教研结果再次落实到教师的日常实践中。我们通过这些脉络来阐释我园在实现教师教育教学行为改变方面所作的探索。

1. 演绎——热身铺垫

（1）投石问路：“当下时刻”互动小故事分享会。为了让教师关注到个别化科学活动中与幼儿的互动效力问题，改善教师的教育教学行为以适应幼儿创新素养的早期培养，我们进行了"当下时刻"小故事分享会(见表3)。

表3 "当下时刻"故事分享会

个别化学习活动(特指科学探索)中观察幼儿的"当下时刻"	我的选择(姓名:　　　班级:　　　)
个别化科学活动中当幼儿出错时我如何处理?	
个别化科学活动中当幼儿求助时我如何处理?	
个别化科学活动中当幼儿成功时我如何处理?	

在此,我们把对教师们小故事的分析选择性地展开,表明教师们在优化个别化科学活动中的教育教学行为确实存在着问题、需求,也有值得借鉴之处。

白老师(托班)选择"幼儿出错时"这个"当下时刻"描述她的故事。

活动名称:咕噜噜滚下来

材料:白扁豆、乒乓球、弹珠、小动物头像、透明管子、不透明管子。

玩法:①尝试将材料投入小动物口中,感知不同物体滚落发出的不同声音。②尝试比较各种物体滚落声音的轻响。

早上一来,W就发现教室里多了一个新的区域活动项目,于是盯着小动物头像左看右看。W问老师:"这是什么东西呀?"老师回答说:"这是小蛇和长颈鹿,它们肚子空空的,正等着你喂它们吃东西呢!"W又问:"那它们吃什么呀?""看,喂它们的食物都在地上的小箩筐里呢!"W歪着脑袋看了一会儿,拿起乒乓球说:"这是什么呀?""这是乒乓球呀!""长颈鹿为什么吃乒乓球呢?""嗯,你给它吃一个,看看会发生什么事情呢?"W迟疑了5秒,小心翼翼地把乒乓球放在了长颈鹿的嘴巴里,乒乓球随着管子咕噜噜地滚下来,落在地上弹跳起来。

"呀,你看,乒乓球弹起来了!"W兴奋地拍着手说。"是呀,你听到它滚下来是什么样的声音了吗?"W没有正视老师,跑过去捡起了乒乓球往地上扔了一下,乒乓球又弹了起来。"哈哈,你看,它又弹起来了!"

"你可以再试试其他东西喂长颈鹿吗?"老师问W。W拿起了两颗白扁豆投进了长颈鹿的嘴巴里,白扁豆顺着管子滚落。"听听它的声音和乒乓球滚下来的声音一样吗?"老师问W。"它不会弹起来,乒乓球会弹起来。"W继续看着乒乓球,说完又自顾自地扔起了乒乓球。

分析:白老师所描述的故事常见于托班,教室里新增了个别学习活动,W在第一时间关注到,并对它产生了兴趣;但是在整个活动过程中,W没有按照教师预设的目标进行有效的探索学习,而是对乒乓球的弹跳性发生了兴趣;当幼儿玩"偏"了,教师怎么办呢?许多青年教师都感同身受地说:"是呀,我做什么好呢?怎么互动呢?"

吴老师(托班)选择“幼儿成功时”的“当下时刻”描述她的故事。

活动名称:可触摸拼贴画

材料:固体胶水、硬纸板、沙子、碎石、布料、棉花、豆子。

玩法:幼儿将材料粘到拼贴画上。

Z在桌子边上走来走去,看见桌子上老师提供的材料,觉得很奇怪,就走到老师身边,指着石头和布料问:“这个是什么啊?”老师说:“这个是我们教室里的新伙伴,你想玩一玩吗?”Z点点头,立刻就坐在了桌子旁边的椅子上。老师对Z说:“你可以将盘子里的东西贴在硬纸板上面。”Z盯着桌子上的材料看了很久,抬头看看老师。老师接着说:“你可以用旁边的胶水来将这些东西贴上去。”Z似乎是懂了,小心翼翼地抬起右手,用拇指和食指捡起了一点小沙子,将沙子放在了纸板的中央。接着,Z用食指把纸板上的沙子抹来抹去,她发现沙子在纸板上固定不住,就又抬头看看老师,再看看其他的地方。

这时,Z发现了固体胶,准备使用,却发现固体胶的盖子很紧。她两只手分别拿住胶水的两端,用力地拧啊、转啊,终于将固体胶的盖子打开了。Z准备在沙子上面涂胶水,当固体胶碰到了沙子之后,一小部分的沙子就粘到了固体胶上。Z无奈地发出声音:“咦!”老师看见了,于是拿来了纸巾,将固体胶上的沙子擦拭干净,对Z说:“你可以先在硬纸板上面涂一涂胶水,然后把沙子洒在上面就可以了。”Z听见老师说完之后,自言自语地说:“洒呀洒,洒呀洒。”涂完了之后,她用手指轻轻地在涂过胶水的地方抹了一下,发现沙子粘上去了。Z盯着纸板看了半天,笑着说:“我粘上去了。”看到老师没有走到她的旁边,于是她就拿起了纸板,快乐地走到了老师的身边,踮起脚,指着纸板说:“老师,你看,你看。”老师笑着说:“你把沙子粘在上面了,很棒!”Z走到了桌子边上,把硬纸板放在了桌子上,忽然她又想起了什么事情,走回到老师的身边,抬着头问:“老师,你说我做得好吗?有没有五角星呢?”老师说:“五角星要我们一天结束的时候再发的。”Z听完之后,低着头说:“没劲。”于是就回到了椅子上,继续涂抹胶水。

分析:吴老师的小故事在青年教师中具有代表性,她通过提示,让Z小朋友在个别化学习中得到了成功。可是,成功之后如何互动?一句“真棒”就可以了吗?如何进一步优化互动促进幼儿创新素养的培养呢?这正是青年教师们所需要改进之处。

宋老师(大班)选择“当幼儿出错时”这样的“当下时刻”描述她的故事。

活动名称:与同伴合作测量树干的粗细

材料:自带非测量工具(绳子、纸条、树枝等)。

玩法:①幼儿自由结伴协商,用什么非测量工具;②在花园里寻找测量的树,合作并记录测量的结果。

L和W两位幼儿手拉着手来到了花园里,寻找要测量的大树。L跑到了一棵银杏树前,对W说:“我们量一量这棵树吧!”W问L:“你知道‘银杏树’三个字怎么写吗?”W回答:

"很容易的,你不会写字,就画一棵树吧!"于是,W在纸上画了一棵大树。L拿了一根绳子在树干上绕了一圈,手口一致地开始数绳子上的花纹:"1、2、3、4、5……一共有21个花纹!"W在纸上的大树旁边写了"21"。随后两人又来到了一棵紫玉兰树前,W又问:"这棵紫玉兰树又怎么记录呢?"L继续回答:"还是老样子,画一棵树呀!"W接着说:"那这棵与前面一棵银杏树要混的!"L回答:"那我也想不出办法来了!"W回答:"我们去问问老师吧!"于是两人把老师请了过来。L问:"老师!帮我们想一个办法,怎样记录银杏树、紫玉兰、桃树、广玉兰、山茶花树?我们呢,都画一棵树,过一会儿会搞不清是哪棵树了。"老师稍微停了一停,回答:"你们再思考一下,除了汉字记录外,难道就没有其他方法记录了吗?你们都是肯动脑筋的孩子,肯定有更好的方法帮助你们记录的!"L和W两人你看我,我看你,L抓抓头皮,对W慢慢地说:"那——我——们——再——想一想吧!走!我们先去看看别的小朋友的记录吧!"他俩来到了另外一组同伴前,观察同伴是如何记录的。他俩看了5秒钟后,L对W说:"我们把树的名字也画下来,就不会搞错了!"W说:"好的!我画画水平比你要高,我来画树的名字,你来测量树干的粗细!"L说:"嗯!那我来量吧!"W在纸上画了一棵树,再分别画上了一个柿子、一朵桃花、一根柳条、一朵山茶花、一片广玉兰的叶子,接着他俩在20分钟里对这六棵树进行了测量。

分析:在幼儿求助的时候,教师不急于告知答案和方法,由此引发了接下去的同伴学习行为;显然,经验丰富的教师在个别化科学活动中的互动行为有值得借鉴的地方;然而,当幼儿出错时除了"装傻",还有别的良好互动行为可以参考和引用的吗?

(2) 理论先行:读书会。故事分享会引发教师自觉地聚焦了教研主题,也使我们思考和发现,优化个别化科学活动中师幼互动效力,更好地改善教师教育教学行为,对于学前教育学科理论的学习和理解十分必要。教研组长首先浏览许多书籍,在众多书籍中选择出一本最有代表性的《培养儿童好奇心——89个科学活动》的引言部分,在教研组内进行研读。研读目标:个别化科学活动中教师的信念。研读形式:读书会,即请几位教师分段研读,分别担任主讲人,在教研组中把自己对这一段的理解和大家分享。事实表明,这样的读书会,能很好地提高教师的理论水平。

2. 联结——主体活动

心理学家科斯特勒(Koestler)认为,创造就是概念的联结。是的,经过前阶段的"演绎——热身铺垫",教研组的教师和整个教研组团体对在个别化科学活动中如何互动,无论在理论认识还是实践观察中,都有了一定的聚焦和积累,进行主体活动已经到了"火候"。我们的主体活动就是引导教师们把自己形成和积累的一些概念和想法进行联结,共同创造出一些优化个别化科学活动中师幼互动的操作要点,提高互动效力,改善教育行为。

(1) 每位教师撰写个别化科学活动中三个"当下时刻"的观察案例和行为改善建议。一方面,教师在撰写案例的过程中落实了观察幼儿,落实了思考和实践。如果说,"热身铺垫"

中的故事分享会还停留在表面，那么撰写案例把教师的观察思考和实践引入了更深一层。撰写更给教师一种自省的空间，反思自己在个别化科学活动中互动的效力是否最优。另一方面，教师的案例为教研组长采集、分析、寻找问题，形成主体活动框架提供了素材和实践依据。

(2) 主体活动："优化个别化科学活动中师幼互动的效力"教研活动。

① 教研组长架构主体活动框架：

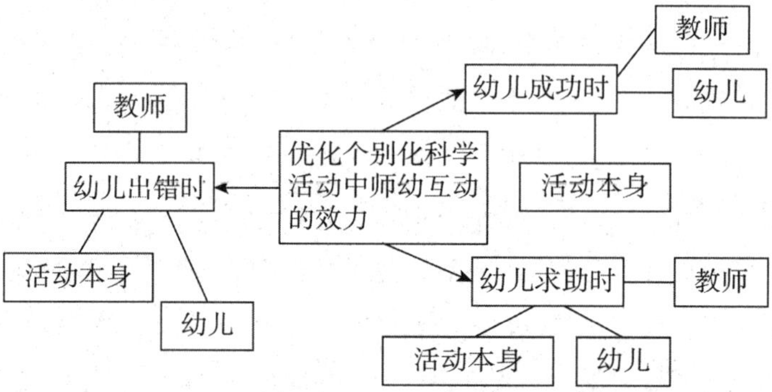

图 3　主题活动框架

② 教研组长将教师们提供的案例中的一些记录做成纸条，按上述框架分类，粘贴在一张大墙上。

③ 教研组长有目的地拍摄一则时长 10 分钟左右的个别化科学活动的视频，视频中涵盖幼儿在个别化科学活动中出错、成功、求助三个时刻。

④ 活动开始，教师先观摩教研组长所准备的 10 分钟视频。

⑤ 教师根据视频，在墙边巡回阅读，并且把自己的新想法写在纸上，粘贴在墙上的相应区域内。

⑥ 教研组长点评，过程中邀请撰写人阐述想法，并和教师们讨论、交流，一起将纸条上的想法归纳成操作点。例如，经过观摩和研讨，在个别化科学活动中"幼儿出错"这个时刻，对教师们整理出来的优化师幼互动的操作建议有：

暗示：用材料、语言暗示，支持幼儿迈向成功。

探询：了解幼儿不能成功的原因，便于有的放矢地提出建议。

简化问题：材料简化、操作简化，充分关注幼儿年龄特征。

加以刺激：语言刺激、挑战刺激，引导在出错时候想要放弃的幼儿继续。

教师们的纸条，也有助于教师归纳提升，达成这样的共识：错误是了解幼儿思维的线索，等待是一门学问，不应通过语言和表情让幼儿感到自卑。例如，对于在个别化科学活动中"幼儿成功"这个时刻，优化的建议来自小班许老师纸条上的灵感，我们归纳为"五个一"：

一个微笑:个别学习活动中,与幼儿互动尽量不干扰其他幼儿的活动;成功了,一个微笑是互动性鼓励。

一个动作:拍拍肩膀,轻抚幼儿头,小小的拥抱也是一种良好的鼓励。

一次再现:幼儿成功,一定有值得分享的经验;将幼儿成功经验分享,也是成功时候的优化互动。

一个提问:幼儿成功之后,用一个提问激发幼儿不满足现状、继续挑战的兴趣。

一次等待:幼儿成功的时候等待一下,看看能否了解幼儿在成功时候的选择,注意科学活动中幼儿情感和态度的发展。

3. 实践——后续跟进

教研组活动之后,教师们都反映收获很大。教研的最终是为了孩子、为了教学,因此,教研活动之后,我们又邀请教师撰写了一次个别化科学活动中师幼互动的案例。因为要撰写,教师们一定要将教研组所学进行内化和在实践中运用;因为要撰写案例,教师们要对比思考自己的活动行为是否优化;因为要撰写,教师们产生了新问题。总之,从教师案例的撰写中可以明显感受到教师的思考和行为改善。

表 4　教师观察记录表

观察日期			
儿童姓名		儿童的性别	
观察开始的时间		观察结束的时间	
互动幼儿人数		互动成人人数	
观察目的			
简要描述观察背景			
描　述			
评　价			
建　议			

五、后续研究

(一) 根据观察指标,在观察中总结幼儿创新素养早期开发的策略

在"只因幼儿而改变"的理念引领下,我们开始对项目研究过程中提出的幼儿创新素养早期开发的四个维度——探索、专注、互动和创造——进行了进一步的拆分,帮助教师在日常教学中更加准确地捕捉幼儿的行为,进行正确地解读,保证幼儿创新素养的早期开发。接下来我们将通过不断累积观察数据与案例,从中总结出幼儿创新素养早期开发的策略,

包括不同活动中培养幼儿创新素养的教育策略，对不同程度幼儿进行创新素养培养的教育策略，教师教育行为、观念转变的教育策略。

（二）继续完善幼儿创新素养早期开发的课程

在幼儿创新素养早期开发的实践研究过程中，课程修订是难度最大的研究部分，主要包括：梳理幼儿在幼儿园三年经历的所有概念与经验，从内容上为幼儿未来发展构建经验系统的基础；帮助教师构建科学的概念网络，并在日常教学中帮助幼儿激活概念间的联结，激发幼儿创造力。当教师对活动目标、设计、内容或者实施方式进行改进和完善后，相应地，需要调整成一套能够在整个教师群体中都能够适应的课程，并且在未来的研究中不断调整和完善。

（三）多种途径促进适应创新素养培养的教师教育行为改善

在幼儿早期创新素养的实践研究过程中，我们深刻地意识到，当科学启蒙教育的理念要真正实践于一日生活当中，科学的态度、幼儿好奇心的保护与培养，都需要教师在日常互动和低结构的活动中去渗透，正是这种渗透能够让幼儿在玩的活动中，实现大于玩的学习意义。教学理念与定位的转变，对于教师专业能力是一个考验，需要教师将科学启蒙的理念变成一种自身的专业意识，在一日生活中用科学、适宜的教育行为践行，从而在实践工作中获得一种价值认可感，能够享受到工作带来的成就感，以产生对专业的认同、敬畏，对专业责任、专业内在精神的担当和追求。促进教师专业自觉性的过程，让教师们能够意识到自己是发展的主体，并能够善于把握自我、调节自我，在实践中强化自我、超越旧的自我、不断创造新的自我。只有改善教师教育行为，才能形成更多更优秀的教育教学案例。

参考文献

1. Zhang Zengchang. The Construction of Creative Educational Curriculum System and Experimental Study on It[C].国际创造学学术讨论会，2002.

2. 简红江.国内外创造学发展比较研究[D].中国科学技术大学，2012.

3. 贾绪计，林崇德.创造力研究：心理学领域的四种取向[J].北京师范大学学报（社会科学版），2014(1).

4. 刘桂荣.中小学生创造思维的发展特点及影响因素研究[D].山东师范大学，2013.

5. 高慧敏.如何培养幼儿的创新教育[J].读写算（教育教学研究），2014(19).

6. 张敏.利用策略教学，培养幼儿的创新素养[J].新课程学习（下旬），2013(5).

7. 唐盛昌.国际课程对我国课程建设与创新人才早期培育的启迪[J].上海教育，2012(5).

8. 骆婧，王洪礼.论幼儿创新精神的培养策略[J].现代教育科学，2012(3).

9. 李叶芬.浅谈幼儿的创新意识和创新能力[J].福建论坛：社科教育版，2009(3).

10. 任俊兰.浅谈幼儿创新能力的培养[J].课程教育研究(新教师教学)，2013(31).

11. 梁杏荣.浅谈幼儿创新素质的培养[J].学前教育研究，2001(2).

12. 曹红旗，王桂亮.创新素养与课程开发[J].教育研究，2003(9).

徐汇区启新小学实验报告

一、实验背景

在竞争激烈的知识经济时代，各种竞争的关键在于人才的竞争，而人才的竞争实质上是人才创造力的竞争。这就要求学校教育必须适应时代的发展，在教育教学内容、方法、手段等方面进行创新，以培养创新型的建设者和接班人。因此，创新意识、创新精神、创新能力的培养，必须从小学抓起，这是21世纪社会发展的迫切需求。在各级各类的课题研究中，我校积累了较为丰富的课题实验经验，有着浓厚的科研氛围，教师有较强的科研意识和较高的参与教研的自觉性，有极强的敬业精神。学校为科研提供了优越的物质条件，为教师开展实验提供了必要的条件。为此，我们注重发挥学校原有的教改优势，根据当前教育改革趋势，以素质教育、创新教育这些现代教育思想为指导，以培养学生创新素质为基本目的，确立了“基于中小幼学生创新素养发展特点的区域性系统培养研究”这一课题，开展课堂教学实践。

二、实验目的

以学科教学为主渠道，培养学生的创新意识，重视学生的兴趣受好，调动学生参与教学活动的主动性、积极性和创造性，遵循学生的认识规律和认识水平安排教学程序，按学生的个性差异进行因材施教。在实践中培养学生的创新思维能力，是核心和关键；培养学生创新人格，是创新素质发展的动力和方向保证；培养学生的创新表现能力，是实现创新素质发展的必要条件。这三个方面构成了创新素质的基本内核。本课题的研究目的就在于培养学生的创新意识，激活学生的创新欲望，训练学生的创新思维，发掘学生的创新潜能，发展学生的创新能力，使学生的创新素质得到充分的培养。在课堂教学中，我们着力优化课堂教学，发挥整体功能，确定合理的教学目标和恰当的教学内容，采取多种多样的教学创新方法，选择有效的教学手段，构建最佳的教学结构，引导学生主动积极创造性地学习书本知识，逐渐形成能力，并最终培养和提高学生的创新素质。

三、实验过程

（一）第一阶段(2012 年 9 月—2013 年 6 月)

(1) 课题组成员进行相关“创新素养”理论的深入学习，进一步了解创新素养培养的内容、方法与途径。

(2) 以指南为载体，从单元内容入手，设计每一单元的创新目标。以创新教法、创新作业作为抓手，全面培养学生的创新意识、创新人格与创新精神。

(3) 实验教师根据各种创造性教学方法的特征，在课堂上选择一种或几种最优的教学方法综合运用，力求将最基本的原理、概念、方法以及知识之间的联系和规律揭示给学生。

(4) 实验教师要注重课堂观察，设计课堂观察表，确定课堂观察点，并及时把观察到的内容记录下来，尤其要积累学生学习的过程性材料，记录学生是如何转变的。

(5) 探索小学生创新素养发展的阶段性特点，梳理、遵循不同年段学生创新素养基础性品质的发展特点，初步形成各学科创新培养的目标、系统培养的初步框架。

（二）第二阶段(2013 年 9 月—2014 年 6 月)

(1) 课题组成员进行相关创新素养理论的深入学习，进一步了解创新素养培养的内容、方法与途径。

(2) 学习《教育与发展》一书，重点学习第九章《培养和造就高素质的创造性人才》。

(3) 科学完善实验学科《学期课程统整指南》。

① 根据学科特点，一学期选取 8—10 个可以培养学生创新素养的知识点做实验，注意这些知识点之间的内在逻辑联系，体现培养内容的系统性。

② 确立创新素养培养的目标，从以下三个方面来确立单元教学目标，体现创新培养目标的系统性：从《中小幼学生创新素养系统培养指南》中对应找到培养要求；对照《学科课程标准》，看看《课标》对此内容有什么创新素养培养要求；依据班级学生的实际情况，以学定教。

(4) 实验教师要注重课堂观察，设计课堂观察表，确定课堂观察点，并及时把观察到的内容记录下来，尤其要积累学生学习的过程性材料，记录学生是如何转变的。

(5) 探索小学生创新素养发展的阶段性特点，梳理、遵循不同年段学生创新素养基础性品质的发展特点，初步形成各学科创新培养的目标、系统培养的初步框架。

（三）第三阶段(2014 年 9 月—2015 年 6 月)

(1) 课题组成员继续进行理论学习，重点学习与创新素养相关的基本知识、基本概念并组织研讨，收集好相关的资料。

(2) 研制每节课的教案，体现培养过程的系统性。把《学期课程统整指南》中的培养内容和单元培养目标转化成为教案中的教学内容和教学目标。教学过程和创新过程尽可能吻合。

(3) 实验教师课后要及时写好反思。注意观察学生情况,及时反思、反馈调整。特别要注意学生在创新过程各个环节上的行为特点(大多数学生的情况),可以从以下几方面进行小结:这节课对创新素养的“三个系统性”,在设计上是否妥当,学生能不能接受?学生反应如何,有何不适应的地方?如何调整?

(4) 实验教师根据各种创造性教学方法的特征,在课堂上选择一种或几种最优的教学方法综合运用,力求将最基本的原理、概念、方法以及知识之间的联系和规律揭示给学生。

(5) 实验教师要注重课堂观察,设计课堂观察表,确定课堂观察点,并及时把观察到的内容记录下来,尤其要积累学生学习的过程性材料,记录学生是如何转变的。

(6) 课题组成员对三年的实践研究进行分析与整理,积累过程性材料。以指南、案例、课件、录像、课题反思、研讨记录、学生作品、访谈资料、学生反馈的其他相关资料、调查报告、专题小结等形式呈现。

四、实验结果与分析

(一) 以基础课程的教学内容为抓手,体现培养内容、培养目标、教学过程的系统性

实验教师们从基础课程的知识点入手,将创新素养的培养同基础课程的教学内容进行统整,进行每学期培养内容的系统设计,选取最适合创新素养培养的知识点,形成培养内容的序列,研制《学期课程统整指南》。

1. 从基础课程的知识点出发,系统培养学生的创新思维品质

实践中,语文组的教师们从单元教学的整体出发,梳理出各单元中适宜对学生进行创新培养的知识点,形成培养的序列,然后针对培养的序列确立单元的培养目标。例如,五年级第一学期共有8个单元,每一单元的知识点分别是:在语言情境中训练学生的表达;针对文本内容提出有效的问题;通过学习环境描写和人物心理描写的语句,揣摩人物的内心感受;借助语境能够创造性复述课文;让学生在感受人物品质的基础上对文中人物进行多元化、个性化评价等。围绕这些单元知识点我们确立了相关的创新培养目标:第一单元的创新培养目标主要是通过创设情境培养学生想象说话的能力;第二单元的创新培养目标主要从设计有效提问出发,培养学生的质疑能力;第三单元的创新培养目标主要是通过学习环境描写和人物心理描写,培养学生合理的想象能力;第四、五单元的创新培养目标主要是训练学生展开联想,训练学生创造性复述课文的能力;第六单元的创新培养目标主要是让学生在语境中感受人物的心情,揣摩人物美好的心灵,培养学生的创新思维品质;第七、八单元的创新培养目标主要是对人物展开多元评价,倡导个性化评价,促进学生创新人格品质的形成。围绕单元的创新目标,教师们采用多种教学策略,及时对学生进行创新思维的训练和创新学习的指导,并扎扎实实地落实到每一课时中。针对第四、五单元的创新培养目标,我

们在课堂上训练学生展开合理的想象,创造性地复述课文。例如,《唯一的听众》是五年级第一学期第五单元的一篇课文,魏喆老师在执教时,主要依据课文内容生成三个情境,引导学生进行创造性地复述课文:情境1,复述"我"第一次在老人面前拉小提琴时的情景;情境2,复述一个月以后"我"在山上拉小提琴时的变化;情境3,让学生想象"我"得知老人是音乐学院最有声望的教授以后,又一次到后山上拉小提琴时的情形。显然,教师在课堂上依据文本创设情境,借助课文内容来训练学生合理的想象能力和语言表达能力。魏老师设计的三次言语表达实践是有密切的内在联系的:第一次复述教师采用了填空的方式予以引导,以降低表达的难度;第二次复述是在第一次基础上加上"我的变化",难度提高了;而"想象我得知真相后的心理活动"则是创造性地复述课文,需要学生在读懂内容的基础上,运用自己积累的语言来表达自己对作品中人物和事件的感想。三次表达循序渐进,难度逐步提高,将表达训练与内容的把握和情感的领悟融合在一起。在实践中,教师们依托基础课程的内容,依据单元创新培养目标,在课堂教学中全面系统地培养学生的创新思维品质。

2. 以对比实验设计为突破口,培养学生的科学创新素养

教学实践中,自然学科的教师们首先从教材出发,整理出与各年段教材内容相对应的科学创新素养培养目标。然后,依据培养目标设计相应的教案,以使创新素质的培养能够落实到具体的日常教学工作中去。以三年级第二学期教材为例。本册教材是以小学生的探究能力发展为主线来编排内容的,共分8个单元。第一单元《常见的力》、第五单元《磁极与指向》、第七单元《水和空气的压力》、第八单元《简单电路》的主要内容是探究事物的性质、结构与功能,要求通过简单实验,让学生在动手做的过程中感知、认识事物的内在性质和组成结构。第二单元《物质的溶解》、第三单元《温度的变化》、第四单元《家蚕的一生》、第六单元《种牵牛花》的主要内容是探究事物的变化过程,要求通过实验或观察活动,认识身边某些事物表面的变化现象以及内在的变化规律。这两类探究目标的达成,都与实验活动(对比实验)有关,而对比实验活动的首要环节就是进行对比实验方案的设计。小学三年级正是学生学习对比实验方案设计能力的初始学段,方案的设计能力也是科学创新能力之一。由此,教师确定了"通过探究事物的性质、结构以及变化过程,培养学生方案设计能力"的创新培养目标。针对三年级学生的思维特点,在设计实验方案活动的指导过程中,教师们采用循序渐进、从扶到放的策略来帮助学生突破对比实验方案设计的难点——变量的控制。

下面以第二单元中的"溶解的快慢"一课为例,来谈谈在课堂上对学生设计对比实验方案的指导。本课的知识点是"了解影响溶解快慢的因素",要求引导学生运用对比实验的方法,探究影响物质溶解速度的原因,让学生自主经历"问题—假设—验证—证实"的科学探究活动过程。在设计"探究影响溶解快慢因素"实验方案时,教师没有直接告诉学生实验所需的器材和具体步骤,而是提出了一些和实验活动有关的问题让学生进行猜测与思考,然

后指导学生自己进行实验设计，也就是要求学生能半独立地设计这个实验方案。在交流“让方糖溶解得快一点的办法”时，学生首先假设“搅拌可能是影响溶解快慢的因素”。通过这个前期的猜想，学生明白实验的目的是什么，研究的对象是什么。接着教师通过“一杯是冷水，另一杯可以用热水吗？是不是这样的一大杯水和一小杯水？除了水量一样多以外，还有什么是要一样的？一杯现在就放入方糖，另一杯等会再放，行不行？”等启发式的问题去引导学生发现实验中要对比的因素是什么，哪几个因素需要相同。在共同的讨论中，学生逐步明白了如何控制对比实验中的单个变量而使实验结果更为准确与可信。接着小组填写实验方案表，把刚才的口头计划转化为书面文本，进一步理清实验活动的思路。通过以上“扶”的过程，教师引导学生能够半独立地进行实验方案设计。在这个对比实验设计的基础上，提出：“刚才还有同学认为水的冷热或者方糖的颗粒大小也可能会影响溶解的快慢，这些说法对不对呢？你如何用实验来验证呢？”通过先组内讨论、后集体交流的方式，放手让学生独立地去设计并完善其他的对比实验方案。就这样通过教师的组织、引导，学生们发现了对比实验是解决某些问题的一种科学方法，知道了控制好变量是做好对比实验的关键所在，初步学会了自主设计对比实验的方法，进一步提高了自己的科学创新素养。

3. 以数学思想方法为主线，全面培养学生的创新能力

数学教研组在创新素养培养方面，结合学期课程统整实验，从统领的角度把数学学科的统整主线即数学思想方法，作为创新素养培养的切入点进行系统培养。我们对各年级教学内容中的数学思想进行系统梳理，目前小学阶段常用的数学思想方法主要以数形结合、转化、分类、化归、建模、假设(猜测验证)等几大思想方法为主。同时对各种数学思想方法在不同年级达成的目标进行梳理细化：低年级主要是对一些数学思想方法的渗透，让学生初步感受数学思想方法的运用，中年级对低年级已体验过的数学思想方法能初步应用，高年级则是能有意识地运用这些数学思想方法解决实际问题。这样形成有序衔接，并以此为依据确定创新培养目标，安排设计课堂教学活动来实现创新培养目标。结合数学教材编排特点和年级特点，以数学思想为主线的创新培养目标具有系统性和递进性。根据教材的编排特点，纵向以模块为主，主要有数与代数、图形与几何、统计与概率、综合实践应用四个模块，以同一模块不同年级的知识点教学内容的数学思想形成递进，从而形成创新培养目标的递进性；横向以知识点为主，整册教材中属于不同模块的内容。创新培养目标的确立以纵向模块的数学思想为主，同时注重前后联系，使学生感知数学思想方法在不同的知识模块也可以应用来解决问题。

(1) 纵向以模块为主

① 图形与几何模块。“图形与几何”模块“面积”的教学中，转化的数学思想运用得比较多。例如，三年级第一学期“求组合图形的面积”。学生刚刚学过长方形、正方形的面积，结合学生实际和教材，教师把创新培养目标定为：初步学会运用“割”“补”的方法把不规则图

形转化为长方形、正方形，求它们的面积；初步渗透并运用转化的数学思想来解决图形的面积问题。为了实现这一目标，教师安排了观察、讨论、操作等活动，在这一系列的活动中，培养学生的空间想象能力与合作交流能力，并使学生的创造性思维得到锻炼和发展。

“几何与图形”模块“面积”的教学中，五年级第一学期学习“求三角形的面积和梯形的面积”。学生在三年级时已经能初步运用转化的数学思想，教师就将五年级的创新培养目标定为：能熟练地运用转化数学思想，将新的面积转化成已学过图形的面积，进而推导出新的面积公式。教师通过让学生小组动手操作、交流讨论，为创新提供时间、空间和条件，并使学生的创造性思维在活动中得到锻炼和发展。

② 数与代数模块。“数与代数”模块四年级第一学期“小数的加减法运算”教学中，本学期学生刚刚接触认识小数，已经有了整数加减法的基础，能根据整数与小数的联系，从整数的十进制位值体系出发，利用转化思想，来认识小数的意义，掌握小数的概念。教师把创新培养目标定为：能独立利用转化思想，在计算时将小数转化成整数进行加减法计算。在教学中教师让学生自主尝试计算，讲解算理；给学生的学习提供展示的舞台，为创新提供平台，使学生做课堂的主人。在“数与代数”模块五年级第一学期“小数的乘除法运算”教学中，学生已经学过整数乘除法的运算方法，并能自觉运用转化的思想解决问题，为此创新培养目标定为：能自觉熟练地运用转化的数学思想，将小数转化成整数进行乘除法计算，并介绍具体的转化思路。

（2）横向以知识点为主

例如在四年级第二学期，数形结合思想在“数与代数”模块“小数的认识”中的运用，利用数射线、方格图形让学生进一步认识、理解小数。数形结合思想在“统计与概率”模块的折线统计图中也可以应用：数据越大，数据所在的纵轴的坐标越高；数据变化越大，线段的坡度越陡。数形结合，可帮助学生理解统计图所表示的含义。同一数学思想在不同的知识模块中应用，从而使学生对数学思想有更深的认知。

结果分析：

实验教师以教材入手，梳理出每一单元的教学内容，同时从单元教学内容中挖掘出适合创新培养的元素，并以此设计单元的创新培养目标，形成系列。实验教师还注意发掘和利用学科课程和活动课程中创新素养培养的因素，根据知识点梳理各学科、各年段有关创新素养培养的具体内容及培养途径，并从单元内容入手，设计每一单元的创新目标，且在《学期课程统整指南》中单独罗列。实验教师根据《学期课程统整指南》的要求，设计、编写各学科创新素养培养的具体教案，在学科教学中进行创新思维的训练和创新学习的指导，并落实到具体的每一节课时中。在实践中，实验教师关注每一位学生的发展，依托基础课程的内容，依据单元创新培养目标，在课堂教学中全面系统地培养学生的创新能力。

（二）开发校本课程，提供创新活动载体，引导学生主动创新

根据创新素养培养的要求，我校加强了“学科内三类课程统整”，开发拓展性和探究性的校本课程；通过课内外的结合，与学科德育等相统整，全面培养学生的创新人格品质。

1. 在学科探究中全面培养学生的创新人格与创新思维品质

围绕学科内的三类课程统整，教师们在探究课中作了积极的尝试和探索。五年级的学生已学完整个小学阶段的数学知识，有一定的数学基础，并会设计一些简单的探究活动方案。针对以上情况，我们结合年级组社会实践活动，以“我的活动，我做主”为主题展开探究活动。实验教师们力图通过这种学习方式来培养学生运用已有数学经验来解决实际问题的能力。在探究活动中，学生们通过调查问卷、收集处理数据、设计方案等一系列小组探究活动，形成一个可行性高的、具有操作性的方案。同时，学生们运用已掌握的数学知识——统计概率、计算、会看平面路线图、会选择最优方案等——来解决活动中遇到的实际问题。在探究活动中学生们还学会了博览群书，利用了网络资源，扩大了知识面，开拓了思维，增长了才干，增强了小组合作的能力。学生们学到的不仅仅是数学知识，更重要的是，在活动中每一位学生都积极参与，相互合作、相互帮助，在体验中感受到了学习的快乐。活动全面培养了学生们的创新人格品质。

综合组自然学科在确立了把设计实验作为突破口以后，对小学阶段的所有实验进行了系统的梳理，结合不同年龄段学生的实际制定了不同的创新培养要求。例如，三年级主要对学生在课堂上渗透实验设计的格式、环节，需要准备的条件等进行指导，侧重于明确实验设计的格式，把书本上原来的设计单进行了改动，补充进了实验器材的填写环节。四年级主要是巩固、提高初级阶段的成果，初步掌握设计实验中各环节的要点，并做到学以致用，侧重于实验的设计。五年级在三、四年级的基础上，主要以自主设计实验来证明自己的假设，并作为创新培养的目标。主要的环节就是：出现问题、现象—讨论—假设—验证（自己设计实验）—分析观察—得出结论。鼓励学生想出与书本上不同的方案，给学生创造充分的自主探究的空间和时间，使他们能亲身经历探究的全过程，并与生活相结合。围绕“小电池，大危害”这一探究主题，学生们在组长的带领下对收集到的资料进行交流、整理、汇总，初步了解到废电池给生活带来的好的一面。学生们通过设计对比实验，更加直观地感受到废电池在给生活带来方便的同时，也存在着危害性。通过探究活动，学生们对于电池的两面性有了更深刻的认识，懂得了废电池应该进行分类回收。学生们在亲身体验的过程中树立了责任心，培养了环保意识。

2. 在拓展型课程中全面培养学生的创新思维品质和创新人格品质

围绕学校的三类课程统整，我校以“快乐活动日”为契机，开展了一系列的拓展型课程，用来丰富学生的知识面，拓宽学生的视野，让学生们学到课堂中学不到的知识，并且通过自己的亲身经历和体验，感受成功的喜悦。

“开心农场”是深受学生们喜爱的兴趣小组之一。学生在劳作的过程中遇到问题，然后通过收集资料、询问家人等方法解决问题。我校的“开心农场”种植了许多蔬菜，但种下的蔬菜刚发芽，叶子上就出现了一个个的小洞洞，不用想就知道是虫子们的杰作。由于虫子的“迫害”，蔬菜长得也很慢。这让我们的学生苦恼了，怎么办？我们又不愿意给蔬菜喷药水，这违背了我们种菜的宗旨：“原生态”“有机蔬菜”。于是，就有了此问题的研究。当我们的农场成员杨浩找到植物相生相克的资料时，小伙伴们都轰动了。小组成员一起收集、整理、筛选资料，学生们终于知道了前人把玉米和大豆种在一起，大豆的根瘤菌能把空气中的氮素固定在土壤里，供应玉米吸收利用；如果把大蒜和棉花间种，大蒜所挥发出来的植物杀菌素，能驱除棉蚜，有利于棉花生长发育；洋葱和小麦或豌豆种在一起，洋葱的分泌物可除杀小麦黑穗病和碗豆黑斑病的病菌，从而使它们都能获得丰收；同样，洋葱如果和马铃薯间种，马铃薯的晚疫病会大大减轻，产量增加；由于韭菜具有一种特殊的怪味，能够驱虫杀菌，所以它能与很多植物混种，并获得丰收；山苍子树和油茶混合种在一起，油茶的霉病就会减轻，甚至消失，这是因为山苍子的叶子和果肉均含有柠檬醛，挥发出来能够杀灭霉菌；芦荟的分泌物能促进大麦、小麦、棉花、番茄、马铃薯等植物种子的萌发，甚至还能促进这些植物的生长发育，从而增加产量；香菜也能驱虫；等等。通过研究，我们知道了植物之间有相生相克的作用，于是，就开始在蔬菜地里做起了实验。

一、香菜与青菜做实验

我们用香菜与青菜做实验 。十几天过了，菜上的洞少了一点，驱赶了少量虫子，有一点效果，但不是很明显。该收获了，所种的青菜并没有增益，香菜却变得稀疏了，青菜长势也不好，实验失败了。

二、大蒜与蔬菜间隔种植

我们知道大蒜有强力杀菌的作用。大蒜中含硫化合物，具有奇强的抗菌消炎作用，对多种球菌、杆菌、真菌和病毒等均有抑制和杀灭作用，是目前发现的天然植物中抗菌作用最强的一种。我们把菠菜和大蒜一起种植。通过观察，我们发现菠菜叶簇生，抽出四片到六片叶子，短短的，呈莲座状，深绿色；基部叶和茎下部叶较大，茎上部叶渐次变小；茎粗，有水分。大蒜短缩茎呈盘状，节间极短；大蒜叶互生，叶的着生方向与蒜瓣背腹连线相垂直，而且蒜叶与蒜叶紧紧地裹在一起。蔬菜的长势很好，而且均匀。实验成功！

三、大蒜与萝卜做实验

我们又把大蒜和萝卜试验了一下，没有一个萝卜被虫子吃了，没几天就大了，效果很好。实验成功！

在实践中，学生们善于观察，善于发现，在亲身体验的过程中开阔了眼界，增长了知识，提高了动脑、动手的能力。在活动中，学生们的创新意识、创新思维品质得到了适时地培养。更为可喜的是，学生们在动手操作的过程中形成了合作、负责等健康的人格品质。

结果分析：

在实践中，实验教师改变了学生单纯从书本学习知识的传统，让学生通过亲身体验了解知识的形成和发展过程，丰富了学生们的学习经历，培养了创新精神、实践能力、终身学习能力，给予他们充分展示自己的空间，为学生与生活、与社会的联系，架起一座桥梁。在教学实践中，教师们发现其实学生有相当大的潜质，当他们融入社会，了解生活，他们的兴趣被激发出来后，会释放出令人刮目相看的能力。学生们从事自己喜欢的问题的实践研究，所以都能积极投入进去，丝毫不需要教师的强制督导。可见我们的学生并非是高分低能的死板书生，只要我们教师适当引导，给他们充分展示自己的空间，他们完全可以自己去实践研究并有所收获，同时在活动中形成了创新人格品质。

（三）适应学生创新素养培养的教师教育教学行为改善

在课堂教学中，实验教师的课堂教育教学行为得到了切实的改善。数学课上，教师们以数学思想为主线，引导学生自主探索，质疑问难，在小学阶段培养学生的创新思维品质。例如在教学三年级第一学期组合图形的面积时，创新培养目标定为：初步学会运用“割”“补”的方法把不规则图形转化为长方形、正方形，求它们的面积；初步渗透并运用转化的数学思想来解决图形的面积问题。为此安排如下活动实现目标的达成：

（1）创设情境，谈话引入：“房产证上写的这套房子的总面积是120平方米，但我和我的家人总觉得上当了。你有什么办法帮我算出这套房子的面积？”

（2）探究新知：小组合作、动手操作、组内研讨，探求组合图形面积的方法。小组合作学习有利于学生主体意识及学习能力的形成，在学习中相互启发，能产生许多独创的想法。通过观察、讨论、操作等活动，学生培养了观察能力、空间想象能力与合作交流能力。在问题解决的过程中，教师让学生自主尝试用多种方法解决问题，锻炼了学生的发散思维；在比较各种“割”的方法时，教师让学生比较不同方法的优劣，是思维的聚合，培养了学生的方法优化意识。

（3）教师适时引导总结：“分割的方法虽然不同，但它们的面积相同，都是用割的方法把不规则的图形转化成我们学过的规则图形。”

（4）在交流过程中鼓励学生质疑问难，课堂上生生互动、交流评价。

（5）应用拓展。联系生活实际，了解实用面积与建筑面积。

（6）总体评价，体验收获。

整节课以问题解决为任务驱动。在问题解决的过程中，学生能自主尝试用各种方法解决问题，创造性思维得到了锻炼和发展。

培养学生的创新素养，除了教师在课堂中要改变自身的教学理念和教学行为，还应创造适宜于学生主动参与、自主创新的学习活动气氛，促进学生主体精神、创新意识、创新能力的健康发展。根据创新课题实施的要求，我校数学教研组尝试着开展一系列的数学趣味活动来提高学生学习数学的兴趣，培养学生养成良好的数学学习习惯，让学生体验数学知识与实际生活的联系，帮助学生形成实践应用的意识。教师们打破统一的课堂教学模式，选择生动有趣的活动内容，激发学生的学习兴趣；充分利用环境因素，鼓励学生自主发展；同时，以“闯关争章”的活动形式，让学生通过自身的努力，品尝到攻克难关的快乐，体验到成功的喜悦，增强学好数学的信心，提高学习数学的积极性。

在一系列的数学活动中，数学教研组的教师们围绕“快乐思维，玩转数学”这一主题，设计安排了一系列的游戏活动，以数学活动为基本载体，为全体学生展示自身的聪明智慧提供平台，激发学生学习数学的兴趣，启迪数学思维，感受生活中的数学文化，使学生获得数学学习的积极情感体验，提升数学素养。主要内容有：趣味扑克牌游戏钓 14、快乐七巧板、智力巧问答等。一至五年级的学生全体参与，虽然内容相同，但各年级的具体要求和难易度都有分层要求。为了丰富本次活动，数学组的教师们还为每一位学生设计了一份“闯关护照”。学生们拿着自己的“护照”，积极参与一系列的体验游戏活动进行争章，个个兴趣盎然。同时为了拓宽学生的知识面，组内教师还共同布置了一块展示板，内容有数学小常识、数学家的故事、数学名言、智力趣题等，还有一些美丽的几何图形供学生阅读和欣赏。根据比赛结果，全校共评选出了 50 余名“扑克牌游戏小达人”、80 余名“七巧板拼图小能手”、80 余名“智力趣题小博士”。

在整个活动过程中，全体学生积极踊跃，教师们也都全情投入。学生们体验了挑战数学后的成功，由此激发了学习数学的兴趣，树立了学好数学的信心。学生在快乐的活动中学会思维、学会合作，体验成功的快乐，共同感受数学的趣味。许多学生都在这周周记中提到了数学活动给他们带来的收获和感想。这也留给我们很多思考，为什么学生会对这样的活动特别感兴趣，都表现得那么积极投入？数学学习对于一部分学生来说，略显枯燥乏味，要想激发学生学习数学的热情，就必须在学习过程中有创新，除了常规的课堂教学以外，可以给学生创设富有情趣的学习活动，激发学生学习数学的热情，牢牢地抓住学生的注意力，从而产生更好的学习效果。同时，教师们要转变观念，要把眼光从传统的课堂教学中抽离出来，变“教学生创新”为“引导、培养学生创新”，此时教师的作用就会最大限度得到发挥，为学生在自由空间的自由展现创设良好的氛围，提供广阔的空间，给学生信心，相信学生自己有能力、能做好。在设计整个活动的过程中，实验教师们重视学生在参与过程中的情感体验，让学生在活动中感受数学，体验数学的作用，培养学生自觉地把数学应用于实际的意识和态度，使数学真正成为学生手中的工具，让他们体会到数学巨大的应用价值。

通过数学趣味活动的开展，学生的个性得到充分的发展，创造性得到充分的挖掘。在活动中，学生体验到了数学文化的内涵，品尝到了成功带来的喜悦，在激起学习数学的兴趣的同时，形成了创新求异的思维品质。

结果分析：

小学生创新意识和创新能力的发展需要借助一系列课内外的学习活动，教师的教学理念、教学行为对学生创新能力的培养有着重要的影响。在实践中，教师们在课题组内进行创新理论的学习，在课堂教学中研究教法，运用多种教学策略，为学生提供体验学习和经历学习的机会，让学生在学习活动中形成创新思维的品质。在课内外的学习活动中，教师们及时捕捉教育信息，抓住教育契机，帮助学生形成健康的个性，让教学过程成为一种高尚的道德生活和丰富的人生体验，成为学生人格的健全与发展过程。实验教师们在课堂上留给学生说的空间、思考的空间、选择的空间……在教师的组织、引导、帮助下，学生进行学习探究、思维碰撞。平等、融洽的师生活动激发了学生学习的兴趣，帮助学生养成了良好的学习习惯，在教与学的过程中，学生的创新能力与创新人格品质得到了切实地培养。

四、利用华理学区工作坊这个平台展开多途径培养

我校的教学教导施逸琳老师是华理学区小学数学学科工作坊的领衔人。在创新课题实施的过程中，我校借助华理学区这个平台，请兄弟学校的教师们共同参与到相关的课题研讨活动中。

（一）在体现生活性的教学中培养学生的数学创新思维

数学来源于生活，生活中又充满着数学。工作坊的教师们让学生在生活中学数学，在活动中做数学。把数学知识融于生活实践，把现实问题数学化，把数学知识生活化。学生的创新意识、创造性思维能力在自主探索问题和解决日常生活问题的过程中得到培养。

1. 设计生活数学体验活动，让学生在体验中建立培养量感

工作坊的龚蓓老师执教了三年级第一学期“千米的认识”。通过从现实生活出发，龚蓓老师为学生开设了“体验生活中的数学”，让学生先估一估 100 米的距离，再量一量、走一走 100 米的距离，看看需要走多少步；然后绕操场走一圈，大约要几分钟；步行的同学了解一下自己从家走到学校大约需要多少时间。这样就有效地促进了学生自觉运用数学知识的习惯和能力的培养，让学生在体验中发现，在发现中建构，在建构中实践，在实践中内化和提升。同时紧紧抓住了学生的生活经验和实践感受，环绕着教学重点“千米的认识”，组织学生积极主动地探索、研究和发现，让学生在愉悦中感受“千米”、建构“千米”、应用“千米”。加强学生的数学实践活动，不仅有利于课内外的联系、校内外的沟通，也有利于为学生的数学学习和正确应用创造更为广阔的时空场所，还有利于学生创新精神和实践能力的培养，更有利于促进学生创新素养的发展。

2. 设计实践性作业，培养学生运用数学的习惯与能力

龚蓓老师在给学生布置课前作业时，往往结合学生的实践活动，以活动为载体，这些作业不仅有效地促进了学生对数学知识的进一步理解，而且能有效地培养学生应用数学的意识与能力。学生的主动性、积极性被充分地调动起来了，各方面的能力也得到了锻炼。

（二）诱导学生自主探索，在探究发现活动中培养学生的数学创新思维

学生根据自己的认识水平和已有的知识经验，在教师的引导下，通过一系列的数学活动，独立发现和获取知识。教师要在关键处引导学生一下，在难点拉学生一把，为学生提供自主探索的素材，指明自主探索的方向。诱导学生自主探索，鼓励学生在探究发现活动中学习，从而把学习过程之中的发现、探究等认识活动突显出来，使学习过程更多地成为学生思考、质疑、发现、求证的过程，学生的能动性、创造性得到了发挥，数学创新思维得到了培养。

在华理学区工作坊的活动中，李艳秋老师执教了六年级第一学期“整数和整除的意义”。在教授“什么是整除”的时候，李老师设计了一个小组活动：观察与思考，仔细观察算式中被除数、除数、商的特征，并根据一个标准把这些算式分类。

$24\div2=12$　　$5\div3=1.6$　　$21\div3=7$

$7\div0.7=10$　　$8.4\div2.1=4$　　$3.2\div4=0.8$　　$17\div10=1.7$

活动旨在让学生观察、对比后进行分类，培养学生的观察能力。分类结果是学生得到的，当不同的分类结果呈现后，教师引导学生对各个结果进行比较和联系。在分类结果中建立除尽和整除的关系，从而明确除尽包含整除，整除是特殊的除尽。对于“整除特殊在哪里”，教师让学生通过观察归纳整除的条件，得出结论：既满足被除数、除数、商是整数且余数为0，这样的除法算式，我们就说它是能整除的算式。这样整除概念的建立是在实例中通过学生自己观察比较、归纳得到的。对于概念的进一步认识，可以通过学生自己举例，互相表述，再抽象用字母表示，一步一步使学生加深对整除概念的理解。然后通过进一步的判断、辨析来巩固对整除条件的认识。最后运用概念判断，通过形象阶段，抽象本质特征，形成概念，辨析概念，巩固概念，在这些阶段中培养学生的创新观察、比较、抽象、概括能力。

（三）诱导学生讨论交流，在合作学习中培养学生的数学创新思维

学生在探索学习过程中，由于原有认知水平不同，对问题的理解深度和思维方式不同，解题的思路和方法也不一样，只有通过合作交流，才能互相启发，共同进步。参与小组讨论，倾听同学发言，接受别人的数学思想和方法，加上教师适时的点拨和评价，有利于开阔学生思路，启迪思维。李艳秋老师在教授“整数和整除的意义”时，根据学生的认知，从学生举的例子来看，提出：“整数和自然数好像是一样的？请你带着问题去自学教材。”这样学生迫不及待地去学习，找到答案，而自学后，学生可以自主讨论交流。

（四）在操作实践中培养学生的数学创造思维

学生参与实践操作，自主探索，不仅能掌握知识，更重要的是经历知识的形成过程。学生亲自操作的过程是学生自己发现规律的重要过程。

李艳秋老师执教的三年级第一学期“轴对称图形”，围绕创新素养培养的要求，从图形出发，在各种剪纸的图形中，让学生通过观察进行分类，将图形分为对称图形和非对称图形。从图形到对称图形，学生感知到只要图形的两边形状相同、大小相等都是对称的图形。教师再引导，这些图形的两边肯定可以重合，让学生进行第二次分类，将对称图形分为平移后能完全重合、旋转后能完全重合，以及对折后完全重合。通过观察、演示重合的方式，教师引导学生明确这些对称图形有的重合但重合的方法不同，有的对折后两边完全重合，有的平移后两边重合，有的旋转后两边重合，从而突出了以对折的方法两边完全重合的轴对称图形。最后教师通过画折痕引出对称轴，强调轴对称图形轴的特征。

在巩固概念阶段，教师通过从生活中感知、在操作中研究、在合作中感悟，利用“分一分、画一画、看一看”等实践操作，引导学生逐步体验轴对称图形的基本特征。教师要求小组合作能做到动手操作有序、交流有序，能准确清楚地表达自己的想法。比如在“轴对称图形”的课堂中，教师提醒学生先独立操作，再在小组内有序地表达自己的想法，并要求学生用较为规范的语言来表达自己的想法，通过表述—倾听—辨析这一系列的过程，倾听其他同学的意见，并加以辨别和吸收内化，这样不仅发挥了合作学习的优势，提高了学习效率，更有助于学生形成良好的学习习惯。教师在教学中注意引导学生在操作的基础上讨论交流，在小组合作中进一步理解轴对称图形的特征，发展学生的空间观念；继而，将轴对称图形与实际生活相融合，拓宽学生的视野，让学生感受到生活中数学无处不在，体会对称的科学与美学价值。

结果分析：

数学来源于生活，生活中又充满着数学。华理学区工作坊的教师们让学生在生活中学数学，在活动中做数学，把数学知识融于生活实践，把现实问题数学化，把数学知识生活化。学生的创新意识、创造性思维能力在自主探索问题和解决日常生活问题的过程中得到适时地培养。在工作坊的学习研讨活动中，教师们能够基于课程标准，结合学生的实际水平，根据数学学科的统整指南，从单元整体上把握教学；围绕制定单元教学目标及课时教学目标，针对教学内容梳理创新培养目标。在课堂实践中，教师们挖掘学科的创新素养培养点，使教学过程尽量与创新过程相吻合，关注创新人格的形成，注重课内外相结合，观察并初步总结各年级段学生创新素养发展的特点。课堂上，教师营造氛围，学生会讲的让学生来讲，关注学生的兴趣、自信心、创新精神和创新品质，以及利用数学知识解决实际问题的能力；教学中注意鼓励学生猜想、质疑问难，培养学生善于提问的意识。

五、学校的管理改革

在课题实施的过程中，我校专门成立课题领导小组，具体负责课题研究的指导和评审等工作。在课题组范围内进行理论学习与专题培训，指导教师通过多种渠道查阅相关资料，激发教师研究课题的兴趣和研究欲望，掌握基本的研究方法。我们把课堂教学作为实施课题研究的主渠道，积极开展以上课、说课、评课为基本形式的听评课活动，深入探究各学科教学的基本策略与创新教法。课题组成员定期召开专题例会，分析课题研究中存在的问题，共同研讨对策和措施，将研究项目的目标和任务具体，分阶段分步骤，针对所有应完成的任务进行分工，责任到人，定出时间，安排好日程，确定好内容。我们在课题组内开展教学论文、教学反思、教育案例、教学设计和课堂实录等不同系列的课题研究成果进行评比活动，引导教师研教结合，在实践中反思，在反思中提高。

在实践中，我校以课堂教学为抓手，营造良好的课题研究氛围。学校积极倡导和要求全体教师参与到课题研究中来，并提供理论上和实践操作层面上的具体指导，培养学生具有一定的创新意识与创新能力。各学科的实验教师针对“创新与创新素养的培养”等方面进行了相关的理论学习。教师们以学科统整指南为载体，从单元内容入手，设计每一单元的创新目标。在全面落实创新目标的过程中，我们以创新教法、创新作业作为抓手，在课堂教学的实践中全面培养学生的创新意识、创新人格与创新精神。

综合组自然学科的教师们选取部分单元，重点引导学生自己设计实验来验证自己的假设。针对学生的年龄特点，采用先扶后放的方法进行指导，提出了一些和实验方法有关的问题让学生思考，然后指导学生自己设计实验，并进行实验验证。初步培养学生分析问题、提出假设的能力，方案设计的能力和将科学假设进行验证的能力。音乐章老师在教材中寻找可以用来创新的素材，如编写歌词、编创旋律、听音乐创编舞蹈动作，自己选择乐器为乐曲伴奏，等等。章老师利用废旧饼干桶制作成了饼干桶大鼓，在演奏饼干桶大鼓时，学生们学习的兴趣与热情被大大激发了，使原本抽象的音乐变得好玩、有趣。美术曹老师鼓励学生在创作中大胆实践，将自己的想象予以表现。曹老师针对低年级学生开设了创意儿童画，让学生们在创作中体验创意；在三年级的教学中，立足基础课，拓展到利用生活中的“废物”，进行了“生活中的线——瓶花”的教学，大胆培养学生对于绘画材质创新的能力。

数学组低年级段的教师们为了培养学生的创新意识，用学生创作的学习资源，作为教学资源，充分激发了学生的学习兴趣。为了培养学生创新素养中思考的周密性，又适时启发学生质疑，让学生通过想象在画一画、摆一摆中得到进一步的验证，充分培养了学生的创新意识 。中高年级段的教师们在课堂中尝试运用探究式教学法，以小组活动的形式通过操作、观察、分析、讨论等活动，进一步增强学生应用数学的意识，让学生体验解决问题的过程、方法与策略的多样化，发展优化思想，培养学生的创新精神和实践能力。

语文组低年级段的教师们在教学中引导学生学会观察身边的事物，有意识地利用文本知识启发学生了解一切伟大的发明创造都来源于个人的发现，引导学生学会质疑、学会观察，养成积极思考的好习惯，培养学生具有一定的创新意识。中高年级段的教师们采用品味阅读法、读写结合法引导学生积极地与文本对话，从各个层面对文本进行感受、理解、欣赏、评价，并运用批注的方式把自己对文章的独特感受表达出来，以问题为核心、以交流讨论为形式来推进深入阅读，这种个性化的对于文章、人物的多元解读的阅读方式，初步培养了学生的创新能力。

在课题研究的基础上，我校多次召开区级层面的研讨会，为课题的研究搭建了实践与交流的平台。在实践中，教师们以统整指南为载体，基于学情，研究教材，在学科教学中进行创新思维的训练和创新学习的指导，切实将学校“为每一个孩子的终身发展奠基”的培养目标落到实处。

六、创新课题带来的思考

问题：学生的问题意识与创新能力培养之间存在着怎样的联系？

理论分析：

传统课堂教学主要是靠“灌输—接受”的模式来完成的，忽视了学生发现问题和解决问题能力的培养，学生普遍不能或不善于发现问题，不敢或不愿意解决问题。严谨的教学结构，高密度的练习设计，一环紧扣一环的教学环节，教师追求的这种高密度、快节奏，势必会使学生始终处于被动状态，没有独立思考的时间和空间。渐渐地，一些学生失去了提问题的习惯。现在有的教师改变“满堂灌”为“满堂问”，课堂上虽然也有一些火热的场面，看似学生不断思考，其实是教师通过问答的形式牵着学生走。火热的场面实质上反映的是教师自己的思维过程，不是学生主动学习的过程。这也就是为什么许多学生听听就懂，一做就错。在整齐划一的答案面前，学习没有了悬念，学生没有了疑问。教师的过度“指导”，实际上变成了对学生的主宰，压制了学生学习的积极性和主动性。学生的质疑能力得不到培养，也就发现不了有价值的问题了，学生创新能力的培养也只剩下一句空话。

采取的策略：

思维是从问题开始的，有问题才有思考。古人云：“疑是思之始，学之端。”学有疑，才会学有所思、学有所得，才会产生兴趣，形成动力。可见培养学生的问题意识是创新能力培养的起点。教学中，教师要不断鼓励、引导学生发现问题、提出问题。学生能否从学习的角度观察现实生活和周围事物，从而发现和提出有价值的问题，这是其问题意识强弱的重要标志。正如爱因斯坦所说，提出一个问题往往比解决一个问题更重要。所以，教师作为学生学习活动的组织者、引导者与合作者，首先发挥的作用应该是努力创设这样一种情境，让学生成为问题的发现者与解决者。教学中，教师不仅要重视指导学生观察的方法、步骤，而且要为学生提供大量的实践活动情境和参与的机会，从现实生活中选取观察的素材，让学生亲身感受到问题的真正存在，进而培养学生的问题意识。总之，在我们的教学实践中，要承认和尊重学生的差异性，使每位学生得到自身应有的发展；不在于一枝独秀，而在于各擅其长；在丰富的体验中各不相同，在大量的机会中各得其所。

参考文献

1. 刘铁芳.守望教育[M].上海:华东师范大学出版社,2006.
2. [苏联]B.A.苏霍姆林斯基.给教师的建议[M].北京:教育科学出版社,1984.
3. 吴非.不跪着教书[M].上海:华东师范大学出版社,2004.

徐汇区高安路第一小学实验报告

2011年底徐汇区教育局成立了“基于中小幼学生创新素养发展特点的区域性系统培养研究”课题组，旨在把“为了每一个学生的终身发展”作为核心理念，把“如何创新方式培养创新人才”作为内涵之一，在区域内展开创新素养系统性的培养研究。

高安路第一小学(以下简称“高一小学”)接受了课题的研究任务之后，成立了创新课题的实验小组，确立以基础型学科教师为主要成员，主要研究基础型学科，再适当增设一些拓展型及探究型活动项目的研究，校长、教导、备课组长、教师共同参与。旨在改变和创新教学方式，设计以学生为中心的教学方式，以学定教，因材施教，促使教学过程的开放性和多样化有所拓展，让学生参与到学习过程中，从而改变学生的学习方式，提升学生创新素养的思维品质。

一、第一阶段:在学习中确定研究的目标

学校课题组首先对“基于中小幼学生创新素养发展特点的区域性系统培养研究”这个课题进行了教育理论概念体系的学习、梳理与思考，从而架构课题研究的框架。

(一) 分析校情，理清思路，整体规划

创新素养具体指哪些？它与教学的关联处在哪里？如何针对高一小学的现状规划课题研究的方案？

带着这些疑问，课题组进行了大量的资料查询工作，查阅了《美国和俄罗斯关于创新教育的研究》《小学生创新精神培养的现状、问题及其对策》《近年来“创新教育”研究综述》《创新素养与课程研发》《中小学生创新教育初论》等，还阅读了林崇德先生撰写的《创新人才与教育创新研究》一书。

带着这些疑问，课题组开展了高一小学学生创新素养调查问卷，从创新习惯、创新精神、创新思维、创新意识四个方面了解情况。

课题组汇总了各方面的资料后，进行综合分析，制定了研究方案，提出以下研究思路，以便今后有序地开展进一步研究。

1. 研究目标

（1）更新观念，唤起教师的创新意识，从而激发学生的创新意识。

（2）建立对话共享的课堂教学模式，营造民主、和谐、宽容的教学氛围，为促进学生创新能力的发展创造条件，提升学生创新素养的个性品质。

（3）改变和创新教学方式，设计以学生为中心的教学方式，以学定教，因材施教，促进教学过程的开放性和多样化，让学生参与到教学过程中，从而改变学生的学习方式，提升学生创新素养的思维品质。

2. 研究的基本框架

表1 研究的框架

研究目标	研究内容	研究途径
更新观念	学生创新的意识	以学科教学为主渠道 以活动项目为载体
对话共享	学生创新的精神 学生创新的习惯	
教学方式	学生创新的思维品质 学生创新的一般技能	

结合我校学生的现状，我们提出相关概念的指向：

（1）创新意识主要指创新动机、兴趣、欲望。

（2）创新精神主要指创新意志力、批判精神、主动精神、挑战精神、冒险精神、务实精神。

（3）创新习惯主要指乐于表达、交流、合作，勤于动手、实践、思考，敢于提问、质疑，保持自信心、好奇心。

（4）创新的思维品质主要指思维的流畅性、变通性、独创性。

（5）一般的创新技能主要指发现、提出、分析、解决问题的能力，独立获取知识的能力，利用新知识新信息的能力，写作、表达的技法。

3. 研究途径

学科教学基础型课程
- 语言文学类知识体系——语文、英语
- 数与形的逻辑类知识体系——数学
- 艺术类知识体系——音乐、美术
- 科学类知识体系——自然

活动项目等
- 拓展型课程——文艺活动、体育活动、科技活动、综合实践活动、游戏活动、阅读、写作
- 探究型课程——小发明和小创造、小课题研究

4. 研究内容

（1）以学科为主渠道，培养一至五年级学生创新素养的系统研究。依据学科差异性，开展语文、数学、英语、音乐、美术、自然学科的系统研究，将课程目标与我校创新教育目标相统一，体现基础性学力、发展性学力和创造性学力的年级分层与统一。研究制定相应的学科年段课程目标。

依据课程年段目标，以教材为蓝本组织学材，研究教师的教法与学生的学法。研究以学生为中心，充分发挥学生学习主体性的课堂教学方式，体现基础知识、创造能力和创造性人格的统一。研究以学生为中心，充分尊重学生情感的对话共享课堂教学模式，体现认知因素与情意因素的统一。

通过实证研究，将以上内容糅合在一起，使整个课程体系结构在部分与部分的关系上，部分与整体的关系上，内在的层次性、阶段性和整体性方面有较强的逻辑性，成为一个完整的体系。

（2）以活动为载体，发展一至五年级学生创新能力的研究。依据学生创新才能的差异性特征，学校已经开设艺术、科学、文学、体育、道德等类型的活动项目，引导学生自主参与学校门类齐全的活动。在此基础上，需要进一步删减或增设相关的活动项目，如小科技、综合实践活动、小课题研究、小发明和小创造，研究设计相关活动内容，提高活动课程的创新含量，突出活动课程创新亮点，使知识在活动中得以应用与延伸，学生的创新能力有所发展。

（二）共同学习、共同探讨，以求课题组成员达成共识

课题组设计了研究方案后，需要求得全体组员的认可，才能有效地开展课题研究。为此，课题组开展了三次理论学习、一次课堂研究、一次课题探讨。

1. 三次理论学习

课题组为每位组员发放了林崇德先生的《创新人才与教育创新研究》，组员自主学习，结合自学体会，组织理论学习。学习内容有：《教育理论概念体系》《创新人才与教育创新研究》《最佳可探讨教学案例——六种模式的总结与应用》《高一小学学生创新素养培养的研究方案》。

2. 一次课堂研究

教学案例：《数学》第十册教材《可能性的大小》。

教学目标：在猜测、实验中，体验简单事件发生的可能性；知道事件发生的可能性是有大小的；应用可能性的知识解决实际问题。

创新素养目标：创新人格，感受科学家做实验时具有的坚韧不拔的意志力；创新能力，在经历提出假设、验证假设、得出结论的学习过程中，了解解决问题所要经历的一个思考过程。

教学过程(片段)：

二、探究新知

1. 看图片，猜结果，说理由。

(1) 任意取一张画有黄色和绿色的图片，找到相匹配的可能性大小的示意图。

(2) 剩下的全部对应起来，边说边放。

(3) 重新排列，说出变化趋势。

设计意图：这节课不是第一课时，学生在前几课中已掌握概率的一些基本概念，已具有概率方面的一些经验；所以，设计这个环节，是希望学生在已有认知的基础上通过合理的、适度的想象，提出合乎逻辑的解释，即提出假设。

2. 出示“摸方块”游戏要求

(1) 老师给每个组发的袋子里都有6个方块，任意摸出1个方块，组长安排摸方块的顺序，全组按顺序摸，每人共摸5次。每摸完一次后，方块仍放入盒中。

(2) 组长在统计表上用数据进行记录(见表2)。

表2 统计表

姓名	总次数	摸出黄方块的次数	摸出绿方块的次数
	5次		
	5次		
	5次		
	5次		

(3) 汇报结果。

(4) 根据汇报的结果，猜测袋子中方块的情况。

(5) 想一想刚才的假设是否合理。

设计意图：①假设不代表就是正确的，需要通过某种实践得到证实。这是我们设计的第二个环节“摸方块”，即验证假设，希望学生体验到一个科学观点的提出，需要经历求证的过程。②采用怎样的实践形式来证明？这是要通过不断地学习积累的。如本环节设计的形式是，动手摸一摸，记录结果，观察结果与刚才的假设是否一致，让学生在实践中验证设想是否成立。这样可以有意识地帮助学生积累验证的方法(技能)，初步感受积极探索的科学精神。

(6) 得出结论:

数量多(所占的区域面积大)⇔可能性大

数量相等(所占的区域面积相等)⇔可能性相等

数量少(所占的区域面积小)⇔可能性小

设计意图:这是设计的第三个环节,即得出结论,培养学生善于分析和表达自己的研究结果。

加深理解事情发生的可能性

任意抛一枚均匀的硬币,出现正面朝上、反面朝上的可能性相等吗?

1. 小组合作做掷硬币的游戏,并将数据记录在下表3中。

表3 统计记录表

试验总次数	正面朝上的次数	反面朝上的次数

2. 实验操作、对比感受

可能会出现结论不一致的现象,如果我们继续抛下去的话,结果会怎样呢?

继续体验,下表列出了一些历史上的数学家所做的掷硬币试验的数据。

表4 投掷硬币记录表

试验者	抛掷次数 n	正面出现的次数 k	正面出现的频率 k/n
布丰	4 040	2 048	0.506 9
得·摩根	4 092	2 048	0.500 5
费勒	10 000	4 979	0.497 9
皮尔逊	12 000	6 019	0.501 6
罗曼诺夫斯基	80 640	39 699	0.492 3

科学家的实验结果是什么?与自己的实验对比,感受到什么?

设计意图:将学生自己的动手实践与科学家的实验作对比,感受探索知识需要有坚持不懈的态度和严谨的作风。

3. 一次课题探讨

组员们在参与了学习与观课后，课题组组织大家展开讨论，交流今后的研究如何开展。

在这次探讨中，组员认可了《高一小学的研究方案》，同时对创新意识、创新精神、创新习惯、创新的思维品质、创新技能等概念的指向都有了一致的思考。

但是组员都认为以上这些仅仅停留在理论层面，对于如何将这些理念落实到课堂仍然比较困惑。部分组员还认为培养创新素养通过各种公开课落实比较现实可行，通过各种活动培养是一个途径，但在平时的每一堂课中都要渗透就比较困难。

针对以上探讨，课题组决定：以日常的课堂教学为突破口，扎扎实实搞研究，转变教师们认为在活动或公开课上落实的“点缀式”的培养形式，努力让基础型课程真正成为培养创新素养的“主渠道”。

二、第二阶段：在实践中找到研究的起点，细化研究的目标与内容

基于第一阶段推进工作中的所感所思，课题组决定采用在尝试中梳理研究脉络，在梳理中找到研究起点的思路开展后续的研究。

（一）立足课堂，探索培养创新素养的落脚点

参与研究的基础型学科由四大知识体系共六门学科组成，每一门学科都有其学科的特点，虽然创新素养的培养目标是共通的，但落实到每一门学科的知识载体却是不同的。为此，课题组要求各门学科的试验教师确立一个研究主题，在日常的课堂教学中边实践边研究。

如音乐学科——自主创编节奏、乐曲等。

四、拓展——为歌曲填词演唱

设计意图：通过“提意见”激发学生爱自然、改造自然，建设好地球家园的美好心愿，增强环境保护的意识；同时在情境中引导主动交流，激发创编灵感。

1. 谈话导入

小朋友给太阳公公打了电话，提了个意见，太阳公公欣然接受。为了让我们的地球更美丽，生活更美好，他也想给我们打个电话提提意见呢！大家想想，太阳公公会给我们提什么意见呢？

2. 媒体出示图片：垃圾满地、工厂烟囱冒烟、汽车尾气污染等。

3. 师生交流讨论。

4. 学生创编歌词，互相交流。

5. 媒体出示学生创编的歌词并唱一唱。

美术学科——摒弃临摹，依靠审美直觉自主创作。

设计意图:图案设计环节有很大的自我创造的自由度,教师不限制学生用几何图形或者点线面还是其他任何形式进行创作,学生能大胆根据自己的想象进行创作,最后呈现出多元多样的作业效果。

一、引导学习

(一)任务一:设计图案

小游戏:火眼金睛

启发学生用已有的电脑绘画点线面的本领,设计一个有趣的小图案。

(二)任务二:创新排列

小游戏:图案大集合

启发思考:在电脑绘画中如何将一个图案变成许多个相同的图案?在色彩上还可以如何变化?

二、作业指导

提出作业要求:图案鲜明,有个性;排列规律,有创意。

三、师生互评

选一幅最喜欢的作品,根据评价要点说说被吸引的理由。

自然学科——在动手实验中进行探究知识。

设计意图:学生通过动手操作,边做边思考,通过讨论引发试验来证实,最后获得正确的知识。

(一)操作—— 导入

表5 导入活动

学生活动流程	教师指导要点	活动目标
操作:如何用铁钉把回形针吸起来	引导学生发现不同的操作方法,揭示课题	激发学生主动对电磁铁现象进行研究

(二)制作——简易电磁铁

表6 制作过程

学生活动	教师指导	活动目标
制作——电磁铁: 1. 把导线缠绕在大铁钉上(铁钉得事先进行消磁) 2. 然后把导线的两端接在电池的正负极上 3. 用铁钉接触回形针 4. 注意观察被铁钉吸引的回形针数量	指导学生将电线在铁钉上打结。 介绍电磁铁的制作方法: 1. 用导线的任意一端从钉子的任意一端顺一个方向缠绕 2. 可以从里向外缠绕,也可以从外向里缠绕 3. 缠绕的线圈要紧密些、整齐些	制作电磁铁,体会制作乐趣

（三）探究——电磁铁的磁性强弱与哪些因素有关

表7 探究

学生活动流程	教师指导要点	活动目标
1. 讨论：哪些因素会影响电磁铁磁性的强弱？ 2. 实验：用多种方法找出影响电磁铁磁性强弱的因素 (1) 学生分组讨论，大胆假设 (2) 学生根据自己的假设，设计实验方案 (3) 学生实验，注意观察线圈的匝数 (4) 填写实验结果记录 (5) 汇报实验结果 3. 拓展：还有哪些因素与电磁铁磁性强弱有关？	提醒学生不要用手去连接电池和电线，对学生进行安全教育 板书： 影响磁性强弱的因素：线圈、电源、芯棒	了解电磁铁的磁力大小与电池的数量、线圈的匝数等因素有关

语文学科——在想象说话中，培养想象力、联想力，培养质疑能力。

数学学科——在问题解决中锻炼思维品质。

语文、数学、英语学科的实验老师感到：课堂落实有困难。

（二）立足课堂，制定培养创新素养的序列目标、内容及学科目标、内容

课题组汇总各学科的研究主题与案例，查阅了各学科的教材与课程标准，发现：

(1) 音乐、美术、自然这三门学科对创新素养的培养都已显性化。如音乐学科教材的每一单元都有活动与创造，美术学科的课堂都要求学生自主创绘，自然学科明确要求学生在动手实验中探索自然知识。

(2) 语文、英语、数学这三门学科在课程标准中提出了培养创造力的上位目标，但如何落实在学习知识的过程中，目标不清晰。

(3) 每一门学科既存在其自身的学科特点，又具有相同的创新素养特征，这些共通的素养特征如何显现为学生的行为特征，成为小学教学共同的培养目标？具有学科特点的培养目标又是什么？大家都不清楚。带着以上的发现与思考，课题组制定了序列目标、内容以及学科目标、内容(见表8、表9)，课题组期望它们能成为保障课题系统化研究的行动指南。

表8 高一小学创新素养培养目标及内容

低年段(1—2年级)培养目标：愿学、愿想、愿用	培养内容
学生有主动学习的热情	保持学生的好奇心和求知欲；学生形成主动说、主动想、主动问的意识
学生有主动思考的激情	培养学生乐于倾听、观察、表达；初步养成主动交流与讨论的行为习惯
学生有主动实践的愿望	激发学生运用已有知识解决问题的欲望；初步学会运用旧知识认知新知识、解决新问题

（续表）

中年段(3—4年级)培养目标:会学、会想、会用	培养内容
学生形成主动学习的心理倾向	在说、想、问的过程中培养学生主动学习的兴趣;树立主动学习的信心
学生学会思考的基本方法	学生学会倾听、观察、理解、表达;学生学会独立思考;学生能带着自己的思考较自主地参与交流与讨论
学生养成主动实践的习惯	学生养成运用知识和经验认知新知识、解决新问题的习惯
高年段(5年级)培养目标:能学、能想、能用	培养内容
学生形成主动学习的个性品质	培养学生探索新事物的精神,学生有好学、好思、好问的品质
学生掌握独立思考的基本技能	学生掌握探索新事物的技能,学生有观察、倾听、分析、推理、表达、评价的能力
学生具有主动实践的基本能力	学生积累探索新事物的实践经验,学生有模仿实践、动手实践的能力

表9　高一小学各学科侧重培养目标及内容

分类	培养目标	培养内容	培养的方式或途径
语言、文学类知识——语文	思维的敏感度	直觉思维——感悟、顿悟	借助写作训练中的看图写话、续写等形式培养想象力
	思维的想象力	再造想象、创造想象	
	思维的批判性	提问、质疑、辨析	营造民主、平等、宽松的对话共享的学习氛围
逻辑类知识——数学	思维的流畅性、灵活性、独特性	逆向思维	采用问题探究式的教学模式,在发现问题、提出问题、解决问题的过程中培养思维的品质
		侧向思维	
		多向思维	
艺术类知识——音乐、美术	思维的再创造力	艺术欣赏力	采用作品展示与交流的形式分享创意、激发灵感
科学类知识——自然	解决问题的能力	模仿实践	通过动手实验,在提出问题、动手设计并实验、解决问题的过程中培养解决问题的能力
		动手实践	

三、第三阶段:在实践中借助教学指南,探索创新课堂的关键

基于第二阶段推进工作中的发现与思考,课题组决定选择数学这门学科深入研究,努力使基础型课程真正成为培养创新素养的“主渠道”。

（一）立足教材，制定数学学科创新素养的教学指南

传统的数学教学模式是教师从导入—新授—巩固—应用或提高四个环节设计教案，学生获取知识的途径主要是通过教师传授或从书本上直接得到。课题组认为，在小学教学学科中研究创新素养如何培养，其目的就是在继承传统学习方式优势的基础上，适当增入一些现代的学习方式，让学生在探究中获取知识。在小学阶段，努力创造问题探究型教学模式，努力培养学生自主学习的技能，从而为学生最终学会学习奠定基础。备课组在查阅了一些文献资料后，尝试在小学数学教学中渗透归纳式的教学方法，即渗透从特殊到一般的教学思路，这有益于求异思维与发散思维的发展。思维发展心理学研究表明，小学是儿童从具体形象思维到抽象逻辑思维过渡的阶段，从特殊到一般的归纳式教学模式与从具体形象到抽象逻辑的儿童思维发展趋势在本质上是吻合的，这不仅有助于小学生从具体形象思维向抽象逻辑思维阶段的过渡，也有助于创新思维品质的培养。对此，课题组梳理了小学数学教材，整理出适合渗透归纳式教学思想的教学内容，制定了相应的教学指南，如下所示。

教学主线：渗透归纳式教学思想，即从特殊到一般的教学思路

教学模式：问题探究型教学模式

教学策略：猜想求证的方法学习

学习过程：发现问题—提出假设—验证假设—归纳总结

一、猜想求证的有意引导，类推方法的适时渗透

表 10　类推方法适时渗透

年级	内容	发现问题	提出假设	验证假设	归纳总结
二年级第一学期	长方体的初步认识	正方体迁移到长方体联想到：长方体面、棱、顶点	用语言描述的方法提出长方体面、棱、顶点	用动手实验的方法验证	用不完全归纳法总结描述
四年级第一学期	乘法交换、结合律	加法迁移到乘法联想到：乘法有什么定律？	用符号化的方法提出定律内容	用举例的方法验证	用不完全归纳法总结描述
四年级第二学期	除法的运算性质	减法迁移到除法联想到：除法是否有类似的性质？	用符号化的方法假设定律内容	用举例的方法验证	用不完全归纳法总结描述
五年级第一学期	三角形面积、梯形面积	平行四边形面积推导方法迁移到三角形梯形的面积推导	用符号的方法假设公式	动手实验、举例、统计推理的方法验证	用不完全归纳法总结描述

二、猜想求证的有意引导，逻辑归纳的适时渗透

表 11　逻辑归纳适时渗透

年级	内容	发现问题	提出假设	验证假设	归纳总结
三年级第二学期	谁围出的面积最大？ 拓展：谁围出的周长最长？	20 根小棒可以围出各种长方形、正方形。如果周长相等，面积有什么规律？	用语言描述的方式提出	用计算推理的方式验证	用不完全归纳法总结描述
五年级第二学期	可能性有大小	在问题情景中猜想出现概率的规律，提出假设	用数据描述的方式提出	用动手实验的方式验证	用不完全归纳法总结描述

（二）立足课堂，探索问题探究型教学模式的关键环节

问题探究型教学模式的关键是产生一个真实的问题，非教师主观设定的问题，而是学生经过探索，自己提出的问题。因此，课题组将“发现问题”环节定为重点研究内容，研究什么教学方法或策略能使学生产生问题，为学生学会推测、判断、分析、综合、评价等高阶思维能力奠定基础。为此，课题组开展了新一轮的研究。

例如数学第三册《长方体的初步认识》，课题组希望学生由已经掌握的知识“正方体特征”引发联想，进行合情合理地推测，大胆猜测长方体的特征，提出长方体特征的假设，然后在动手操作的探究式活动中加以验证，最后在集体归纳总结中得出结论。

教学片断：

一、复习旧知，迁移引入，大胆猜测

1. 复习正方体的特征(板书)

2. 认识长方体的面、棱、顶点

3. 猜测长方体的特征(板书)

4. 揭示课题(板书：长方体的初步认识)

二、动手操作，小心验证，探索新知

（一）探究长方体面的特征

1. 明确任务：两人一组，任选一个方案验证长方体面的特征。(课件：温馨提示)

方案一：利用彩色纸片搭一个长方体。

研究步骤：观察纸片的特点；选择纸片；边搭边验证。

方案二：利用长方体纸盒。

研究方法：数一数、描一描、剪一剪、量一量……

2. 小组合作，动手实践。

3. 汇报交流。

4. 小结。(更正板书)

(二) 探究长方体棱的特征

1. 明确任务:两人一组,可以利用上节课制作的长方体框架模型,也可以利用现成的长方体纸盒来验证长方体棱的特征。

2. 小组合作,动手实践。

3. 汇报交流。

4. 小结。(更正板书)

(三) 探究长方体顶点的特征

1. 明确任务:验证长方体顶点的特征。

2. 独立思考,动手验证。

3. 汇报交流。

4. 小结。(更正板书)

教师教学反思:我个人在经历了统整表的设计、备课、磨课、上课直至每一节课后的反思这一系列过程后,越来越深刻地感受到创新课堂的与众不同和独特魅力。在这样的课堂中,学生的学法、教师的教法都应有所改变。我们要培养的不仅是学生的四个基础(基本知识、基本技能、基本能力以及基本态度),更应多多鼓励学生在学习的过程中敢于提出问题或猜测,在争论、质疑、讨论的时候敢于表达自己的见解,敢于去尝试不同的解决方法。就像今天的学生一样,大胆地猜测,小心地求证,可以在搭长方体的过程中去验证面的特点,也可以通过描一描、剪一剪的方法去验证,并自信大胆积极地去表述自己的见解,这其实就是创新素养的一种体现。

又如数学第六册《谁围出的面积最大》,课题组希望学生观察图形,借助计算展开合理猜想,在情境中联想到周长一定时,面积随长、宽的变化而变化的规律,从而提出相应的假设。

教学片断:

一、创作猜想,初步验证

1. 独立操作

每人用12根小棒围一个长方形,你围了一个怎样的长方形? 你是怎么围的? 又是怎样想的呢?

2. 一共可以围多少个不同的长方形? 为什么?

(媒体出示长5宽1、长4宽2、长3宽3的三种长方形图)

3. 观察猜测:(1)计算以上长方形的面积;(2)观察图形和数据,你发现了什么?(3)大胆猜测,周长相等时,面积的变化与什么有关,是怎样变化的?

（猜想：周长相等，长与宽越接近，面积越大；长与宽相差越大，面积越小；长与宽相等时，正方形面积相等。）

4. 初步验证：小组讨论你们可用什么方法来进一步说明面积的变化情况？

（1）学生小组活动，教师巡视指导各小组的方法如何呈现。

（2）观察学习，分析小组的说明报告，哪种表达更能一目了然地说明面积随长与宽的变化而变化。

5. 小结：表格研究更能体现变化的情况，为了研究方便，表格数据应有序排列。

教师教学反思：设计环节充分让学生调动原有的认知，运用自己理解的方式来完成操作任务；然后让学生互相分享，打开学生思维的闸门，让学生进入思维的空间；接着老师引导，用 12 根小棒围成的长方形一共有几种？为什么只有 3 种？将学生的思维引入更深层次的思考，学生的局部思维向整体思维统筹。最后观察 12 根小棒围出 3 个不同的长方形，计算出它们的面积，并且有序呈现，充分让学生观察、发现、猜测。学生 A 说，我发现这些长方形的周长相等，面积却都不同。学生 B 说，我发现这些长方形的周长相等，并且长、宽都在发生变化，所以面积也跟着变化。学生 C 说，当长和宽越来越接近时，面积越大，当长和宽相差越远时，面积越小；当长和宽相等时，面积最大。就在你一言我一语中，教师进一步提议，引导学生深入验证假设。

在课堂教学的一次次尝试中，通过梳理和研究，课题组总结出以下三个有利于学生发现问题的教学策略：

（1）创设新旧知识链接的情景，在唤醒学生已有认知的基础上，找到新的知识生长点，从而提出数学问题。如“长方体的初步认识”一课，在已有知识“正方体初步认识”的复习中，学生从已有的正方体的知识经验迁移到长方体，从而判断出长方体的大致特征，引出今天的学习问题。

（2）创设蕴含数学知识的生活情境，在情境中激发学生学习新知识的迫切感，促动学生提出问题。如“搭配”一课，为了不重复、不遗漏地思考搭配衣服、菜谱方案，提出课堂讨论的数学问题。

（3）在有趣的数学现象中产生联想，从而提出问题。如“谁围出的面积大”“可能性的大小”等课，学生在一组变化的数学现象中感受到其中所蕴含的规律，从而提出数学问题。

上海交通大学附属小学实验报告

一、实验背景

（一）课题研究的重要性

作为实验学校，上海交通大学附属小学（以下简称“交大附小”）承接这项课题研究，承载着先行先试、探索实践的重任。我们通过参加总课题组组织的培训，以及学习分析相关情报资料，着实感受到此课题研究的重要性与迫切性，将带给师生两方面的转变——教师教学行为的转变，学生学习方式的转变。

这项课题研究的重要性与迫切性在于，当前实施素质教育要以培养学生的创新精神和创新能力为重点，培养学生创新精神和创新能力为核心的创新教育将成为教育发展的主题。

（二）当前存在的片面认识与课堂误区

教育本身就是一个创新的过程，教师必须有创新意识，在传授知识、发展能力的同时，培养学生的创新精神和创造能力，这既是一种教学思想，也是一种教学方式。以前一提到创新，往往想到的是脱离教材的活动，诸如小众化的小制作、小发明等，或者是给一个话题，让学生任意去说，说得离奇便是创新，这就走入了一个误区。现在看来，教师完全能够通过挖掘教材，运用驾驭教材，把与之相适应的新知识、新问题引入课堂，引导学生积极探究，掌握解决问题的方法与途径，从而培养学生的创新精神与创新能力。

（三）我们的认识

教师教学方式的转变影响到学生学习方式的转变。以往课堂教学在一定程度上存在着以课堂为中心、以教师为中心和以课本为中心的情况，忽视了学生创新精神和实践能力的培养，这种单一、被动的学习方式会产生两个弊端：一是学生的学习过程枯燥、乏味，负担重；二是不能促进学生高层次思维能力的发展。由此看来，只有以积极的情感体验和深层次的认知参与为核心的学习方式，才能促进学生包括高层次思维在内的全面素质的提高。学生的学习方式对学生的学习结果具有决定性的影响，如果我们要发展学生的创新思维，就要改善学生的学习方式。

二、实验目的

通过实践探索在小学阶段运用课程资源培养学生的创新素养的途径方法，为总课题组提供实践依据。具体实验目的是：

（一）探索在基础型课程实施中的系统性培养

确定学校优势学科——数学，展开实践研究，在学科教学中体现三个系统性，即培养目标系统考虑、教学内容系统设计、教学过程系统培养。

（二）探索在拓展型课程中提供创新活动载体

在拓展、探究型课程中选择开发较为成熟的校本课程——“源源文学社”“实学农庄”，以校本研发课程作为活动载体，培养学生的创新精神和实践能力。

（三）探索利用校内外优质资源在探究型课程中展开多途径培养

作为与上海交通大学一脉相承的附属小学，我校利用上海交大独特的人文、科技等优质资源对学生开展创新教育活动，选择钱学森图书馆作为学生创新实践活动基地，体现培养途径多元化。

三、实验过程

实验研究大致用了三年的时间，分三个阶段进行研究。

（一）准备阶段

此阶段的重点是学习培训，收集情报资料，组织现状分析，确定实验范围，撰写实验方案。

(1) 收集整理与课题研究相关的情报资料，整理学习。

(2) 进行课题实验的前测，做好前测的数据统计分析。

(3) 确定课题实验的科目或项目，制定预期实验目标。

(4) 拟定实验研究方案。

（二）实验阶段

此阶段的重点是立足实验学科或项目开展实践研究，组织交流展示培训。

(1) 拟定实验方案，确定培养目标、方法途径策略、预期成果形式。

(2) 定期组织学习培训及交流反思，梳理研究脉络，调整研究方法途径策略。

(3) 收集整理过程性资料。

（三）总结阶段

此阶段的重点是实验过程的反思积累以及方法途径的提炼。

(1) 梳理过程性资料，反思实验预期结果与实验目标的一致性。

(2) 提炼总结研究方法、途径策略，为课题提供实践依据。

（3）撰写实验研究报告。

四、实验结果与分析

根据实验目标，通过实践初步取得了三方面成果：

（一）在基础型课程实施过程中的系统性培养

数学学科是学校的优势学科，通过试点后再全面覆盖。在数学学科中开展实践研究，从培养目标、教学内容、教学过程三个环节体现系统性培养。其中教学内容、培养目标的系统性培养实践的成果形式以《小学数学教学内容统整指南》呈现，教学过程的系统性培养实践则是以部分典型课例的形式呈现。具体成果是：

1. 培养目标的系统设计

创新素养的培养必须以数学知识与技能为载体，同时创新素养的培养必须体现系统性。因此，我们从原有的统整指南入手，深入挖掘教学内容中的创新因素，找出创新点，将其列入教学目标，以系统培养小学生的创新素养。

例如，二年级第一学期“几何小实践”单元的教学，在原有三维教学目标的基础上，增添了“创新素养培养”这一维度，具体目标定为：

（1）通过看一看、摸一摸、折一折、剪一剪、搭一搭、数一数、画一画、量一量、猜一猜、比一比等实践活动，学生主动参与新知识构建过程，产生自主探究的欲望和浓厚的学习兴趣。

（2）在丰富多样的实践活动中，学生初步感受解决问题的一般思维方式（观察、猜测、验证、推理、归纳等），体验多样化的解决方法、途径，感受成功的喜悦，进而培养学生的创造性思维能力。

又如，五年级第二学期“简易方程（二）”单元的教学。对于列方程解应用题，学生已是第二次接触，已经逐步感受到用方程解决问题的优越性，本单元是在此基础上体验解题方法的多样性和解题策略的多元化，即从不同角度寻找等量关系，探究解题的思路，能借助线段图分析实际问题中的等量关系，提高用方程、算术法解决实际问题的能力。

因此我们在教学目标制定上强化了两点：

（1）鼓励学生一题多解，尝试用不同的思路解决同一问题，并积极主动地参与交流、展示，提高学生的学习兴趣，感受解决问题的多样性，培养学生的求异思维能力。

（2）在解决实际问题的过程中，帮助学生形成良好的学习态度，对日常生活和周围环境中的数学现象具有好奇心，并有探究的欲望。

2. 教学内容的有序整合

（1）基础性学习内容的整合。挖掘教学内容中的创新因素，根据课程标准的要求，以上海二期课改教材为主线，结合以往使用《现代小学数学》教材的经验，融入其有价值的内容，对教学内容进行调适、梳理。在梳理的过程中我们明确了教学内容贯穿两条主线，即数学基础知识和数学思想方法。数学基础知识是一条明线，直接用文字形式写在教材里，反映着知识间的纵向联系。数学思想方法则是一条暗线，反映着知识间的横向联系，常常隐藏在基础知识的背后，需要我们数学教师加以分析、提炼才能显露出来。数学教材的每一章节乃至每一道例题，都体现着这两条线的有机结合，这是因为没有脱离数学知识的数学思想方法，也没有不包含数学思想方法的数学知识。由此清晰了数学思想方法是数学的精髓，是学生形成良好认知结构的纽带，是知识转化为能力的桥梁，是培养学生良好的数学观念和创新思维的载体。

因此，在每单元教学内容的统整中，我们除了考虑知识点之间的逻辑关联，还考虑到数学思想方法的系统渗透。基于这些思考，我们列出了在小学数学教学中较为重要的数学思想方法，有数形结合、化归、转化、分类、符号化、对应。

以五年级第二学期“几何小实践”单元的统整教学内容为例。

表 1　统整教学内容

教材安排的教学内容安排顺序	统整以后的教学内容安排顺序
1. 体积	1. 体积
2. 立方厘米、立方分米、立方米	2. 立方厘米、立方分米、立方米
3. 长方体与正方体的认识	3. 长方体与正方体的认识
4. 长方体与正方体的体积	4. 长方体与正方体的体积
5. 组合体的体积	5. 组合体的体积
6. 正方体、长方体的展开图	6. 体积与容积
7. 正方体、长方体的表面积	7. 体积与重量
8. 表面积变化	8. 正方体、长方体的展开图
9. 体积与容积	9. 正方体、长方体的表面积
10. 体积与重量	10. 表面积变化

教材原先对 10 个教学内容的编排是“体积”与“表面积”交织教学，通过实践，我们认为这样的编排容易使学生在学习中混淆相关知识点，从而影响了综合解决问题的能力。

我们进行这样调整是基于以下几方面思考：

① 从学生认知规律角度考虑，学生只有在清晰了解每个知识点的来龙去脉后，再找寻知识点之间联系，经历这样的学习，才能综合运用知识解决问题，而且是高效的。

② 从知识点之间的逻辑关联考虑，将“长方体与正方体的体积”与“长方体与正方体的表面积”的相关知识点归整学习，分成两大块面，每个知识块面形成各自的逻辑关联，进行一致性地深入探究，有助于学生更清晰地区别“体积”与“表面积”的不同点，更有助于学生在解决问题过程中灵活运用，举一反三，发散思维，引发创新。

③ 从数学思想方法在教学中一致性渗透考虑，在探究“体积”“表面积”的过程中渗透建模、转化的思想。学生在以往学习平面图形的基础上，探究长方体、正方体的体积，又通过认识长方体、正方体的展开图，探究表面积，回归平面。这种从平面到立体，以立体到平面的探究，逐步发展了学生的空间观念，有助于学生迸发创新思维。

(2) 探究性学习内容的统整。在教学内容的统整设计方面，我们除了将现有教材的教学内容作统整，还利用探究课作为实施平台，展开学科探究。以现有教材内容为主，深入挖掘其中的知识点以及学习方法等方面的创新因素，依据学生认知水平，联系生活实际，设计了一至五年级共30个探究性学习活动(见表2)。

表2　探究性学习活动

	第一学期拓展性学习活动内容	第二学期拓展性学习活动内容
一年级	数字的起源 分类统计 实物图形的观察	认识人民币 你知道吗? 量一量
二年级	乘法口诀探秘 神奇的幻方 实物图形的观察	算24点 有趣的余数 租车问题
三年级	时间的由来 华罗庚与他的统筹方法 校园知多少	高斯的故事 速度、时间和路程 生活中的长方形与正方形
四年级	收集数据 神奇的圆 巧用三角尺画角	生活中的近似数 珍惜时间提高效率 数学故事:没有规矩不能成方圆
五年级	刘徽与《九章算术》 $0.\dot{9}<1$ 吗? 图形的欣赏与制作	海绵状物体的体积探究 怎样包装纸最省? 猜一猜

这些活动内容与基础性课程教材内容紧密相连，是基础性课程教材内容的延伸，因此我们将其编入统整指南，增加了“配套综合实践活动”一栏内容，便于整体思考与设计。

以四年级“巧用三角尺画角”探究活动为例。学生在初步认识了角、会用量角器量角画角、掌握了角的计算方法之后，我们设计了“巧用三角尺画角”这一拓展学习活动。教师引导学生通过观察、操作，让学生亲历了用归纳概括得到猜想和规律的过程，总结出“用一套三角尺能画出15°倍数的角”的规律并体验了画角方法的多样性，有利于学生创新素养的形成和提高。

3. 教学实施过程的重点突破

教学过程中如何培养学生的创新意识？如何通过预设与生成达到教学目标，做到过程与目标、结果与目标的一致？我们在实践中统一了思想，明确了抓手，即抓住问题设计展开教学。众所周知，问题是数学的核心，有了问题，思维才有方向；有了问题，思维才有动力；有了问题，思维才有创新。数学学习过程是不断发现问题、提出问题、分析问题、解决问题的过程，问题提出的质量决定着学习的质量，直接影响着教学效果与学生的思维方式。

在实验开展之初，我们针对“数学课堂上老师的提问”这一专题，从调查中发现，学生对课堂问题设计的期望是：

(1) 学生喜欢具有指导性、启发性的问题引导，不喜欢老师过多重复啰唆的语言，简言之，老师在课堂上不要废话太多，不要将一个问题不停地反复。

(2) 学生喜欢课堂上具有挑战性的问题，喜欢参与，喜欢研究，喜欢合作。

由此可见，有效性提问在数学课堂上的重要性。数学课堂教学中有效的问题设计，可以培养学生的问题意识，孕育创新精神。因此，我们在教学过程中精心设计问题，培养学生的问题意识，让学生带着问题在探求欲望的驱使下学习，提高创造性思维的水平。

统一思想、明确方向后，我们首先梳理了课堂有效提问的策略：针对知识的生长点，设计启发性问题；针对知识的重点，设计思考性的问题；针对知识的深化，设计灵活性的问题。这些策略是大家普遍认同且经常实践的。在此基础上我们针对实验目标，尝试在课堂问题设计上的新突破，主要体现在以下两方面：

(1) 大问题，引领学生感悟数学思想方法。以往教学设计时，教师的着眼点更多局限在知识的分解上，习惯在问题的指向性和精确性上下功夫，为了“牵引”而“问”，因此，提出的问题往往小、杂、碎，学生缺少思考的空间，这不利于学生创新素养的培养。基于以上认识，我们提出：以“大问题”引领教学，为学生提供充足的思考空间。我们强调问题的“质”，问题必须触及数学的本质。这个本质，不仅仅是知识技能，更是基本的数学思想方法。因为数学思想方法是处理问题的指导思想和基本策略，是数学的灵魂。感悟和运用数学思想方法，是提高学生数学思维品质、培养创新意识的必要条件。

以二年级的“七巧板”一课为例。学生在知道七巧板是由三角形、正方形、平行四边形三种基本图形组成。我们将 5 个三角形分类之后，教师用儿童化的语言设计了这样一个问题：“在这些图形中，还有哪些图形是好朋友(即大小相等)？”学生通过观察、操作探究出了各图形大小之间的关系，既初步感知了转化思想，又为下一阶段拼搭图案打好了基础。

(2) 激质疑，鼓励学生提出有价值的问题。20 世纪 70 年代，数学教学大纲中提出了“培养学生分析和解决问题的能力”。此次课程标准修改中，把“发现和提出问题、分析和解决问题”作为数学课程总体目标的表述内容。从强调“分析与解决问题”到不仅强调“分析与解决问题”，还要强调“发现与提出问题”，其实质就是重视创新，重视学生创新意识的培养。因此，在课堂上我们努力营造好的学习氛围，鼓励学生提出有价值的数学问题。

以三年级的“几分之一”一课为例。学生在认识了几分之一、理解了几分之一的意义后，教师设计了一题填空（见图1）：暗色部分是大正方形的（　　），暗色部分是大长方形的（　　），暗色部分是整个图形的（　　）。

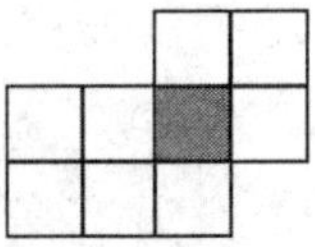

图1　填空

学生完成填空后，教师追问：“你有什么疑问吗？”在教学内容的重点处，为学生创设了质疑的空间。果然引起少数同学的疑问：“暗色部分是2×2与3×2的重叠部分，是否要算2个？”原本不敢问的学生，在教师的激发下，展示了自己的想法。一个错误就在这一声声质疑问难中浮出水面。学生自己发现问题、解决问题，既巩固了所学知识，又培养了学生自己发现问题和解决问题的意识与能力。

（二）在拓展型课程中提供创新活动载体

1. 课程目标定位上偏重创新

学校三类课程在实现培养目标过程中承担着不同功能：基础型课程促使学生均衡地掌握了各学科的基本知识和基本技能，为学生的终身发展奠基；拓展型课程通过拓展视野，培养学生广泛的兴趣和勇于探索的习惯，植入学校文化，培养学生关注社会的习惯，为将来的个性发展打下基础；探究型课程以培养学生动手实践能力与创新素养为目标，促进学生形成富有个性化的特长。

培养学生的创新精神和实践能力在三类课程中都有与之呼应的培养途径与抓手。如果说基础型课程是立足于学科教育，那么在拓展型课程中是以丰富多彩的活动为载体，给予学生更多的操作活动时空，从而培养学生的创新素养，满足学生多元化发展需求。

2. 课程内容设计上给学生搭建创新活动平台

学校的拓展型课程设置分为限定拓展和自主拓展两类，其中限定拓展依据市教委颁布的课程计划设置相应科目，自主拓展根据本校实际设立“修身养性传承文化”“强壮身体健全体魄”“立足传统放眼世界”和“动手动脑探索奥秘”四大模块三十余种活动科目，其中一些科目，例如“儿童画创作”“英语课本剧表演”“模型制作”“摄影小组”“文学社”“实学农庄”等，深受学生喜爱。这些科目的开设给学生搭建了创新活动平台，学生在动手动脑中增长知识，提高实践能力。

3. 课程实施过程中注重创新

如果要将课题实验辐射到全部科目，显得层次性不够，有效性不强。所以我们从三十余种项目中选择了两项开发得较为完善的科目，进行尝试，在科目设计纲要中体现挖掘创新素养的培养途径方法，并在实践操作中不断完善。

以源源文学社为例。

表 3　源源文学社科目纲要

科目简介	交大附小先贤邹韬奋是中国近代史上杰出的新闻记者。我们在挖掘了交大附小的历史财富后，积极探索素质教育的有效途径和独特方法。结合"思源致远"的校园文化，利用语文实践活动来提升交大附小学生的语文综合实力，培养学生"乐学、善学、能干"。为了使三年级学生能顺利完成"采、编、播、访"任务，初步具有新闻采编能力，培养他们具有"小眼看世界"的新闻意识，我开发了"我是源源小记者"的拓展型课程。"剪贴报纸新闻，了解新闻知识""采集新闻，尝试写新闻""播报新闻，积累经验""合作采访，寻找新闻素材""成果展示，体验成功"五个阶段的实践活动，遵循着"了解知识—实践体验—获得经验—成果展示"的学生认知规律，让三年级学生在体验的过程形成新闻意识，初步掌握撰写新闻稿的方法，引导学生关注身边事、关注身边人，让学生养成关注身边的事和人的习惯，激发学生对生活的热爱、对学校的热爱
背景分析	"思源致远"是交大附小校园文化的核心，推崇"最是书香能致远"。 2013 年 2 月 18 日组建的交大附小源源文学社，由三、四、五年级各班部分学生组成。校园网站开辟的源源文学社专栏，里面有"交小新闻角""美文苑""人物专访"几个板块，同时源源文学社要定期完成校报《源源悦读报》。源源社团成员需要自己撰写校园新闻，并及时上传至源源文学社网站专栏"交小新闻角"，同时每周进行一次"源源电视台新闻联播"的活动。与此同时，"如何发现新闻""如何撰写新闻""如何播报新闻""如何对不同的人群进行采访"等问题应运而生，尤其对于三年级的学生来说有一定的难度。 三年级拓展性课程科目设计"我是源源小记者"，是基于源源文学社的社员们在活动中所碰到的问题，或者知识盲点开设的课程，以学生的兴趣和直接经验为基础。 该课程是由六个相互衔接且由浅入深的模块组成：模块一"新闻知多少"让学生关注新闻，积累新闻知识；模块二"学当源源小记者"、模块三"源源记者在行动"、模块四"我是新闻小主播"，旨在让学生在实践中获得"采集—撰写—播报"的知识体验；模块五"源源和你面对面"让学生学会关注身边的普通人，挖掘出平凡工作中的不平凡，激发学生对兢兢业业工作者的敬仰之情，传播"真善美"；模块六"会说话的照片"是让学生学会读懂新闻照片里的故事，初步具备欣赏新闻摄影作品的能力，同时在源源文学社社员和源源摄团的小小摄影师合作完成"会说话的照片"的实践活动中，初步具备新闻工作者的能力，并为《2015 年交大附小"源源杯""会说话的照片"集锦》做准备，以此激发学生思源致远，"思成长之源，名荣校之责"。 这门从学生问题中来，为学生需求和发展而设置的拓展型课程，充分利用交大附小源源文学社网站专栏、源源校园电视台、《源源悦读报》等立体多元的多媒体平台，让学生在具体问题的解决中形成实践性的知识和经验。特别是在遇到问题时，学生能综合运用所学知识，主动去探索实践，获得解决现实问题的真实经验，以获得综合运用知识的能力，也为可持续性发展提供了广阔的天空。
科目目标	1. 通过剪报读报、听《新闻联播》，了解新闻的特点，知道新闻中的"5W"原则。 2. 从校园生活中采集新闻素材，尝试用"5W"原则写一则新闻，并上传至交大附小网站"交小新闻角"栏目，让学生学会关注身边事。 3. 通过在"源源文学社新闻发布会"上合作完成一次新闻联播，尝试把自己撰写的一则新闻稿进行播报，逐步提高学生"采集—撰写—播报"的新闻能力。 4. 通过小组合作，对身边的人进行采访，完成采访记录，交流采访感言，尝试进行人物专访活动，学会关注身边的人。 5. 利用"会说话的照片"的欣赏制作，让学生发现校园的美丽，发现身边的美丽，逐渐养成"小眼看世界"的习惯。

从科目设计中，我们不难发现，教师搭建的这个平台，为学生在"采、编、播、访"方面提供了无限拓展的空间。学生在一次次活动中学到了知识，丰富了经验，锻炼了能力，拓展了思维，拥有了一技之长。

又如"实学农庄"：

表 4 “实学农庄”科目纲要

<table>
<tr><td>科目简介</td><td>“实学农庄—乐蔬园”是“实学农庄”系列拓展课程中以蔬菜种植为主的科目，本科目是集趣味性、专业性、实践性为一体的综合性自主拓展科目，学生通过科目学习初步了解常见蔬菜的生长特点。学生在实践操作中，通过翻土、整地、施肥、播种、管理、收获等环节，初步掌握种植方法，从而产生好奇心与求知欲，初步养成从事探究活动的正确态度。课程培养了学生提出问题、分析问题、解决问题的能力。课程实施理念是将“思源致远”为核心的校园文化融入课程活动设计中，传承和发扬“实心实意求实学，实心实力务实业”的精神。课程实施对象是四年级部分学生。课程实施组织形式是四年级学生自由报名参加，经过一学年的学习，初步掌握一门专业技能。课程内容是根据季节特点和蔬菜生长规律，将一学年的种植计划安排如下：
实学农庄
— 春季
—— 薯芋类（土豆、红薯）
—— 瓜类（黄瓜、丝瓜、夜开花等）
—— 茄果类（西红柿、茄子、甜椒等）
—— 豆类（长豇豆、豌豆、刀豆等）
— 秋季
—— 叶菜类（小茴香、荠菜、香菜等）
—— 葱蒜类（大蒜、韭菜等）
—— 根菜类（胡萝卜、红萝卜等）
—— 白菜类（青菜、红苔菜等）
—— 甘蓝类（菠菜、莴苣、芹菜等）
课程评价形式是各模块过程性评价与目标达成性评价相结合，采用多种手段进行评价</td></tr>
<tr><td>开发背景</td><td>本科目的开发背景基于三方面，一是基于学校课程的育人目标，二是基于学校拓展型课程的目标定位，三是源自师生的共同需求。
学校课程的总目标是培养品德美、习惯好、才艺佳、身心健的学生，这一目标在三类课程中都有落实与体现，落实到拓展型课程中就是力求拓展学生对自然、社会、自我的认识和体验，拓展学生的知识，发展学生的个性特长和兴趣爱好，促进学生多样化发展，培养学生的创新精神和实践能力。实学农庄给学生创设了探究、实践的平台，学生在参与蔬菜种植全过程中，获得劳动技能，开阔视野，产生探究欲望。
2011 年的教职工代表大会上，有教师提案：在学校新校舍中辟出一块地，供学生学习种植，感悟生命，体验成长。这一提案牵动着校领导的心。随着 2012 年 10 月新校舍的落成，实学农庄也成了“校园八景”之一，既是一处景观，又是学生实践探索的园地。实学农庄位于屋顶花园的西北角，大致呈梯形分布。“实学”两字源于校歌“实心实意求实学，实心实力务实业”。实学农庄旨在通过农作物种植，让生长在国际大都市里的学生也能体验到田园的乐趣，零距离地接触绿色生态，学习农业和自然科学知识，为学生健康、快乐的童年添彩。</td></tr>
<tr><td>科目目标</td><td>1. 通过种植实践活动，认识上海地区(春、秋季)菜园中一些常见蔬菜，及其生长特点。
2. 通过参与翻土、整地、施肥、播种、管理、收获等种植环节，掌握种植蔬菜的一般方法，学会栽种一种植物，并迁移至其他植物的种植。
3. 培养学生的观察能力、调查分析能力、收集信息的能力、对收集到的信息进行简单加工处理和应用的能力。
4. 激发学生的好奇心和求知欲，初步养成从事探究活动的正确态度；获得亲身探索的体验，培养学生提出问题、分析问题并想办法解决问题的综合实践能力。
5. 通过小组的分工合作，学会分享、学会合作、学会安排。
6. 培养学生对自然界、对生命的热爱，形成环保意识和社会责任感。</td></tr>
</table>

可不要小瞧这简单的种菜，其中蕴藏着大学问。学生在活动中获得体验，培养了能力和坚韧意志。更可喜的是，学生经常会将活动的体验与花絮、获得成功的喜悦与感慨、遭受失败的感悟与得失记录下来，用他们的视角与语言表达活动带给他们的喜怒哀乐。学生的文章在源源文学社发表，有的还编入作文集；源源摄团的社员们会在蔬菜生长的每一阶段拍摄一些照片，记录过程。这样状态下的课程之间的延伸是自然促成的，是和谐的，让课程去“追随”学生的生活，使之贯穿于学生课内外的生活领域，就是其价值所在。

（三）利用校内外优质资源在探究型课程中展开多途径培养

作为与上海交通大学一脉相承的附属小学，我校利用上海交大独特的人文、科技等优质资源对学生开展创新教育活动。我们从两方面入手：一方面运用上海交大场馆院系资源，组织探究实践活动，学校以交大农学院、交大校史馆、钱学森图书馆作为社会实践活动基地。这些活动基地给学生更宽广的平台，学生在动手动脑中增长知识，发展能力，培养创新意识与实践能力，体现了培养途径多元化；另一方面，协同家长，开展学生有兴趣的实验研究，推进创新素养在课后的自由组团式中培养与延续。

以钱学森图书馆作为基地开展的系列实践创新活动，师生获益颇多。根据二年级小学生的身心发展规律，我们在教学与活动中主动地、灵活地、创造性地、有效地利用钱学森图书馆里的资源，希望交大附小的学生们继承“爱国、奉献、求真、创新”的钱学森精神，弘扬钱学森留给中华民族的宝贵精神财富。

这项综合实践活动也是交大附小的一次创新实践，即“教学内容上，人文与技术融合；教学形式上，实践与探索兼具；教学组织上，多学科教师协同”的教学实践。

具体设计如下：

教学对象是二年级学生，教学内容是初步了解导弹的基本构造及升空原理。授课形式是实践操作。由自然教师、语文教师、信息教师三科协同授课。

教学目标：

(1) 通过参观钱学森图书馆，了解钱学森爷爷的生平，激发学生敬仰、热爱钱学森爷爷的情感。

(2) 通过观察和试验，知道导弹的外形构造和导弹升空的基本原理。

(3) 观看“两弹结合”的视频，知晓科学研究需要严谨的科学态度和求真的探索精神。

(4) 通过 Simple Rockets 软件的应用，知道火箭的构造及作用，培养学生“求真、创新”的科学态度。利用“火箭模拟设计发射”的活动，激发学生对钱学森爷爷的情感和对科学的探索精神。

系列活动过程：

系列 1：走进“钱图”，收集资料

钱学森图书馆里的每一个展品都是无声的老师，静悄悄地告诉学生钱学森爷爷的伟大。在活动前，组织学生去钱学森图书馆参观学习，完成《交小科技之光——走进钱学森图书馆知识普及》学习任务单的任务。

系列 2：实地探究，动手操作

导弹是场馆中最显眼的实物，也是学生最感兴趣的。通过“这颗那么大、那么重的导弹是怎么飞起来?”的问题引入，引发学生思考讨论，培养学生观察思考的能力。

借助两次气球升空的实验，让学生们明白火箭升空的基本原理。学生初步感受钱学森严谨的科学态度和求真的探索精神。

系列3:情感共鸣,激发欲望

观看场馆中“七勇士”事迹的视频,参观仿制导弹发射控制室,重温“嫦娥三号”火箭升空的精彩时刻,激发学生的民族使命感。

由背景故事《在最危险的时刻》和视频《“两弹结合”试验中的感动》、模拟控制室的参观入手,感悟艰苦奋斗、严谨求真的精神。

任何科学研究者都必须要有吃苦耐劳的精神和团队合作的智慧,而钱学森正是这样的人。学生参观了直观的录像和实物,感受到了最危险时刻的紧张感和导弹试验成功时的喜悦感、自豪感。

系列4:实践操作,培育创新

利用 Simple Rockets 软件设计火箭,体会创造的科学合理性,播种交大附小学生的航天梦和科学梦。通过虚拟的“源源一号”火箭升空的过程,激发学生去进一步探索。在“感悟过去—励志现在—创想未来”过程中增强学生的民族自尊心、自信心和自豪感。

在本次系列实践活动中,三位教师巧妙配合,将接受学习和研究性学习结合起来,让学生主动参与,获得分析和解决问题的能力以及交流与合作的能力,大大激发了学生的学习兴趣,培养了学生的创新精神和实践能力。

在利用资源方面,我们还努力挖掘在上海交通大学工作的家长资源,开展学校与高校联合培养的实验,充分发挥家长的作用,实行家校合作共同培养。

这是交大附小三年级的一位家长写的活动日记:

4月的周末,宁静的硅谷科技馆突然热闹起来。原来这里在举办第二十七届科技活动,通常这个活动由科技公司赞助,学校或家长组织孩子参加。今年的主题是利用风能,每个小组要在工作台上做出一个装置,在3分钟内用风扇为动力把1公升水从水箱里输送到另一头的桶里。这一活动涉及数学、自然、科技等多个学科的知识,既能激发学生发现问题、解决问题等创新意识,还能培养学生好奇、实践、合作等创新素养。

这段日记描述的是交大附小三年级班在周日开展的科技实验系列活动。活动得到了校长的支持和首肯。家长们针对班级里孩子渴求科技知识的特点,经过周密策划,自发地制作课件、设计实验、制作器材,并走上讲台,生动讲述科学原理,引导孩子们一步步观察现象、提出问题、大胆假设并实验求证。这一刻,家长们不再是销售经理、企业高管、警察……而是孩子们喜欢的爸爸老师和妈妈老师。经过一年的系统学习,孩子们已经初步了解了力学、电学和磁学的基础知识,学会了实验的基本方法。与形形色色目的性强的辅导班不同,这个活动没有应试压力,孩子们在玩中学、在学中玩,充满了乐趣。通过一段时间的实践,孩子们开始形成科学观念和科学思维方式。

周末科技实践活动还将继续下去。我们相信其中一部分学生长大后会投入到自然科学的研究中，有些学生长大后即使不从事科研工作，但已具备科学思辨能力；更相信这些孩子长大后回忆起这个活动时会感触颇多，因为这个活动不仅引领了他们步入科学的殿堂，更培养了他们敏锐的观察力、良好的表达力、沟通能力和团队精神。

（四）教师教学行为的悄然变化

参加课题研究的教师，在一次次磨课、上课、反思、再上课、再反思中，感受到培养学生创新素养，首先要改变陈旧的教学方式，只有教学行为的改变才能给学生带来学习的改变；其次教师要实现自身行为的改善，就要转变教师观念，变“教学生创新”为“引导培养学生创新”；再次要鼓励学生个性健康发展，关照学生个体差异，展开针对性的培养；最后，要注重创造适宜环境，引导学生自主发展，改变压制学生创新素养发展的言行。我们希望在课题研究中，给各层面教师搭建专业成长平台，使大家都能在原有水平上有触动、有提高、有发展、有收获，并且通过课题研究能切实转变教学行为，更多地思考与践行“以学生发展为本”的理念。

这是一位教师在上完一节研究课后的感言，说出了她参与实验的心路历程：

刚接到此项实验任务时，觉得很迷茫。为什么要培养创新素养？怎么培养？怎样去检验效果？带着这些疑问，我先看了《数学课程标准(2011年版)》，发现创新素养的培养与数学教学并不是割裂的。课程标准的几个章节中都有一些描述，特别是在10个核心概念中单独提出了“创新意识”这个核心概念。

既然创新素养是作为数学教学任务之一，那么怎么培养？带着这些疑问，我上网搜集了一些资料，并阅读了《小学教师创新行为的研究》《论创新人才及其培养》《小学数学教学中培养学生创新意识的探索》《教师的创新观及其相关教学行为的研究》等，对创新有了进一步的认识——数学思想方法是促进学生进行创新的重要方法或手段。

本学期我之所以选择了《乘法分配律》这个教学内容，是因为五年前这节课我也上过校内研讨课，并就这节课的说课参加了“汇师杯”教学邀请赛。要让学生创新，教师首先要带头创新。我推翻了以往的设计思路，不再运用不完全归纳法得出结论，而是运用“观察、猜想、验证，最后得出结论”的设计思路。这样的设计不知是否符合学生的认知规律。我不能为创新而创新，这也是行不通的。

我重新阅读了教材，了解学生学习此项内容的前期基础或者说是学习准备。带着疑问，我参与了第一次教案讨论，通过专家给出的建议，明确了“乘法分配律”这节课创新素养的培养重在帮助学生学会归纳和抽象。通过归纳概括得到猜想和规律，并加以验证，是创新的重要方法。专家还建议使用表格式教案，将表格分成两栏，左边是教学设计，右边是教学预设与应对措施。只有预设充分，课堂生成才能精彩。

根据专家的指示，我调整教案，预设充分，将老师的提问与学生可能的回答详细列出。做好了充分的准备后，我自信满满地进入了教室进行教学。在课堂上，学生们在“验证”这个环节教学上的表现出乎我的意料。他们通过多种方法进行验证,有的通过计算、构建等式,有的通过乘法意义进行验证,还有的通过画图进行验证……学生的表现超出了我的预设,给了我一个震撼。学生的创新能力是惊人的。

上完课后的集体评课过程中,老师们也有这样的想法,学生的思维非常活跃。原本只是将创新素养培养作为教学任务,现在收获的却是惊喜与快乐。

在整个研讨过程中,印象最深的就是专家的“刨根问底”:“创新点在哪里?”“为什么要这么设计?”当我回答不上的时候,就说明我思考问题的角度还不够全面,脉络把握得不够清晰。

通过这一次的经历,我觉得创新素养培养没有固定的模式,就数学这门课来说,主要还是通过让学生掌握数学思想方法来培养创新素养。

正是课题研究给教师搭建了专业成长平台,使教师都能在原有水平上有反思、有触动、有提高、有发展、有收获。教师们切实转变了教学行为,更多地思考与践行“以学生发展为本”的理念,鼓励学生个性健康发展,关照学生个体差异,展开针对性的培养,创造适宜环境,给学生更多创新实践的时空。

(五)学校管理的一致性思考

我校承担课题研究之时,恰逢参与了“课程建设种子校”项目,两个项目看似不相关,但是深入思考后,我们一致认为,学校的教育教学科研工作都是在课程方案的统领下展开的,也就是说制定一份适合学校发展的课程方案,并设计一系列落实细则,将教育教学科研整合思考,既可以解决管理的一致性问题,又互为补充和完善。由此可见,学校课程方案的制定是管理的核心问题。

在课程方案制定中我们明确了三类课程的目标定位与关系:

1. 基础型课程

基础型课程体现国家对公民素质的基本要求,着眼于促进学生基本素质的发展。学校基础型课程以国家必修课程为基础,以学科素养为中心,通过教师对学习内容的校本化整合,组织教学,完成基础培养过程;注重对基本知识的理解与掌握和学科思想的教学,注重基本技能的训练,激发学习兴趣,为促进学生发挥学习潜能、实现长远发展奠定基础。

2. 拓展型课程

拓展型课程着眼于满足学生向不同方向与不同层次发展的需求以及适应社会多样化的需求,体现不同的基础。具体分为两类:一类是限定拓展课程,帮助学生养成良好的行为习惯、卫生习惯、学习习惯、锻炼身体习惯,培养学生正确的是非观、社会主义核心价值观;另一类是自主拓展课程,拓展学生的基础知识,提高基本技能,发展学生的个性特长和思维能力,促进学生的全面发展,培养学生的创新精神和实践能力。

3. 探究型课程

探究型课程着眼于学生学会学习，激励学生自主学习、主动探究和实践体验。学校主要以基于学科的“积木式”探究活动呈现。

4. 三类课程的相互关系

学校三类课程在实现培养目标过程中承担着不同功能。基础型课程促使学生均衡地掌握各学科的基本知识和基本技能，为学生的终身发展奠基；拓展型课程通过拓展视野，培养学生广泛的兴趣和勇于探索的习惯，植入学校文化，培养学生关注社会的习惯，为将来的个性发展打下基础；探究型课程以培养学生动手实践能力与创新素养为目标，促进学生形成富有个性化的特长。

不难发现，三类课程都渗透了培养学生创新精神和实践能力，分别从学科领域、拓展探究活动中加以落实。

五、讨论

前文已经提及此课题的研究实践其实可以纳入学校的课程体系，整合思考。学校课程方案的制定、课程的开发与管理必然是学校的一项重要工作，是学校发展的顶层设计，学校的教育教学科研都以此为统领，形成网络，有序开展。

制定学校课程方案的过程其实也是对学校办学理念、发展愿景、课程设置、培养目标、方法途径、预期成效的全面思考。学校课程方案的制定一般来说要包含这样五方面内容：课程背景、课程目标、课程结构、课程实施、课程评价。培养学生的创新精神与实践能力无疑是课程方案制定的指导思想之一，并落实贯穿在以上五方面。

基于上述思考，我们在课程方案所包含的五方面内容中，都十分强调培养学生创新精神与实践能力。

（一）在课程背景中强调

课程背景分别从时代发展、学生发展、学校发展三个维度强调了培养的重要性。

1. 时代发展的需求

上海教育中长期发展纲要指出，为了每一个学生的终身发展，就是要着眼于学生长远发展和社会文明进步的需要，全面实施素质教育。上海市课程计划指出，使所有学生的个性特长得到发展，潜能得到激发，创新意识、创新精神和实践能力显著增强，终身学习意识和能力显著增强，为学生的终身发展奠定良好基础。这些要求是学校规划新课程方案时必须牢牢把握的方向。

2. 学生发展的需求

通过问卷、座谈等形式，了解学生、家长及母体上海交通大学对本校课程建设的意见与建议。从学生需求角度来看，学生们更希望学校能开设更多好玩有趣的课程，同时希望作业负担减轻。从家长需求角度来看，家长们普遍希望学校的基础型课程质量不断提高，同时要注重培养孩子良好的习惯与多元的兴趣，注重孩子身心健康发展。从母体上海交通大学需求角度来看，本校需要进一步凸显交大文化基因，注重学校文化与课程的整合，注重对学生社会责任感的培养，培养基础扎实、具有实践创新精神的人。

3. 学校发展的需求

基于上述思考，学校确立了"课程为学生终身发展服务"的思想，明确了"思源致远"的办学理念。"思源"是对家庭、社会、国家的感恩之情，"致远"是远大的精神追求，着眼于学生的长远发展。

（二）在课程目标中明确

"品德美、学习好、身心健、才艺佳"是培养的总目标。其中"学习好""才艺佳"这两方面明确了在学生的学习、活动中要培养良好习惯，鼓励创新思维，激发探究欲望，保持学习兴趣。

（三）在课程结构中显现

这一点已在上文中有所阐述，这里就不再赘述。

（四）在课程实施中落实

在课程实施要求与实施方式两方面我们提出了与培养目标一致的落实措施。

对课程实施要求上的规定：

(1) 规范实施基础型课程，促进学生全面发展。基础型课程首先要严格落实市教委关于"基于课程标准的教学与评价"文件要求，注重学生核心素养的发展，逐步形成适应个人终身发展和社会发展需要的必备品格与关键能力。

(2) 上好拓展探究课程，发展学生个性特长。拓展探究课程强调学习与生活、与社会发展的联系，实施过程要体现民主性和尊重个性发展的原则，提倡教学活动的多样化、教学时间和空间的开放性、学习方式的自主选择、评价方式的多元化。

对课程实施方式上的操作：

(1) 课程实施的价值取向。学校课程实施价值取向分三种：在执行课程标准方面采取忠实取向，在整合教学内容方面采取调适取向，在选用教学方法方面采取创生取向。倡导学生主动参与、乐于探究、勤于动手，培养学生收集和处理信息的能力、获取新知识的能力、分析和解决问题的能力，以及交流与合作的能力。

(2) 课程实施的行为认同。学校课程实施要求根据不同的学习内容所要完成的教学任务以及所要实现的教学目标去选择适合的学习方式，要转变在一些课堂中存在的单一、被动与封闭的学习方式，提倡和发展多样化的学习方式，提倡自主、探究、合作的学习方式，让学生学会学习，成为学习的主人，使学生的主体意识、能动性和创造性不断得到发展，培养学生的创新精神和实践能力。

(3) 课程实施的方式呈现。学校课程实施方式多样化,力求集体活动与个别化(含小组)活动相结合,正式学习与非正式学习相结合,室内学习与户外活动相结合,校内与校外相结合。

(五) 在课程评价中尝试

从课程评价的目的意义与评价的方式两方面来考量培养目标的达成度。

1. 课程评价的目的意义

促进学生多元发展,激励学生学习,帮助学生有效调控自己的学习过程,使学生获得成就感,增强自信心。

2. 课程评价的方式

基础型课程的评价突出评价的发展性功能和激励性功能,重视对学生学习潜能的评价,立足于促进学生的学习和充分发展,为适合学生的教育创造有利的支撑环境。

拓展探究型课程的评价采用过程性多元评价方式,多主体、多维度开展评价,包括学习态度、作品展示、才艺表演、模拟竞赛等多种形式。

课程评价中我们同样将学生的创新精神与实践能力评价指标之一,通过多元化方式加以实施。

综上讨论,在小学阶段培养学生的创新素养,还是要回归课程,任何一项研究都要以学校课程为归宿。真正的课程在学校中得以发展,真正的研究应该根植于课程,在课程中得以开花结果。

徐汇区光启小学实验报告

一、实验背景

光启小学以徐光启的名字命名，有着130多年的历史，长久以来植根于徐汇科技教育肥沃的土壤中，是一所具有科技教育特色的传统老校。20多年前，学校就开展了“头脑奥林匹克”活动，并以此作为学校科技教育的主要抓手，依托独特的师资力量，开展这项培养学生创新思考、创造力形成的活动。学校对学生创新能力的培养也在这一项目基础上展开。

在20多年的参赛历程中，我们也看到了目前中国“头脑奥林匹克”活动的局限性。与其他学校相比，我校的学生在学习能力上相对比较薄弱，知识面较狭窄，语言表达能力、逻辑思维能力和动手操作能力都不尽如人意，缺乏创造性思维的品质，动手能力也较弱。多年以来，学校开展以“头脑奥林匹克”活动为抓手的创新活动，都是以兴趣小组和集中训练的形式为主，常常是为了比赛而比赛，为了名次而冲刺，真正留给学生的创造性思考空间、创新能力培养机会少之又少。学校大部分学生没有机会参与到活动中，培养创新能力的教育理念不能惠及全体学生。那么，如何让这一有益于学生终身发展的活动能够面向所有学生，能够从高高在上的精英培养走向惠及大众的普及教育？我们进行了深入的思考和实质性探索。

“基于中小幼学生创新素养发展特点的区域性系统培养研究”是由徐汇区教育局局长庄小凤牵头研究的上海市重点课题，光启小学有幸作为第一批实验学校参与了课题的研究。能够加入到这个研究团体中，我们感到非常荣幸，同时也感到自己身上的担子不轻。

二、实验目的

此次实验的目的在于，从当前中小学、幼儿园开展创新素养培养存在的突出问题出发，梳理和遵循不同年龄段学生创新素养基础性品质的发展特点，改革现有的培养模式，对每一位学生进行全纳性的系统培养，以促进本地区新一代整体创新能力和创新水平的显著提高，进而为我国基础教育改革的重点——培养新一代的实践、创新能力——提供区域性全面推进的成功经验，为更多创新人才培养提供可借鉴的范式和方法论。

（一）在课程实施中研究

（1）以语文、数学、英语等学科的基础性内容为主干，将“头脑奥林匹克”中的知识、能力与基础学科教学相整合，形成基础性学科渗透的能力体系和学科课程统整指南，实施对全体学生创新素养培养的探索。

（2）通过自主拓展课程这一课程形式，设立以能力为框架体系的小学阶段“头脑奥林匹克”课程，形成“头脑奥林匹克”校本教材；培养兴趣，锻炼能力，树立信心，提升全体学生的创新素养。

（3）向其他基础型课程迁移，提升教师的课程开发和实施的能力，提升教师的专业水平，有利于教师创新教学手段、完善教学方式、积累并迁移教学经验，促进教师专业发展和创新教学模式发展。

（二）利用优质资源，展开多途径培养

让创新素养的培养进入家庭，进入社区，把团结协作、创新思维的理念渗透到每一个角落，开发终身教育功能。

（1）把“头脑奥林匹克”活动作为有效载体，形成学生向家长的迁移。我们对家长积极进行渗透，举办家长讲座，向家长进行宣传和辅导。邀请家长参加每次学校的“头脑奥林匹克”竞赛，形成家长辅导学生，学生辅导家长，共同参与学校竞赛活动的局面。

（2）构建学校、家庭、社区的三者协作的科技教育运作机制，有效实施终身教育。我们以学校、家庭、社区的协作的科技活动模式而开展科技教育，构建学校、家庭、社区共同参与、多方拓展、互动互补的科技教育运作机制，为学生创造最优化的科技教育环境。

（3）开办“徐家汇社区头脑奥林匹克培训班”。每年假期，光启小学充分发挥学校资源，在徐家汇街道开办为期一周的“徐家汇社区头脑奥林匹克培训班”，聘请上海市“头脑奥林匹克”指导教师、光启小学科技总指导、“头脑奥林匹克”竞赛活动金牌教练李庆燊老师作为培训班的指导教师，积极创建以“光启科技行”为品牌的科技教育活动，让学校与社区手牵手，和谐创新同发展。

三、实验过程

创新教育就是以培养人们创新精神和创新能力为基本价值取向的教育。其核心是在普及九年义务教育的基础上，在全面实施素质教育的过程中，着重研究与解决在基础教育领域如何培养中小学生的创新意识、创新精神和创新能力的问题。创新是有层次的。我们所说的“创新”，是指通过对学生施以教育和影响，使他们作为一个个独立的个体，能够善于发现和认识有意义的新知识、新思想、新事物、新方法，掌握其中蕴含的基本规律，并具备相应的能力，为将来成为创新型人才奠定全面的素质基础。

接受任务以后，学校校长和教科研室仔细认真地研究了开题报告，理解其中的精髓，反

复讨论如何根据学校实际落实研究目标与内容，并发挥各个教研组教师的力量，拓宽研究的渠道。

（一）课题组组织架构

我校成立了校长挂帅的课题研究小组，确立了负责人，再由校长、科研室、教导处领导以及各学科组长组成科研领导小组和教育科研中心组成员，制定了比较翔实的研究计划，分析了实验教师现状，设定了研究的主要内容，确立了研究方法与步骤，完善了研究架构，对全体教师，特别是课题组教师们的个人学期研究目标予以明确，使课题研究工作有序开展。

（二）课题组理论学习

1. 就课题中的主要概念与相关教育理论进行集中与个别学习

课题组成员在课题负责人的带领下，再一次研读开题报告，明确研究方向，然后由专人负责，搜集与课题相关的理论资料。我们学习了《创新人才与教育创新研究》一书中“创新人才的心理特征”“创新人才的关键是提高未成年人的创造性”“青少年创造性及教师创造观念的跨文化比较”“学校教育中的创造力培养实践”等章节的内容，学习了《教育与发展——创新人才的心理学整合研究》一书中“培养和造就高素质的创新人才”“德行培养研究”“心理健康是德行的一种重要因素”等相关内容，学习了《创新能力培养的理论模型分析》《学生创新的制约因素》《试论我国青少年创新能力培养的基本原则》《科学精神》等理论文章，组织全体教师仔细研读了《上海市中小学学科课程标准》，明确了将自己所教学科与学生创新能力培养进行统整的研究手段。

2. 根据学校办学特色及实验教师专长制定本校研究计划

课题中心组成员多次商讨，制定了课题推进表，并以各学科组为单位，由专人负责落实推进，项目内容细化到每一位参与课题研究的教师。由语文、数学、英语、综合四个大组为主要实验组，各个学科组的组长负责，有普及、有重点地开展课程统整的研究。学校德育处和大队部则负责有关学生主题实践活动方面创新能力培养的研究。

3. 落实具体工作，引导教师扎实推进研究实践工作

课题中心组成员仔细查阅了参与研究教师的相关研究材料，多次商讨，制定了每个研究阶段的课题推进表，并召开各学科组大组长会议，仔细讲解课题推进表的内容，提出相关研究要求，以学科组为单位，由大组长和备课组长负责落实推进，项目内容细化到每一位参与课题研究的教师。在研究过程中，课题中心组成员及时向教科室汇报研究情况，由语文、数学、英语、综合四个大组为主要实验组，开展课程统整的研究。

四、扎实推进工作，完善实验内容

基础性学科的教学是学校教育的主渠道。各个基础学科在课程编制过程中，都从知识

与技能、过程与方法、态度与价值观等方面作出了具体要求，但各校的情况有所不同，如果用同一个内容、同一个目标与要求、同一个标准去规划、指导、衡量教学，就违背了因材施教的教学规律，因此，根据我校自身实际情况，我们产生了将创新理念与基础学科课程进行统整的设想。

课题组的成员仔细研究了“头脑奥林匹克”活动中所涉及的各项能力，结合学校和学生的实际情况，进行了筛选，最后选定了模仿能力、表演能力、表达能力、推理概括能力、设计能力、制作能力、团结协作能力、创新能力这八种能力作为学科渗透的主要抓手，同时还根据不同年级段学生的年龄特点和发展情况，设定了每个年级的重点渗透目标，如低年级段以模仿、表演能力的培养为主，中年级段在此基础上增加了表达和推理概括能力训练，高年级段则又增加了设计和制作能力的训练，团队协作以及创新能力则是贯穿在每个年级段的始终。

我们以学科教研组为单位，通过集体备课、自我研读、不断完善等方法，在认真研读学科教学目标的基础上，对实验学科的教学目标、各种教学要素进行统筹整理，从教材中梳理出能够与创新素养能力培养相整合的内容。

在我校的教师队伍中，语文教师所占的比例最大，语文组的教研能力也是最强的。于是，我们就从语文学科入手，先行开展语文学科与创新素养能力培养的整合。语文大组首先认真学习了创新素养的相关知识，语文组的全体教师仔细研读《上海市中小学语文课程标准》，语文组还邀请教研员来做专项指导，从拼音、识字、词句、阅读、听说、写话五个方面把一年级到五年级语文学科的知识点进行梳理，以年级组为单位，先制定本年级本学期的语文教学目标，接着从听、说、读、写四个方面把小学语文学科学生学习习惯的培养和要求，从低到高进行了排列；其次根据创新素养培养的课题内容，从知识、能力、人格三个方面制定“创新素养培养目标”；再次根据教学实际完成“创新素养培养课程统整指南”，形成了《学期课程统整指南》；最后按自己设计的这个《学期课程统整指南》备课上课，开展基础性学科教学与创新素养培养的创新教育普及实践。

数学、英语、美术、自然、音乐等学科，由于存在教师跨年级教学的情况，则指定相关教师完成所教一个年级的学科教学目标、创新素养培养目标，同样根据教学实际完成“创新素养培养课程统整指南”，并把自己的教学过程以案例分析量表的形式呈现。

研究至今，语文、数学、英语学科已经完成了一至五年级的学科教学目标、创新素养培养目标、学期课程统整指南、课题案例分析表，体育、自然、音乐等相关学科完成了部分年级的学科教学目标、创新素养培养目标、学期课程统整指南和课题案例分析表。

五、实验结果与分析

我们都知道，《上海市普通中小学课程方案》建立了基础型课程、拓展型课程和探究型课程为主干的课程结构。这一课程结构的理念是“为学生提供学习经历并获得学习经验，以学生发展为本，德育为核心，强化科学精神和人文精神，以改变学习方式为突破口，重点培养学生的创新精神和实践能力，加强课程整合，促进课程各要素的有机联系”。创新素养的培养要在全体学生中开花结果，离不开这三类课程。

（一）落实基础型课程的教学目标、内容与过程，体现创新培养的系统性

“基于中小幼学生创新素养发展特点的区域性系统培养研究”与一般课题研究不同，它高屋建瓴，从学生未来的成长出发，站在发展的角度看问题，除了需要统领性的目标之外，更需要提供本课题能够付诸实践的课堂教学实例。

本课题的一大亮点，就是基于学生的发展特点，将创新素养培养扎根于日常教学之中，这是关系到全体学生未来发展的前瞻性课题。语文、数学、英语学科组的教师在学科组长的带领下，以年级组为单位，在熟悉课程标准、全面了解本学期任教学科教材内容的基础上，以教科书为主要教学资源，仔细阅读与研究教学参考资料，明确重点章节与重点内容，找出学生必须掌握的基础知识、教学过程中的重点与难点部分，先行进行划分，并设想行之有效的教学思路。在进行课堂教学的过程中，按照预设并经调整后的教学设计，在完成本学科知识点教学的基础上，有意识地拓展教学内容，变换教学方法，更新评价模式，适时对学生进行创新素养的培养。

综合学科组则根据教师的具体情况，由任教音乐、自然课的教师自己选择一个年级，根据其学科教学目标与相关培养指南指定某一年级的创新素养培养目标，并根据这个目标设计教学。

在教学第一线的教师都知道，创新素养的培养可以贯穿在所有年段所有学科中，但并不是每一堂课都具有创新素养的培养点，于是，教师们根据自己的教学实践，寻找到创新素养培养的契合点，并将这些相关的教学内容进行梳理，完成了“创新素养培养课程统整指南”，并把自己的教学过程，以案例分析量表的形式呈现。

学校首先以三年级组作为试点，我们根据三年级语文的教学目标，以听、说、读、写为抓手，培养学生“运用多种手段获取信息，加以整理，并用多种方法进行表达”的能力。教学中，教师以教材为切入点，始终秉承着“用教材”而不是“教教材”这一理念，让学生通过看、听、读的方法获取信息，并通过归纳、比较等方法让学生发现问题，引导学生去分析问题、解决问题，从而培养学生的创新思维。以往上这类课，最容易出现的一个问题是：容易把语文课上成常识课。而经过以创新素养培养为目标的课程统整后，整堂课教师始终把握“语言文字”这一主题，课堂上洋溢着浓浓的语文气息。不论是获取动物的资料还是介绍休眠的内容，学生时时刻刻都体会到“语句要完整，用词要准确，表达要清楚”这些语文的基本素养。教学中，教师运用表格作为学习的抓手，培养学生的归纳能力，并通过说一说、写一写、演一演等方法，既培养了学生的创新意识，又夯实了语文的专业学科内容。

我们在原先三年级语文老师主动探索的基础上，开展了以专题为主的，有低、中、高年级教师参与的课堂教学实例研究。此外，我们还积极鼓励其他学科的教师参与，在美术学科上也有所尝试。

我们在有一定研究基础的语文大组层面，推出以培养学生想象力为专题的系统研究。小学生的思维有具体形象性，也就是说，儿童此时产生意义的主要心理结构是想象，他们生活在想象的世界里，研究和解释着这个世界。心理学上的研究表明，四五岁的儿童正处于无意想象时期，而七八岁的儿童正处于由无意想象向有意想象过渡时期。小学生心理发展正处于想象力培养的“敏感期”，他们的脑中充满了丰富的想象，以纯真的童心、童真观察着世界，时不时会发表令我们惊叹的话语。因此，能结合学生的思维特点，有针对性地采取恰当的手段加以训练，则能为培养学生语言表达能力打下良好的基础，也能为培养学生创新能力起到推波助澜的作用。

我们语文组的教师经过研究，决定在每个年级段设立研究的重点：低年级重在想象说话，中年级重在想象写段，高年级重在想象作文。每个年级的教师在所任教学科的课文中，选取了一些比较适于这方面研究的课文进行尝试。

低年级教师让学生看图听故事，然后根据图片的内容，想想中间发生了什么事，通过自由想象、小组讨论来说一说。教师还根据低年级学生的年龄特点，与学生一起制作趣味盎然的教具，让学生自己动手，根据自己设计的故事情节摆放教具，把故事说完整。

一年级老师教“坐井观天”一课时，在学生认识了生字新词，了解了课文内容以后，设计了这样一个说话练习：

如果青蛙听了小鸟的话，真的跳出了井口。它会怎么样呢？你能不能根据老师给你的这些提示来想象一下？

教师出示小黑板：青蛙听了小鸟的话，真的跳出了井口。这下，它惊呆了。它看到____________，心想：____________。

教师鼓励学生大胆想象。有的学生说：“青蛙听了小鸟的话，真的跳出了井口。这下，它惊呆了。它看到了很大很大的天，心想：原来天真的大得很哪！”有的学生说：“它看到了很多从来没有看见过的东西，心想：要是我还待在井底的话，永远也不会知道这些新鲜玩意儿。”还有的学生说：“他看到了无边无际的天，看到了碧绿的小草，还看到了流动的小河，心想：我真的要感谢小鸟，让我知道了外面的世界是那么精彩。”

老师因势利导：“你们想想，《坐井观天》这个寓言故事要告诉我们什么呢？”学生很自然地就明白了寓意，不要做“井底之蛙”，只看到井口那么大的一点天，要把眼光放远，做个见多识广的人。

课堂的结尾设计了这样的问题，学生给出了各种各样奇思妙想的答案，教师也充分予以了肯定和引导。在教学过程中，教师给了学生充分的思考空间，让他们天马行空，全方位地展开想象；给了学生一定的训练空间，让学生用连贯的语言表达自己的思想；也打破标准答案式的评价，给了学生发展的空间。这样立足于本学科，在教学过程中，适当渗透“头脑奥林匹克”的理念，使两者有机结合，既培养学生探究科学的能力，又提高了学生的语文素养。

中年级教师选择了适合的文章，在学生阅读理解的基础上，给予学生有限定范围的想象练习，给学生一定的段式要求，让学生展开合理的想象，然后根据写段的步骤，把想象的内容先说一说，再写一写，这样学生的想象力得到了发展，也知道了如何从说到写。这样的过渡在低年级和高年级中间起到了良好的纽带作用，使想象力的表述呈现明确的阶段性和可操作性，同时也充分体现语文学科低、中、高年级说话、写作能力的训练过程。

高年级教师选择了让学生写具有思考力度的文章，让学生在学习课文、理解课文内容的基础上，续写结尾，还根据语文教学中作文的内容，指导学生进行想象写作，既发挥了学生的想象力，又锻炼了学生的写作能力，提高了写作水平。可以说，这是完全基于基础课堂教学的创新素养的培养。

我们发现，研究学生创新素养发展的特点，要注重收集第一手资料。于是，我们采用个案的形式，发动所有上课的教师观察课堂，观察学生在课堂上的表现，寻找学生在课堂上随时随地闪现的创造性思维的火花，从中发现学生创新素养发展的特点，为课题研究的进一步展开提供第一手资料。经过一段时间的研究，教师们积累了许多第一手资料。这些记录呈现了学生和教师在课堂上的表现，便于我们从个性中寻找出共性的东西，提炼出小学生创新素养发展的特点，为课题研究积累更多有价值的材料。

任何内容、目标最终要在教学过程中加以体现。研究过程中，教师们根据先前制定的学科教学目标、创新素养培养目标、创新素养培养课程统整指南，仔细研究每一堂课的教学内容，精心设计教学方案，在教学过程中多做倾听者与引导者，及时抓住课堂中闪现的小火花，营造良好的课堂氛围，鼓励学生敢于发表见解、善于发表见解，把创新素养的培养融于平时的教学中，在潜移默化中，让学生的创新素养有所发展。参与研究的教师都撰写了具有代表性的教学案例，在案例中阐述了将创新素养融于课堂教学的思路、策略、手段，并对整堂课进行了反思，总结出较好的教学方法，也让我们感受到创新素养培养的途径是多方位、多角度、多层次的，也许每一个学生都有适合自己的创新方向，每一个学生都有适合自己的培养方式。

创新素养的培养不仅成就了学生，更成就了老师。许多参与研究的教师都撰写了自己在研究过程中的心得和体会，历数了自己参与课题研究的收获，陈述了与课题研究一起成长的过程。

通过一段时间的教学实践，教师们感到要培养具有创新素养的学生，教师也要具备一定的创新素养。在教学中，多问几个为什么，多做一些横向、纵向的比较，多探索一些教学的新思路、新方法。应该说创新素养培养这一课题的研究，不仅成就了学生，也同样成就了教师。相信有了这样一批具有创新素养的教师，我校教师的业务能力和教学水平一定会有很大的提高，也能向着研究型教师的道路迈进，为徐汇教育贡献自己的力量。

（二）开发校本课程，提供创新活动载体

教育部《基础教育课程改革纲要（试行）》明确指出：“学校在执行国家课程和地方课程的同时，应视当地社会、经济发展的具体情况，结合本校的传统和优势、学生的兴趣和需要，开发或选用适合本校的课程。”由此可见，赋权予学校，让学校教师进行校本课程开发，如今已经成为新一轮国家基础教育课程改革的一个亮点。

校本课程是由学校针对学生的兴趣和需要，结合学校的传统和优势，充分利用学校和社区的课程资源，自主开发和实施的课程。

我校从 1988 年开展“头脑奥林匹克”活动，多年来的教育实践让我们对“头脑奥林匹克”的理念有了一定深度的认识。将“头脑奥林匹克”活动作为课堂教学的一部分，进行校本课程开发，编制具有可操作性的、学生喜闻乐见的校本教材，实现学生创新素养的全纳培养，是我们一直在努力的方向。

长期以来，教师的主要任务是讲授别人编写的甚至连教学参考书也齐备的教科书，学校和教师完全执行指令性的课程计划，不可能也不需要具备多少课程意识和课程开发能力。而“头脑奥林匹克”校本课程却是一门全新的课程，既无现存的教材可寻，又无前人的经验可借鉴，这就要求上课的教师首先要有创新的理念和敢于创造的勇气，开发出一本切合学校实际、有利学生发展的校本教材。

为了保证校本教材的编写质量，学校成立了由校长、科技指导、学科组长组成的领导小组，聘请了专业编辑作指导，组成了以“头脑奥林匹克”项目组和骨干教师为主的编写小组，成立了编辑委员会。领导小组主要负责校本教材开发和实施的领导工作，并明确责任。编写小组则采取分工合作的方式，明确编写目标，制订出详细的教材编写方案，并要做好需求分析和资源分析、参考教材的选定及校本教材的编写等工作。教材编写组的成员放弃了无数个休息日，翻阅了大量的参考资料，经过两年的时间，终于编写出一本适合学校“头脑奥林匹克”拓展型课程实施、有利于学生创新能力发展的校本教材。

教材立足于多年来学校“头脑奥林匹克”活动开展的经验，依托学校重点学科语文组的力量，以“头脑奥林匹克”即兴题为基础进行编写。教材分为“词语扩散、情景造句、按词编故事、想想未来”四个单元。“词语扩散”单元围绕“词语”这个训练中心，让学生七嘴八舌说说“光”，会有哪些“变化”，以及“控制”的不同含义，发挥学生的想象力，开发学生的思维。“情景造句”单元在词语的基础上进了一步，通过多种有趣的游戏形式让学生在玩中学，其中就有“词语连连看”“词汇小超市”让学生来说说对“黑”的理解，讲讲“当______结束时，会很高兴”。“按词编故事”单元选取了学生比较熟悉的“狼和小羊”“龟兔赛跑”的故事以及学生很感兴趣的色彩、数字等元素，通过推陈出新，让学生天马行空，进入奇妙的童话世界，同时还利用编写故事、故事接龙的形式，激发学生的创造力，展现学生的语言表达能力。“想想未来”时间跨度极大，从遥远的侏罗纪到公元2100年，世界会发生些什么变化，让学生们动手、动脑来画一画、说一说、演一演，充分调动学生的学习欲望，让学生在想象的世界中遨游，激发学生的创造力。

综观整本教材，内容由浅入深，循序渐进，并采用了学生喜闻乐见的形式，设计了小O和小M这两个人物的对话引出课文的内容，通过“小试身手”“智慧加油站”“灵光一闪”“知识链接”等几个板块引导学生学习。教材的画面色彩丰富，还穿插了大量的图片，让学生爱不释手。上海市头脑奥林匹克协会执行主席陈伟新，在给教材写的《序》中讲道：“这本教材凝聚了光启小学众多老师的心血，是一本有特色、有质量的教材。”

（三）利用优质资源，展开多途径创新素养培养

创新素养的培养是落实素质教育的重要内容和有效途径，不可否认，各种各样的比赛、活动，是学生展现创新素养的舞台。我校的“头脑奥林匹克”活动，正是立足创新思维和团结协作能力的培养，让学生享有科技活动的主体地位，把创造性思维和创新能力的培养与训练作为科技活动的主要内容，容纳所有学生，让全体学生都参与到科技活动中来。

1. 多种形式让全体学生共同参与的活动，以激发学生兴趣、培养创新意识为重点

我们学校有多种多样的学生活动，每学年我们都有科技节活动，在科技节上，除了有“头脑奥林匹克”比赛项目的展示，还有小火箭的放飞、科技小实验的实践，还有各班级科技特色的展示。每到科技节，学生们都不亦乐乎。每学期，我们还会开展“头脑奥林匹克”大挑战活动，每次大挑战都有多项内容可供大家选择。在活动中，学生们发挥自己的想象，动手制作，争当擂主。

如“我是创造之星”的奇服比赛。赛前一周，学校大队部就向大家发出倡议：团体努力，扩散思维，人人出力，利用各种废旧材料，制作创意服装。在这一星期中，全校学生积极参加，既动手，又动脑，利用了各种材料，制作出一件件风格迥异的奇装异服。有的学生用餐巾纸做成了漂亮的百褶裙，有的学生用废旧的塑料袋缝出了旗袍，有的用光碟拼接出一件“未来战士服”，有的用吸管连接成“水底世界装”，更有学生别出心裁，用树叶制成了背心，颇有些“人猿泰山”的味道。一时间，T型台上，“蝴蝶衣”“水晶装”“恐龙服”“公主裙”应有尽有，令人目不暇接。大家以班级为单位，向全校师生展示了自己的创意服，操场顿时成了时装表演的秀场，成为学生创造性思维展示的舞台。

这样的活动，我们每年都会开展。学校采用大队主题活动的形式，不定期举行环保服装展示秀、奇帽比赛、动力小车比赛等，提升学生们的科学素养。通过这样的活动，学生们开发了自己的创造力，培养了创新精神和团队合作精神，真正体会到了创造的乐趣。

在光启小学的校园里，学科学、爱科学、讲科学、用科学的浓郁氛围无处不在，师生全员

参与。"头脑奥林匹克"活动的渗透和影响无处不在，校园广播、宣传橱窗、黑板报、学校网站等都被充分利用起来。

2. 组队参加各类创新竞赛，为他们今后能更好地融入社会打好基础

除了丰富多彩的主题活动，光启小学还积极组队参加"头脑奥林匹克创新大赛"。每次参赛，学生们在教师的带领下全身心地投入到强化训练中。大家一次次开展"头脑风暴"，精心设计出一个个奇妙而富有新意的主题。比赛前，队员们仔细研究题目，为了解题，从各处寻找有关知识，激发创意火花，讨论、评估最佳方案，学习各种技能，把纸上的方案变成活生生的现实。

在新近举办的第三十七届国际头脑奥林匹克竞赛(上海赛区)中，我校获得"杰出团队奖"殊荣，被中国上海头脑奥林匹克协会推荐参加 2016 年 4 月 28 日至 5 月 7 日在波兰格但斯克举办的欧洲锦标赛。为了体现表演风格，学生们须编写剧本，就主动请教师介绍有关编剧本的知识，并一起构思剧本，再对剧本反复讨论，取长补短，最后糅合设计出一个富有幽默感的剧本。为了制作逼真的布景和道具，他们一遍又一遍用各种材料进行试验，废寝忘食地动脑筋，买材料，钻研装置的结构和外形，群策群力构思情景表演，一遍遍地排练、修改。赛场上，队员们团结协作，风趣幽默的表演赢得了阵阵掌声，并获得了第二名的好成绩。

此外，我们还积极组队参加上海市"万人大挑战"的科技活动、上海市头脑奥林匹克创新学习活动亲子擂台赛、"尚德杯"中国少年创新大赛等各项创意竞赛，让学生有机会接触校外的世界，不断提升创新能力。

我们看到，在参与比赛的整个过程中，学生的动手实践能力得到了培养，团队合作意识进一步加强，创新素养得到了提升。多种形式的主题活动和各类比赛，为学生搭建展现才华的舞台，让学生在活动中锻炼了创新思维，体验了成功。

3. 积极开发社区良好资源，开创"头脑奥林匹克"与社区联动

"头脑奥林匹克"进入中国 20 多年来，一直都是在学校范围内开展各项活动，从来没有走向家庭、走向社区，这一现象违背了"头脑奥林匹克"活动创始人当初的意愿，也引起了学校的重视。如何让"头脑奥林匹克"活动进入家庭、进入社区，把团结协作、创新思维的理念渗透到每一个角落，学校领导展开了思考，觉得应该把"头脑奥林匹克"活动推向家庭、推向社区。这一提议，立刻得到了徐家汇街道领导的认可，双方一拍即合，于是"徐家汇街道青少年科技俱乐部"应运而生，俱乐部以学校、家庭、社区的三者协作的科技活动模式开展科技教育。

我校作为徐家汇街道的科普教育基地，充分发挥学校资源，每年假期都会在徐家汇街道开办为期一周的"徐家汇社区头脑奥林匹克培训班"，发动科技教师，有组织、有计划地对徐家汇街道所属 10 个对口社区的干部进行培训和指导。我们还与徐家汇街道签订了社区

共建协议，创建了以“光启科技行”为品牌的科技教育活动。每年，我们合作进行“光启科技行”的家庭亲子活动，除了学校里的学生们，还鼓励社区的家庭积极参加。我们通过培训社区学生，形成学生带动家庭，家庭带动社区，社区促进学校的良好局面，让更多的人了解和参与创新活动，形成了社区的科技潮。

（四）适应学生创新素养培养，转变师生教学行为

在研究中大家发现，创新素养培养过程中注重过程、注重体验，也与平时课堂教学中所要求学生掌握的知识与技能不谋而合。于是，教师们在教学中努力营造“民主平等、安全自由、和谐愉快”的课堂气氛，坚持正面地激励、宽容和理解学生，允许学生在探索中出现错误，不求全责备；科学地处理教材，艺术地切入突破口，捕捉契机，灵活地变换角度，最大程度地激发学生的学习兴趣，激活他们的创新学习动机，把继承性学习提升为创新学习；教学中，提出诱发创新思维的问题，让学生思维处于一定的疑惑状态，诸如：“这道题还有别的解法吗?”“请说说你的想法和原因。”“通过上面的例子，我相信大家能发现一条很有意思的规律。”“大家还有什么疑问吗?”这些提问方式在课堂上比比皆是，这些创新点，被精心地设计、巧妙地诱导，让学生独立地、创造性地提出自己的解题思路、方法及依据，从而培养学生的创新意识。

教师教学理念的转变，促成了教学策略的改变，同样也提高了学生学习的主动性。只有积极主动地学习，才能感受到其中的乐趣，才能对学习越发有兴趣。有了兴趣，效率就会在不知不觉中得到提高。

“头脑奥林匹克”鼓励学生带着问题去学习，围绕需要解决的问题，去寻找、学习、运用有关的知识。同样，“头脑奥林匹克”题目并没有标准答案，这完全颠覆了我们常见的标准答案的评价模式，解放了学生的思维，激发了学生的学习兴趣，为学生提供了更为广阔的想象空间，也为学生创造新思维的发展创设了有利的条件。

同时，学生还把这种学习的主动性迁移到其他学科。语文课上，学生们针对不理解的字词、文章前后看似矛盾的语句，以及与现实生活不相符合的课文内容大胆质疑，积极讨论，发表自己的见解，由此提高了听、说、读、写的能力。数学课上，学生对解题思路进行拓展，创设多种思维方式，进行比较、筛选，寻求最便捷、最有效的解题方法。英语课上，学生们分工合作，组成学习小组，模拟场景，身临其境感受语言氛围。美术课、音乐课、常识课……学生充分发挥主观能动性，用画笔描绘自己理想的世界，用舞姿展现内心的喜悦，手脑并用，体验一次次成功。学生们变得快乐了、爱学习了，正朝着善于发现问题、准确分析问题、有效解决问题的方向前进，创新意识和实践能力在一步步增强。

五、讨论

光启小学的创新素养培养实践研究已历经三年，形成了课程与活动“你中有我，我中有你”的相互交融。但是在研究中我们也发现了一些问题：学校在进行创新素养培养的同时，如何兼顾到每年的国内和国际比赛？在从个别到全体的全纳培养过程中，如何进一步提升拔尖人才的创新能力？在进行学科渗透的同时，如何把“团结、创新”这一核心向纵深方向拓展，让创新能力和团结协作与学校的所有工作相结合？……这些都有待于我们展开进一步的研究。

正如光启小学校歌中所唱的那样，“科技之光，启迪智慧，明天创造，新的奇迹”。我们希望通过课题研究这样一个契机，让每一位光启师生都时时刻刻浸润在“头脑奥林匹克”的奇妙世界里，动手动脑，在探索中启智，超越梦想，在合作中创新，让创造之花开得更加美丽。

参考文献

1. 陈伟新等.挑战创造力——中国头脑奥林匹克活动20年[M].上海：上海教育出版社，2007.

2. 上海头脑奥林匹克协会.头脑奥林匹克（小学版）[M].海口：海南出版社，2003.

3. 黎娜，王雅倩.全世界最聪明的人都在做的1000个思维游戏[M].哈尔滨：黑龙江科学技术出版社，2007.

4. 塞缪尔·米克卢斯博士等.思潮澎湃——头脑奥林匹克即兴题比赛指南[M].上海辞书出版社，2012.

徐汇区漕河泾新兴技术开发区实验小学实验报告

一、实验背景

“创新是一个民族的灵魂，是一个国家兴旺发达的不竭动力。”《中共中央、国务院关于深化教育改革全面推进素质教育的决定》中指出，“素质教育的重点是发展学生的创新精神和创新能力。”

2010年9月，上海市颁发了《上海市中长期教育改革和发展规划纲要(2010—2020年)》，把“为了每一个学生的终身发展”作为核心理念，明确提出“使所有学生的个性特长得到发展，潜能得到激发，创新意识、创新精神和实践能力显著增强”。

可以说，创新教育是知识经济发展的必然要求和结果。我国对学生创新精神培养的重视程度也在逐年提高，但是我国传统的教学思想、课程设置及教学方法等对学生创新精神的培养不利，“教育是培养创新精神的摇篮”这句话并没有在现有的教育体制中得到很好体现。当前，中小学、幼儿园开展创新素养培养，存在着三个突出问题，迫切需要研究解决：培养局限于个别“尖子”学生，没有普及到每一个孩子，“点缀式”的培养居多；同课程改革相游离，尤其是同基础课程割裂现象严重，培养尚未真正进入“主渠道”；对各年龄阶段学生创新素养发展的特点，缺乏必要的研究，因此培养缺乏针对性。

作为基层学校，我们也一直在从学校课程层面对这个问题进行思考和探索，希望能有所突破。2010年9月，我校由徐汇区教育局、上海市漕河泾新兴技术开发区发展总公司和虹梅街道办事处三方合作共建，更名为“上海市漕河泾新兴技术开发区实验小学”，漕河泾新兴技术开发区还出资在我校兴建了一个创新科学实验室——创智坊。

2011年年底，我区主持的“基于中小幼学生创新素养发展特点的区域性系统培养研究”项目，被确立为全国教改实验区“十二五”实验项目、上海市哲学社会科学重点课题和上海市教委教育科研重点课题，我校很荣幸地被作为课题研究的实验学校之一。

根据总课题组要求，依据几年来“绿色指标”数据指引，结合学校特点，我们拟借课题研究项目，完善学校课程设置，改变教师教学方式和学生的学习方式，激发学生创生智慧，从而达到培养出符合社会发展需求、具有创新素养的学生。

二、实验目的

此次实验的目的在于，将中小幼学生创新素养基础性品质发展的阶段性特点作为学生创新素养培养的心理学基础，结合学校特点，利用漕河泾新兴技术开发区的高新技术资源及创新的理念，以基础型课程的实施为载体，整合开发课程资源，统整学科教材，营造创新氛围，展开我校学生的全纳性系统培养的实验研究。在理论与实践的结合上，探索适合我校学生实际需要的学习方式，并逐步形成我校特点的学生教育培养模式，适应新形势的要求。学校借此进行管理机制的创新，推进教育的优质均衡发展。

三、实验过程

（一）实验准备阶段(2012 年 9 月—2012 年 10 月)

这一阶段的主要任务是：明确实验学科，确定实验教师；确立研究目的，锁定研究主要内容，制定学校研究实验方案。

1. 全校课题总动员，明确实验学科，确定实验教师

2012 年 3 月初，我们开展了全校课题总动员，进行课题宣传，招募课题研究的教师。之后，为了能使本研究更具有实效性，我们根据总课题组的要求以及课题本身的需要，从学校实际出发，根据学校学科建设和特色发展定位，将骨干后备教师培养目标和教师自身发展需求相结合，最终选定自然、音乐、美术、语文、数学为实验学科，其中自然为重点特色实验学科，并确定了参与课题的实验教师。

2. 确立课题研究目的，锁定课题研究主要内容，制定学校研究实验方案

我们认识到：学生创新素养的培养首先应立足学科，与学科教学统整，在教师的教学实践中渗透落实。对小学生而言，创新素养更多的应该是指他们潜在的一种创新能力的挖掘、培养。基于此认识，我们确立了课题研究的目的，锁定了研究的主要内容，并根据学段三年实验计划制定了学校三年实验计划。

首先，在新课程实施中的培养方面，我们动员各实验学科教师以学科教学为主渠道，关注激发学生的好奇心、求知欲和想象力；发展学生探究、发现的创新能力；关注学生批判性、创造性思维品质的培养。结合学科特点，寻找、梳理学科教学与小学生创新素养的结合点，在此基础上整理实验学科相关年段有关创新素养培养的具体内容、培养途径，形成培养学生创新素养的学科目标。

其次，我们提供了创新活动载体，引导学生自主创新。我们借助漕开发总公司的支持，进一步完善、添置学校创智坊的设施设备，为本课题的研究开展进一步创设条件。

再次，我们积极利用优质资源，展开多途径培养。在德育教育中，围绕学生主体创新素

养培养，借助近在咫尺、得天独厚的优势——漕开发资源，开展“走进漕开发”系列主题活动，在活动中培养学生综合创新意识，增长见识，开阔视野，锻炼能力。我们通过漕开发资源的有效利用和整合研究，探究学生学习方式的转变，让学生成为学习的主人，学会主动地、有创造性地利用一切可用的学习资源，为自身的学习、实践、探索性活动服务。

（二）实验试水阶段(2012 年 11 月—2014 年 1 月)

1. 加强学习，为实验顺利开展作好铺垫

为了能够提高课题组教师的课题研究能力，学校采用“请进来，走出去”的办法，经常邀请专家来校讲学指导，或有计划地安排教师外出学习。同时利用校本培训、教研组学习，促使教师迅速形成并提高创新意识、创新素质。除了学习区科研室下发的创新素养相关材料外，在课题组内，我们选派专人再进行有关学生创新素养发展特点及创新素养情报资料的查找、搜集、整理，供课题组教师了解、对照、学习。

为了深入了解课程统整，学校课题组走出校门，来到启新小学“取经”，学习他们的成功案例，并且分学科进行面对面的交流。相关教师从中汲取经验，对课程统整有了一定的了解。教师进修学院科研室的专家、教师们一次次莅临指导，为我们的研究把握了方向。为了更好地帮助实验教师进一步明确研究目的，了解课题的操作方法，学校克服困难，尽量保证实验教师都能参与区级层面组织的每一次培训活动。教师们在一次次学习中对于小学阶段创新素养培养的关注点更加明晰，也逐渐找准了本学科培养的切入点。

2. 定期沟通，组织阶段小结

学校每月定期与实验教师沟通，了解研究进展，共同商讨，把握研究方向，以便顺利推进下阶段的研究。各实验学科在学期结束也都会进行实验情况阶段小结汇报。

3. 措施激励，提供经费保障

进入课堂教学研究阶段后，课题组要求各实验学科每月围绕课题要求，观察学生，反思课堂，完成教学反思、个案研究，积累学生作品等。学校给课题组教师每月发放一定的研究补贴，学期末根据一学期的实验情况进行年度考核、奖励，表彰激励的同时，借助谈话等形式帮助教师明确进一步的要求。

（三）实验延展阶段(2014 年 2 月—2015 年 12 月)

为了能使得本研究更加具有操作性和全面性，在试点研究基础上，我们从两方面拓展领域，继续深入开展创新素养系统培养的研究。

（1）依托上海市教委“以校为本的教育质量保障体系建设试点”项目，结合学校新优质校创建工作，扎实落实国家课程的校本化实施工作。各学科都逐步在“课堂创新实施”方面加强研究，从技术、技能、环境等角度对课堂教学的实施过程进行创新，逐步形成有各学科特点的、能培养学生创新精神和能力的课堂教学模式。

（2）立足本校，利用区域资源开发校本课程，充实拓展型、探究型课程。学校与区教研室、教育学院信息部和计算机公司、漕河泾新兴技术开发区等合作，探索学校、社区、企业联合开发拓展课程机制的研究，努力凸显动手特色，积极挖掘校内外教育资源，完善各类拓展型课程，以丰富学生成长经历，满足不同学生的发展需要。

四、实验结果与分析

（一）在基础课程实施中的系统培养——“三个系统性”

1. 实验教师将创新素养的培养同基础课程的教学内容进行统整，进行每学期培养内容的系统设计，选取最适合创新素养培养的知识点，形成培养内容的序列

如：我校语文学科为了更好地体现课程统整的作用，使得研究具有更高的可操作性以及让实验结果更加明晰，实验教师基于课程标准，以“单元作业设计项目”为切入点，研制《学期课程统整指南》，实现培养内容的系统性。

我们还“以点带面，逐步推进”，使语文学科的研究有的放矢，更具可视化。“点”一，学校语文骨干教师参加了市级层面的“作业可视化路径的实证研究”课题组，在学习活动中，充分吸收了作业可视化路径的最新相关知识，又把这些知识带入语文大组活动中。“点”二，我校四年级的语文组在区教研员高永娟老师的带领下开始院校合作项目——单元作业整体设计。这些实验教师在“基于课标，增效减负”的理念下，结合“课程统整”的实际操作方法，对单元主目标和次目标进行了重新确定，又在单元目标的指引下对课前预习、课中练习和课后复习的设计进行了反复修改。在这些实验教师的驱动带领下，其他四个年级的语文教师通过大组内学习，对他们的设计进行了研读、学习和讨论，并且也根据相同的要求制定各自年段的单元整体作业。

以小学语文第八册第五单元为例。第八册第五单元共有五篇课文，讲述的是人与人之间美好的情感，是直达人心灵深处的感动，主题都是“爱”：亲人间的关爱、陌生人之间的爱、为百姓牺牲自己的“博爱”，以及大人对孩子的理解尊重，都是爱的不同表现方式。

本单元训练重点是简要复述课文，要求学生在理解课文内容基础上概括要点，并且组织语言进行有条理地表达。教学要把握好“简要”这个度。学生在复述时，有时比较繁琐，不能准确提炼内容的要点；有时又过于简单，加之在复述时没有抓住文章行文的线索，让人听来有“不知所谓何事”之感。所以，教师应根据学生简要复述时存在的主要问题，给予必要的指导，使其在不断练习中逐步掌握简要复述的方法。

除了重点的训练项目，我们还要继续对边读边思考、质疑解疑、圈划批注、有感情地朗读课文等训练项目予以关注，根据课文的特点适时进行有关训练，体现语文知识学习、能力训练的渐进性。

基于这样的思考，本单元中三篇讲读课文，由实验教师结合教学内容和训练重点，选取适合的创新素养培养点，整体考虑单元作业设计，从课前、课堂、课后三块编制相关练习内

容，最终形成培养内容的序列。

课堂练习如表1所示：

表1 课堂练习

《看不见的爱》	《我们家的男子汉》	《十年后的礼物》
课堂练习		
1. 画出描写母亲对小男孩不同寻常的爱的有关语句，有感情地朗读，从中你能体会到什么？ 2. 体会句中带点的词语在课文中的意思和感情。 (1) 那位妇女坐在草地上，从一堆石子中捡起一颗，轻轻递到孩子手中，安详地微笑着。 (2) 她顿了一下，望着那孩子，轻轻地说，“他看不见”。 (3) 他母亲并没有说什么，还是很安详地捡着石子儿，微笑着，只是递的节奏也慢了下来。 3. 根据故事发生的时间、地点以及事情的起因、经过和结果，简要复述作者看见的一幕。	1. 作者从哪几个方面表现“男子汉”的特点？ 他对食物的兴趣 他爱妈妈，也崇拜父亲 他对独立的要求 2. 用“我的爸爸无所不能”为开头，写一段话，具体介绍父亲的“无所不能”。 3. 概括段落主要内容。 用“虽然……但是……”“之所以……是因为……”来概括说说第一、二部分内容。 4. 简要复述课文第三部分内容：他对独立的要求。 5. 说说对下面这句话的理解。 “唉，让男子汉们自己好好儿地长吧！”	1. 课文哪几节写了达格妮在静听音乐时对十年前往事的回忆？你认为文章这样的叙述顺序好不好？说说理由。 2. 读句子，说说破折号在句子中分别起什么作用。 (1) 但他答应送给她一件很好的礼物，“不是现在——大约十年以后”。 (2) 这位十八岁的姑娘走到海边，面对大海高声说：“生活啊！我爱你——” 3. 为什么说“这是比华美的衣服，比漂亮的项链更珍贵的礼物”？说出你对这句话的理解。 4. 按照提示简要复述课文内容。 ① 报幕人的报告，使达格妮心情激动。 ② 听音乐时，达格妮想起了十年前的一件事。 ③ 听完乐曲，达格妮感受到了音乐家对她的祝福。

以上课堂练习主要围绕以下几个训练点设计：

(1) 指导学习简要复述课文

简要复述为本单元重点训练目标。简要复述课文是建立在学生理解课文内容的基础上，主要训练学生确定重点，抓住主线，提取内容的要点进行有条理地叙述。

(2) 引导理解文中的关键语句

本单元课文都是表现人间真情的，抒发人类美好情感，有些语句含义比较深刻，教学时要抓住关键词语，结合语境，联系上下文引导学生好好品味。

(3) 引导关注文章布局谋篇的特点

在阅读教学中，引导学生理解课文内容的同时，进一步引导学生体会语言的表达特点，了解语言的表达方式，能帮助学生更好地感悟主旨，提高语文能力。

(4) 关注表达技能的训练

阅读过程中，教师应时时牵挂借助阅读材料，适时适当地对学生进行表达技能的训练，以促进学生口头和书面表达能力的提升。

通过实际操作，教师们发现单元设计练习的整合和课前、课中、课后学习设计紧扣单元目标的高效做法让大家收获颇丰，受益良多。大家认识到练习的设计必须基于课标，紧扣目标，每个点的落实要有明确的层进性和整体性，这都需要教师的钻研和思考。

课堂上，我们鼓励学生主动体验，给予学生说话练习的时间、质疑问难的机会。在学生回答时，尊重学生的表达，耐心引导学生关注问题中的关键，帮助他们养成在读中发现问题和解决问题的能力，在理解的前提下理清说话的思路。

我们的语文课堂中，老师们不断鼓励学生尽可能多地质疑，培养学生形成敢问、善问、有创见性地问的好习惯。越来越多的学生学会质疑，他们的思维能力得到充分的训练。在这三年的研究中，我们制定的教学以及作业目标能够紧扣课程目标，我们设计的练习也能切实符合学生需求，不作盲目、重复地操练。在此过程中，许多教师的专业能力得到了提升，学生的学习兴趣高涨，学习效果也有了明显的提升。

2. 根据总课题组提供的《中小幼学生创新素养系统培养指南》，我们将创新素养培养目标同单元教学目标进行统整，实现培养目标的系统性

我们在研究中认识到：小学生创新素养的培养在英语课堂上就是要开展英语目标任务型教学，培养他们的合作和探究意识，提高学生用英语解决问题的能力、用英语完成任务的能力。

基于上海市中小学英语课程标准和评价指南的要求，以及根据任务型教学理论，我校英语教研组完成了学科目标与评价系统工具表。纵向以项目—能力链体现一至五年级同一主题模块的逐级学习增长，横向以单元—任务链、课时—子任务链体现一个模块各单元、一个单元各课时的整体学习递进，从而建构小学阶段 8 个主题、40 个模块的任务链式课程实施结构模型，体现螺旋上升的英语学习过程，实现了培养目标的系统性梳理。

我们还根据主题模块的纵、横学习发展，研究学年、学期、模块、单元、课时之间目标、教学、评价的关系，体现目标、教学、评价的一致性。这样的做法解决了低年级教学“盲目拔高”、中高年级教学“炒冷饭”，以及教师教学“脚高脚低”的问题。

如我们的英语课堂上，教师围绕设定的教学目标，把生活作为初步运用英语的材料。关注教学活动的设计是否注意话题与学生生活相联系，贴近学生生活，从而提高学生真正用英语解决问题的能力；教学组织形式是否能调动气氛，达成目标。低年级教学我们一般通过 pair-work 来增加操练面和量，语言的交际性、互动性，以及培养学生的自控能力、学习习惯；高年级课堂除了 pair-work 外，我们还设计 group work 的教学环节，既秉承低年级的活动形式，又在功能上更进一层。

通过这样的实践，我们发现培养目标更清晰，不仅仅传授给学生一定的语言知识和技能，更重要的是激发和培养了学生学习英语的兴趣，帮助学生树立自信心，发展学生自主学习的能力，培养学生合作探究意识，养成良好习惯，为他们今后高难度的英语学习和终身学习打下了良好基础。

3. 根据单元培养目标确立课堂教学目标，设计教案，使课堂教学过程尽可能同创新活动的过程吻合，展开课堂教学的教法创新研究，探索新的教学方法和策略，实现教学过程的系统性

学校将创新素养培养课题与基于标准的教学与评价工作、学校的新优质校项目、绿色指标研究等结合起来，着重进行课堂教学模式的研究。

语文学科以单元作业设计为切入点，由原先流程式的备课改变为模块式的备课，通过改变备课格式，体现教学目标与具体教学环节设计及作业、练习的匹配度，进一步增强教学的有效性，减少了教学时间的无效消耗，使课堂更紧凑，目标落实更扎实。

英语学科在语用驱动任务链的基础上探索英语“智慧课堂”的教学研究氛围。

我们认识到，数学课上的创新素养培养必须要有一个切实有效的抓手。因为创造性思维不同于知识与技能，是一种能力，无法通过某一个教学环节而习得。而提高学生的动手操作能力是培养学生创造性思维的重要途径，学生只有主动参与探究才有可能在原有基础上创造性地发现事物。教师所需要的就是给学生提供动手操作的机会和载体。我们想到了“做中学”的教学模式，研究教学具对学生数学学习的辅助作用，并逐渐发展到“数学实验课”的校本课程。

如数学老师侯德峰执教四年级的“小数的认识”。他基于小数的产生，采用“做中学”的实验模式合理地进行教学设计，有效解决教学中的重、难点问题；在课堂中注重知识的本源，注重了学生动手操作能力的培养、创新素养的养成。

新课伊始，侯老师出示了一把只标有0和1数据的米尺，要求学生去测量课桌的宽，学生在测量时遇到了“无法精确测得课桌的宽”这一障碍。基于对尺子的了解和对长度单位进率的认识，他们很快想到了要将这把尺子先平均分成10，并且标上数据。随着学生第一次的动手操作、测量以及思维的碰撞，侯老师很自然地就引出并让学生理解了一位小数产生的意义以及它的计数单位。随着进一步的测量操作，学生对小数的认识也在不断地完善，整个学习是在做中学、做中思、做中悟，一切都显得那么自然。

数学是抽象的科学，有些抽象的数学知识对于学生而言比较难以理解，这就需要丰富学生对于数学知识的表象认识。表象是感知觉到概念间的“阶梯”，具有直观性和概括性。实验教师让他们通过亲自触摸、观察、测量、作图和实验，把视觉、触觉、运动等协同利用起来，促进数学概念的内化，掌握对象的特征，形成空间观念。

如在“三角形的分类”这一节概念课的教学中，我们要关注的是概念的得出，要注意它的内涵和外延。我们的老师改变了传统的教学方式。课堂上，首先是每个三角形名称的得出。由于学生有一定的知识经验，很多学生能够说出这三类三角形的名称，但是对于为什么有很多学生答不上来，这就是我们的关注点。于是教师马上结合板书引导学生找这三类三角形的相同点和不同点，从而让学生感悟到了原来每一类三角形在命名时都是根据它们

的第三个与众不同的角提出的。其次，教师注重了学生体验，引导学生从静态和动态两个角度来判断一个三角形是怎样的三角形的时候，只要抓住最大的一个来判断即可。第三，老师在练习环节“猜一猜”中给出一个锐角让学生来猜是什么三角形，先让学生思考，然后动手画一画，最后展示不同的结果，让学生直观地感知到“一个锐角原来有三种可能性，但是当有两个锐角时三角形是确定的”，为以后的学习作了铺垫。这样的课堂无论是在知识点方面还是解题方法上，都为后续的学习进行了有效的埋伏。

通过三年多的实践，我们发现，传统的教师讲、学生听、反复练的教学模式，学生处在一个被动学习的状态，其兴趣和求知欲是被压抑的。教学具的使用是一个培养学生学习兴趣、有序思维的有效着眼点。动是孩子的天性，每位孩子都充满了“动”的欲望。我们也发现，通过学生操作学具，教师能够更快在有限时间内完成教学任务，很快就能达到所求的教学效果，不仅使学生掌握应该认知的内容，而且发展了学生的创造性思维等综合能力。

（二）开发校本课程，提供创新活动载体，引导学生主动创新

1. 根据创新素养培养的要求，我们努力创造学生个性健康发展的学校文化环境，引导学生积极参与相关兴趣小组，鼓励学生自主创新

（1）自然学科，以“实验小能手”校本课程为契机，激活学生对科技科学的热情。为了能够更好地发展学生的动手能力，结合我校是漕河泾新兴技术开发区等三方共建的特点，在专家指导下，我们编写了《小手探索大世界》校本实验手册。

整个手册整合二期课程改革中“三维目标”，着重强调“过程与方法”部分，选取五项探究过程技能，即观察、分类、测量、记录、预测，围绕一个个需要学生实际操作的问题进行相应的系统训练。同时将学生在科学探究过程中的技能水平概括为三个等级：初级水平对应小学一、二年级，中级水平对应小学三、四年级，高级水平对应小学五年级。教材提供了对每一等级六项过程技能实践操作的指导，包括活动的过程设计、所需的材料清单、学生的记录空间以及师生的评价量表。每项过程技能后的评价量表供学生自评和教师评价等。

我们各年段利用每月一次的探究课时间，进行校本课程的活动。在有形无形的课程空间中，学生经历了观察、分类、测量、提出假设、搜集数据、分析数据、推理得出结论、验证假设和交流的全过程。学生还可根据活动中的表现和收获对自己进行等级评定。教师根据量表给出的评价指标对学生运用该项过程技能进行量化评价和描述性评价。每项过程技能会有 2—3 个评价指标，教师根据相应权重进行分值评定，最后累加得出总分。对于学生在运用该项技能的过程中表现出来的典型行为，则可根据需要进行描述性评价。这一过程是主动的、积极的、逐渐生成的，有助于学生主体能动性的发挥；同时在探究过程中，学生经历了遭遇困难的困惑和紧张，以及发现答案的愉悦和成就感。

现阶段，我校的校本实验手册正在尝试编制成网络课程形式，以给学生自主学习、研究，更多接触科学实验的机会，提高学生的科学实验素养和能力。

(2) 音乐、美术学科，我们立足活动实践，立足艺术创新，培养学生情趣。创新素养，对于音乐学科来说，外显表现就是富有创造性的音乐表现能力。器乐教学能丰富学生的音乐表现力（即实践操作能力）；合奏能培养学生的团结协作能力（即创新人格）。我们根据音乐学科课程统整指南要求，整合学校的艺术特色项目——长笛与口风琴，进行“课堂器乐教学能培养学生创新素养”的研究。在课堂教学中，我们持续实施分组合作教学，按学生的综合音乐素养，遵循“同组异质”原则，分四组。每组都由不同特长、不同性格、不同性别的组员组成。学生小组的讨论、演唱、表演、演奏等形式，活跃了课堂气氛，也提高了教学效率。教师在课堂上为学生提供了更多的体验机会，进一步培养了学生的自主探究精神。同时课堂中增加电子琴的运用，变换不同风格的歌曲伴奏。学生通过听辨与演唱拓宽了音乐视野，激起创新动机，初步培养了创新素养。

实验至今，我们的音乐课堂上，学生在合作中提升了对音乐作品的理解，促进了音乐灵感的激发，同时也促进了一种积极向上的情感。我们的很多合作是师生即兴的灵感迸发，或是随性的偶然生成。教师能马上抓住课堂的有效生成，引导学生通过人声、演唱、打击乐器伴奏、情景表演等多种形式，丰富歌曲的表现力，激发学生的创造欲；在合作表演中，展示创作成果，促进学生学会合作、敢于创作、勇于表演。

美术教学中，实验教师以科幻画创作学习为载体，培养学生热爱科学、接触科学、探索科学的好方法，这也是培养学生想象思维能力很好的途径。同时，实验教师以“传承为根本，创新为灵魂”为指导思想，开展了有关皮影的兴趣社团。社团活动中，教师带领学生欣赏传统皮影戏，感受传统皮影融会民间年画的鲜艳色彩、京剧的华美服饰、剪纸的纹样之美。学习过程以学生评述为主，观看各种类型的皮影，在欣赏中侧重让学生自己评述分析总结。通过视频演示、教师讲授，围绕皮影这一主题，教师从造型、纹样、色彩三个方面引导学生加以赏析，感受皮影夸张大气之美；又引导学生认识皮影的重大意义和作用，激发学生探究本土皮影的兴趣；再让各小组学生欣赏自制皮影，去开展各个层次的探索活动。小组分工既要求落实任务，同时又强调合作协调，感受传统皮影带来的快乐。为了能有更多的学生参与其中，实验教师还设计了用皮影形式表现成语故事人物形象的课程。教师以成语故事为载体，让社团学生做皮影剪纸贴画，大胆使用创新的手法，并将制作过程录制成微课，挂在校园网上供学生分享学习。

(3) 机器人社团，动手动脑，依托团队合作，快乐解决问题。我校的机器人社团借助机器人这个教学载体对学生进行团队配合能力的培养、创新思维的训练。活动课程的特色为“普及＋提高”，共分为三个不同的课程。二年级普及课程着重给学生介绍关于电脑和机器人方面的知识，让学生了解机器人，并对此产生浓厚的兴趣。如：知道如何使用电脑，知道什么是机器人，机器人主要是由哪些部件构成，各个部件的作用是什么，各个传感器有什么用途。三年级提高课程着重培养和锻炼学生的动手动脑能力，学生利用一些简单的未来伙伴C系列零件，能自己动手搭建一些简单的机器人模型，如转眼睛的小动物、搅拌器等，同时会编写简单的程序。四五年级提高社团活动，通过前面的基本知识和基本技能的训练，选取部分具备一定创新能力的学生，通过小组合作的方式，对一些能力风暴比赛项目进行方案设计，如机器人搭建、程序编程和调试，培养学生创新思维和团队合作能力。目前，我校的机器人团队已多次获得全国一等奖，以及市级比赛一、二等奖，越来越多的学生踊跃加入其中，并获得快乐。

这两年，我们学校还开展了"STEM＋"课程探索。这是一门由科学、技术、工程、数学组成的综合学科。与传统课程相比，STEM课程着重于学生的探究过程和真实世界的体验，教师允许学生有不同的观点，鼓励学生在符合客观规律的基础上发挥创意。比如，开展了"雨量器"和"制作虫虫盒子"两节课。虽然学生的年龄比较小，但是他们对于课程内容还是很喜欢。在教学中，学生了解了雨的形成、雨量器的种类、制作雨量器的材料等；还知道了昆虫的外形特征、不同的口器、不同的生活环境、喜欢的食物等。最后在教师的指导下，学生自己设计、小组合作，完成了雨量器和虫虫盒子的制作。他们的作品可谓五花八门，各有特色，有的用饮料瓶、直尺，有的用纸盒、保鲜膜，还有的用绳子、丝袜等，最后还给作品进行了美化。活动中，学生的创作灵感得到了激发，他们的动手能力得到了锻炼，创新素养也得到了提高。

2. 建设了艺术、自然、美术等专用教室和上海市(自然科学)创新实验室——创智坊，为小学生创新素养培养的研究开展进一步创设条件

我校的创智坊是一个科技互动体验区域，严格意义上讲，不受围墙限制。室内"科学趣味城堡"面积约116平方米，室外建有开放式科技活动走道。为了充分体现"创智坊"的开放性、互动性和探究性，每学期期末，学校还会分年级带领学生参观校外实践活动基地，包括质监局、缝纫机厂、3M公司等，让学生在探究活动中了解生活，认识生活。

- 快乐的互动游戏墙和游戏书

科学趣味城堡内，有互动性非常强的多媒体互动游戏墙和互动图书。

学生们在参观了具有高新技术的漕河泾园区后总是意犹未尽，多媒体互动游戏墙提供的互动游戏，让学生回到学校也能体验到高新技术的魅力。如"食物与营养"游戏，从声、光、电以及激光感应多个角度激发了学生极大的兴趣。学生可以根据自己的生活情况进行食谱选择，游戏程序会自动以科学的标准评价学生的饮食是否健康。互动图书具有先进的感应系统，可以快速、准确地感应到学生手臂的移动和停留，并迅速转化为信息输入电脑，实现图片的区域抓取。

- 有趣的探究实验箱

学校现有的探究实验箱，可以根据学生年龄特点，提供不同实验设备开展探究活动。例如：造纸试验箱可以让学生认识不一样的纸张，然后自己动手利用废纸制造新纸；建筑与

结构试验箱可以提供不同材料或指导学生利用生活中的废弃物品来搭建建筑模型或航天模型，充分发挥学生想象力。在制作模型之余，学生还有机会参观航天工业总公司801所，了解我国“神舟”系列飞船以及“嫦娥一号”卫星的研制。

我们旨在通过“创智坊”的立体综合运用，帮助学生提高学习科学的乐趣，养成爱科学、乐探究的好习惯，使学生在获取科学知识的同时学会尊重事实、善于质疑的科学态度，并能通过学会观察和思考、探究和质疑，增强动手、动脑解决实际问题的科学探究能力，成为具有良好科学素养和实践能力，能适应现代社会需要的可持续发展人才。

附：创新实验室案例（节选）

- “民以食为天”

近年来，随着重大食品中毒事件频频曝光，人们对于食品质量的担忧与安全意识在不断增强，也越来越关注这个话题。根据中小学生体质健康监测结果，我国中小学的肥胖率呈上升趋势，学生营养状况上存在的问题十分突出，这就需要我们对健康饮食多加关注。

为此，我们在中高年级就食品安全问题设计并展开了一系列科学探究活动，包括对食物主要营养成分的认识、食品包装袋上的信息识别、认识特殊的食品标志等内容。自然学科教师针对“食物主要营养成分”开展课堂研究，让学生通过加热、用碘酒滴加、用吸油面纸摩擦等实验方法，验证食物中所含的脂肪、蛋白质、淀粉等营养成分。

在学生了解了食物中的营养成分之后，为了更好引导学生健康饮食，我们带学生走进相关质检部门，看一看专业的检验设备，听一听研究人员细致的介绍，记一记重要的合格标识，议一议健康饮食的方法、途径。有了专业的质监局技术骨干的参与，再回到课堂，学生真正懂得了食品安全的重要性，不仅能关心自己家庭日常饮食安排，也能提醒他人注意饮食的安全。

- “让牙签竖起来”

在参观完3M公司先进技术和实用产品后，五年级数学教师随即设计了一堂开发学生思维、培养学生创新素养的拓展课：“让牙签竖起来”。

课堂上教师不拘泥于形式，引导学生采用一切可能的方法按照一定的要求把一根或者多根牙签竖起来。学生们带着创造热情与冲动，充分发挥丰富的想象力和创作力。一个同学想出了破题“高招”，教师就改变限制条件，让更多的同学投入新的“苦苦思索”。这堂课充分锻炼了学生的观察判断能力、与伙伴合作探究的小组学习能力，使学生在有限的课堂时间里，体验创造的快乐，激发了大胆设想、勇于实践的科学精神。

- 提取的不仅仅是叶绿素

语文学习能不能做实验？一位语文教师认为：很多学生对生活中鲜艳的色素很感兴趣，如果让学生在课堂上亲手接触植物体内的色素——叶绿素的提取——也许课堂教学可以取得意想不到的收获。

这位教师在征得学校的支持以后，根据学生生活经验，由易到难设计了几组实验方案来提取植物中的叶绿素。学生在教师的引导下，以小组合作的形式自主尝试了多种方法进行试验，如用手挤压、用热水泡、用研钵碾等；教师也提供了用酒精隔水加热的方法。有趣的实验不仅调动了学生积极参与，更引发学生对合理运用色素的思考。

为了及时满足学生的学习需求，我们借助漕河泾开发区内的上海市质监局，了解食品检验的过程、不合格食品的霉变情况等。学生不仅在课堂上掌握了一些实验方法，同时也懂得了生活中要多吃含有天然色素的食物，少吃大量添加合成色素的糖果与食物。

（三）利用优质资源，开展丰富的实践探究活动，展开多途径培养

漕河泾新兴技术开发区内科技教育资源十分丰富，首先我校会定期邀请漕河泾新兴技术开发区的专业人士给学生开展科普讲座，介绍现有的高新科技、研究人员设计的先进产品、未来的科技展望，让学生认识日新月异的科技。例如：3M中国有限公司研发中心三位工程师来到我校，为三四年级全体学生举办了“生活中有趣的小实验”科普讲座，并展示两款3M的高科技产品，防雾膜和医用洗手液学生非常感兴趣。

其次，我校还在每学期的期末，分年段组织学生到漕河泾开发区内相关企业参观学习，开展小课题探究活动。例如：了解3M公司的特殊反光材料在交通安全中的作用；探究3M公司不同类型的汽车贴膜对车内乘客的影响；认识缝纫机厂中与电脑相结合的先进缝纫技术；在航天801所进一步了解我国航天事业的进步与发展等。

学生在丰富多彩的校外实践活动中，领略了国际前沿科学技术，了解到许多贴近生活的科学技术，并且在探究活动中，巩固、拓展了课内所学理论知识，增加了科学知识的运用能力。

表2　各年级实践探究基地安排

	一年级	二年级	三年级	四年级	五年级
第一学期	探趣康健园	走进3M展示厅	探秘消防队	缝纫小行家	小小质检员
第二学期	玩转淘米网	与生物近距离	揭秘IC卡	走近航天人	访国核公司

我们根据漕河泾新兴技术开发区的资源设计了社会实践活动，形成了学校社会校本实践方案的教材，并且纳入学校总课程进行规范操作。社会实践活动在学期末实施，学生根据方案有目的、有计划地进行活动，取得了良好的成果。同时还配合学校的评价和激励机制，融入德育，评选出“科技智慧星”“文明智慧星”“实践智慧星”等，将德育引向学生的学习、生活和实践。

（四）适应学生创新素养培养的教师教育教学行为改善

要培养学生的创新素养，关键是教师的教育教学行为改变。所以，我们着力通过教学方式的研究推进师生关系的转变。我们根据绿色指标的数据，着力于课堂民主、平等关系

的构建。为了促进师生关系的和谐发展，我们在“创生智慧”课堂教学研究过程中，要求教师让课堂“动”起来，在师生互动、生生互动中体现学生的主动探究，让学生在动手动脑的过程中领悟、体验、理解和掌握。

如何把课堂还给学生，让学生在课堂上“动”起来？经过学习、讨论，全校每一个教研组都在区教研员的指导下确立了本学科的研究专题，并开展学科课堂教学的阶段性研究，确立了各学科的研究主题。如：语文学科，“创生智慧，主动体验”；数学学科，“创生智慧，能动数学”；英语学科，“创生智慧，语用驱动”；综合学科，“创生智慧，活动实践”。

我们用这样的项目引导教师通过课堂教学研究让自己的课堂互动起来，让学生有更多的机会思考、体验、动手练习等，以给他们充分的时间和空间，以体现我们的办学理念，以推动师生关系的良性发展，以提升教育教学效果。

为了进一步改进教师的教学方式，我们还对原有的课堂教学评价表作了修改。新的评价表突出了学生自主学习的时间以及课堂的参与度，把学习方式和兴趣作为重要的指标放入评价，把学生的主动学习时间作为一项重要的指标在评价表中进行统计，倒逼教师更新教育理念，切实从改变课堂教学行为做起，改变教学方式，提升学生的课业质量。

三年的研究，我们感觉老师们在学科教学上有了一定的进步，更主要的是在对落实课堂教学对于学生创新素养的培养的认识上有了很大的提高，课堂理念不断转变，师生关系日趋和谐。

过去，接到新学期课务安排以后，教师们会根据教材、教参和上面统一安排的教学进度，从第一课开始，一教时一教时地备课，然后按所备的课上课，布置作业，批改作业，如此循环往复。这样做，缺少了对自己一学期教学工作的整体设计，没有对一学期所教的语文课程与教材以及创新培养等各种因素进行通盘考虑。现在，通过参与课题研究，教师们开始试着编写《学期课程统整指南》，这样对上可以与课程设计相连接，对下可以与课堂教学相连接，找到一个沟通宏观课程设计与微观课堂教学的通道。

对于编写课程统整指南，大家也形成了一定的经验。首先认真研读课标，特别是年段目标，以此为基准编写《学期课程统整指南》。接着以“创新素养”的培养为出发点，在统整学生学习内容的基础上，把学习方法、学习习惯、创新能力等的培养统整进来，防止创新能力的培养与学习内容的割裂。再是在确保知识、技能、情感三维目标有机整合的基础上，关注学生在各种语言实践中的体验，注重让学生发现和提出问题，培养学生的自主与创新精神、合作意识，从而激发学生学习的兴趣，全面提升学生综合素养。

教学中，教师们也渐渐感受到研究一群学生、一种教法是一件挺有意思的事情。以前大家更多的是把教案落实于课堂，注重学科技能培养，更多关注学生“学会了什么”，而现在，更关注于学生“会学”，如何激发“主动学”。“教学的艺术不在于传授的本领，而在于激励、唤醒、鼓舞。”在创新教育日益受重视的今天，让学生不仅“学会”，而且“会学”，为终身学习打下良好的基础，达到教学最优化，是我们追求的目标。

正是大家对“创生智慧”，对培养学生创新素养的理念经历了从了解到理解到实践，最终理念改变了我们的课堂。课堂教学方式转变的最大受益者则是我们的学生。他们在课堂中自由发言、思考的空间和时间更多了，由此促进了师生关系的和谐发展。我校的一次问卷调查中，“课堂教学能更加关注学生个体，给学生更多活动空间”这道题目有87.4%的人选择了“有很大变化”。

（五）学校管理改革

我们以项目管理为线索，设计学校整体实施思路，保障项目顺利推进。

学校确立了以“创生智慧”为核心理念的课程建设构想，并且制定了详细的方案，对学校的五年规划进行了修订，从制度和人员上保障了项目的顺利实施。

首先，以“五条途径”“四个步骤”“三级保障”的思路管理和实施项目。“五条途径”即学校管理、学校德育、项目建设、队伍建设、后勤保障；“四个步骤”即按照项目的进度分为 2012 年下、2013 年、2014 年和 2015 年上四个不同的时间段，分步推进；“三级保障”即学校层面规划布局，教导处层面具体设计与融合，教研组备课组层面根据每一步骤的要求进行实践研究。

其次，项目实施过程得到了有效的保障。我们在人员、场地、经费等方面，对项目的实施给予了充分的保障。在项目推进过程中，我们做到项目的经费专款专用。如机器人项目引进后，我们给项目开辟了活动场所，准备用一定量的资金把场地的基本设施配备到位。2014 年 1 月，我校为所有的教室更换了电子白板，这在很大程度上满足了教师的教学需求，给课堂教学发展提出了新的研究课题。我校对走道上的动手科学小仪器进行了修整，供学生课间动手操作。专用教室的利用率较高，为学生素质教育提供了保障。又如，为了进一步发展学生的特长，学校给长笛队配置了价格比较昂贵的乐器，对兴趣项目的训练等做到定时间、定地点。我们也通过招聘教师、聘请园区内的相关人才等途径逐步改变项目的师资队伍结构，充实一定量的拓展型、探究型教师队伍，还聘请区相关的教研员作为我们项目实施的长期指导员，有些项目还进行了院校合作。在教师培训、设备购买、学生外出培训等方面，我们都确保项目优先，教师和学生发展优先。

再次，严格按照项目书的进度进行研究和实践。从 2012 年下半年起，我们按照每一步骤安排的大致内容，逐步对项目展开了研究。在漫长的实验过程中，我们对于实验的目的越来越明晰，对于实验的方向也越来越明确。除了将实验伊始设定的实验学科做扎实以外，我们还不断调整学校的课程设置，以基础课程、特色课程为抓手，不断丰富拓展型、探究型以及校本特色课程。我们在找准每个实验学科的研究抓手的同时，也找到了这个学科的教研重点，依托教研组力量，逐渐提升了所有教师的专业水平，同时也增加了实验结果的价值。与此同时，也为学校的发展指明了方向。学校也在项目层层推进落实过程中不断地发展。

五、讨论

（一）创新素养系统培养还可以关注的方面

（1）在具体教学实施过程中，教师指导的内容不是简单的学科知识技能，而是获得知识的方法和具体研究的方式。所以，课堂上教师要敢于放手，尽量保证学生经历完整的实践过程，而不是个别、零散的片段，要允许学生犯错误、走弯路，要帮助他们保持和进一步提高学习的积极性，对于活动中遇到困难的小组，要加强个别辅导等。

（2）同学们的收获不再限于本次练习，而且有更多其他意想不到的收获，特别是学生的学习积极性和自信心。教师不再只用一个标准、一个答案，不再用只求共性、忽视个性的评价方法，即使是同样的作业要求，也会得到“百花齐放”的效果。所以，我们不再像以前那样急着判断对错，核对所谓的标准答案，而是及时发现这些特点，因势利导，鼓励学生充分发挥其创造力和想象力，促使学生形成宝贵的个性和创新素养。

（3）在课程领导方面，我们要关注课程多样性、选择性，满足学生的需求，以此丰富他们的学习经验，并结合学校的品牌，着眼于学生服务高新产业的能力和品格培养上。

（二）教研（备课）组建设对学生创新素养培养的重要性

在“基于中小幼学生创新素养发展特点的区域性系统培养的实践研究”课题的研究推进中，我们将做法归纳为“发展原有平台，开辟新的渠道，借助多元外力”。但无论哪一种途径，我们都是将聚焦、着力点投射到教研组这个空间，扎扎实实进行学科备课组的建设。我们为每一个备课组配备区域内的专家或教研员，让这些力量帮助我们来研课，把握教材，真正改变陈旧的课堂教学方式。相关教研员的深入，不仅给予执教者启迪，也给予听课者思考，研课的效应得到最大化的扩散。我们不满足于此，而是跟进了备课组全员的“磨课”。“磨课”并非“眉毛胡子一把抓”，而是依托课题组要求以及学校发展需要，通过各备课组轮流导学，找到教学中的“红绿灯”，这其实是提供给教师一面反思镜，先分析、反省，再改进、总结。这样做不是“嚼烂”，而是通过“咀嚼”，“嚼”出课堂教学的真谛，只有这样，才能真正改变教师的定向思维、习惯套路。“磨课”落地生根后，我们通过校内教研组的研讨、教学论坛的交流、区级公开的展示，检验“磨课”的质量，同时也从中找到课堂教学的“亮点、不足点、推广点”。在“研课”“磨课”的基础上，结合区的“三奖”——“建襄”杯、“高一”杯、“汇师”杯评比——进行校内校外的赛课。所有赛课站到新的起点，让专家团队参与，避免赛得不明不白，赛得不知所以，而是以赛带练，以评促进。以教研组为单位，我们用“参与式培训—课题大招募—团队来承包—且行并且思—研伴来同行”的流程完成学校的教学大项目，创设师生心之向往的课堂。

上海市西南位育中学实验报告

自2012年3月总课题开题，历经近三年的时间，我校对照实施课题方案，现将自课题开题以来所做的工作向总课题组汇报，不妥之处，请批评指正。

一、课题概况

我校被列为"基于中小幼学生创新素养发展特点的区域性系统培养研究"市级课题初中组实验学校，学校校长室为此召开专门会议进行研究。基于我校是一所完中的具体情况，我校决定以开展课题实验为契机，以创建初、高中实验班为抓手，分初中与高中两大组，进行课题实验研究。两年多以来，我们坚持初、高中联动，从两个不同的学段学生的认知规律、心理特点、知识结构、学习要求等诸方面进行实验研究。

（一）课题目标

我们在民办教育区域中，以优化基础性课程为核心，在实验班的教育、教学实践中，探索系统培养学生创新素养的有效方法、手段和途径，提高实验班教育教学的效益。加强实验班课程研究，改进实验班课程设置与结构，提升实验班的内涵。加强校本教材建设，营造学校学术研究与创新氛围，努力打造一支具有创新精神和创新教育专长的教师队伍，进一步提升学校办学内涵和品质。

（二）实验年级与内容

实验年级：初二年级、高一年级

实验学科：数学、外语、政治、物理

内容重点：基础性课程研究

实验的主要方面：学生培养目标的系统研究（基础性课程整合）；在多种途径中培养学生创新素养的研究；适应学生创新素养培养，改善教师教育教学行为的研究（实验班课堂教学模式）。

（三）研究、实验的组织形式

以年级学科备课组为课题研究与实验的基本单位，备课组长是课题研究与实验的第一责任人。这样可以将教学与课题结合起来，将集体备课与课题研究融于一体，将教学研究与课题实验有机结合，无论是时间、形式还是场地都得到制度性的保证，并使备课组教学研究活动增加了点“研”，从而提高备课组的学术研究氛围，丰富了备课组内涵和品质，增强了教师们对教科研的感情和教科研意识。

二、几个阶段的工作情况

（一）课题初期半年

1. 坚持理论学习，提高对课题的认识和理解

在课题实验之初，大家被课题的“创新素养”“发展特点”“系统培养”等词所困惑，对怎样进行课题实验与研究感到茫然。文科教师觉得文科教学要和“创新素养”这个词沾上边，是一件很困难的事情。理科教师知道培养学生的创新素养对于学生今后的学习、发展至关重要，但是如何在日常的教学中去贯彻、体现总觉得心中无底。

因此，不论在课题实验之初，还是在课题研究深入之际，我们对“创新素养”“发展特点”“系统培养”等关键词，既不回避，也不纠缠在这些词的界定上。我们在思想上坚持各备课组教师加强教育理论学习，在实践上坚持不断实践与探索，在实践过程中不断提高对课题认识和理解。

我们学习了沪教委基〔2010〕31 号《上海市教育委员会关于开展“上海市普通高中学生创新素养培育实验项目”的通知》，努力搜集和学习有关参与“上海市普通高中学生创新素养培育实验项目”的学校做法和实验内容。通过学习、讨论、交流、分析，发现我们存在的问题是：

（1）创新实验班的定位不清，目前主要立足于资优学生科学素养。

（2）在创新素养方面，如何将科学素养与人文素养相结合、创意发展与实践动手能力相结合等，有极大挑战。

（3）缺少在基础课程、第一课堂（主渠道）实施学生创新素养实验的方法。

（4）还不是真正意义的实验，缺少变量控制和对照对比，实验的有效性、科学性和时效性有待检验。

回归本课题，正视要破解的三大问题：

（1）培养局限于个别“尖子”学生，没有普及到每一位学生，“点缀式”的培养居多。

（2）在课程实施中没有普遍重视并形成对创新素养的系统培养，尤其是与基础课程割裂现象严重，培养尚未真正进入“主渠道”。

（3）对各年龄阶段学生创新素养发展的心理特点，缺乏必要的研究，因此培养缺乏针对性，更缺乏中小幼一以贯之的系统培养。

学校还为参与课题研究的教师购买《有效教学》一书，以加强自身学习，提高教育教学理论水平。通过学习，在与区教科室教师交流与指导下，取得共识：

新课程的核心理念：“一切为了每一位学生的发展。”

课题的核心思想：以课程照应每一个学生的创新素养的发展。

学生创新素养的系统培养重点：聚焦课堂，整合基础课程，创新课堂教学。

在课题开题之初，不应过多纠结在“创新素养”“系统培养”理论层面上的理解与界定，而应聚焦课堂，审视教育，规范教学行为，营造宽松的教育生态环境，细心观察、潜心实验、及时记录、科学分析，随时记下教学心得或教学随笔、案例分析，从操作层面上去思考、研究构成“创新素养”的要素和途径，例如：培养学生良好的学习习惯，培养学生的问题意识、分析问题和解决问题的能力，培养学生合作学习、协作交流能力，培养学生的动手实践能力等。

2. 以基础课程的知识统整为抓手，迈开课题实验的第一步

我们学校参加课题实验的备课组以基础课程的知识统整为抓手，以知识单元为单位做了一个学期教学的系统安排，梳理出自己所教学科中可以培养学生创新素养的内容，弄清楚了课程内容、教学过程、培养学生创新素养三者关系。我们在学校教务处的直接领导下，教研组的具体指导下，开展了基础课程知识统整。

(1) 在区教科室的指导下，我们编制了西南位育中学学科统整指导(单元设计)表、西南位育中学初中生学科创新素养系统培养指南表、西南位育中学高中生学科创新素养系统培养指南表。

(2) 为了便于课题实验过程材料积累，我们还编制了备课组研讨活动记录表、研究课实施细则一览表、研究课设计一览表。

在开题之初的半年中，我们完成了16单元的学科整合，各备课组在组内开设研究课，共计16节。通过这些活动，教师们教科研的意识增强了，对课题认识、理解更深入，为真正意义上的课题研究、实验做了良好的前期准备。

(二) 系统培养的主渠道是第一课堂，2012学年是课堂教学研究的试水期

1. 试水期各备课组的科研活动

如果说前半年是课题研究的前期准备，即创新素养系统培养的知识预备，那么2012学年就是基础课程系统培养学生创新素养——课堂教学探索研究试水期。

2012学年第一学期伊始，我们的课题实验由原来的教学知识统整开始转入课堂教学的主渠道，在各备课组组内进行开课、交流、研讨。实际上，把写在纸上的教学知识统整转变为课堂教学实践不是一件易事，它是教师的教学理念、教学行为、教学的业务知识的综合体现。

一位初二的数学教师，初接到开课任务的时候心里也有许多嘀咕，觉得数学作为一门基础学科，经过这么多年、这么多代人的总结、整理和归纳，已经是非常完善并且得到了实践证明，又何言创新呢？创新也许是要难，要求要高。于是选择了“几何辅助线的添法”内容进行研究课教学，主要复习初一学过的知识，以提高学生的问题分析能力和规范同学的

书面表达能力。但是辅助线的添加又是初一学生所不熟悉的，对学生有很高的要求。在试讲时，通过让学生认识、模仿这种添线方法，再用相应的配套练习巩固这种添线方法，接着安排了两次全等的问题提高了难度，增加学生的思考空间。但是这种处理方法更多地偏重了让学生记忆“倍长中线”的题目类型。在备课组评课时，大家觉得以题讲题，忽略了它通过中点构造中心对称的全等三角形的本质；学生主动参与思考，缺少了归纳、总结。调整后，从思路分析图，精简到思路来源的流程图，再精简到条件分析——为什么要添线，由哪个条件想到这样添线——最后调整为结合本课的重点，写下如思考题中的“$DM = ME \rightarrow M$ 为中点 $\rightarrow \triangle CME$ 旋转 $180°$”的板书内容。既能让学生一看就懂，又容易被学生记录和记忆。就是通过这样反反复复的试讲研究才能发现、发明一些适合学生记忆、理解的方法，这就是创新的本质。

高一英语备课组在开设一次研究课时，从确定教学内容到备课、讨论以及上课等各个环节，经历的被推翻提案达六次之多。首次备课时，教师一定要吃透课文，分析单元总体的教学目标，锁定能够在课堂内达成的具体目标。大家经过对《高中英语课程标准》和英语教学参考资料的仔细研读后，发现可以让学生了解说明文的结构并且加以适当运用；使学生理解奇妙的植物世界并且树立形成人与世界和谐相处的观念等总体目标均能在课堂实现。但是在反复研读教材之后，我们发现教材本身存在的一些问题。我们使用的沪教版《牛津英语》课本主要是围绕语言功能、结构、实用话题和任务来设计的，文章中的文字并非真实的语言材料，而是出自职业的教材编写者之手，为了达成突出单词和句型等语言知识的目标，整篇文章的结构出现了诸多不合理之处，说明文本身具备的结构清晰、布局全面的特点也没有完全彰显出来。这些都会给教学带来很多的困难。在经历数次讨论之后，备课组似乎陷入了僵局，谁也不能想出一个说服所有人的改进方法。这时，英语组教研组长黄徐娟老师提出《高中英语课程标准》要求高中阅读教学侧重培养学生的综合语篇能力，学生除了要能够识别文本的问题特征之外，还需要把握整篇文章的结构脉络并且获取主要信息；为了锻炼学生的这些能力，我们可以考虑将原计划的理解式阅读改成更高层次的批判性阅读，引导学生在理解文章的同时发现其中存在的缺陷。这种方式不仅符合锻炼综合语篇能力的需要，也符合高中生思维能力的训练，同时又非常好地避免了教材的缺陷。

根据备课组讨论结果，研究课的教学设计重点放在三个方面：首先，引入任务型教学，将文本结构的梳理变成一个需要学生独立写作完成的阅读任务，使阅读教学更加突出学生的主体性和语言学习的交互性；其次，注重语篇分析，在梳理出文章结构的同时引导学生就核心信息进行讨论分析，理解其中的合理之处和不足之处，培养学生的批判性思维；最后，采取信息转换手段，阅读任务的设计并不是用简单的问答形式或者传统的对错题来实现，而是通过图表的设计，让学生将文本形式的阅读篇章内容转换成另一种形式，有利于信息的加工和保存。这些教学设计能让我们逐步细化每个教学环节的设计，也体现了课题对创新的严格要求。

但是试讲下来，备课组教师们觉得整堂课仅集中在对本来就比较简单的阅读文本和说明型文章结构的分析，略显单薄，而且没有充分发挥学生主动学习的能力。大家讨论决定采用“以读促写，以读促说”的教学形式，让学生在充分理解说明型文章结构和重点的基础上，设计一个合适的写作任务，更好发挥学生的主动学习的能力，引导学生以此为基础进行说明文的写作。课堂比较成功。授课教师深有感触地说：“没有集体备课，集体讨论，就不可能设计出如此精彩的课堂。”

我校参与课题研究的教师就这样在各自的备课组内进行研讨、交流，在课堂教学实践中探索。在各备课组组内开课、交流的基础上，我校推荐初二英语、高一数学各一节课，于徐汇区教科室在我校召开区学生创新素养课题现场会时上了公开课，受到与会教师的好评。上海教育学院顾冷沅教授在会上作了公开课的点评，并开展培养学生创新素养课题讲座。通过实际演练、专家的点评，开课教师和参与课题的教师，对课题的认识、理解更深入、更全面。教科研意识开始在教师们的头脑中生根。

为了便于各备课组学习、了解、交流系统性培养创新素养的背景下的课堂教学基本模式，同时也为了让全校教师了解，在当今教育形势下，我们进行系统性培养创新素养研究的意义，在2013年3月18日到3月28日期间，我校开了8节公开研讨课。听课的教师不仅有课题组内的教师，还有相关的教研组和其他学科的教师。

2. 潜心研究，提升教育理念，智慧践行

知识统整是课题的抓手，课堂教学是课题的主战场，随着课题进入课堂教学实践，教师带着陈旧的教育观念进行课题研究是不行的，必须在实践中对课题再认识、再理解，以先进的教育理念为引领，围绕课题核心，规范教学行为，使课题的研究效果得以最优化。

我们审视当前的教育：

(1)《“过度保护”成为教育通病》：“孩子们被‘圈’在教室里了！原因众所周知，因为学校怕孩子奔跑了会摔倒，怕操场自由活动多了易滋生安全事故和意外。我们的教育怎么可以违背孩子的天性和成长的规律?!”①

(2) 过早文、理分科：“实质上学生接受的是不完整的教育”这句话所反应的问题，在教育部的《国家中长期教育改革和发展规划纲要(2010—2020年)》中有一条对应的表述：逐步淡化高考文理分科。

(3) 教育理念的颠倒：高考本来应该只是一种人才选拔机制，但今天在不少地方却成为教育的目的！学生的课业过重，教师精神负担过重。升学率成唯一的考核标准，还普遍存在。

---

① 见《文汇报》，2013年6月17日。

这些都说明我们进行这项课题研究的必要性、重要性。

在课题研究的过程中，我们适时召开课题推进会，不断提出相关值得思考和注意的问题，如：

(1) 创新素养最基础的要素有哪些？在实际的课堂教学中，如何实现？上海的基础教育二次参加PISA（国际学生评价项目）测试，成绩“震惊”欧美。它表明我们正在走向前沿，也正在创造出自己的经验贡献给世界。这时要花更多的力气去研究我们自己的教育传统，理性分析出我们的优势到底在什么地方，劣势又在什么地方，这些优势、劣势到底是如何影响我们的教育的，把传统优势延续为将来的优势。

什么是教育？《中国教育大辞典》解释为：“根据一定社会要求所进行的培养人的活动。”教育的根本问题是良好习惯的教育问题。学生的创新素养源于学生良好习惯的培养。“基于中小幼学生创新素养发展特点的区域性系统培养研究”是要对教育进行归本清源。

徐汇区教育局局长庄小凤讲：“不能为创新而创新，创新素养的系统培养是一个内化过程，课题是载体。”学生的能力必须建立在基础知识之上，创新素养必须建立在基础学科之上。因此，多角度建构学生的创新素养，我们应该聚焦课堂，潜心研究，勇于改革，智慧践行。将通过知识学习过程（能力与素养不是教出来的）转化为能力，提升为创新素养。所以，首先，培养好的学习习惯和学习方法，是系统培养创新素养的保障。其次，加强学习方法研究和指导，是系统培养创新素养的品质保证。最后，让学生的学习经历更丰富，是系统培养创新素养的途径。

有学者指出，21世纪的学习应包含下面的“8C要素”：Critical Thinking（独立思考）、Collaboration（协作能力）、Communication（沟通能力）、Cross-cultural Understanding（跨文化的理解）、Creativity（创意）、Career and Learning Self-reliance（为自己事业和学习负责）、Computing（获得信息的能力）、Caring（关怀）。

(2) 从培养学生创新素养的角度，好课的标准是什么？又如何建构课堂教学的模式与流程？教师的教学作用如何发挥？学生的主动性如何调动？

今天的课堂教学，已经进入以培养学生创新意识和实践能力为重要目标的新阶段。

好课不仅是知识传播的平台，而且是构建和生成知识的过程。全班不同能力的学生均应受到关注，学生不会因为其天资不同而形成关系尖锐的等级，每一位学生都会将自己的潜力发挥到极致；学生愉快地学习，主动地探究，及时进行自我评价，教师确保学生学习行为的顺利进展，可以说教师不仅仅是在教知识，更是在教学生。

好课有它的文化和艺术。

好课的文化在于教师使用恰当的课堂语言与手段，为学生的学习创造出一个敢于质疑、追问的环境，设置一个勇于合作、参与的情景，让学生一进这样的课堂，就会产生一种条件反射——主动学习、积极合作，善于发现、提出并解决问题。学生学会了在适当的时候向教师提供帮助，教师也掌握了帮助学生的最佳时机。

好课的艺术在于教师可运用诙谐、幽默和形象、生动的语言来提升课堂的生活性、适用性和趣味性，也可借助动画、视频增强直观性和感染力。设计一些动手小实验、小制作、小游戏等来增强体验性和愉悦感，加深对知识的理解。教师要给学生充分思考的余地，同时还要用激情同化学生、感染学生，让学生全力学习。让学生体验上课的“美感”和“音乐感”。

一节好课，不是热闹课，应突出五个“实”字——扎实、充实、丰实、平实和真实。

扎实 学生学到了知识，锻炼了能力。通过师生的活动、交流，知识内化为能力，学生的自主学习和合作学习的能力得以提高，养成终身学习的能力。

充实 面向全体学生教学原则，有智慧地处理好不同层次的学生的需要，使不同层次学生的效率都能有所提高。

丰实 应当根据课堂的实际情况、教学的内容，有所补充，有所删节。在课堂上应有师生之间真实的情感、智慧的投入。教师要有放手与交流的智慧，一堂好课思维交流与碰撞应是活跃的，因为有了它才有资源的生成、过程的生成。教师和学生的思维、能力都得到提高。

平实 课堂自身的价值在于它是一个公共的空间。在这个空间里，常态下师生的交流、讨论，是一种思维的碰撞，能生成新的东西，应用、借鉴价值更大。

真实 是一节有待完善的课，不可能是一节十全十美的课，这种课是真实的、不粉饰的，因此是值得反思的，需要去重建的。教师上完了课，总是要反思和重建。只要是真实的，总是有缺憾的。只有这样，才能使我们开的公开课转化为常态课。

总之，一堂好课，不应刻意追求讲授技巧的滴水不漏、教学环节的天衣无缝、细枝末节上的精雕细刻，而是面向全体学生，突出教学目标，关注学习过程，用智慧问、用智慧放，使学生真正成为学习的主体。

在 2013 年 3 月 18 日到 28 日期间，各备课组推荐一名教师，相继在学校范围内开了公开研讨课，共计八节课。听课的教师不仅是课题组内的教师，还有相关的教研组和其他学科的教师。其目的：一是交流和研讨，在系统性培养创新素养的背景下的课堂教学基本模式；二是让全校教师了解我们的研究课题，知道在当今教育形势下，进行系统性培养创新素养研究的意义。

各备课组的课题研究、交流、研讨、实践在课堂这一主渠道上正常开展起来。在 2012 学年中，各备课都完成了一学年的教学知识统整，各备课组进行课题研究活动 48 次。各备课组组内开课共计 34 节，召开课题推进、总结会 4 次。

（三）2013 学年，在课堂教学实践中，寻觅课题的内涵

主要工作内容：开始对课程统整进行第二轮全面修改；重点在于进行课堂教学研讨，探索培养学生创新素养的课堂教学的基本模式和途径。细心揣摩课题的关键词是：“学生特点”“系统培养”。

1. 组织备课组交流

新学年开始，参与课题的各备课组对在暑假做的课题工作小结进行交流。如初二数学备课组数学课堂教学开展“自主学习”，就是学生在教师的科学指导下，实现自主性发展的教育实践活动，让学生有一个完整的数学学习过程，使学生理解数学问题的提出，探究数学概念的形成和数学结论的获得，体验数学知识的应用，并通过这些活动逐步培养学生的创新意识和实践能力。

初二思想品德课备课组，用多元的教学活动设计诠释创新素养教学。初中学生活泼好动，认知水平处于形象思维向抽象思维的发展过渡时期，思维水平处于个体分化时期，简单的说理教学形式是难以满足学生们的学习要求的。备课组采用了两种策略灵活运用教学游戏，发挥游戏的象征性作用，为课堂讨论提供鲜活的素材；灵活运用课堂内外的活动形式，实现思想品德课教学的社会化。

初二外语备课组通过一年的教学实践，欣喜地看到，越来越多的学生开始敢于表达自己的观点，不再拘泥于书本上有限的内容和答案，眼界开阔了，思维拓宽了，学习兴趣也得到了提升。学生们的收获和进步鼓舞了，同时我们也更加体会到，创新素养教学绝不能仅用公开教学做“装饰”，尽管公开教学是常态教学中师生交流，思维碰撞生出新的有价值的东西的集中体现。

2. 组织校内研究课

在按要求进行组内课题研究活动的基础上，各备课组在 2013 年 11 月（期中考试下）中下旬后，为期两周时间内各备课开设一节公开课，共计 8 节课，且在组内交流、研讨。

在 2014 年 5 月初，应区教科室要求，我们学校开设两节区公开课，由初二英语备课组和高一数学备课组具体组织。在此值得一提的是，我们区教科室的教师，每次召开研讨现场会，总是认真踏实地做好各项准备工作。在开课前的准备过程，区教科室的教师先与参与课题的教师进行座谈，交流对课题的理解、实践，简要点评各学校开课情况，对开好研究课提出进一步的要求；对开课的备课组则从课题要求的角度，就开课的主题、思路、教学目标、教学策略，深入教室听试讲，提出建设性意见。开课的效果反映是好的，有与其他学校不同的亮点。尤其是开课的教师，无论对教材的把握，还是对我们所研究的课题的认识和理解，收获丰硕。

本学期（2013 学年第二学期）各备课组的课题研究都按照区教科室要求进行实验记载，包括：研究课简案及分析表；目标—实际教学环节分析；教学研究过程反思分析表（教研组试用）；课堂自主学习活动分类观察表。

通过两年半的课题研究、实践、研讨，在构建新型课堂教学模式上，我们学校的总体原则是因材施教、以学定教、少教多学、减负增效。在课堂上积极探索“两点”（低起点夯实基础、高视点培养能力)、"两度"(小坡度、大密度)、"三动"(动手、动脑、动嘴相结合)、"四导"(导读、导思、导练、导行)导学制的课堂教学方式,转变学生的学习方式,夯实学生创新的智能结构。

三、实践中对课题的思考

(一)在实践中提升教育理念

从本质讲,教育本来就应该将系统培养学生创新素养作为重要目标和任务。固然我们的教育有很好的传统,在基础知识、基础技能的训练上积累了比较多的经验。但相比之下,我们对系统地培养学生创新素养显得有所缺憾。

身处应试教育之中,学生长期以来在唯书、唯师、盲目服从的思维定势中生活,最终丧失思考能力,丧失创造的愿望,在读书、做题、考试的循环里走向雷同和平庸。而教师在这样的环境下,并不重视培养学生创新素养。如果教师的教育理念、教学观还是停留在原来位置,学生创新素养的系统培养只能是一句空话,此课题又何以深入?

21世纪的教育要解决的最重要的问题是,如何培养和造就大批具备高创造力的人才?这就要求每一个受过教育的人都能够自己发现问题,解决问题,作出科学决策,进行有所创新的工作。我们的课题研究正是朝着这样的方向:系统培养学生创新素养,提升人的生命价值。因此,我们要求教师加强理论学习,不断更新教育理念,规范教学行为,提高将知识转化为智慧、将理论转化为方法的能力,提高将学科知识、教育理论和现代信息技术有机整合的能力,增强理解学生与促进学生道德、学识和个性全面发展的自觉性。

(二)在实践中加强课程、教材建设

课程与教材,构成了学生接受学校教育的主要依托。课程开设的多少,教材使用的多少,影响着学生学习的视野。联合国教科文组织的报告《学会生存》所言:"人们对付当今世界性问题和挑战的能力,归根到底取决于人们能够激发和调动的创造力的潜力。"所以我们在课题实践中,必须把教学的知识统整作为一个抓手,但是,课堂教学的系统培养学生创新素养仅靠现有的教材知识的统整是不够的,系统培养学生的创新素养必须考虑到:现行教材的知识结构和课程标准能否满足系统培养学生创新素养的需要;学生创新素养的培养是以知识的牢固掌握、准确理解、合理转化、灵活运用为基础和前提。《中共中央、国务院关于深化教育改革和全面推进素质教育的决定》提出,素质教育"以培养学生的创新精神和实践能力为重点""激发学生独立思考和创新的意识""培养学生的科学精神和创新思维习惯"。因此,各学科应该探索与研究学科知识与知识结构对系统培养学生的创新素养的作用、影响和贡献,把系统培养学生的创新素养放到一个突出的位置,重构学科课程。

(三)在实践中寻觅"学生发展特点"

我们的课题"基于中小幼学生创新素养发展特点的区域性系统培养研究"有两个关键

词:“发展特点”“系统培养”。经过前面的实践与探索,现对于“系统培养”有了比较清晰的轮廓,其内容包括培养目标的系统性、课程与教材的系统性、教学过程的系统性、课堂教学策略的系统性、培养创新品德的系统性、学校与校外教育教学资源的系统性。

但是“发展特点”是我们在课题研究中比较纠结的地方。因为教师以前对学生在各个学段的心理特征和需求、学习行为和方式、社会和家庭对学生成长的影响等方面的了解很少,系统考虑更是空白,所以就比较困难去发现、总结学生发展特点。

著名教育学家波斯纳曾提出一个教师成长公式,即“经验加反思等于成长”,并指出没有反思的经验是狭隘的经验,至多只能成为肤浅的知识。教师的课后反思是从教师本身的教学得失进行反思;而这里的教师课后反思再加一层含义,即反思学生的上课行为,寻觅学生的发展特点在哪里。

课后反思意味着教师对刚刚结束的一节课总结得与失,课堂教学得失的反馈来自两个方面:一是来自教师本身,教师要在课后总结自己本节课的精彩点在何处,有无创新点和让学生看好的“卖点”,以及这节课最大的失败是什么,出乎意料的是什么,为什么自己事先没有想到,等等,去思考学生心理、学习基础、学习需要、学习行为表现和原因,从个案逐渐形成系统,从中找到学生的“发展特点”;二是来自学生,教师要在下课或放学后向学生发放简洁的问卷,让学生填写本节课最赞成的是什么,最不赞成的是什么,期望教师作出哪些改进,以及认为本节课老师的课堂行为能够得多少分,等等,再换位思考,学生的学习基础、学习行为、学习方式、心理生理、生活经历,总结学生“发展特点”,找出师生观点共有基础上的创新,发现新的教学契机。

这些思考也正是我们学校下一阶段工作的主要内容。

上海市位育初级中学实验报告

三年来，学校根据方案，结合本校已有的科研课题，在学生创新素养的系统培养方面主要开展了以下工作。

一、教师自身教学思想的变革与教学行为的创新

教师在教育教学中处于主导地位，教师必须率先成为创新思维的探索者和示范者，具有创新意识，拥有创新精神，具备创新能力，成为学生创新学习的典范。因此，本实验以学校承担的市教育学会课题“初中教师教学创新能力实践研究”为依托，通过一线教师个人子课题的研究，带动课堂教学，促进教师主动探索以便改进自己的工作，尝试新的教学方式和教学风格，创造出能激发学生创新潜能的教学方法或模式。

以语文、数学、英语三门基础学科为例：

(1) 语文学科，包括初中语文学科说明文预习创新、语文学科备课创新、超前创新思维在初二作文教学中的运用、作文教学的创新理念及操作、语文学科教法创新、语文教学中资源利用的创新研究、六年级语文学科预习创新。

(2) 数学学科，包括数学学科考试命题制度创新、数学学科考试命题的研究、数学学科教学设计创新、初一数学学科备课创新、初中数学学科预习创新、预初数学备课新策略的研究、学科教法创新、数学课堂教学组织形式创新的探究。

(3) 英语学科，包括初中英语研究性学习探索、对话表演在中学低年级英语课堂教学中的运用、基于“合作学习”的初中英语课堂教学新模式、研究性学习创新、探索创新英语课活动对英语教学的影响、英语学科预习创新、英语听力教学创新策略研究。

在个人或备课组的课题研究过程中，我们引导教师从以下几个方面来实施。

(一) 以学情定目标，夯实创新基点

从所面对的学生的创新素养特定情况出发，了解学生个性特点，了解学生爱好和才能，考虑学生身心发展的特点和实际接受能力，把目标(大纲、课标)的共性要求与学生丰富的个性特点有机结合，确定适宜的创新教学目标，最大限度地实现教育教学目标的针对性和实效性。

（二）优化教学内容，完善教学设计

教学内容是学生学习创新的铺路石，教师对教学内容的选择和安排要付出艺术匠心，力争做到精心选择基础知识、精确训练和掌握基本技能、科学合理地承载思维训练。教学设计是确保教学目标成为现实的保障。教师要运用教育学、心理学的理论并结合学生实际，准确把握教材内容结构的层次性和关联性，精心设计，使课堂蕴含审美价值，洋溢审美情趣。

（三）创新教学方法，完善教学实践

教学成败的关键在于教给学生学习知识的方法。教师要积极运用启发式教学、探究式教学方法，指导学生自主学习、合作学习，激发学生的求知欲、独立思考和创新的意识，调动学习的积极性和主动性，有针对性地引导学生的思维沿着正确的方向发展，指导学生尝试多种思维方法的训练，使学生能够尽早跨入"创造性思维"的阶段，成为具有创新品质的人才。

目前，"初中教师教学创新能力实践研究"这一课题已经进入最后的结题阶段，已经有部分教师完成了结题报告或相关文章。如：

语文学科有《语文教学中培养学生创新思维摭谈》《在语文拓展课中培养学生的创新素养》《超前创新思维在初中作文教学中的运用》《在六、七年级语文教学中培养学生的创新素养》《在每周诗的教学中培养学生的创新素养》《创新策略与语文教学》《从词到句、在咬文嚼字间发挥新意》《初中语文活动课浅探》《在六年级语文单元主题活动中培养学生的创新素养》。

数学学科有《数学作业多元评价的探索》《在尺规作图教学中培养创新意识》《在几何例题教学中培养学生创新思维的尝试》《在数学教学中培养学生创新素养》。

英语学科有《初中英语听力教学的创新策略》《初中英语创新作业初探——网络作业设计》《浅谈创新培养在英语教学中的运用》。

从这些文章的题目就不难看出教师们已经开始重视对学生创新素养的培养，在培养的目标、培养的内容、培养的方法等方面都有所思考，且大胆地进行尝试。教师在教学中关注学生的身心发展特点，尤其是创新素养的发展特点，使学生学有所得、学有所获，在学习中培养创新人格，提高创新能力。

二、在基础学科开展课内外学科创新活动

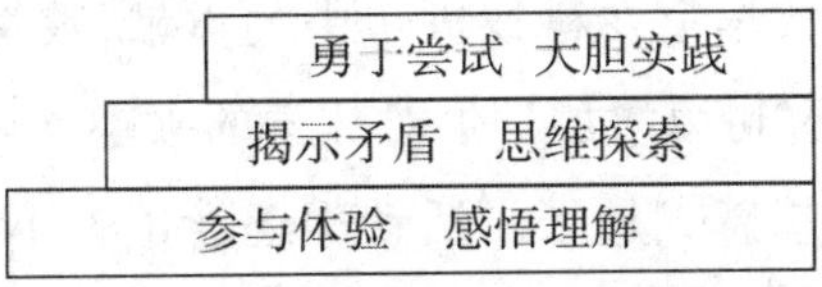

图1　数学培养目标的系统性

（一）数学学科：关注培养目标的系统性

针对预初学生的特点，预初的数学教师把重点放在了培养学生的科学创新上。预初学生的求知欲和好奇心比较强，愿意尝试和大胆实践，乐于学生之间进行合作，教师完全可以尝试以学生为主体，做适当的引导和辅助，培养其创新能力和创新人格。所以，教师在预初年级除了在课堂教学中培养学生的创新素养外，还开展了数独游戏、24 点小竞赛、走进美丽的数学花园和中国古代的数学问题四个数学探究评价活动，让学生在这些活动中参与、体验，激发创新灵感，培养创新意识，提升综合能力。

数独游戏和 24 点小游戏，可以培养学生一定的数学表达和运算能力，以及基本的分类、推理、归纳、演绎和价值判断能力。此外，还有通过操作体验数学，通过观察发现数学，通过探索感悟数学，通过运用理解数学。

兴趣是最好的老师，浓厚的学习兴趣可以使人的大脑处于活跃状态，能够最佳地接收信息，使学生自觉地集中注意力，全神贯注地投入到学习中。兴趣产生于思维，而思维又需要一定的知识基础，教师通过学生熟悉和喜欢的数独和 24 点入手，由易入难吸引学生，激发学生的认知矛盾，引起认知冲突，引发强烈的兴趣和求知欲，学生因兴趣而思维，从而自觉地去解决问题和创新。两个活动以游戏和竞赛的形式开展，满足学生的好胜心理，培养学生的创新兴趣。学生都有强烈的好胜心，教师创造合适的机会使学生感受成功的喜悦，对培养他们的创新能力是有必要的。学生在游戏和竞赛中发挥各自的特长，在活动中充分展示自我，找到生活与数学的结合点，感受自己胜利的心理，体会数学给他们带来的成功和快乐，培养创新的兴趣。通过这两个活动，学生观察问题、独立思考问题的能力有所提高，分析能力和解决问题的能力有了一定的进步，增加了学习数学的热情和自信。

“走进美丽的数学花园”和“中国古代的数学问题”两个活动都是以做数学小报的形式开展，前一个活动是学生独立完成的，后一个活动是分组合作完成的，完成后进行分组交流和探讨。这两个活动的目的是让学生了解一定的数学发展史、数学问题，从而产生学习数学的兴趣，同时注意数学思想方法的渗透，满足不同学生学习数学的需要，形成数学中的听、说、写的交流技能，实事求是的作风和团队合作精神。这两个活动完全以学生为主体，教师作为组织者、引导者和帮助者参与，学生自主、探究、合作地进行学习和完成任务。学生一般都喜欢听和看趣人趣事，生活中存在大量的数学美，有很多数学家的故事和数学的趣味问题，结合学习内容阅读数学发展的历史和历史上数学家的故事，如数学理论所经历的沧桑、数学家成长的事迹、数学家在科技进步中的贡献、数学中某些结论的来历，既可以了解数学的历史，丰富知识，又可以增加学生对数学的兴趣，体会其中的创新精神。活动结束后很多同学都对数学越来越感兴趣了。活动中还尝试了小组合作的学习方式。小组合作是培养学生创新意识的一种有效方法，学习小组由不同性别、不同成绩、不同能力的学生组成，通过交流和合作，优等生可以得到发展，中等生可以得到锻炼，学困生可以得到帮助和提高，群体之间的互补作用可以得到充分发挥，学生的合作能力、思维能力，特别是创新能力得到了发展。

初一年级的数学教师们在教学中适时注意在情境中揭示矛盾，诱发学生的求知欲。比如在进行“全等三角形的判定条件”探索时，在“SSA是否能成为判定条件”上就产生了矛盾，两种解法得出两种答案，引出矛盾。教师在教学中根据教材的难点，提出疑点，揭示矛盾，从而有效地诱发学生的求知欲和创新意识。同时应用科学的教学方法，也可以促进学生创新素质的提高。在“教学与发展”的关系问题上，教学不只是学生获得知识的过程，而应当是使学生得到发展的过程，并且把学生发展摆在十分重要的地位。在教学方法方面，把“发现法”当作主要的方法。所谓“发现法”，就是在教学过程中，以学生为主体，教师为主导，围绕教学内容，依据教师和教材所提供的材料，通过学生的积极思维活动，亲自探索、发现和概括出应得的结论或规律的一种教学方法。比如在“全等三角形的判定”的教学中，教师完全打破常规教学方法，以尺规作图为基础，利用点、线、图形的重合，让学生通过作图自主探索三角形形状大小唯一确定的条件，教师从旁协助。通过这节课，学生的创新意识和能力都淋漓尽致地体现出来，也表现出极强的求知欲。

在学习了单项式除以单项式、多项式除以单项式的基础上，教师结合课本数学材料《多项式除以多项式——长除法》，布置“争当长除法的小行家”学习任务，学生回家阅读数学材料，并将自学过程中产生的问题带到学校来和同学、老师讨论。在自学了一定时间的基础上，学生进行20分钟长除法计算多项式除以多项式的小竞赛，教师根据规定时间内正确完成题目的数量给予不同等级的成绩。从学生完成过程上看，学生学习的积极性很高，不少学生通过自学拿到了满分，体会了成功的喜悦。在学习了《图形的运动》这一个章节，学生感受到了运动产生的美后，教师结合课本上的阅读材料《平面图形的设计》《平面的镶嵌》，进行了“我是小小设计师”的活动，让学生欣赏、发现、体会数学中的美，提升学习数学的兴趣。从学生的作品看，基本上所有同学都掌握了运用图形的运动设计漂亮图案的方法。学生设计的图案规范、美观，个别学生的作品还十分新颖。通过两个活动，学生普遍在动手能力、实践能力、组织协调能力，好学、好问、自信心，思维的深刻性、独立性、新颖性、灵活性上有进步，他们在活动中勇于尝试，能大胆实践且乐于合作分享。

（二）语文学科：关注培养内容及教学过程的系统性

1. “古诗文诵读”系列

六年级学生学习理解古诗文具有一定的基础，但是其文言词语的积累较少，所以要求教师在课堂上帮助他们进行有效积累，可借助熟读成诵的方法培养文言语感。拓展阅读面，在接受古代优秀诗文的过程中，感受中国传统文化，陶冶自己的情操，提高文化修养和思想认识水平，激发爱国热情。因此不要只限于教材中古诗文的阅读，要加大课外阅读量，加大古诗文的阅读实践。

七年级学生在诵读古代诗词时，要了解词的基本知识及文化背景，有意识地在积累、感悟和运用中，提高自己的欣赏品位和审美情趣，注重基本课文涉及的重要作家和作品，特别是经典古诗文，如宋词的经典作品和代表词人苏轼、李清照等；在感受、品悟作品基础上熟读成诵，增加积累，初步体会宋词的语言美和意境美。要求学生能背诵一定量的文言诗文，能欣赏优秀古诗词的意境，清楚地表达自己的阅读感受，还要做到一字不漏、一字不倒、一字不错。有时我们还要求学生能根据提示性语言写出相应语句，并举办年级组的综合性学习活动，引导学生进一步体会中华诗词文化的灿烂辉煌，感受古代诗词作品的丰富多彩，让学生掌握欣赏、吟诵古诗词，培养学生口语交际与合作交流的能力，将品读美文之妙句、美句，将学与思、思与感联系起来。

唐诗、宋词、元曲是中国的文学成就，是中国古代文学史上璀璨夺目的明珠。教材六年级下学期和七年级上学期共有两个"唐诗精华"单元收录了14首经典唐诗，七年级下和八年级上也有两个"宋词集萃"单元，收录了一首经典宋词，八年级下有"元曲小唱"单元收录了6首元散曲。教材的编排是成体系地循序渐进，学生在这个学习过程中自然会捕捉到中国古代文学发展的脉络。

因此预初年级的教师们在六年级设计了"唐诗吟诵"活动。古诗是一种文字和音乐兼备的文学样式，内涵深刻，语言含蓄，由于经过了漫长的历史过程，其中的内涵、韵味较难让学生体会，我们用吟诵的方式让学生结合课堂讲解读出感情，进一步加深对诗歌内涵的理解，并引导学生学会结合诗人的生平和经历，深入了解杜甫、白居易等唐代著名大诗人的诗作特色和精神内涵。

继六年级的"唐诗吟诵"之后，在七年级"宋词集萃"单元里，教师们依旧设计了以"宋词吟诵"为目标的口语交际活动。诗词本来就是语言的艺术、口头的艺术，为了让学生进一步理解诗词蕴含在文字背后的音乐美感而融入其中，很有必要在吟诵水平上有所提高。

"为唐诗架起音乐的桥梁"活动要求学生从第四单元"唐诗精华"的诗歌中找出自己最喜欢的一首，并配上合适的音乐，以四人小组形式在班级举行小小诗歌朗诵会。这个活动旨在培养学生对文字的感悟能力、艺术鉴赏能力与合作能力。

"走近宋词"活动要求学生从第六单元"宋词集萃"或课外的宋词集中找出自己最喜欢的一首宋词，并配上合适的音乐，以四人小组形式在班级举行小小宋词朗诵会。这个活动旨在培养学生朗诵经典能力、艺术鉴赏能力、合作交流能力。

通过这些活动，学生们开阔了视野，激发了学习古诗词的兴趣，加深了语言体验和音乐鉴赏力，还培养了小组成员的合作能力，多方面地提高了语文素养。希望在八年级的"元曲朗诵"活动中，学生的朗诵水平有更大的提高。中华民族历史悠久，文化经典灿若星河。诵读经典让学生们了解历史文化，诵读经典更让学生们感受圣贤风范，体悟为人之道。

2.“走近二十四节气”系列

任何培养体系都应该遵循人们的认知规律。这要求教师要根据学生的身心发展水平，围绕创新素养的课程和内容要求，确定不同学段、年级的教学目标和教学内容。在课程编制的纵向顺序上，备课组创新课程的设计目标与学段、年级的教学目标和内容按照由低到高、由浅到深的逻辑顺序编排，使课堂教学和课余的外延教学活动无论在部分与部分的关系上，还是部分与整体的关系上，内在的层次性、阶段性和整体性等方面都能有较强的联系性和逻辑性。

六年级上半学期的寒假，适逢中国人的传统节日“春节”。学生脑海中的“年”是个拿红包、穿新衣的节日，但对于“春节”的文化内涵、春联的写法和要求，元宵猜灯谜、做灯笼，似乎很陌生。于是，“带领孩子走近中国传统节日”想法在预初备课组内应运而生。因为中国人的二十四节气有其连贯性，不可能在一个学期里完成，于是备课组决定用三年的时间来完成。

寒假里，教师们鼓励学生在家长的帮助下，完成自制灯笼的工作，在自己了解灯谜的基础上，编写灯谜在自制的灯笼上，开学拿到教室里与同伴分享。教师在聆听学生对灯谜的写法之后，会有的放矢地加以补充。这个活动获得了学生们空前高涨的热情与欢迎，他们用自己的想法、与众不同的做法，初尝“创新素养”的甜味。这种作业形式的创新调动了他们的动手积极性，同时也激发了教师用创造性的理念设计课外教学作业的兴趣。

同样，六年级下半学期语文课本上有一首关于清明节的古诗。组内的教师在教学时，发现大部分学生对清明节的理解仅仅停留在“扫墓”之上。单一化的理解给了教师们新的想法，为什么不引领学生用新的方法去了解中国的传统节日呢？于是，教师们设计“制作清明书签”的活动，让学生自己去收集资料、整合资料，将关于清明节的由来、食俗等通过图画、文字在书签上反映出来。

针对二十四个节气，备课组教师在培养内容、教学过程上，结合具体的时间，和学生一起收集资料，帮助他们加深对中国传统节日文化的认识。这种全新的作业设计激发了学生的个性，他们乐意采用这种通过资料收集、整合来自主完成作业的模式，进而为创新素养的培养打下扎实的基础。

（三）英语学科：关注教学策略的系统性

英语学科教学策略的系统性包括以下内容：天天我听我说，构建创新思维平台；巧设课堂提问，引导创新思维发挥；开辟第二课堂，延伸创新思维空间；进行积极评价，促进创新思维发展。

英语组的教师通过对教材认真的分析和解读，设计了贯穿整个学期的课堂活动，在课内开展了“我听我说”的活动。根据牛津教材主题型、任务型教学的特点，在单元学习之后，教师为学生设计有话可说的题目，请学生根据自己积累的语言知识，说说自己的想法，学会初步表达自己的观点;通过聆听他人的发言,进行语言的浸润式学习,从中获得启发。

从活动中,教师们看到了学生不同往日的一面。学生会从家里带来照片,通过实物投影的方式和同学分享家庭旅游、家庭聚餐、家庭户外活动的趣闻。为了表达充分,学生在语言上也下了功夫,通过网络查询更地道的说法,通过图画和肢体语言丰富自己的表达。一个极富表现力的演示往往能激起其余学生的竞争意识和表现欲,后面的呈现也更精彩。如果头没开好,后面的活动就有些困难,这时就需要教师有充分的准备,适当的点评和启发都是必不可少的。有时,教师会调动作为听众的学生提问,充实主题内容。为了避免单调重复,在主题提出时开始进行"Brainstorming",开阔学生思路,集思广益。

在活动中,教师们以鼓励为主,不轻易打断学生,同时鼓励听不懂的学生,自己提问,以学生间的交流为主。当学生遇到语言知识积累的困难时,鼓励他们充分利用非语言形式表达的功能,可以比动作,可以做道具,可以画画,但是尽量避免使用中文。

口练这一活动,帮助学生做到能够用英语自然地表达自己的思想和感情,言之有物,言之成理,培养学生对英语语言的学习兴趣和正确的感知,逐步提高交际能力。在对学生点评的过程中,经常把"Well done""Wonderful""Very good"挂在嘴边,学生听到如此评价时,个个神采飞扬,内心充满了喜悦,学习英语的积极性大大提高了。随之而来的是创造性思维更发达。

教师们还特别重视将英语学习延伸到第二课堂,即课外活动。第二课堂是巩固和运用课堂知识不可忽视的重要举措。每学期,根据教材内容和学生特点,英语组的教师都会设计一些学生们喜闻乐见的活动。

如预初年级第二学期在教到 Unit 7 时,教师请学生以小组活动的形式,制作了一份小报。小报的主题是 Travelling in Shanghai。让学生通过多种方法,搜集上海曾经有过的和现在的各种交通工具的有关资料,通过比较,了解城市的进步和变化,并能发挥想象,展望上海将来的发展。通过实践学习活动,学生掌握过去时、现在时、将来时的使用规则,交通工具的词汇。小报结构格式自定,文字与图片结合,内容新颖。教师制定了详尽的任务分配原则,还让家长积极参与进来,关心、帮助学生的资料收集工作。当一张张图文并茂的小报出现在板报上时,学生们都为这些作品赞叹不已。

又如七年级的 Unit 9 和 Unit 10 分别有介绍制作食品的分步操作。为此,教师们设计了让学生给家长做一道菜的主题活动。要求学生考虑一道菜的名字和所需原料,通过各种方式写出这些原料的名称,然后利用双休日做出这道菜,并用相机拍下每一个步骤,再写下制作过程以及家长品尝后的感想。活动中,学生都表现出很高的积极性,非常认真地学做菜,更重要的是,他们能运用课本知识,正确地讲清操作步骤。很多学生都是第一次做菜给家长吃,家长深受感动,都看到了孩子能干和孝顺的一面。

总之,学生的创新意识、创新能力是靠教师长期有意识地培养形成的,需要长久的探索。我们应在鼓励学生多方面、多渠道地获得知识的同时,注重唤醒他们的主体意识,尊重、理解、宽容地对待学生,给予他们轻松愉快的学习环境。当然,要想培养学生的创新能力,教师自身先得具备创新思维意识,因此,我们还必须在教学中不断进行反思,总结教学经验,帮助他们养成主动探索、独立思考的好习惯,才能真正促进学生创新思维的不断提高。

实践活动让课题组的教师们深深体会到了学生潜在的智慧火花。在立足于平时扎实的基础知识的教学工作的同时,如何激发学生的学习热情,调动学生的创新思维品质是一个贯穿于整个教学工作中必须思考的主题。

以上是我校三年工作的回顾和总结,有不妥之处,请专家和同行们提出宝贵的意见和建议,我们将在今后的实践中继续探索。

上海市徐汇区教育学院附属实验中学实验报告

创新是21世纪对人才素质的核心要求，培养具有创新意识、创新能力的人才是时代赋予教育的历史使命，素质教育要把对学生创新素质的培养作为重要的目标加以确立。

2012年元月，我校启动了区域课题“基于中小幼学生创新素养发展特点的区域性系统培养研究”子课题“基于学生创新素养培养的科学与技术类课程优化探索”的研究工作。我们依托区教育局领导，区教科研室专家的专业指导和课题组成员的共享资源，以我校科学与技术类课程为试点，探索“基于学生创新素养培养的学校课程设计思路与实施方法。

课程和课堂是培养学生创新素养的主要载体与途径。为此，我们以“基于学生核心素养培养的课程校本化”为抓手，推进对学生创新素养的培养，其主要任务是课程方案的校本化、国家课程的校本化实施和校本课程的系统开发。

一、基础课程实施中的系统培养

（一）指南研制

从2012学年第一学期开始，我校坚持国家课程校本化实施的方向，在原有《科学学科课程校本化实施指南》（以下简称《指南》）的基础上，开展以学生创新素养培养为重点，落实“九大核心素养”能力指标的《指南》优化工作。实验教师把创新素养培养作为一项重点内容予以标注，根据需要补充创新所必需的知识等学习内容，改变“教材本位”观念，设计开放性学材，制定了课时、单元、学期的学科创新素养培养目标。

（二）课堂教学实践

关于落实《指南》，把创新素养培养有机地融入课堂是关键，既能保证学习的进度，又兼顾学生的思维发展。下面介绍我校几个学科的课堂教学实践研究情况：

1. 信息技术学科

创新能力系统中的个性品质要素包括创新的动力因素，而动力因素的核心是求知欲。为了唤起学生的求知欲，教师往往要想尽一切办法激发学生的学习兴趣，引起他们的好奇。信息技术学科在课堂教学的实践探索中，注重兴趣培养、以学促用，激发学生创新意识。

(1) 巧设情境,激发创新欲望。良好的开端是奠定一节课成功的基础,因此每节课的开始,教师的“导”是很关键的,既要调动起学生学习的兴趣,也要让学生身心愉悦,唤起他们的学习热情。比如:《体验云存储》就以平时最常用的信息存储方式引入,说说它们在使用过程中存在的问题,然后引出“云存储”这一新兴的技术。

(2) 引导想象,挖掘创新意识。创造离不开想象,创新必须以想象为基础。只有丰富学生的想象,学生的创新能力才能较好地发展。所以我们在教学中重视对学生进行敢于想象、敢于创新的训练,发展学生的想象力。比如《教师节贺卡》一课,教师引导学生大胆想象,想怎样画就怎样画,想画什么就画什么,充分挖掘学生的创新意识。结果令教师万分惊奇,学生的画并不是千篇一律,而是各种各样。由此可见,学生想象力和创造力是很丰富的。教师应该充分相信并培养他们的这种能力,从而使学生处于积极参与、积极探究的学习中,激发学生的创新欲望,这对于培养学生的创新能力起着举足轻重的作用。

(3) 动手实践,启发创造思维。信息技术课是一门实用性强、发展迅速的课程,它和其他课程不一样,不能纸上谈课,在教学时须让学生亲自实践验证问题,因此需要我们把大量时间留给学生去自学、去思考,而且要精讲,排除学生已经掌握的和通过自己学习能理解并掌握的知识,重在教学中给学生点明问题的关键,以锻炼其独立探讨问题的思维能力。因此我们大多通过任务单、自主学习帮助文件,让学生多动手、多创作,体验实践中的创新。

如我们将第三单元《网页制作》提前,根据书本上的要求,结合学校特色和学生实际情况,设计了三个主题活动分层递进地展开学习:软件熟悉阶段、开展项目阶段、独立创作阶段。

在“山阴路历史风貌”活动中,我们向学生提供了缺少文字、图片、标题等内容的半成品练习文件,供学生熟悉网页制作软件,并利用已有的 Word 知识往练习文件中添加相关内容。在“上海建筑风情”活动中,我们除了提供图片、文字等制作素材,在讲解网页布局这一新内容时,为了让学生了解并尽快掌握表格的设计,精心准备了范例给大家参考。这一活动虽然是小组合作,但也鼓励有能力的学生进行独立创作,从网站上寻找更多的方法与技巧来提高自己的技术。

在“科学与环保”活动中,我们让学生自由选题、寻找资料、策划网站,同时可以根据自己的水平和能力选择适合的要求,分层完成。我们利用学校艺术节电脑作品评选为契机,鼓励学生积极参与,精心制作优秀作品,并在课堂上进行评析。同时在课程“地图”上对每位学生上交的作品进行反馈,让他们进行专门的修改、完善,这样作品的质量提高了。我们还从六年级挑选出 22 份作品参加区里组织的“环保网页”竞赛,比以往全校参与的人数还多三倍。

(4) 以用促学,培养学生的创新能力。学习计算机是为了应用,在应用中可以巩固所学的知识，在应用中可以培养创新精神和创新能力。我们要求学生在学习计算机知识与技能的过程中，要把它用到自己的学习、工作和生活中，在用的过程中加深理解，把计算机变成自己得心应手的工具。“体验云存储”一课就以平时最常用的信息存储方式为例，对比迁移，用原有的知识经验来体验学习使用云端的新技术——云存储。这样通过以用促学的办法，让学生体验到成就感，让学生能够运用所学的知识去操作、去实践，实现自己的想法，这样我们教师想方设法创造条件让学生学到的知识能派上用场；这也是培养学生观察想象、分析解决问题与别人合作等能力的有效途径，不仅让学生掌握了基础知识，更重要的是培养了学生的创造能力。

2. 数学学科

创新素养包括质疑精神、发散思维、科学思想、实践能力、创造意志多个方面，不同的学科侧重不同，教师要根据学科特点和学生实际情况，充分发掘学科教学中实施创新教育的内容与途径。数学学科在课堂教学实践探索中注重凝练核心为题，给予学生思考与交流分享的空间。

数学老师认为，在数学上培养学生创新素养的主要抓手是在课堂上提升学生的思维能力，培养学生反思、质疑、追问和交流的能力。这需要改变大量重复训练的学习模式，所以数学组主要是从改变课堂教学结构和学习方式着手。我们首先把研究激活、问题、展示和应用课堂结构的基本划分方式作为提升课堂效率的主要手段，在此过程中着重以下两点：

(1) 凝练数学教学的核心问题。在数学教学中，教师成功提炼核心问题并以此作为统领，学生就容易开展积极有效的思维活动，有序地达成数学学习的目标。对于一节课的教学内容来讲，核心问题一定是针对教学的重点、难点高度提炼而成，对核心问题的思考就是对教学重点、难点内容的认识和理解，将引导学生逐步实现学习的目标。而且核心问题一定是富有思维含量和思维张力的问题，对这样的问题的思考势必促进数学思维活动的推进。阅读课标，琢磨教参教学建议，高度提炼重难点；弄清新旧知识联系，追根溯源，发现关键点；总结解题规律、归纳思想方法这些手段都可以提炼核心问题，有了核心问题学生才有了展开思维活动的载体。如“二次函数”一课中就以“日常生活中函数关系式的分类”和“几何问题中变量与常量之间的关系”这两个核心问题展开的，抛开课本上简单知识的重复应用，直指数学的核心思维能力；再如，在直角三角形相似的判定中，就以“怎样证明可以利用HL证明RT三角形相似”为核心问题，充分打开学生的思维空间，展开多种方法的交流和讨论。

(2) 给学生讨论、交流和展示的时间和空间。课堂中要留出时间给学生议一议，在议的过程中，了解到学生能够学会的，教师要少讲；再者要尽可能暴露学生的潜意识，暴露学生知识结构中薄弱点，这样老师才能真正解决学生的疑惑和困难，在展示交流中，培养学生倾听、思考、追问、质疑、交流等优秀学习品质。

3. 科学学科

在40分钟的课堂上,只通过完整的探究活动学习新知是不太现实的,但是也不能因此而放弃探究。尝试“聚焦于科学探究中的某一个环节”是可取的方法,科学备课组在课堂实践中作了许多探索。

(1) 学生设计小实验,体验自主探究全过程。自主探究既是科学课程学习的目标,也是《科学》学习的方式。学生学习科学的主要途径是亲身经历探究过程。我们在科学课堂中提供充分的探究机会,使学生像科学家那样在进行科学探究的过程中,体验学习科学的乐趣,增长科学探究的能力,获取科学知识,形成尊重事实、善于质疑的科学态度,从而培养他们的创新素养。

牛津上海版初中科学教材中探究实验已明显增加,而且我们认为小实验可以挖掘一些探究的要素。因为小实验内容少,可以在一堂课中完成体验探究的全过程,所以我们将实验设计为自主探究性实验,有意识地创设一种探究的氛围,扩大探究空间和思维空间,并能在学生探究过程中寻找创新的突破口。例如,在第一章《量筒和体积》这一节中探究“不规则固体体积的测量方法”的实验时,从回顾规则固体和液体体积的测量方法出发,我们先提出问题“不规则固体的体积怎样来测量”,让学生预想,并提供可供选择的实验器材;学生也可从身边文具用品中寻找实验器材,自主设计实验方案,然后进行大组讨论交流,进一步完善实验方案,确定最佳方案。自主探究不是教师放任不管,为了使自主探究顺利进行,我们对操作规范进行了提醒,比如量筒的正确使用和读数,然后让学生根据最佳实验方案进行实验,遇到问题讨论解决,观察实验现象并记录,得出结论。这样的探究活动使每个学生都以为自己做了一次科学家。

(2) 聚焦关键环节,体验自主探究活动的部分片段。探究教学的特点有助于科学思维的发展,但需要较多的时间,在每一节课上都进行完整的自主探究活动学习新知是不太现实的,所以我们就采用“聚焦关键环节,体验自主探究活动的部分片段”的方法,既保证学生的思维发展,又兼顾学习的进度。

我们觉得现有的科学教材的编写体例接近于探究,但更多的是对结果的记录,学生缺乏形成假设、设计实验和再次质疑的尝试,因此我们着力对教材的某些内容进行重整,以弥补这几个方面的不足。具体策略浓缩成三个字:“藏”“改”“增”。

① “藏”——将事实藏起来,鼓励学生形成假设。“藏”就是在教学的过程中,先不出示或不强调《科学》书中已经出现的科学事实,这些事实对大多数学生而言是未知的,有探究的价值,如果以问题的形式出现,就能够鼓励学生“形成假设”。

牛顿说过:“没有大胆的猜想,就不可能有伟大的发现。”在自主探究教学中,科学假设是探究活动的主线,是制订探究计划、设计实验方案的基础,也是收集证据、分析论证的依据，还是探究获得结论的前提。只有让学生提出假设，才能落实自主探究，培养自主探究的能力，并在探究过程中逐步养成正确的科学研究的态度和方法，培养他们的创新素养，这是终身受用的。

例如：第七章《空气与生命》中的《空气的主要成分》，如表 1 所示。

表 1 《空气的主要成分》探究过程

依据教材的原来的教法	经过重组的现在的教法
饼图：明确标示空气各成分及含量 活动 1：检验氧气和二氧化碳 活动 2：找出空气的成分	“藏” 先隐去该饼图，强调空气与生命的关系，空气对生命的意义，提出“空气中的什么成分对生命的生存起重要作用”，由此引发学生对空气成分的求知欲。 活动 1：检验氧气和二氧化碳 教师演示，着重教授方法 活动 2：找出空气的成分 教师提供材料、工具；学生分小组，自行设计并实施实验
说明：根据《科学》的体例编排以及饼图进行活动 1，教授“检验氧气和二氧化碳”的方法，然后请学生应用以上方法检验空气的成分，即空气中是否含有氧气和二氧化碳。问题是已经在饼图中标示了空气的成分及各成分的含量，再请学生检验，似乎显得多此一举，无益于激发学生的好奇心和求知欲。所以在优化的过程中，我们用“藏”的方法，先将该饼图隐去，强调空气与生命的关系，空气对生命的意义，提出“空气中的什么成分对生命的生存起重要作用”，由此引发学生对空气成分的求知欲。 在活动 2 中，我们利用“寻宝单”，重新排版，提供实验的材料和工具，请学生自行设计实验的步骤，体验探究活动中的“设计并实验”“观察并记录”等环节	

② “改”——将条件或材料改一改，鼓励学生重新设计实验。“改”就是改动《科学》书上给出的实验条件或材料，创造与书中不同的实验条件。条件的变化可能会导致实验方法的变化，有利于鼓励学生重新设计，从而探究有效的实验方法。

设计实验是一个综合运用所学知识和技能构思解决问题方案的过程，是一个创造的过程。设计实验既包括一定的目的和任务，从零开始，通过自主探究确定实验仪器、装备和操作方案，也包括对原有实验从新的角度给予新的思考、审视，找出缺陷和不足给予修正。以前我们都会亲自动手准备实验器材，样样亲力亲为，而不需要学生动手参与准备实验器材，这是因为担心学生准备实验器材有困难，或担心学生找不到所需的实验材料，无法完成课堂上的实验。其实，如果我们每次都把实验器材准备得十分精准，久而久之，学生就会产生依赖性，就会缺乏创新的精神。然而，科学家在研究创造的时候，是没有人为他们事前准备好材料和器材设备的。所以我们鼓励学生自主设计实验从自主选择准备实验材料和器材开始。

例如：第七章《空气与生命》中的《空气中还有什么？》如表 2 所示。

表 2 《空气中还有什么?》探究过程

依据教材的原来的教法	经过重组的现在的教法
拓展:找出空气中的灰尘	"改" 质疑:空气中还有什么? 引起猜测。 形成假设,不限制材料、方法;自主设计实验
说明:根据《科学》书上的活动,已经完成了"提出假设—设计实验"的环节,让学生按照书中的安排,能够进行"实施实验—观察记录"的环节,充其量属于验证性实验,探究的成分不多。如果将这个拓展活动"改一改",提出问题"除了氧气和二氧化碳,空气中还有什么",则可以引发学生的好奇心,在学生七嘴八舌的回答中,逐渐引导学生形成不同的假设;教师不限制材料、方法,学生根据假设分组,自主设计实验,继而完成"实施—观察并记录—思考—讨论得出结论"的各环节	

③ "增"——增加相关探究活动,鼓励学生再次质疑。"增"就是在《科学》书中原有探究活动的基础上,进行更深一步的探索,增加相关的活动,鼓励学生再次质疑、再次探究。

再次质疑体现出学生对教学过程的一种积极参与,说明调动已有知识对教学内容进行深入思考,求知上孕育着突破,是创新精神的体现,标志着学生由被动变为主动,从学会走向会学。但是有些实验由于器材稀少,或者材料有毒,对学生有危害,在以往的教学中,我们大多采用直接观看实验录像代替。学生没有亲历实验,也没有了再次质疑的机会。而初中这个年龄段的学生,好奇心强、敢于探索,是培养操作能力和实践能力的关键期,所以我们应该增加相关的无毒、安全、可操作的探究活动,鼓励学生再次质疑,培养创新素养。

例如:第七章《空气与生命》中的《氧气在空气中所占的比例》如表 3 所示:

表 3 《氧气在空气中所占的比例》探究过程

依据教材的原来的教法	经过重组的现在的教法
活动 3:找出氧气在空气中所占的比例 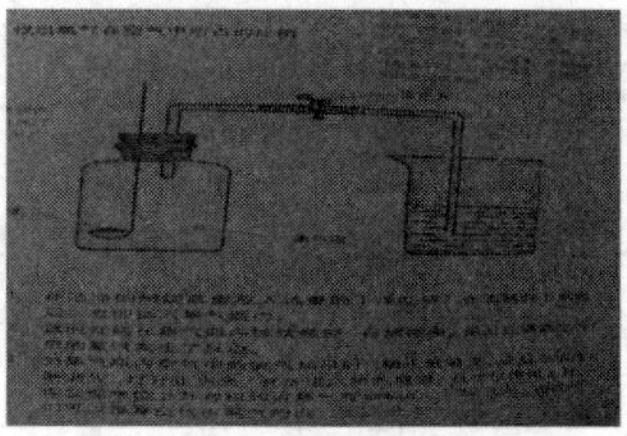	"增" 增加探究小游戏:"我发现了……""我猜测可能的原因是……" 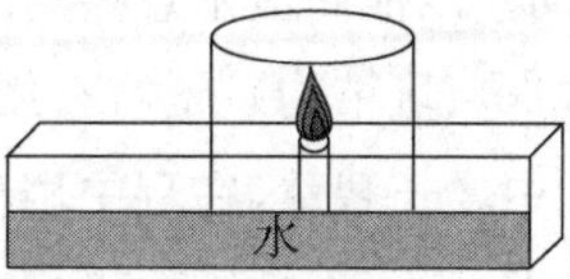(右图) 提出质疑,再由科学家的实验来补充 活动 3:找出氧气在空气中所占的比例
说明:《科学》书上以科学家的实验(红磷在氧气中燃烧,生成五氧化二磷)为探究对象,但是考虑到该实验的毒性,不适宜在教室中操作,更不适宜作为小组活动让学生亲自尝试,以往的教学中,我们大多采用直接观看实验录像、逐步分析的方法,离学生的生活实际比较远,学习时难度较大。所以我们在观看这个实验之前,"增"加了一个相关的科学小游戏(见右图),在水槽中加水,用烧杯倒扣一支燃着的蜡烛,蜡烛熄灭后,烧杯中的水位会上升一段。请学生尝试并推测其中的科学原因。学生们的学习热情一下子被点燃了,纷纷边做边讨论,不仅得出了上升的水位与氧气有关,更提出质疑"产生的二氧化碳会不会影响实验的结果"。此时,再将科学家的实验呈现出来,核心的科学道理与游戏中的原理一样,变得容易理解,学生更意识到设计"严密的""经得起推敲的"实验对科学探究的重要性。	

二、优化课程设计，提供创新活动载体，引导学生主动创新

（一）科技节活动与DT社团

1. 围绕主题开展科技活动，让探究活动有趣有方向（激发兴趣，明确目标）

（1）市区级杯赛。教育目标："徐教院附中—上小杯"青少年电子知识、技能创意竞赛也紧紧围绕我校的科技教育目标，以普及电子知识与技能为基础，旨在培养学生的创新精神和实践能力，拓展学生的学习领域，丰富实践活动的内容，调动学生学习电子技能的兴趣，提高广大青少年的科学素质。

探究活动类型：比赛项目力求适合不同年龄、不同能力的学生参与，具有较强的普及性；在动脑设计创意方案和动手制作上，给予学生更多创造想象的空间和可能。

2004年至今，我校作为主要承办方，前后共组织了六届市、区级电子杯赛，此外，还参与协助上海小学组织了两届电子杯赛。以下是历届杯赛的简要情况（见表4）。

表4　历届杯赛简要情况

年份	届	主要项目	级别
2004	一	线控爬行车、电磁摆	市
2005	二	线控爬行车、电磁摆、电子陀螺、AVR编程、木结构创意小车	市
2006	三	金属探测器测字竞赛、电子通问答、AVR单片微机应用竞赛和创意遥控小车表演	市
2008	四	智能车竞技、简易机器人制作	市
2010	五	"机器人小车"竞技、模型制作及创意装饰	区
2012	六	电子实验、电子制作	市
2013	七	电子竞技、电子制作	市

（2）校科技节。从2008年起，我们每年在校科技节中都会开展属于学生的、适合学生的科技环保活动。以他们最乐意参与的形式（玩），进行他们最感兴趣的活动（玩魔术、玩实验、玩彩绘、玩机电、玩结构），学习有用的知识（学科学、践环保）。在玩中调节身心，在玩中亲近科学，在玩中增长智慧，在玩中培养技能，在玩中感受成长。其实这种玩就是愉快的探究，是人类的天性。

教育目标：各年级普及日常生活和科学课堂中的科学知识和环保知识，激发学生学科学、用科学的兴趣，锻炼手脑并用的能力，提升了科学素养，强化了环保理念，整合家校资源，建立学习型家庭，树立崇尚科学的社会风尚。

活动形式：动手实践、亲身探究。

在高年级，我们开展了两项活动：一是组织对科学有浓厚兴趣的学生回到家中也组建"家庭科学实验室"，用家中的常用工具作实验仪器，用生活中的常见物品作实验材料，与家长一同设计和实践一些环保小实验和理化小实验，探究生活中的科学环保知识；二是与"生

活中的物理”和“生活中的化学”两门校本课程班的老师和学生联手，组织“科学魔术风云榜”，应用校本课程中学习的理化知识和环保知识，利用实验室和家中的常用仪器、材料作道具，一同设计魔术、表演魔术，为知识赋予魔术的魅力，吸引低年级的学生探究魔术背后的科学奥秘。

在低年级，我们开展了“纸质模型巧制作”“世博机器人总动员”和“科技之城服饰秀”三项活动，组织六、七年级的学生利用环保材料搭建符合特殊要求的纸质模型，比一比智慧；利用套材和自选环保材料探索组装世博机器人，比一比技术；收集环保材料制作服装和帽子，并进行彩绘装饰，展示表演，比一比创意。

以“科学魔术风云榜”为例：

“魔术”是充满魅力的艺术，充分展现表演者的想象力和创造力，激发观者强烈的好奇心去探究其中的玄机。“科学魔术”的最大特点就是摒弃传统魔术中的障眼法，纯粹以神奇的科学现象示人，要揭秘必须了解其背后的科学道理。“科学魔术风云榜”的目的就是鼓励同学中的魔术爱好者们迸发灵感和创意，用环保材料将理化知识赋予魔术的魅力，向低年级的同学展示，激发同学们学习科学知识的兴趣。

这项活动在八年级全面开展。由“生活中的物理”和“生活中的化学”两门校本课程班的同学们和老师联手，应用校本课程中学习的理化知识，利用实验室和家中的常用仪器、环保材料作道具，设计并表演科学魔术，吸引全校的同学竞猜魔术背后的科学奥秘。

八年级的同学从校本课程“生活中的物理”和“绿色城市”中习得物理和化学知识，就近取材，有模有样编排了20个魔术，包括会变色的“水”、若隐若现的文字、纸托水杯、友好的水杯、能浮起的硬币、捉迷藏的球、烧不破的手帕和魔棒点灯等。这些魔术在我校的电视台中专题播出，“D＋T”俱乐部设计并印发了“魔术竞猜卡”，邀请各年级的同学共同探秘。

“科学魔术风云榜”利用常见工具和环保材料，给理化知识披上了神秘的外衣。简单的道具、丰富的知识，使大家把科学知识与魔幻艺术相结合，这项活动深受全校师生的喜爱，连老师们也加入了竞猜的行列。同学们的灵感和创意在这里迸发，科学学习的兴趣在这里高涨。

(3) 其他主题活动。每学期科技教师协同科技环保社团，组织学科周，例如物理周、化学周、生命科学周等，搜罗各学科发展的最新动态。我们举办了月科普环境主题活动，例如三月的“熄灯一小时”、四月的“世界第五日”、五月的“科技发展月”和六月的“世界环境日”等。

2. 围绕课程设计社团活动，让探究活动有用有成效(解决问题，体验成功)

从2002年至今，我校陆续开发了十几门科技类和环境类校本课程。选择这些课程的学生在大队部和学科辅导老师的帮助下，自发组建了科技社团，比如由“健康生活”校本课程班的学生组建的DT科技社团，以“机器人”课程班为主的乐高机器人社团等。

目标：着力于将知识和体验结合起来，在教学中以开发学生能力，树立绿色意识为目的，通过发现并提出问题、收集信息、讨论问题、动手实践等开放性的教学手段，提高学生的综合素质。

DT 社团依托《健康生活》校本课程，开展了以下活动：

(1) 由学习的某领域的科学知识为基础，进行相关深入研究，形成小课题。比如由“昆虫的基本特征”，延伸“观察黄粉虫的变态发育”，进而研究“黄粉虫的行为”，如趋光或避光性、食性等；由“营养物质检验的方法”，开展了“研究黄粉虫的营养价值”小课题，设想 21 世纪的食物新来源。

(2) 由社会热点引发思考，结合现有知识，进行拓展探究。如毒奶粉、假奶粉事件，结合蛋白质的检验方法，可开展“鉴定真假奶粉”的小课题研究。

(3) 从生活中发现兴趣点，指导生活。如由“BMI 分析身体健康指标”结合饮食、运动、遗传等综合性知识分析影响健康的因素，并提出有针对性的意见和建议，指导健康生活。

以 DT 科技社团的课题“BMI 健康指数统计分析”为例，看看同学们在课题研究中的所进行的探究活动。

一、提出问题

还记得刚入学时的军训，教官看到我们参差不齐的队伍，默默地摇了摇头；当时的年级组长姚卿老师看到我们左摇右晃的跑步姿势，轻轻地叹了口气。真心不是我们站得不认真，也不是我们跑得不卖力，而是我们的先天条件有点特殊，22 名男同学中有 13 个看上去显得有些“丰满”。

但这是我们的直观感觉，这 13 个人是不是真的营养过剩呢？

二、研究依据

BMI 指数(身体质量指数，英文为 Body Mass Index，简称 BMI)，是用体重公斤数除以身高米数平方得出的数字，是目前国际上常用的衡量人体胖瘦程度以及是否健康的标准之一，并且是一个中立而可靠的指标。

在我们生活中，BMI 是一个什么具体的形象呢？比如说我。大家在我上台的时候一定看到了我的身材是什么样的。我的身高是 1.63 米，体重 58 公斤。这样测定出来的结果就是 21.8，属于正常水平。

三、研究过程

(1) 数据的收集：在卫生室王医生的帮助下，全体男同学都测定了身高和体重。

(2) 数据的统计处理：运用 Excel 表格中的公式，我们计算出了所有男同学的 BMI 指数，并按照大小进行排序。(列出 BMI 的几个基本范围：$BMI<18.5$，偏轻；$18.6<BMI<24$，正常；$24\leqslant BMI<27$，超重；$27\leqslant BMI<30$，轻度肥胖；$30\leqslant BMI<35$，中度肥胖；$BMI\geqslant 35$，重度肥胖)

(3) 整体数据的分析：运用 Excel 中的图表，按照划分的范围，分析男同学的各种体型，发现，偏轻的有 3 人，正常的有 12 人，偏重的有 3 人，肥胖的有 3 人，其中严重肥胖的有 1 人。有些人看似超重，其实还属于正常范围。所以要想得出科学的结论，必须运用科学的方法，千万不能想当然！

(4) 我们猜测：导致超重甚至肥胖的原因就是那喜闻乐见的“吃得多，动得少”。

(5) 个例分析。我们采用谈话法、观察法，了解超重和肥胖者的日常饮食情况和运动情况，发现冯同学属于营养过剩原因。因为妈妈是厨师，冯同学经常有很多好吃的，过多的营养摄入，超过了他所需要的，也就是营养过剩。

(6) 新问题：有特例，比如徐同学，他告诉我们，他平时早饭几乎不吃，中午也吃得很少，但他的 BMI 为 37.7，为什么他会“肥胖”呢？

(7) 进一步猜测。我们跟老师探讨，会不会还有其他的原因？老师帮助我们进行了分析：除了摄入能量大于消耗能量，也就是营养过剩外，还可能属于遗传因素，即先天性的肥胖体质，也可能由于服用了激素类的药物等。要想弄明白，还得作进一步了解。

(8) 我们带着问题采访了体育老师王老师和周老师，他们都认为徐同学的运动量的确不够，这应该是他肥胖的原因之一。家长会时，我们还看到了徐同学的爸爸，发现他跟徐同学的身材相似，估计也有遗传的因素。

四、研究结论

我班男同学超重和肥胖的原因基本有以下几种：一是爱吃爱喝，不爱运动；二是吃的东西不对，垃圾食品过多，汉堡包是最爱；三是遗传因素。

五、我们的建议

首先，少食多餐，尽量吃一些绿色食品。虽然这对有些同学来说不算高论，但是可以按照自己的喜好改变方式。水煮菠菜其实也很好吃，可以尝试慢节奏进食，这也对身体有好处。抵制甜食的诱惑，如甜味饮料、饼干、冰淇淋、糖果等。少吃或尽量不吃薯片、麦当劳等。

其次，做一些合适的运动。一说到运动，大家想到的第一点也许就是跑步。但是我们要说的是：不要跑步！(之前有同学提出一个不太可靠的猜想，就是地心引力过强导致骨骼弯曲、脂肪堆积。这的确是有可能发生的。)原本就过多的脂肪重重压在还未成形的骨骼上，后果可想而知，严重者甚至会导致骨架变形。肥胖者们可以尝试游泳，利用水的浮力来适当减轻体重，同时也能够很好地锻炼。

最后，调整作息。饭后半小时不要坐在桌子前写作业。

六、后续跟踪调查

经过一年的学习生活，我们发现很多男同学的身高有了明显的增长，他们每天认真地参加一小时的运动，课间挥舞着羽毛球拍，放学后还进行“个性化锻炼”，比如打篮球、长跑等，不仅消耗了多余的能量，灵活性也有所提高。我们决定每学期对男同学进行一次测量，记录下 BMI 指数的变化，督促超重和偏轻的同学分析自己的原因，及时调整，保持健康。希望我们的建议能够让更多的同学培养健康的生活习惯，让我们真正成为自己健康的主人。

在这项活动中，DT 社的同学们以各自班级的同学为研究对象，非常贴近生活，从质疑到猜测，再到实践、遇到新问题、解决新问题等阶段，相对完整地体验了探究学习的全过程。这种亲身经历最能够持续地激发好奇心和求知欲，持续地激发自己的创造力和创新意识。

我们学校的其他科技教师也是这么做的，比如乐高机器人社团辅导老师朱超云老师、静模社的马艺林老师等。社团的辅导教师们允许学生在探索的过程中感受挫折，经历失败。因为只有这样，他们才有可能感受科学探索的困难和挫折，感悟科学精神和科学家的信念，自觉培育自己的科学素养，这也是我们科学教师的教育理想。

（二）乐高机器人社团

上海市青少年科技创新大赛是一项具有20多年历史的综合性科技竞赛，是一项面向全市在校中小学生开展的大规模、高层次青少年科技教育活动。参赛可以培养青少年的创新精神和实践能力，提高青少年的科技素质。

我校“乐高机器人社团”汇聚了学校一批热爱乐高、热爱创新的好少年，他们希望通过参加这样一项市级大赛来展示他们的学习成果和创新能力。这次社团的三位成员鲁越、陈俣昊和李逸凡共同组成一个创作团队，他们设计、研究干电池自动测电、分拣机器人项目。最终他们在教师的指导下，通过不懈的努力，荣获第二十八届上海市青少年科技创新大赛工程类初中组一等奖。他们在获得佳绩的同时，更获得了创新、实践能力提高了科学素养。

三位社团成员的成绩并不是一朝一夕取得的，项目开发过程中迸发出的创作灵感与平时的训练分不开。乐高机器人社团的训练主要包括两方面：一是模型制作，二是程序设计。模型制作训练分为三个阶段：第一阶段是作品模仿，让学生熟悉乐高零件及其作用，学会熟练搭建模型；第二阶段是改进训练，指导教师只给出一个模型的框架或部分功能，让学生自己设计传动结构和其他功能；第三阶段，创新训练，教师只给出一张生活中的图片（不是搭建图），学生通过想象来创作模型。第二、第三阶段的锻炼能激发学生的想象力，并暴露出在模仿阶段容易忽略的问题。程序设计训练主要以两种形式出现：一种是以任务驱动，通过完成一个个有趣的任务，来提高学生的编程水平；另一种以小课题的形式，为了完成课题任务，学生既要搭建模型，又要有程序设计来配合模型完成课题，这更考验学生的想象力和合作力。

机器人项目的创作开发历时三个月。在2012年的暑假前，指导教师就要求三位成员各自拿出一个项目方案，写一段设计的初衷。9月份，指导教师与队员共同探讨三个项目的可行性，最终选定干电池自动测电、分拣机器人作为这次参赛的项目，该项目的成员成为项目的主创人员。干电池自动测电、分拣项目涉及环保内容，符合时代需求，主题也比较新颖，满足比赛对科技创新的要求。项目成员还想到了解决测电的方法，其设计的可行性也得到了重要保障。

项目开发的中期，进入具体实施阶段。首先要确定机器人的各个子功能的作用，包括测电、推导、分拣三个部分。由于机器人的开发内容比平时训练的要复杂得多，每个部分的研究都要求大家全力合作，一一攻关。测电部分主要解决测电器的采购、改造，NXT控制器与测电器的"沟通",以及与机器人主体部分的连接。这里最难的是怎么让机器人知道测电器测电的结果。主创队员在书本上、网络上查找资料,并与指导教师沟通。功夫不负有心人,在大家的共同努力下,项目团队顺利制作出了测电装置。在对电池推导部件的制作过程中,难点是如何顶住电池进行准确测电,但又不能顶过头,而且5号、7号电池长短不同,造成推送距离不同。经过多次商讨,大家一致认为顶住电池一定要用到涡杆,但涡杆带动的力量非常大,多推送一点会破坏结构,少推送一点就测不准电,较难把握。5号、7号电池长短问题上,大家也有不同意见,有队员提出通过机器人判断电池的长短来控制推进距离,但经讨论认为:第一,传感器不容易探测;第二,如果制作出来,也会使机器人结构变得很复杂。该方案被否决掉。还有一位队员提出使用离合齿轮,按短的7号电池测出的距离来推送,如果是5号电池,则让离合齿轮打滑,既能测电又不破坏结构,而且只要把24齿换成离合齿轮,不改其他结构,就很容易实现。后来大家采纳了这个方案,并顺利解决了上面的问题。在使用离合齿轮的方案中还出现了一段小插曲,有位队员提出,问题虽然得到了解决,但离合齿轮并没有起到作用。离合齿轮的结构分成内圈和外圈,如果齿轮遇到大的阻力时,内圈和外圈之间会打滑,从而起到保护马达的作用。提出意见的队员发现,与离合齿轮连接的另两个齿轮都只与离合齿轮的外圈接合,内圈并没有起作用,所以认为离合齿轮没有起到打滑作用。但其他同学都不信,认为推送装置顶住5号电池时已经打滑,说明离合齿轮已经起作用了。大家争论得很厉害,最后让指导教师评判。有趣的是,指导教师也认为离合齿轮起到了作用。但那位提出不同意见的队员坚持己见,据理力争,后来经过反复观察,发现打滑作用并不是靠离合齿轮内圈和内圈之间打滑实现的,而是离合齿轮的齿间比24齿齿轮的齿间大,在转动受阻时,与其他齿轮打滑。

整个机器人的制作过程就是在大家商讨、争论、实践和测试中逐渐完善,并最终完成的。项目推进的过程不断激发同学们的创作灵感,大家在面对各种问题、错误时,没有妥协和气馁,反而是越挫越勇,最终站上了最高领奖台,实现了自己的梦想。

(三)静模社

随着课改的深入,教学的核心理念是改变学生的学习方式,即:要逐步形成学生自主学习、主动探究、合作交流的学习氛围;要在教学中,让学生快乐地学习,特别是探究性课程,让学生从体验探究活动中快乐地学习。创意制作就是让学生能够在快乐中学习和锻炼自己的动手创造以及创意思维能力的一门课程。在此理念下,学生自主创建"静模社"。社团成立的初衷是:掌握科学探究方法的步骤,知道科技创新的一些方法,会使用简单的工具,培养创新能力;能够自己动手制作一些小发明小制作,通过创意制作,感受创新地快乐;在实践中体验创新的思维,锻炼动手能力,培养自我更新知识与技能的能力,培养自己实事求是的科学态度。

以下是静模社同学设计"一体小吃罐"的报告。

一、方案介绍

（一）方案提出的背景

一个星期天，我和父母去南京路玩，想吃零食充饥时，却没地方随手丢剥下来的垃圾，由此想到制作一个垃圾储存——一体小吃罐。

（二）问题所在

（1）随地丢——不文明。

（2）放在口袋里，弄脏了衣服——清洗不便。

（3）带一个塑料袋，把瓜壳丢里面，但一只手拿着罐子，一只手吃——没有多余的手拿塑料袋。

图 1　普通的罐子

（三）知识背景

一个普通的食品罐，除了盛放零食外，没有其他功能。如何在低成本的情况下，让它多出一个垃圾存放功能呢？我的设计就能使你方便，能随时随地想吃就吃，无所顾虑。

（四）方案设计的意义

方便游客，可以储存吃剩的垃圾。如果广泛使用，可以减少乱丢垃圾的行为。

（五）方案的可实践性

解决了吃剩的瓜果壳没地方扔的尴尬问题；实用、轻巧、便于携带、成本低。

（六）研究方法

以实验与观察为主。

二、实施步骤

（一）小吃罐的最初构想

起初，我决定在罐身上加一个可插装的镂空的圆柱体，上面再加上特质的罐盖，可以自由翻折（见图 2），但其倾倒不便、成本昂贵。

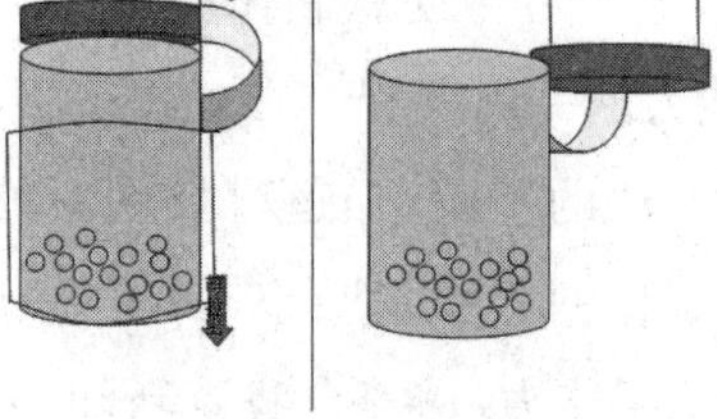

图 2　最初构想

（二）小吃罐的改进

经过改进组合，我又制作了新的小吃罐(见图3)。

图3　新的小吃罐

这里我使其变成了双层，用于存放垃圾果壳。

我用塑料做了成品，把垃圾桶和瓶盖结合在了一起(见图4)。

图4　成品

至于封口的物品，我选择黏纸(瓶内附带多个，可一次性使用)，因为其成本低、一次性、卫生(见图5)。丢完垃圾，黏纸一贴，方便快捷，回家后可进行清理。

图5　封口

瓜子、花生、话梅等可以储存在罐子中。外出时，可携带。

三、使用效果

此罐主要是针对在外出游玩时，吃剩的瓜果壳没地方扔的尴尬问题，方便了游客，可以储存吃剩的垃圾。如果广泛使用，可以减少乱丢垃圾的行为，保护了环境，减少了污染。

四、体会

在这次的发明创造中，我体会深刻，学会了如何去思考。一开始，我觉得发明似乎离我很遥远，可以说是遥不可及。但在参与了这次的发明创造后，我才发现，其实只要善于观察身边的生活，发明就在我们的身边。

（四）科学学科在课外活动中拓展实验空间，培养学生自主探究习惯

学生在新知识学习结束后，我们应该适当开展学生的课外探究活动，这样既可以使学生巩固所学知识，又可以使他们扩大知识面，发展他们的兴趣，培养他们独立学科学、用科学的能力，养成自主探究习惯。因此，在课外实践活动中，我们可以通过拓展实验空间，举行科学小制作比赛，指导学生进行有创意的小发明创造、撰写科技小论文等。

例如：在学习了 PH 值后，鼓励学生测试我们校水景广场水质的现状进行研究；在学习了观察蜗牛后，学生将蜗牛带回家观察，并提出研究的课题；在了解了一些珍稀动植物后，鼓励学生分组收集濒临灭绝生物的图片资料，并制作成网站进行宣传；在学习了保护水资源后，组织学生调查研究水质污染的原因、危害和防治并制作成报告进行交流；在学习了热的传递后，研究动物是怎样保暖的。

这些活动能培养学生收集信息、处理信息的能力，发展兴趣特长，提高学生的想象力，让学生学会对同一问题进行全方位、广角度、多途径的分析思考。这不仅撞击了学生的创造灵感，也发展了学生的求异思维和创新能力。

三、开发家庭实验室建设，展开多途径培养

我校物理学科教学注重家庭实验室的建设，引导学生利用课余时间在家庭中成立实验室，以日常生活用品为实验材料，通过就地取材、废物利用、因陋就简等方法自制仪器，自己设计、自己动手制作进行科学小实验。这是一种服务于教学的新的实验形式，有利于提升学生的主观能动性。

（一）使学生的学习生活化

要在家里完成实验，学生们只有自己动手，想方设法准备所用仪器，创设自己的“实验室”，而这个过程可以密切学生和社会的联系，培养学生的社会活动能力和生活能力。例如：我们在以铅笔芯为核心的家庭实验里，让学生开展用铅笔芯制作调光灯、用铅笔芯打开生锈的锁、用铅笔芯检验电流的化学效应等实验。这使学生直接感受到物理与生活之间的密切关系，在生活中接受物理教育，使学生对基本概念和基本规律有了深层次上的理解，正

像俗语所言:“经一事,长一智。”每一次实验的成功,都会给学生带来无限的喜悦,这种成功的喜悦是在课堂上和实验室中无法得到的。

(二)注重学生参与,使学生的创新精神和实践能力得到发展

1. 学生从学会使用实验仪器到自己动手制作简易实验仪器的转变

由于没有现成的仪器,学生在实验过程中寻求性能相似的代用品,这就需要他们动手、动脑激发出潜在的创造能力。例如学生利用橡皮管和瓶盖等物品自制U型管压强计,利用铅笔和铜丝制作出密度计,用橡皮筋自制弹簧秤等。

2. 学生从依赖教师到自己主动解决困难和问题的转变

在具体的实验过程中,如果因学生努力不够或操作不当,没有达到理想的实验效果,就需要学生继续努力,寻找失败的原因,直到取得成功。如有的学生在自制潜水艇时,就先通过上网查阅资料学习潜水艇的基本原理,虽然在制作中不断地失败,但是通过不断改进实验器材,最后终于找到眼药瓶这样的器材,制作获得成功。

3. 学生从善于解决问题到敢于提出问题的转变

如在“研究平面镜成像特点”时,学生们通过实验得到结论,平面镜所成的像和物体一样大。但有学生提出:“为什么我们在照镜子时却观察到物体远离镜面时像小,靠近镜面时像大?”学生们深入讨论研究,发现人的眼睛看事物具有近大远小的特点。

4. 学生从善于单一思维到勇于发散性思维的转变

如在研究物体浮沉条件时,教师让学生回家设计实验,想出各种方法使鸡蛋在水中浮起来。学生的创新能力出人意料:有的在水中放盐,有的将鸡蛋掏空,有的将鸡蛋放入空的小烧杯中再放入水中,有的将鸡蛋与木块用胶带绑在一起放入水中,等等,可行的实验方案有六七种。

四、适应学生创新素养培养的教师教育教学行为改善

创新素养的培养关键需要教师教育教学行为的改善,如鼓励学生个性健康发展、关照学生个体差异、注重创造适宜环境、引导学生自主发展等。简要介绍如下:

(一)坚信每个学生都是可以造就的

教师要坚信,所有学生的创造潜能同样深厚,在“创新”面前,没有后进生与尖子生的差别,关键在于怎样去开采挖掘。教师在实践中应善待每一位学生,努力开发每一位学生的创造潜能。

措施:基于学生创新素养培养的课程优化。

主要是九大核心能力指标:阅读写作与数学素养;批判性思考与问题解决能力;团队合作与领导能力;自我管理与自主学习能力;劳动技术与信息技术素养;艺术体验与科学探究能力;心理调节与自我保健能力;公民意识与服务社会能力;多元文化与国际理解能力。

(1) 为学生的终身发展奠基:态度为核心,能力为关键,知识为载体。

(2) 提升与培养目标的一致性、提升课程的选择性、提升课程的融合性、提升课程的系统性、提升课程的综合性。这主要包括:基础课程突出创新素养培养的拓展目标、学习内容、训练内容的制订,以适应不同层次学生学习的需要;校本课程架构调整、优化(减语文、数学、英语拓展课程,加科学、艺术、体育拓展课程,德育课程,学生社团课程,校园文化课程,社会实践课程)。

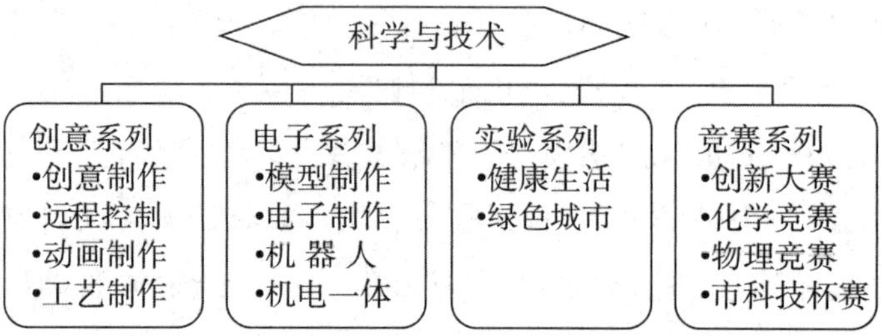

图 6 "科学与技术"类课程系列化建设

(3) 培训教师(借助外力,教师自培)。

(4) 基于学生创新素养培养(质疑精神、发散思维、科学思想、实践能力、创造意志)的《学期课程统整指南》研制,把创新素养培养作为其中的一个元素加以单列。

(5) 探究:发现问题—分析问题—思想建模(提出解决问题的创新设想)—物化建模—分享成果。

(二) 解放孩子是创新教育的希望

教育要不压抑学生的创造潜能,必须首先解放学生,给学生提供宽松的教育环境和较为充分的自主学习时间,给他们必要的自由。这是创新教育得以成功实施的先决条件。

措施:严格执行国家课程计划。

(1) 语文、数学、英语 4+1(拓展课程)+1(自主学习)。

(2) 物理、化学 2+1(拓展课程,学科思想方法培养)+1(自主学习)。

(3) 科学 2/3+校本课程+社团课程+科技节。

(4) 生命科学 2/1+校本课程(探究活动)+社团课程+科技节。

(5) 劳动技术 2/1/2(烹饪模块)+校本课程+社团课程。

(6) 信息技术 2(竞赛模块)+校本课程+社团课程。

(三) 把学生看作具有独立个性的人,用发展的观点来看待他们

教育应从学生的个性出发,以"个性的充分、自主发展"为目的,承认每个学生的个别差异,高度重视学生的个性;坚持教育目的、课程、方法、教学组织等的多样化、灵活化、个别化;有效地实施因材施教,发掘每个学生的特点、优点和闪光点,为每个学生的发展提供有利的条件。

措施:基于课堂效益提升的课堂再造。

(1) 教研组:不同课型的流程再造。

(2) 备课组:①以学定教、先学后教、多学少教、以学评教;②分层教学:不同班级教学分层、同一班级教学分层、作业分层、辅导分层(前端给资料、给方法、给平台,后端三位教师分工作细分的针对性辅导)、评价分层(AB卷);③“翻转课堂”把结合实时讲解和PPT演示的视频上传到网络,让学生在家中或课外观看视频中教师的讲解,把课堂的时间节省出来进行面对面的讨论和作业辅导;④充分调动学生思维和主动性的课堂教学四环节实施的实践研究(旧知巩固环节5—7分钟,有效实现教学目标环节20分钟;巩固教学成果环节10分钟,当堂讲评总结会议5分钟);⑤基于近五年中考题目解析、横向对比基础上的学科训练体系建立的实践研究。

(3) 学分评价,激励多学、优学。

(四) 充分尊重学生是实施创新教育的基本要求

教育的重要内容是良好习惯的培养,实现对学生最大程度的尊重,不是压抑学生的本性,而是唤醒学生自我,引导学生自主,使学生得到充分自主的发展。

措施:“唤醒自我,引导自主”主题教育。

学生工作部/年级组/教研组指导年级组开展培养学生自主学习、自主管理的校园活动(指导方法、梳理经验等),具体措施如下:①激发学生自我意识的活动设计(不同年级);②对初中学生开展生涯辅导的实践研究(不同年级);③对初中学生开展理想、目标的实践研究(不同年级);④对毕业年级学生开展时间管理的实践研究;⑤激发学生自主学习的活动设计(不同年级,如学科竞赛、优秀作品展示、课堂笔记展示、思维导图展示等);⑥不同学科指导学生开展自主探究的活动设计……

(五) 部分教师的观念更新

信息技术教师认为,教师应该从教学内容、教学方法、课堂教学的语言艺术等方面入手,认真研究教材、研究学生,正确引导学生,使其对电脑的兴趣发展为对信息科技的兴趣,从而激发学生的创造性思维,培养学生的创新能力。

物理老师认为,多元化的评价使学生的自信心和创新意识得到培养。

关于家庭实验室,我们采用显性成果和隐性成果相结合的评价方式。显性成果就是学生从家庭实验室完成实验的情况及创新实验的获得;隐性成果是指学生参与活动时所表现出来的态度、与人交往合作的程度,在活动中所获得的体验情况,知识、方法、技能掌握情况,以及创新精神和实践能力的发展情况等。评价时我们更关注学生在某一些方面的特别收获,同时顾及学生的个别差异,推动每一个学生在原有水平上有新的进展。例如,我们对于有特长和才能突出的学生,鼓励他们积极思考、大胆探索,对他们进行的家庭实验进行展示评比;对于那些能力较差、缺乏信心的学生,又采取了扶放结合的方法,适当点拨、引导,帮助他们找到问题的原因，鼓励他们进行改进，同时对他们在活动中的闪光点及时给予鼓励加分，提供表现机会。由此，学生自信心的增强，表现在学生能深入思考和敢于质疑。例如，学生在学习“机械功”后，回家用自制的弹簧秤和赛车在木板斜面上进行实验，得到“小车沿斜面上升测拉力做功”的数据大于“不用斜面直接提到同一高度测拉力做功”的数据。因此，他们对书上所说的“动力对机械功等于机械克服阻力做功”提出了质疑。在教师的指导下，他们继续进行实验研究，当发现“小车沿斜面滑动上升测拉力做功”的数据大于“小车沿斜面滚动上升同一距离测拉力做功”的数据，学生根据学过的滑动摩擦力大于滚动摩擦力的物理知识，对遗留的怀疑作了自我解释，获得了对“功的原理”进一步的理解。

此外，通过阶段性的评价，我们又引导学生反思自己在家庭实验活动中的得失，恰当地规划未来的行动。反思，实际上是学生对自己活动过程进行监控和对自己活动结果承担责任的行为。在反思中，学生可以思考自己究竟对什么感兴趣、自己在活动中是否全力以赴、自己是否发挥了创造性、自己有哪些缺点，等等。这些思考不仅可以提高学生活动的内在动机和自信心，激励他们更热情、更努力地参与活动，而且使学生学会对自己的行为结果负责，培养了学生的责任感，使学生变得自律。

缺乏主体意识、缺乏进取心的人是不会有所创新的。学生习惯于接受而不习惯于思考，更不习惯于怀疑和考证，是不容易培养出有创造性、有独立见解、有开拓工作能力的人才的。我校化学学科的庄璟老师运用“翻转课堂”的教学模式实施先学后教，即把结合讲解和 PPT 演示的视频上传到网络，让学生在课外观看视频中教师的讲解，把课堂的时间节省出来进行面对面的讨论和个性化的作业辅导，鼓励学生质疑问难，培养学生提出问题、解决问题的能力。马艺林、朱超云、魏丽霞等老师，引导学生在课堂、社团和活动中体验探究和创新的无穷魅力，并取得了丰硕的成果，在成就学生的同时，促进了自身的专业发展。

五、学校管理改革

2011 年底，我校依托对办学的顶层设计，通过梳理、提炼世界上主要国家通行认可的学生核心能力素养，考察学生、家长、教师群体所公认的附中学生特质，明确了阅读写作与数学素养、批判性思考与问题解决能力、团队合作与领导能力、自我管理与自主学习能力、劳动技术与信息技术素养、艺术体验与科学探究能力、心理调节与自我保健能力、公民意识与服务社会能力、多元文化与国际理解能力九大核心能力指标。这与学生创新素养的结构(如创新所具备的知识:专业知识，过程与方法知识。创新能力:思维能力、实践操作能力。创新人格特质:创新精神、创新品格、创新动机、创新兴趣、创新意志、创新性格等)不谋而合。因此，我们把构建“基于学生核心素养培养的学校课程”确立为学校课程优化目标。

我们以九大核心素养培养为目标，以丰富和完善语言与文学、数学、科学与技术、人文与社会、艺术、身心健康、社会实践七大板块的学习领域课程和认知类、实践类、体验类、反思类四大板块德育课程以及特色类、自主类社团课程来深入推进校本课程的建设，制定了各个学科核心素养的特质和能力目标，建立了培养学生核心素养课程系列（见图 7）。

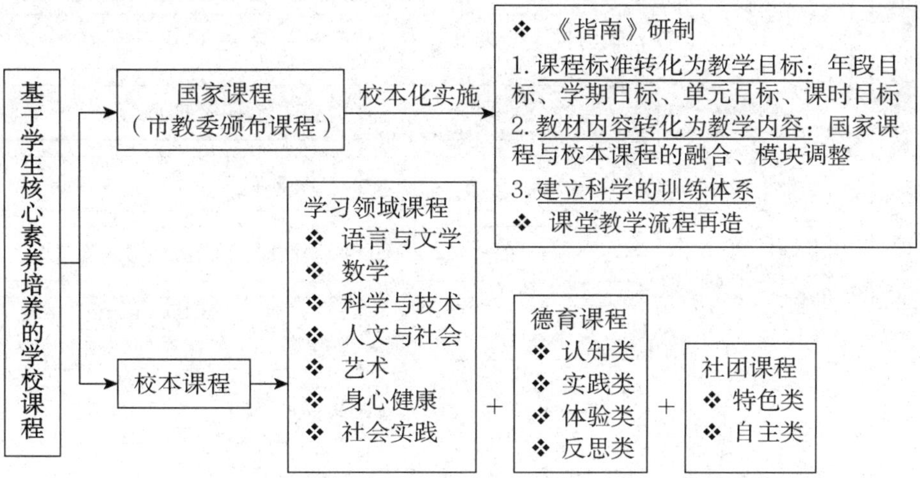

图 7　基于初中学生核心素养培养的学校课程架构

2005 年我校加入了区域课程统整的研究，通过八年来的实践积累，形成了具有附中特点的《基于标准的课程实施指南》（以下简称《指南》），《指南》包括目标系统、练习系统、内容系统、评价系统四大板块。

在课程模块调整方面，我们增加了劳技学科的烹饪模块，强化了美术的版画模块，增加了体育的手球模块等，课程内容注重问题探究的教学，这些探究小课题有效地激发了学生的学习兴趣，提升了学生的探究能力。

图 8 是我校校本课程的架构图，我们分别在七大学习领域之下，以教研组或学科备课组为单位，建构了系列校本课程，如综合理科教研组以“科学与技术学习领域课程”的设计与实施，落实对学生创新素养的培养。组内教师开发了创意、电子、实验、竞赛四个系列十多门拓展课程，指导 DT 社团、机器人等八个学生社团，组织“徐教院附中科技嘉年华” 校园文化活动以及各种科技普及活动，形成了由国家课程、拓展课程（探究课程）、社团课程和校园文化活动课程组成的科学与技术学习领域系列化课程，一定程度上满足了学生个性化的学习需求，为学生创新学习和体验提供了载体（见图 9）。

在学生创新素养培养上，我们还有许多问题需要继续探索，如学科间对学生创新素养培养的研究深度和落实程度还不均衡，基于学生创新素养培养的三类课程间的衔接与递进还须优化，基于学生创新素养培养的课堂教学设计与实施还须深入探索，针对学生创新素养培养的学校、社区、家庭的合育资源还须深度挖掘等。

时代呼唤创新教育，学生创新素养培养是一个长期的过程。我们要更新观念、勇于探

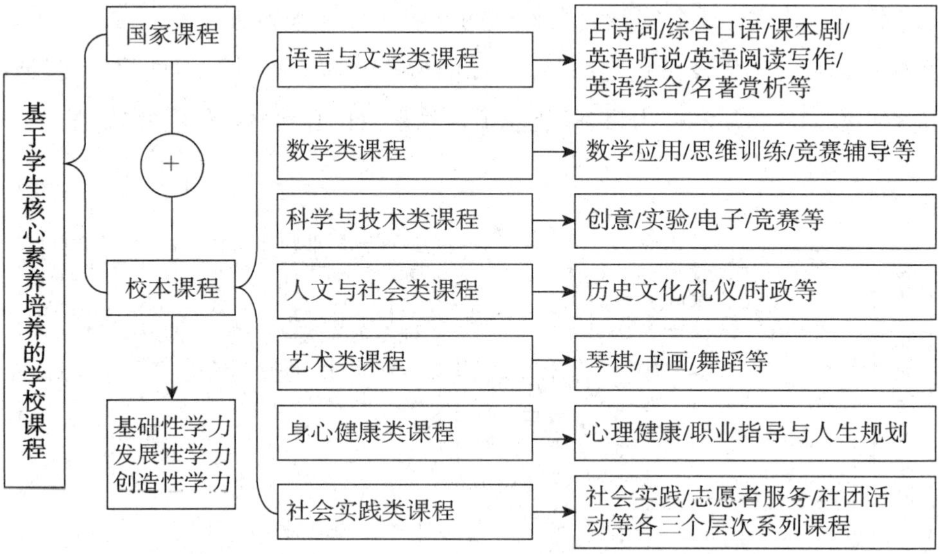

图 8 基于初中学生核心素养培养的校本课程架构

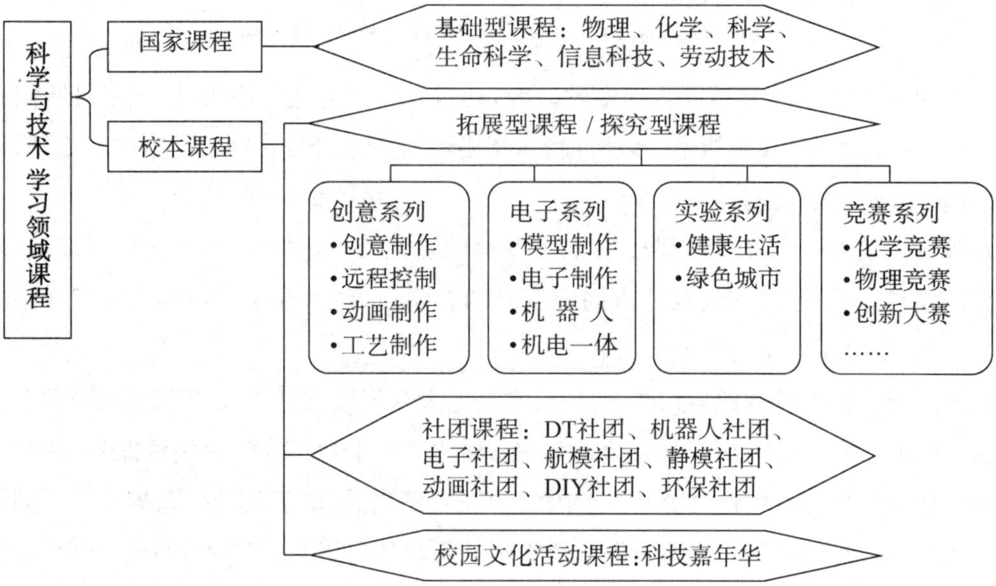

图 9 科学与技术学习领域课程系列化建设

索，把激发所有学生的创新意识，培养所有学生创新能力作为教育所要完成的最重要任务。让创造根植于每一个人的思维深处，让创造表现在每一个人的实践活动中，让创造成为整个中华民族的基本品质和国家繁荣富强的根本推动力。

上海市园南中学实验报告

上海市园南中学(以下简称"园南中学")作为徐汇区教育局牵头的上海市级课题"基于中小幼学生创新素养发展特点的区域性系统培养研究"的第一轮实验学校之一,所承接的主要任务是基于学校实情,积极开展初中学生创新素养系统培育的探索和实践。我们认为这是一个很有现实意义却又极具挑战性的课题,我们为之努力!课题开展过程中,我们得到了区教育局领导的关心、区教科室与课题组成员校的支持,以及高校专家的指导。整个课题摸索的过程,时而清晰时而困惑,在浊与清交织的过程中我们缓慢地行进。下面简单地介绍近两年来的研究过程。

一、内挖潜力,外求协同

为了确保课题顺利实施,学校决定成立以校长、副校长、科研主任等为核心成员,各教研组长、年级组长以及相关学科教师为研究成员的课题组,同时聘请上海师范大学基教处刘兰英教授和徐汇区教师进修学院的领导作为专家团队。课题研究集中在预初至初二年级的八门学科(语文、数学、政治、物理、地理、历史、劳动技术、美术)。除了校园文化营造外,课题组重点探索和实践初中学生创新素养系统培养的研究。

为了更好地推动学校课题研究工作的开展,充分发挥全体教师的力量,整体提高学校的课题研究水平,学校开展了多种形式的研讨活动,如专家讲座、专家与教师的面对面互动交流、分学科教研组教师的研讨、教师课堂教学试验、教师教学观摩与课后反思研讨等。主要聚焦于三方面的研究:

(一) 组织理论学习

我校教师在最初接到任务时,都觉得与"创新教育"距离很遥远。大多数的教师长期埋头于教育教学的第一线,虽然工作出色,但对理论知识学习不够重视,多凭经验、直觉处理问题,所以一提到创新教育,往往想到的是脱离教材的课外活动,如小制作、小发明等,或者是借助问题,让学生任意去想去说的开放性课堂。还有许多教师认为创新只是少数天才学生的事,非一般学生所能拥有。而我校是一所位于长桥地区的公办初中,学校生源主要是未经挑选的地块生。面对起点低、基础差的学生,如何对他们进行创新素养的培养,无疑是摆在教师们面前的一道难题。

为了克服教师们对“创新教育”认识上的偏差，学校组织教师学习相关的教育教学理论，如初中学生的思维特点、心理发展特点和创新特点，使教师们明确创新教育是以培养人们创新精神和创新能力为基本价值取向的教育。我校参与的课题将积极探索中学生创新素养发展的阶段性特点，着重研究与解决在系统培养中学生的创新意识、创新精神和创新能力中出现的问题。

刘兰英教授的报告和专家面对面的交流，帮助教师们梳理了中外学者对创新、创新素养、创造、创造教学等方面的理论，解答了我校教研组长、备课组长在课题研究中的困惑。她的发言理论联系实践，教师们听后对创新素养的理解更全面，增强了对课题研究的信心。

（二）梳理研究路径

2013年研究之初，学校利用教工大会、中层两长会、教研组、备课组活动等积极开展相关的宣传、学习和研讨。学习过程中，学校首先从创新素养研究的价值、培育目标、概念理解、培育视角和案例分析五个角度指导教师明确对初中生创新素养系统培育的内容。其次，重点落在学科课程统整与教学方式革新的研究上，例如学科内容的统整、教学方式的变革、作业设计的变革、评价模式的变革。

在实践研究的过程中，我校教师根据初中学生发展特点和本校实际对教科研室提供的《学生创新素养系统培养指南》进行调整，初步形成了园南中学创新素养培养要求任务表（讨论稿）和各学科第一学期《学科创新素养培养指南》（初稿）。

在多次教学研讨、与专家互动后，我校教师一次次地调整研究方案，逐渐明晰了研究目标、研究思路、研究重点和具体做法，在2014年开始尝试进行学科内学生创新素养系统培养的总结。

我校教师在开展第二学期《学科创新素养培养指南》（初稿）的同时，就自己学科实验情况，以学期为时间跨段，展开培养内容的系统性、培养目标的系统性、教学过程的系统性、教学策略方法的系统性等四方面的思考与总结。

为了帮助教师更好地梳理研究的路径，我校领导参与研究，以身示范。吕校长亲自设计了数学学科创新素养培养的目标给教师们作参考。例如：

（1）选择哪些（系列化）创新素养培养

① 分析问题的能力：培养合情推理能力、演绎推理能力、归纳验证能力，并能清晰地表达自己的想法。

② 创新意识：积极参与数学活动，对数学有好奇心和求知欲。

（2）培养创新素养的相关（系列化）活动

① 参与观察、实验、猜想、证明、综合实践等数学活动。

② 可分年级实施：

六年级：参与观察、实验

七年级：参与观察、实验、猜想

八年级：参与观察、实验、猜想、证明

九年级：参与观察、实验、猜想、证明、综合实践

因为有"法"可依，各教研组教师在学科创新素养培养指南撰写的过程中，首先确定培养目标，列举各学科可挖掘的创新素养培育生长点，在形成符合学科特点的培养目标系统的基础上，再总结培养内容、教学过程、教学策略方法，使之形成系统。

学校还为教师提供参考案例、教学反思的参考提纲，提供创新素养论文撰写的角度，促使教师在教学实践的过程中能及时反思，深入思考，在潜移默化中促进教师专业素养的提高。

（三）开展实践行动

在研究方案引领下，教师们在行动上开展了扎扎实实的探索性研究活动。

1. 联动区校资源，实施共建共享

学校鼓励教师不仅参加徐汇区教育局举行市教委重点课题开题会及教师专题培训活动，还积极参加各实验校的研讨活动，如位育初级中学和西南位育中学在基础型学科中进行创新素养培养的研讨活动，与我校同是校际联动的汾阳中学和华理附中"让教学充满思想，让创新渗透课堂"研讨活动，在观摩课的同时聆听专家老师的辅导报告。专家的报告使大家深切体会到创新素养在学科领域的意义，明确了努力的方向，作为一线教师要把创新素养实践于课堂，落实于日常。

2. 立足课堂教学，注重实践研究

2013 年 5 月 9 日园南中学举行上海市教委重点课题"基于中小幼学生创新素养发展特点的区域性系统培养研究"现场研讨会。本次活动分上午、下午两个专场。上午是学校层面的研讨课专场，共有包括数学、英语、物理、美术、劳技、心理六门学科的六节公开课首先进行教学展示。在上半场交流研讨活动中，数学教研员徐晓燕老师从逻辑起点、逻辑生长点的角度点评了园南中学数学老师姚春花的"探究中位线性质"的一节课。刘兰英教授首先对参与课题教师的投入程度给予极大的肯定，同时也对学校子课题历经多次磨砺后的困惑与收获进行了总结。倪志刚院长针对园南中学在研究过程中聘请专家指导、全员参与课题、多门学科发展、校际联动积极、着力教学转型等经验进行了分析与指导。最后杜俭副局长作总结发言，在肯定了园南中学所做工作的同时提出了新的要求，并结合课题就一些教育领域的问题发表了见解，引起了与会者的共鸣和广泛的思考。

下午，总课题组倪志刚院长主持徐汇区语文学科专题研讨会专场。庄小凤局长从生物

学的“遗传与变异”角度阐述了“创新”的意义。她同时指出，徐汇教育绝不为创新而创新，课题还是要强调“内化深化”，不做“短平快”式研究，课题成果要对助推学生学习能力起到本质的影响。与会的许多教师表示参与了园南中学的创新阶段成果汇报和聆听了各位专家领导的发言后，对自己学校今后开展创新教育有较大的启发。

3. 大胆发散，合理收敛

2013 年 12 月 12 日，园南中学全体语文教师在区教科研室专家的指导下，共同探讨了语文课堂学生创新素养培养的若干问题，并开展了语文学科学生创新素养培养推进研讨系列活动。

活动中，学校七年级语文教师周婷开设了“心与手”一课，通过引导学生细寻文中关键信息、续写小说结尾的形式，培养学生自主探究、缜密推断的逻辑思维能力和合理想象、合理创作的创新素养。在课堂中，周婷老师给予学生一定的自主探究空间，在细读文本的前提下，引导学生进行有“质”的创作，不仅培养了学生创作的热情，还给予学生合理创作的方法。课堂中，学生表现活跃，各抒己见，在品读文本的前提下，创设着人物不同的命运，继而周老师再给予学生一定的指导，使“发散思维”与“趋同思维”和谐统一。

课后园南中学的语文教研组进行了认真研讨，就文本的人文关怀、课堂小组讨论的必要性、深度预习作业等问题提出了看法。夏红芳老师指出创新思维应当是“求异”与“存同”的和谐统一，“求异”指的是发散思维的充分培养，“存同”指的是学生应当基于一定的合理创作的方法，创作出有依有据的结尾。严宁一老师和徐妍老师就学生课堂讨论问题提出了自己的看法，是否需要小组讨论以及如何提高小组讨论的实效也成为关注的焦点。

与会的徐教院教科室专家们也提出了自己的一些见解，如圈画文本应当先于创作，交流创作后应当拼凑出完整故事线索，使学生注重文本阅读的完整性……专家们更是就如何在课堂中实现“发散”与“收敛”的统一的问题上给予一定的指导，给予与会教师们很多启示。

2014 年 1 月 13 日和 14 日区教研员顾非石老师在我校初一年级执教，向全区教师展示了创新素养培养理念在数学课堂中如何进行渗透。在学习借鉴的过程中，教师们提高了认识，收获了许多教学的策略和方法。

4. 深化课程统整，确立课程新结构

作为参与教科研室前一轮课程统整的实验校，我校在前期课程统整的研究过程中积累了一定的经验。2013 年下半年，学校明确了创新素养下一阶段的培育目标，为学校提供了一种新的统整思路。在此基础上，学校结合创新的内容，要求各学科教师重新梳理课程统整指南，并根据学校的要求，形成我校各学科和各年段学生创新素养系统培养的指南。

我校参与研究的学科以教研组为单位，分学科挖掘可挖掘的创新生长点，形成学科课程统整指南，并请高校专家和学科教师一起互动交流和问题解析，进一步明确课程统整的思路和特色做法。从文科和理科两个方面将创新的内容结合到指南中，形成有文科和理科两个版本的学科课程统整内容模块表格。

5. 聚焦课堂实践，渗透创新理念

2014年4月30日下午，园南中学举行"棉纺文化"探究型课程区级展示活动。上海市探究型课程教研员黄小燕、闵行区探究型课程教研员马丽敏、徐汇区教师进修学院探究课程教研员张红梅及区域内部分兄弟学校德育教导、探究课教师近50人共同参加活动。活动中，与会人员首先观摩了以学校民族精神教育特色项目棉纺文化为大背景、学校黄道婆陈列室为主要载体，推出的三堂探究型课程公开课：孙宁漪老师执教的语文课"走近黄道婆——我们为黄道婆陈列馆代言"、司韵韵老师执教的英语课"我当英文展馆接待员"及嵇晓薇老师执教的美术课"黄道婆陈列馆讲解员服饰制作"。三节教学公开课分别从黄道婆陈列室展馆宣传、接待介绍、服装设计的角度，诠释了黄道婆精神之于今日学生的现实意义，展示了学校尝试将非遗技能、知识与国民基础教育体系和创新素养教育有机结合的特色办学实践。

随后，与会人员在教研员张红梅老师的组织下，展开教学研讨活动。期间，园南中学储名方副校长从"立足基地建设，开设实践课程""科学规划课程，形成多元体验""建立网络平台，共享开放课程""寻求专业指导，推动课程发展"四方面对学校"黄道婆棉纺文化"课程建设情况作了介绍。区探究型课程教研员张红梅老师表示学校平时对乡土课程的关注度非常高，此次开设的三节拓展探究型公开课，均以学校黄道婆陈列室为营造课程问题情境的出发点，分不同学科不同探讨内容，感觉是一个系统性的研究课程。从问题呈现、思考讨论、探究实践、评价反思四个教学环节的安排与落实，每位教师在课前均做了充分的准备。学生得到教师有条理的引领，充分发挥了各自的创意，展示了非常精彩的作品。活动也得到了市教研员的高度肯定，市教研员希望学校继续深入发掘课程资源，从棉纺文化这一很好的本土及本校资源的基础上，继续提升，丰富实践。

本次活动既展示了学校立足校本特色在探究型课程建设方面所作的有益实践，更反映了学校师生通过自身实际行动为保护和传承非物质文化遗产所作的积极探索。随着学校黄道婆棉纺文化的深入推进和展开，更多的青少年学生将近距离感受和了解我国优秀传统文化，这将对传承中华民族文化根脉、弘扬民族精神起到积极作用。

二、积极探索，提升素养

培养学生的创新素养对我们教师提出了新的挑战。通过理论学习、课堂尝试，我校教师普遍认识到要调动学生思维的积极性、创造性，只有不断地调整、改进自身的教学理念和方法，真正发挥学生的主体作用，才能对学生的实践能力和创新素养的培养起促进作用。在积极探索有效提升学生创新素养的方法途径的过程中，教师们的教学素养在潜移默化中不断提升。

（一）在实践探索中加深了对"初中生创新素养的培育目标"的认识

初中阶段是青少年成长的关键时期，思想活跃，具有一定的独立思考能力与判断能力，求知欲强，但在这一阶段，初中学生还未形成自己的思维方式和解决问题的模式，因此是培养创新能力的最佳时机。

初中教育以培养学生良好的创造性素养为目的，为未来培养创造性人才奠基和输送优质的原材料，而不是期求学生有多少别出心裁或标新立异的发明创造。课程教学和各种教育活动可以增进学生学习经历，使学生掌握扎实的学科知识基础，激发创新意识，发展创新能力，提升创新精神为基本价值取向。

学校在今后的教育教学中应该积极探索在基础课堂中落实创新素养培养（见图 1），着力在课堂教学中抓好三种转变——由传授型转向发现型，由训练型转向体验型，由习得型转向实践型——引导和激发学生在学习过程中创造性能力的培养，帮助学生形成发现问题、分析问题、解决问题的能力。

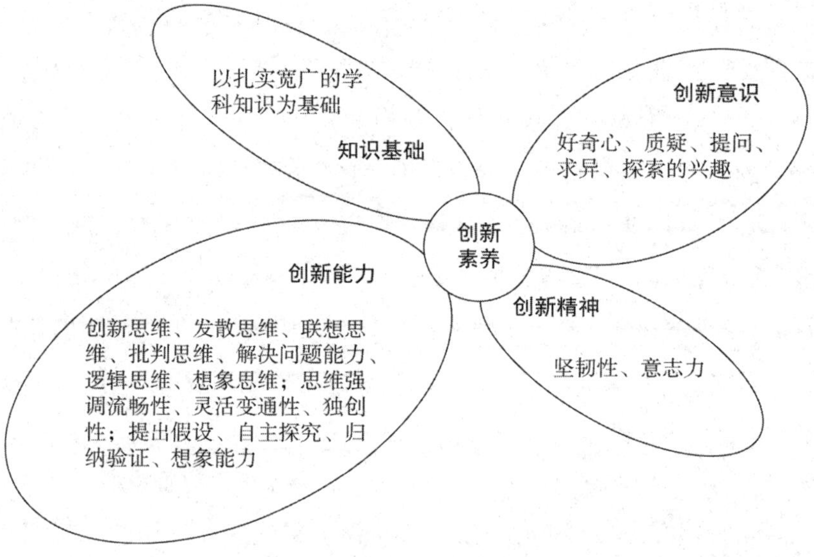

图 1　学校创新素养培养的内容

（二）在实践探索中转变了"初中生创新素养的培育视角"

首先，初中生创新素养的培育，尽可能处理好六对关系，即强调基础—追求创新、创新普适—个别创造、传统教学—创新教学、单科试验—多科整合、理想追求—现实矛盾、区域要求—校本研究。

其次，找准培育突破口。全校加强舆论导向，营造创新环境，以活动为抓手提供平台，转变教师观念，深化校本教研，树立典型表彰先进，激励全员教师参与，切实提高教师创新素养和课堂教学变革。基础型课程以教学为主：①分析学校基础型学科现有特色做法，选定一门先行试验学科。②以学科教研组校本教研为抓手，某学科教研共同体推进研究。③实践操作中的具体做法：分年级分单元梳理可创新的知识点，创新教学设计，突出问题解决、学生活动、学生提问；课堂教学实施，强化对话研究；作业设计改革与评价创新。

最后，推进学科课程统整与教学方式革新。以学科教研组校本教研为抓手，加强教研组共同体建设(绝非教师个体行为)；以现有教材作为基本点，集体备课寻求创新生长点，分单元形成创新内容模块，分学期分学科有机推进创新教学。具体地说，教学内容统整上，要注重学科单元内容统整、多学科统整，甚至多教材统整，寻找创新生长点，构思创新模块，定位创新教学目标，设计学生活动；教学方式上，从强调从以"教"为中心到以"学"为中心，从以"知识传递"为中心的教学到以"教学对话"为中心的互动教学，从而让学生在经历和体验活动中学会发散思维、质疑问难、合作探究、自主建构知识，并运用知识创新性地解决现实问题；作业设计上，提高作业质的要求，适当增加"做"和"设计"的比重，鼓励学生在具体项目驱动下，做现状调查、创意设计、热点评论等作业；在评价模式上，从强调知识传递到重视高层次思维能力的培养。

三、转变视角，学生为本

(一) 让创新素养进课堂，在日常教学中落地

2013 年 3 月，我校学生创新素养培养进入全面课堂实践阶段，我们把原来开学初作为常规工作检查的"推门听课"进一步深化，以学生创新素养培养为主题开展校内教学展示。

在教学展示周期间，各位教师不仅以备课组为单位认真准备，还要积极听其他教师的课。最后从各个教研组的统计来看，"推门听课"的节数比过去历次都要多。各教研组的听课数量大致如下：语文组 27 节、数学组 50 节、英语组 21 节、政治历史地理组 24 节、物理化学生物组 34 节、音乐美术劳技组 15 节、体育组 16 节，总数超过 200 节，学校行政听课的节数达到 114 节。尽管这学期我们是第一次进行创新课程的展示，但教师都是全情投入，开动脑筋，积极参与，并取得了很好的效果。

此次展示周，教师开课的教学内容中有许多显性的创新题材。例如，历史课"第二次科技革命"、思想品德课"保持对世界的好奇心"、语文课"事物的正确答案不止一个"、心理课"突破定势思维"等。这些课的教学让学生明白了创新精神的重要意义，懂得了为什么说创新是推动时代进步的不竭动力，也初步明白了培养创造性思维的基本因素，有利于培养学生的创新意识。有些课加入了能激发学生创新思维的环节，在原本比较传统的课堂中加入了带有创新特征的板块。比如英语课"水"，让学生在写作中激发创新思维；语文课中加入了对某一个传统寓言故事进行有创意的改写的内容，可以看到，学生的作品也有许多的创

意。有些课注重了自身教学方式和学生课堂活动的创新，语文课突破了单一的讲读教学的方式，通过访谈、小组讨论汇报等形式对授课内容进行呈现。物理课让学生在布袋中摸取并猜测物件，让学生在探究的过程中进行类比，最终完成探究原子的结构的教学目标。六年级数学课“单据中的数学”，在教会学生读懂水电煤单据上的数据后，再利用单据上的数据，学会编写应用题并解题，让人耳目一新。有些课注意学生兴趣的培养，比如劳技课，将手工制作和数学几何图形的测量结合，有新意，也让学生产生浓厚的学习兴趣。学校还组织了教师对于本次“推门听课”进行了评课、反思和反馈，对教师在教学中的创新之处作了汇总。此次活动加深了教师对创新素养能力培养的认识，激发了教师教学创新的热情，使创新素养进入课堂，在日常教学中落地生根。

（二）让教师在活动中锻炼，能力在磨炼中提高

学校“推门听课”活动，让教师们对课堂中渗透创新理念有了初步的体验。学校也感到了教师在尝试改变，教学设计思路由重教向重学改变，教学目标定位由重知识向促进学生思维改变，教学方式由常规教学向问题解决式教学改变。学校在教学反馈中给予极大的鼓励，使教师增强了信心。当学校为这次展示活动征集公开课时，各教研组积极推荐教师，学校共计推出八节公开课，涉及七个学科（见表 1）。

表 1　公开课内容

科目	数学	语文	英语	物理
课题	探究中位线性质	假如我是命题者 小短句，大智慧	写作指导课：未来的生活	热机
科目	劳技	美术	心理	
课题	智力套环“金蝉脱壳”的制作	产品造型设计——椅子的创想	突破思维定势	

承担公开课的教师经历不同层次的磨课，还有同伴互助和专家引领，教研员也多次来校指导，最终形成一节完整的公开课。教案初稿首先进行第一轮磨课，对集体备课适当取舍和调整后，再由磨课教师进行磨课教学；当新的问题接踵而来，大家再集中交流互动、反思调整。这样反复磨课，不断积累，教师的教案修改了六次，试讲也达到五次，到最后执教时呈现的课堂教学相比原来有较大的提高。无论是上课还是听评课的教师，都会有不同的收获，教师执着钻研的精神在这次的公开教学中也很好地体现了出来。

2013 年，我校地理学科杨燕文老师凭借“自主学习，认识地区”一课参加了区大奖赛并获得特等奖。她这节课中的教学设计让学生经历了提出问题、自主探究、归纳验证，最终解决问题的基本探究过程。尤其是针对同一问题的二次探究，生生之间、师生之间出现的观点碰撞，激发学生思维的火花，表现为学生求异发散思维提升；同时也培养了学生敢于质疑、善于质疑的创新意识。学校请杨老师在教工大会上播放了课堂录像，介绍了她的设计意图，同时请刘兰英教授结合这节课的创新素养培养指南进行了点评，指出了其优点与需要改进之处，使听者对创新素养的课程设计有了直观的感受，增强了可操作性。

2014 年 6 月 29 日，我校参与创新素养统整指南设计和案例撰写的教研组、备课组教师代表结合近两年的教学体会，在暑期教师培训期间进行了交流发言。数学组的姚春花老师代表七年级备课组以“探究三角全等的判定方法”为例，交流了《在几何定理教学中如何培养学生创新思维的策略》；劳技课周晴老师以自己的教学案例“绳结工艺——饰结创新素养解读”为例，介绍自己围绕统整指南的教学目标如何进行设计、教学及看到学生在课上的表现后自己的感受；语文组的周婷老师在《创新，思维品质变化的代名词之一》的主题发言中，交流了自己从最初带着困惑参加创新素养能力培养的课程实验活动，到现在将创新理念融入日常教学后自身认识上的变化和感受；历史组的练国伟老师在发言中介绍自己如何立足学科教学，从教材中挖掘创新点，把握学科的教学逻辑，将创新点组织成有机的整体，进而形成学科统整指南。教研员顾非石老师对于我校教师的参与热情给予了极大的肯定，在点评环节中指出了教师个人教学案例和备课组、教研组的统整指南中的亮点，并结合自己在课题研究过程中的教学体会，提出修改建议。此次交流，既是对前期工作的小结和回顾，也对日后课题研究如何进一步完善指明了方向。学校将以修改教学案例和完善统整指南作为教师个人和教研组校本培训的暑假作业，明确了下一阶段研究的重点。

实验之初，我校教师曾刻意追求创新课的教学设计，为了培养学生探究精神和创造性，力图构建一种“创新”的课堂教学模式。然而，我们很难把某一教学内容界定为“创新课”的内容，其他内容作为“非创新课”而不进行创新教育。随着时间的推移，教师们意识到学生创新素养的培养不应当被作为技能进行教育，创新素养的培养，应当作为一种教育思想贯穿教育过程的始终。对于初中学生来讲，重要的是学习习惯的养成：观察的习惯——学会观察；思考的习惯——学会分析；提问的习惯——学会形成问题；合作交流的习惯——善于同他人合作；有始有终的习惯——培养坚韧的毅力。所以，创新素养的培养应当是一种学习习惯的养成教育。教师就应当努力挖掘每一个探究过程中最值得思考的地方，并且在那里尽可能留足思考空间。而那些探究点大多是知识的巧妙之处，只要善于发现，细节上可以做出大文章。

（三）让创新思想深入人心，理念在探索中提升

为迎接园南中学建校 20 周年，展示我校教师在教育转型发展中取得的新成果，同时为教师们搭建一个表达教育思考、总结教育实践的舞台，我校于 2014 年 2 月举办了园南中学第四届论文评比活动。

整个评比分为初评和复评两个阶段。学校初评小组将参评论文按教师所在教研组，分为文科组和理科组两大类分别进行初评，并按照 50％的比例挑选出进入复评的文章。由学校聘请的专家组对进入复评的论文进行复评，按照 60％的比例择优挑选出获奖论文。由学校聘请的专家组对获奖论文进行排序，评选出一、二、三等奖。学校论文评比领导小组对专家组的评选结果进行最后的评议，确认论文评比活动的最后结果，对评比结果进行公示并听取意见。从学校公布的最终评比结果来看，此次活动共计收到38篇，创新素养相关的论文48篇，占上交总数的36.8%，其中文科一等奖1篇、二等奖2篇、三等奖1篇、鼓励奖3篇，理科一等奖2篇、二等奖2篇、三等奖2篇、鼓励奖1篇。

劳技教师陈红卫在《智力套环"金蝉脱壳"的制作——学生创新素养培养的实践与反思》一文中，深切感受到自己在参与研究的过程中如何改变自身的教学理念，她说："教学理念的改变，不仅体现在本教案在设计教学过程中师生教学活动次序的改变(学生活动在前，教师活动在后)，更倡导学生主动参与、乐于探究、勤于实践的学习方式，培养学生获取新知识的能力、分析和解决问题的能力以及交流合作与共同发展的能力，着重让学生掌握有利于终身学习的基础知识和基本技能。"

地理教师杨燕文在《浅谈初中地理学科学生问题意识的培养》一文中，就在教学中教师如何培养学生的问题意识为讨论点进行讨论。她从"营造宽松氛围，让学生敢问""创设问题情境，让学生想问""开展实地探索，让学生乐问""改革评价机制，让学生善问"四个方面谈了自己的教学体会。她认为培养学生的问题意识并非一蹴而就，而须循序渐进。在初始阶段，鼓励学生"敢问"就可，不管是多么幼稚的问题，因为他已踏出了成功的第一步；逐步引导学生"想问""乐问"，直至"善问"。当然在培养的过程中，不能忽视对基础知识的传授和基本技能的训练。在旧知的温床上，才可能孕育对新知识的好奇、渴望，甚至冲突。而且想让学生成为"问题学生"，教师自己应是"问题教师"，教师善思善问，学生才会乐思乐问，才能真正实现由"要我学"到"我要学"的转化，才能成为具有创新精神和创造能力的人才。

数学教师徐莉萍在《例谈如何在数学教学中保护与培养初中低年级学生的创新意识》一文中，以六年级第二学期《有理数的意义》为例，借助于有理数的由来相关的数学历史小故事激发学生学习的兴趣，指出教师如能顺着这个"调皮的问题"适时引导学生探究、交流并予以肯定和鼓励，无疑是一次对学生创新意识的"保护行动"，让学生在发现问题的同时，也知道带着疑惑探索是充满好奇与乐趣的脑力探险。数学教学中，教师要注意挖掘教学内容本身内在的乐趣，依据学生的心理特征和认识规律挖掘数学教材中的兴趣诱因，激发学生主动探索的学习愿望。要善于开发和利用学生的好奇心，有意识地创设特定的学习情境，吸引学生主动学习。

语文教师孙宁漪在《让思辨变成习惯——语文学科思辨能力养成记》一文中，提到语文教师应充分利用课程资源引导学生辨析人物性格，挖掘文章主旨，感受文化意境。化学教师卫怡婷谈到自己执教"中和反应"教学体会时，认为教师应关注学生思维特点，激发学生学习兴趣；发挥学科优势，培养学生创新精神；联系实际应用，培养学生创新意识。我校教师在探索实践的过程中深切体会到创新素养是学生素养的一个重要组成部分，在日常教学中应通过多种任务和活动形式培养学生的创新素养。

近两年来，我们发现，通过对课题的研究为课堂教学注入了新的活力，对于培养学生自主学习的能力，提高教师教学水平和教育教学效率有着重要意义。在实验过程中，我们的一些具体环节一定还存在着不足——有的为了创新而创新，少了学科味，弱化了知识点的落实；有的找到了创新点，由于教学方式老套，结果还是不能很好地达到预期的效果；有的教师有创新的意识，但在具体操作中课堂生成与预设的差距较大时，教师针对创新的应变能力略显不足——但是，本课题的研究促使我们进行了深入的思考。我校在最近申报的院校合作项目中将“创新素养的实践研究”放在首位，希望在专家的帮助下能有效解决教育教学中发现的问题，在与同行的合作交流中能进一步完善创新教学体系。当然，对学生创新素养的培养并不是一朝一夕的事，需要我们大胆创新，不断拓展创新素养教育的外延，用体验和实践的方式来培养有创新能力、创新意识、创新精神等创新素养的人才。我们行走在教学研究的路上，期待智慧的碰撞。

上海市汾阳中学实验报告

一、课题的背景、意义

（一）课题的背景

2012年3月，由庄小凤局长领衔的上海市教委重点课题“基于中小幼学生创新素养发展特点的区域性系统培养研究”在徐汇区正式启动实施，全区共20所不同学段的学校参加此项课题的研究，我校是5所初中实验校之一，课题为“基于普通初中学生创新素养发展特点的学校培养途径的研究”。

（二）课题的意义

普通初中开展创新素养培养，存在着以下几个突出问题：

（1）教师教学思想、观念有待转变，创新素养培养不局限于优质学生、示范性学校，而是要普及到每一个孩子、每一类学校。

（2）学校创新素养的培养与基础课割裂，培养没有真正进入课程的“主渠道”。

（3）学校创新素养的培养缺少系统性。

（4）对普通初中学生创新素养发展的心理特点缺乏必要的研究。

（三）课题的界定

创新素养：人为完成某项创新活动基本过程所必须具备的知识素养和身心品质。它包含如下基础性品质：基于创新活动基本过程的思想行为习惯；实现创新活动基本过程的心理动力；实现创新活动基本过程的能力；创新的品德；实现创新活动基本过程所必备的知识素养等。

学生创新素养发展特点：在实现创新的过程中表现出来的动机、兴趣、需要等个性心理倾向。

培养途径：主要依托基础课和拓展课、探究课进行培养。

系统培养：初中阶段不同年级连续的培养；培养惠及每一个孩子。

二、研究内容、过程

（一）研究内容

（1）普通初中学生创新素养培养在基础课程实施中的研究。

(2) 普通初中学生创新素养依托专用设施、优质资源,在两课型课程实施中的研究。

(3) 进一步促进新课程的实施,转变教师观念。

(二) 研究过程

1. 2012 年 9 月—2013 年 1 月(2012 学年第一学期)

2012 年 9 月,制订实验校课题实施计划,确定课题组人员结构、试点学科、年级。主要有理科教研组、音体美劳综合教研组和文科组部分学科,由部分教师先行开始研究。基础课程涉及六年级科学、六年级体育、七年级劳技、八年级历史。两课型课程主要涉及六年级科学实验兴趣班、八年级物理实验兴趣班。

2012 年 10 月,请区教科室专家对课题的前期工作进行指导。

2012 年 11 月,组织课题组教师进行课题研究的相关培训,学习区下发的文献资料。

2012 年 12 月,以物理实验兴趣班教学为试点,初步尝试创新素养在两课型课中的实施。并以物理课为课例,组织校本培训,以点带面,为其他学科的实施提供参考。同时请区教科室顾非石老师对课题研究进行指导。

2013 年 1 月,课题组成员确定研究子课题,完成《学期课程统整指南》,学校组织三级课题的申报、评审工作,进行子课题开题。

2. 2013 年 2 月—2013 年 6 月(2012 学年第二学期)

2013 年 3 月,各课题组按照《学期课程统整指南》进行单元教学设计和教案设计,开展教学实践。

2013 年 4 月,组织区级研讨活动,黄艳、王晓燕和袁珍花三位老师分别开了物理、历史、体育三节研讨课,探讨创新素养在基础课中的实施,邀请区教科室专家、教研员进行了指导。

2013 年 5 月,各子课题组在教研组内开研讨课,形成典型案例。

2013 年 6 月,各三级课题对《学期课程统整指南》进行修改,学校组织各三级课题的中期评估。

3. 2013 年 9 月—2014 年 2 月(2013 学年第一学期)

2013 年 9 月,各三级课题组制定新学期《学期课程统整指南》。

2013 年 10 月,组织校本培训,对第一次参加统整课题的教师的《学期课程统整指南》提出修改意见,进行再修改。

2013 年 11 月,各三级课题实验教师围绕二级课题(基础课课题组或两课型课课题组)组成小组,相互听、评课 2 节,思考、改进后期工作。

2013 年 11 月,以生命科学实验兴趣班教学为点,由王海娟老师开校级公开课,继续尝试创新素养在两课型课中的实施。

2013 年 12 月,进行三级课题的中期评估。布置探索阶段的总结工作。

2014年1月，扩大课题研究参与范围，确定新一年参加课题的学科、年级及教师。利用暑期校本培训，组织新一轮实验教师的培训，邀请区教科室主任张才龙老师做相关的报告。教研组层面组织组内相关学科的培训，做好课题研究的前期工作。

4. 2014年2月—2014年6月(2013学年第二学期)

在探索阶段，我们在基础课和拓展课两条途径中进行了创新素养的培养，本学期根据区教科室的工作精神，我们将重点放在了基础课的培养中，重点关注了语文、数学学科中创新素养的培养，并且在研究范围、研究形式、研究手段等方面作了进一步尝试。

2014年1月与2月，为全面推进课题的研究，学校利用暑假的校本培训，启动了新一轮的教师培训。本次培训全体教师参与，并且与“十二五”360培训紧密结合，采用了专家讲座、教研组自培、专题讨论、教师自学、撰写体会、编写指南等多种形式，为新学期的研究工作打下了基础。

2014年3月，学校召开了学期工作的第一次专题活动。参加会议的是校学科带头人和区骨干教师、局学科带头人。会上各位骨干教师谈了自己的研究设想，交流了《“创新素养”统整指南》，并且提出了自己的一些困惑。会议得到了区教科室领导、专家的指导。

2014年4月与5月，以语文学科和数学学科为点，进行了“创新素养”在三大主科的基础课中的试点研究。语文学科围绕陈华香老师的“阅读伴我来写作”一课，数学学科围绕郭鸿老师的“分式的意义和性质”一课，先后开展了3次专题教研活动，从磨课、开课到评课，经历一个多月的时间。

2014年6月，学校对在课题研究中取得一定成果的教师进行表彰。

5. 2014年9月—2015年2月(2014学年第一学期)

部分学科、部分教师继续进行研究。

梳理课题实施的相关资料，进行总结工作，形成书面材料及部分研究成果。

三、研究成果

(一) 初步形成适合我校实际的管理经验

1. 转变观念是普通初中创新素养培养的关键——学习理论，更新理念

长期以来人们普遍认为，创新教育是示范性学校的事情，是民办学校的事情，与普通公办初中无关，在普通初中实施创新素养的教育似乎是天方夜谭。因此教师们的观念如何转变成了课题实施的关键。

究竟什么是创新？为什么要进行创新教育？怎么进行创新教育？普通初中为什么要进行创新教育？这一系列问题无论是对教师，还是对学校管理层，都是亟待解决的问题。唯一的办法就是加强理论学习，更新理念。

为此，学校主要通过听报告和学习理论书籍的形式进行教师的培训。学校除了积极组

织课题组教师参加区层面的培训活动，还加强校内自培，先后组织了三次培训活动，请区教科室主任张才龙老师、科研员顾非石老师、理科教研组组长黄艳老师做相关报告。并且将区推荐的三本书介绍给课题组的教师，另外，学校教科室还推荐了一本书。学校做到了教师人手两本书，并要求每位教师完成一篇读后感。

2. 零起点拓展课的实施是创新素养培养的难点——学科试点，以点带面

根据学校课题计划，我校将利用基础课和拓展课两个途径开展学生创新素养培养的研究。在拓展课的试点学科中，几乎所有教师都没有这方面教学的实践和经验，尤其初二物理拓展课，学校自开办以来，由于各种原因，从来没有开设过物理拓展课，这一课程无论是教材还是师资都存在较大的困难，更不用说还要培养学生的创新素养。同样，其他拓展课也都面临一定的困难。

为了克服这一难点，学校以初二物理拓展课为试点，先行推进课题工作。物理学科的三位教师和区教科室的潘露、顾非石两位老师多次探讨如何在课堂中具体实施。在反复切磋的基础上，黄艳老师在全校开了一节“鉴别水和盐水”的研讨课，向课题组的全体教师进行展示。在此基础上，学校开展了“拓展课的教学实施与效果”专题培训。此次活动使课题组的教师对如何在拓展课中进行创新素养的培养有了进一步的认识，打开了思路。

3. 主渠道课程中的探索是创新素养培养的重点——大型活动，推进实施

创新素养培养往往同课程改革相游离，尤其是同基础课程割裂现象严重，培养没有真正进入课程的“主渠道”，这是本课题迫切需要研究解决的一个问题，也是我校课题实施的重点。

为了加强在基础课中的研究，学校积极组织了区级研讨活动，通过大型活动的组织，借以推动课题的进一步实施。活动当天，黄艳、王晓燕、袁珍花三位老师分别开了物理、历史、体育学科的三节研讨课，分别为“探究电流与什么因素有关”“秦帝国的兴亡——秦始皇”“跳绳和接力跑”，然后三位开课教师交流了《学期课程统整指南》的制定和教学设计，区教研员、区教科室主任张才龙老师进行了点评、总结。专家们肯定了课题组教师的工作，同时也给教师诸多启发，更为学校今后课题的实施指明了方向。

4. 加强常规管理是创新素养培养的保障——三项管理，齐头并进

为夯实研究工作的开展，确保研究任务取得实效，学校教科室加强了常规管理工作，对课题加强了过程管理、档案管理以及成果的管理。

在研究过程中，学校教科室定期组织、开展各级各类研究课，深入课堂，与课题组教师共同探讨，包括子课题组内的研究课、教研组内的研究课、全校层面的研究课，以及区级层面的研究课；按时收集、整理子课题的立项、开题、评估的相关材料；对于教师们的研究成果进行评奖、推荐，以激励形成优秀成果，促进学生、教师、学校的发展。

（二）教师的教学观念、行为发生转变

通过课题的实施，教师不再认为创新只是名校的事情，它关系到所有学校的所有学生，它涉及学校教育教学工作的方方面面。同时教育观念的转变势必导致教师教学行为的改变、教学方法的改变。

历史学科的王晓燕老师在我校七年级的历史课中进行了创新素养的教育，特别是在重要历史人物教学时，她一改以往以历史事件为线索的教学思路，把历史人物作为教学主线，重点在学生创新人格的培养上进行了初步的尝试，积累了一些教学策略和方法。以下是她的教学经验之谈《在历史人物教学中培养学生的创新人格》。

所谓创新人格，是指主体在后天学习活动中逐步养成，在创造活动中表现和发展起来，是促进人的成才和促进创造成果的产生，起导向和决定作用的优良的理想、信念、意志、情感、情绪、道德等非智力素质的总和。那么在历史教学中如何培养学生的创新人格呢？我从历史人物入手，在教学策略和教学方法上进行了一些探索。

一、从历史教材入手，培养学生的创新意识

（一）整合历史教材，培养学生的创新意识

所谓创新要不盲从权威，对教材内容可以根据学生的实际情况进行整合和改编。在教学中，我会打破教材原有的体系，以历史人物教学贯穿整个教学过程，有利于学生创新人格的培养。如“秦帝国的兴亡”一课，主要以秦朝的兴衰为线索，但我在处理教材时以人物立意，将秦始皇这一历史人物贯穿于整个秦帝国的兴亡，“统一六国建政权、统一措施保政权、统一暴政失政权”，这种板书设计打破了教材的原有体系，更加强调了秦始皇在中国历史中的地位。

如“美国南北战争”一课，主要是阐述整个战争爆发的原因、过程与影响，但为了让这段历史更鲜活，我以林肯这一历史人物贯穿始终，以“触摸林肯”“乱世林肯”“我看林肯”，对美国南北战争进行了解读。

再如“美国独立战争”一课，我不是简单地阐述战争爆发的原因、进程与影响，而以华盛顿这一独立战争的主角来反映这一重大的历史事件，以他的有所为和有所不为来串起整个独立战争，起到了较好的教学效果。

我觉得重要的政治人物都可以用这种模式来处理教材，既可以激发学生学习历史的兴趣，又可以让学生树立起不迷信教材，甚至可以对权威说“不”的意识，即创新的意识。

（二）充分利用教材，培养学生的创新意识

在历史教材的内容中，历史人物的鲜明人格特征也是教育的宝贵财富与源泉。在漫长的中外历史长河中，思想家、政治家、革命家、科学家、发明家的反叛思想、超前勇气、探索精神、创造业绩等，对学生的创新意识的培养和形成也很有益。北魏孝文帝的寻求民族出路的改革，王安石的变法图强，……孙中山先生对中国革命的艰苦探索，毛泽东以农村包围城

市,武装夺取政权道路的开创,日本明治天皇的改革图强,……这些古今中外所有敢于开历史先河的不朽群像,则是历史长河中一颗颗璀璨的明珠,无不闪烁着一个民族的创新灵魂与不竭动力。我们要充分挖掘教材中创新教育的知识点,了解史实,联系自我,培养学生创新意识。

比如我在上“秦帝国的兴亡”一课时,特别强调秦始皇面对的是包罗万象的庞大帝国,被征服地区的人民还没有归属感和认同感,他没有现成的经验可以学习。但秦始皇发挥了他无穷的想象力,尝试了一系列的方法,他采取的每一项措施,无论后世的人高兴与不高兴,赞美或诅咒,却几乎件件都影响中国历史至少两千年之久。通过对秦始皇的学习,学生体会推动历史进步的人物必须具有创新的意识。

再比如孔子创办私学,广收平民子弟入学,使更多的人得到教育,打破了西周以来“学在官府”,只有贵族子弟才能在官办的学校中受到教育的垄断局面。通过创办私学前后史实的对比分析,就能自然而然地激发学生的创新欲望。通过对比,学生认识到社会要发展,必须不断改革。这点燃了学生的创新之火。还比如张衡、牛顿、爱迪生、爱因斯坦、詹天佑等都是具有创新能力的人才,教师可以放手让学生搜集材料、组织材料,展开课堂讨论,调动学生思维的积极性。学生通过学习这些人物,可以了解这些人物的创新能力是怎样培养出来的,他们的创新动力、条件和环境如何,再对比自己缺少了他们身上的哪些创新因素,如何使自己也具有他们身上的创新因素,从而培养学生树立创新的意识。

二、创设历史情境,激发学生的创新兴趣

设置情境,激发学生兴趣和创造动机,营造一个欢乐和光明的教学情境,则是启迪创造思维、培养创新人格的又一重要途径。历史是过去发生的事情,比较枯燥、抽象,不利于引发学生的兴趣和学生思维的迸发,教师要通过创设历史情境来改变此状况。所谓创设历史情境,就是从历史学科的基础知识出发,把需要解决的问题有意识而巧妙地寓于符合学生实际的知识之中,以“置疑—深思—发现—解决问题”的教学模式导入,把学生引入与问题有关的情境之中,在学生心理上造成悬念,激发学生的研究兴趣和求知欲,达到学习活动的高潮。这种教学会使学生的个性得到充分张扬,让学生有一种情感的体验和自我感悟,而体验是人类的一种心理感受,对学生的感性认识学习有帮助,在发展学生情感、意志、态度和价值观方面有着独特的作用。这种教学对培养学生创新思维不无裨益。

比如讲秦始皇为了巩固政权采取了一系列统一的措施时,我主要采取情境教学和对话法,以同学们都熟知的衣食住行来设计秦始皇的巡查图。

情境1　(打出秦始皇巡查图)。秦始皇带着大队人马(主要显示威严)到达了前韩国的地界。路上行驶很慢,还发生了堵车现象。而且秦国车辆比较大,韩地的道路只能供韩地的两辆车并行。如果你是秦始皇,你会怎么办?

情境2　解决了交通问题后,车队继续前行,到了前楚国都城。秦始皇肚子有点饿了,命人买点肉，但市集的商人不受秦钱，而且买两斤肉比秦朝明显少了。如果你是秦始皇，你会怎么办？

情境 3　车队继续前行，到了吴地的溧阳。秦始皇一行刚进城就傻眼了，一句话也听不懂，写的字也不认识。秦始皇无奈，发了一道诏书到溧阳县衙。县衙乱作一团，唯一认识秦国文字的人出差了。假如你是秦始皇，面对这种现状，你会采取什么措施来解决？

情境 4　秦始皇感觉舟车劳顿，想回咸阳。刚到咸阳，快马来报，有一支游牧部落打过来了。如果你是秦始皇，你会怎么办？

通过秦始皇巡查图这一情境的创设，学生试着做一回秦始皇，把枯燥的措施由学生思考得出来，更能体会秦始皇为什么要采取一系列的统一措施。这样的设计使课堂一下子就生机盎然，学生始终处在一种积极的思维体验中。讲哥伦布开辟新航路时，我同样采用了情境教学法，取得了较好的效果。

我常这样想：要培养学生的创新思维，必须给学生一定的思维空间，必须千方百计地创设学生想去探究的别开生面的、疑窦丛生的历史情境，让历史具有立体感，然后学生被教师积极引导其中，课堂中学生热情参与、积极思考，学生在学习过程中真正活跃起来。只有这样，学生创新思维的培养才有可能性。

三、走进历史人物的内心世界，磨砺学生的创新意志

创新意志是创造者自觉地确定创造目标，克服创造活动中的困难，以实现创造目标的心理品质。古人云："木秀于林，风必摧之；滩出于岸，水必湍之；行高于众，人必非之。"创造必然会遇到挫折和阻挠，有时还会遭到别人的嘲笑和挑剔，这就需要创新者的勇气和胆魄，需要创新者坚强的信念和顽强意志。任何一个人，如果缺乏勇气和胆魄，怕权威、怕困难、怕失败，那么他的首创精神和想象力就会受到束缚，创造潜能最终也会丧失殆尽。历史教材中出现的每一个伟大的科学家都是对学生进行创新意志教育的绝佳题材。教师在教学时要有意识地让学生想象体验历史人物的内心世界，让学生的心灵深处产生震撼，使他们的心灵得到升华，逐步具有坚强的意志品质。

比如讲祖冲之推算圆周率时，我先请学生想象计算圆周率的艰难，没有计算机，只有算盘和算筹，然后让学生体验这种艰难，请学生自己用切割法来计算圆周率。结果学生才切割了 48 边形就在那里叫不行了。这时笔者说祖冲之总共切了 24 576 边形，学生发出由衷的赞叹。为了进一步让学生体会祖冲之切割的艰难和付出的超强的毅力，笔者请学生继续体验：让学生随便用一张纸进行对折。结果对折了 7 次后，学生又说折不下去了。这时，笔者说："如果是祖冲之在对折，这种情况下，他是怎么想的？他会怎么做？面对着祖冲之把圆周率精确到小数点后第 7 位，你这时会对他说什么？"通过这样的教学设计，学生兴趣盎然，对祖冲之坚忍不拔的毅力由衷地敬佩这样的教学潜移默化地影响学生的内心，为锻造学生的创新人格提供条件。

（三）创新素养的系统培养形成典型案例

本年度，学校各课题组在创新素养的系统培养上作了初步的尝试，取得了一些实践的经验。其中科学类课程在不同年级进行了创新能力的培养。以探究实验为载体，七年级科学课和八、九年级物理课进行了创新能力的系统培养。

以下是王海娟老师的教学经验之谈《在实验设计中培养学生创新能力》：

科学是一门以实验为基础的学科，实验在教学中有着举足轻重的作用。如何在初中阶段激发学生学习科学的兴趣，为学生营造科学技术的环境，激发学生的科学意识和创新意识，是初中科学实验教学中的重点和难点。

例如探究"影响水分蒸发快慢的因素"一课。对于初中低年级学生来说，控制变量法是比较陌生的。当研究多个因素之间的关系时，往往先控制其他几个因素不变，集中研究其中一个因素的变化所产生的影响，这种方法叫控制变量法。

初一学生在实验设计中运用控制变量法存在以下主要问题：不懂得如何运用控制变量法，找不到变量，变量控制不唯一，实验设计方案不完善等。为此我在教学中作了如下设计：

一、创设情境，引出课题

要求学生根据生活现象作出猜想，如表1所示：

表1　生活现象创设情境

序号	生活现象	猜想
1	晾晒衣服时，将其充分展平	液体蒸发快慢可能和液体的表面积有关
2	阴天，把湿衣服挂在电风扇前吹	液体蒸发快慢可能和________有关
3	在阳光下晾晒湿衣服	液体蒸发快慢可能和________有关

通过现象分析，水分蒸发快慢可能与液体的表面积、温度、空气流通等因素有关。

二、利用现有的实验方案，鼓励学生进行评价

学生应用控制变量的方法设计实验的能力是有限的，于是我通过请学生评价、指正老师提供的实验方案的方法进行培养。

例如，小明发现自己的一件棉衣，洗完后晾起来。冬天需要几天才能完全干，而夏天一天都用不了就干了。他想衣服中水分的蒸发是不是受温度高低的影响。于是，他设计了一个实验：取两件同样大小的衣服，在水中浸透后取出，一件置于阳光下，另一件置于阴凉的地方，比较两件衣服中水分蒸发的快慢。

你认为这个实验设计可行吗？____________________________________。

如果不尽合理，请你完善实验方案：____________________________________

____。

利用评价他人的实验设计，发现其中的不足，并能说出理由，以此让学生控制变量法，体会到实验设计中控制变量的重要性。

三、利用类比的思维方式，自行设计实验

在评价完他人的实验设计之后，由易及难，根据他人的实验方案，进行自行设计实验。例如，小明觉得衣服中水分蒸发快慢可能还受空气流通的影响，请你帮助他设计一实验，探究空气流通与水分蒸发快慢是否有关。

问题：水分蒸发是否与空气流通有关？

假设：如果空气流通越快，那么水分就蒸发越快；如果空气流通越慢，那么水分蒸发也就越慢。

设计实验：

七年级科学课上，探究过程中用控制变量方法“制订计划(设计实验)”的教学目标定位在体验、感悟、模仿上，有别于高年级的物理课，九年级物理学科中的教学目标则定位在运用控制变量方法“制订计划(设计实验)”。

九年级物理学科在系统培养上取得了较大的收获。他们就九年级第一学期学生创新能力的培养作了系统设计，其中包括培养内容、培养目标、教学过程以及学习活动卡的系统设计。

以下是戴蔚勤老师的教学经验之谈《初中物理基础课学生创新能力培养的系统设计》：

学生创新能力的培养不是一朝一夕的事，需要依靠一系列知识载体，通过对教学内容、教学目标以及教学过程的系统性设计，然后加以实施，才能最终使学生的创新能力得到真正提高。为此我们做了以下几方面的系统设计：

一、培养内容的系统设计

科学探究过程的教学是培养学生创新能力的主要途径，必须依靠一定的知识载体来实施，通过学生多次的实践体验才会成为学生真正掌握的方法和技能。九年级第一学期教材的内容是第六章《压强》和第七章《电路》，这两章涉及一些重要的物理概念和物理规律，是学生体验、经历科学探究过程时，实践方法和技能的重要载体。我们确定了七个探究问题作为创新能力培养的载体，即：探究压力形变效果的影响因素、探究液体内部压强的影响因素、探究浮力大小的影响因素、探究电流大小的影响因素、探究电阻大小的影响因素、探究串联电路的特点、探究并联电路的特点。

二、培养目标的系统设计

创新能力培养的最终目标是学生能自觉运用科学探究的方法和技能去解决实际问题。这些方法和技能的习得有一个循序渐进的过程，是一个要求不断提高的过程，培养目标最终由教学目标串联而成。为此我们依托知识载体系统设计了第七章《电路》的创新教学目标，这一单元的教学目标都设置在“完整的科学探究过程”上，主要有以下的系统性设计考虑：(1)在初二和初三开学初的学习中，学生对科学探究过程各个环节的方法和技能分别有了一定的了解和实践，因此学生已经具备了历经完整的科学探究过程的能力；(2)本单元从欧姆定律开始是四条物理规律的学习，从教学目标可以看出，对应的四条教学目标要求也是逐步提高的，前三条认知水平分别为感受、认识、运用完整的科学探究过程的方法和技能，第四条要求学生在多次合作的基础上独立完成完整的探究过程。

三、教学过程的系统设计

作为课程内容的一部分，科学探究过程的相关方法和技能是学生要学会的知识，它不可能是一蹴而就的，相应的教学过程也是一个循序渐进的过程。

创新能力的培养以科学探究过程为主要载体，只有在各个环节上分别加以落实，才有可能真正实现学生科学创新能力的提高。所以教学过程也进行了系统设计。比如在“制订计划”，实验器材从教师“给定”到学生“选择”，设计方案从“师生共同”设计到“学生分组”设计，到最后“独立”设计。在这个过程中学生的自主学习不断得到加强。

教学过程的系统性设计还体现在其他地方。比如在八年级，科学探究过程的不同环节在不同的知识载体中都会得到加强，将此作为一个重点来教学，以让学生重点感受、认识和运用。到九年级才经历科学探究的完整过程。同时还配套设计了半开放的系列活动卡5份。

（四）初步形成创新素养培养的教学策略和方法

创新素养的结构包括创新所必需知识、创新能力和创新人格，在培养学生创新素养的过程中，教师们摸索到一些教学的策略和方法。在历史基础课、物理基础课和数学基础课中，教师对如何培养学生的创新思维进行了总结；在科学拓展课和物理基础课中，教师对如何培养学生的实践操作能力进行了总结；体育基础课、历史基础课和数学基础课中，教师对如何培养学生的创新人格等进行了总结。

比如，六年级体育学科针对学生活泼、爱动，想象力丰富的特点，以实践为基础，以想象为手段，以相互配合为途径，在常规体育跳绳教学中挖掘教材中的创新因素，积极展开课堂教学探索，通过创造各种展示的平台，培养学生的创新兴趣。

以下是袁珍花老师的教学经验之谈《在跳绳教学中创造展示的舞台，培养学生的创新兴趣》：

兴趣是最好的老师，学生只有对一件事情产生了兴趣，才能在简单的基础上进行思考，如果学生没有这种感觉，一切都是空话。在教学中，我们常常通过学生的主体参与，使学生主动表现，创造性地学习，培养学生创新兴趣。

一、创造展示的舞台，展示学生个人创新作品

如在短绳练习中，我要求学生充分发挥想象能力，改变站姿进行跳绳。结果发现有学生将健美操的步伐融合到跳绳中来，非常新颖。于是我让他将新的跳法展示给其他同学看，并表扬该学生肯动脑、善实践。我借机问其他学生想不想学习这种跳法，然后让这名学生做小老师。这时该生显得很激动，虽然一开始语言组织方面还存在很大的不足，但在老师的帮助和提醒下很快就进入角色了，从示范到讲解都做得头头是道，教同学跳他自己的新动作。通过这样的做法，我给该生创造了一个展示自己的舞台，效果很好。

又如在学生掌握了简单的单人跳后，我要求学生做到灵活地利用绳子，这时就要在此基础上进行创新。结果展示时，有的学生进行绳中运球，有的进行绳中转圈，有的进行绳中捡物，还有的进行绳中踢毽，边跳绳边踢毽，难度非常大，但也挑战成功了，学生的兴趣大增。

在这些过程中，学生通过动体—动脑—实践—体验—交流，主动探究，在锻炼身体的同时，学会发现问题、解决问题，这种学习方式比过去的学习方式更主动、更积极，学生的学习兴趣更浓，思维也更活跃。

二、创造展示的舞台，展示小组创新作品

学生不仅在展示“个人作品”上学习兴趣变浓，而且在展示“小组作品”上、在同学间的合作中，创新的兴趣也被大大激发了。

如长、中、短三绳同时跳和跳浪花的练习，不仅考验的是学生的个人技术，更重要的是学生之间的互相配合，如果有一方稍不留神，就会中断跳绳。为了避免失误，学生必然地把简单的个人短绳跳得炉火纯青，保证不失误，然后在长绳中做到穿梭自如，最后把几种绳混在一起跳，这样由简到繁，逐步调动了学习兴趣。

三、创造展示的舞台，展示学生创造性地运用物品

传统体育课中较常用的发展腿部力量和跳跃能力的练习有：蛙跳、矮子步走、蹲跳等。这些传统手法虽然简单有效，但学生往往感觉太枯燥而提不起锻炼的兴趣，使得练习效果不太尽如人意。课中，教师首先提出问题：绳子除了可以进行跳绳练习外，还能利用绳子进行怎样的下肢力量练习？教师首先让一部分学生将几根绳拉直排成一排并拉开左右间隔距离，让其余学生依次跳过相同高度及距离的绳。当教师让他们分小组在教师设计的练习

基础上，设计不同的跳跃方法时，每位学生都显得很兴奋，同组的学生纷纷聚在一起，讨论各自的跳法，踊跃尝试，各自创新，想出了许多跳跃方法。如：跳过不同高度的绳；利用绳子摆出不同的图形，依次跳过；跳不同高度的绳时，结合古诗文的节奏进行不同速度的跳；还有将少数民族的竹竿舞融入绳中跳。结合学习展示过程，教师要求说出各组的优点，学生的努力和成功得到公认，得到分享，并争着要学习其他组的花样跳绳。学生尝试欣赏和被欣赏，创新兴趣得到充分激发。

在创新素养培养的研究中，我觉得教师培养学生的创新素养需要持之以恒、常抓不懈，注重创设宽松、民主、富于创新精神的教学氛围，营造愉悦、生动、活泼的活动氛围，尊重学生的个性，激发学生创新的欲望，不断鼓励学生去发现、去认识、去创造，让学生在兴趣的基础上主动去寻觅、求索。只有使学生得到足够表现自己才华和表现自己思想感情的机会，才能让学生养成认真思考的习惯，培养学生的创新兴趣。

以下是郭鸿老师的教学经验之谈《基于问题导学下的代数思维教学组织实施策略》：

随着《义务教育数学课程标准(2011年版)》颁布与实施，立足学生更全面发展、提供数学学习更多样化的活动方式越来越受到广大数学教师的重视。让学生积极参与学习过程，并在这些丰富的学习活动中能够交流、积累经验，成为当下数学教师研究的重点。

我结合“基于中小幼学生创新素养发展特点的区域性系统培养研究”重点课题的研究，以初中数学《分式的意义和性质》的教学内容作课例分析，谈谈“以问题导学开展的基于数学概念的组织与探究”的实施策略。

一、教学情境引入环节——唤醒创新意识

在创设情境中，我以相同背景下的问题链的形式呈现，复习了整数、分数、整式产生过程，并提出 $41\div x$ 和 $S\div(x+2)$ 如何表示问题，进一步让学生通过比较、分析，概括出问题的核心要素，引发学生认知结构上的冲突，为后续的学习做好必要的铺垫。

二、小组探究环节——体验创新过程

在观察类比—小组探究教学环节中，我引导学生通过分数的意义以及有意义条件类比出分式的意义以及有意义条件。

在分式基本性质探究的教学环节中，学生经历了由教师引导下对分式的概念和有意义条件的类比过程后，教师可以放手让学生主动探究分式基本性质，这是尊重与体现学生学习主体性地位的一种做法。

教师先帮助学生一起复习分数基本性质以及推导过程，学生结合之前的类比思想，一起猜想出分式的基本性质。教师随即追问：你能用什么方法说明自己的猜想是正确的呢？小组同学可先行独立思考，然后再商量探究，最后进行全班展示交流。

学生在独立思考、小组探究的基础上，开始汇报、对话、交流以及同伴间的点评。

小组代表1：准备几张大小形状完全相同的长方形纸片，利用“长方形纸片的面积除以长方形的长，而宽始终相等”的等式来揭示分式的基本性质(见图 1)。

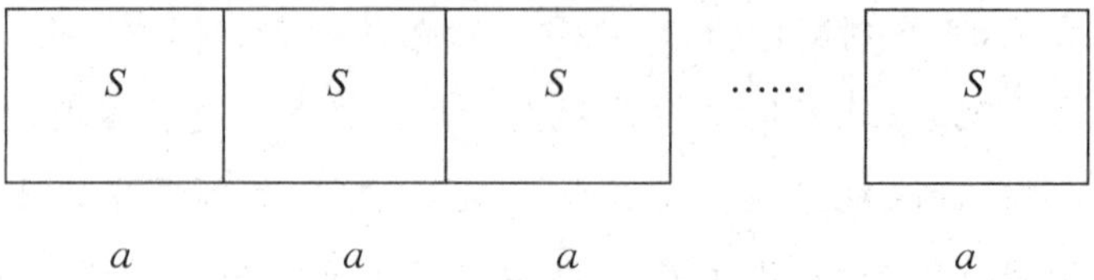

图 1　大小完全相同的纸片

$$\frac{S}{a}=\frac{2S}{2a}=\frac{3S}{3a}=\cdots\cdots=\frac{nS}{na}$$

小组代表 2：利用一张大小形状完全相同的长方形纸片，思路和小组代表 1 的想法相反，把面积平均等分，相应的长也是等分，利用宽不变可以验证分式的基本性质(见图 2)。

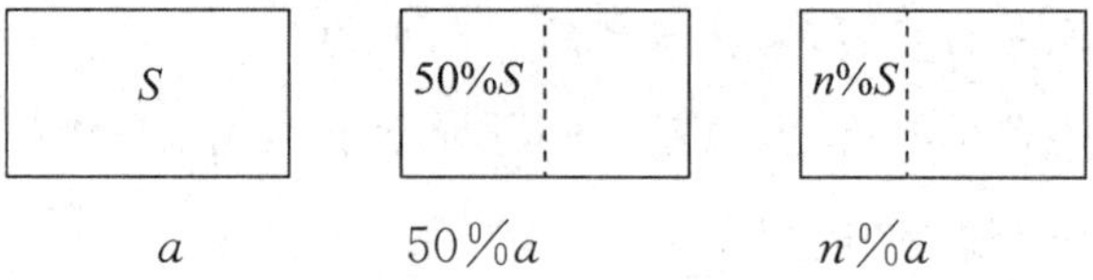

图 2　面积平均等分、长等分

$$\frac{S}{a}=\frac{50\%S}{50\%a}=\frac{n\%S}{n\%a}$$

(五) 在基础课和两课型课中实施创新素养培养取得一些初步的认识

1. 在基础课中培养学生的创新素养要处理好“三对关系”

通常，创新素养的培养多在拓展课中进行，面向部分尖子学生，主要在科技类课程落实。创新素养的系统培养要求我们在基础课中进行，面向全体学生，渗透到各个学科，这与传统做法是完全不同的，势必引发各种矛盾，所以在实施中要处理好“三对关系”。

一要处理好创新教育目标与三维目标的关系。创新教育目标并不是在三维目标上新增加目标，它是三维目标的一部分。它本身是过程与方法、目标的重要内容，它的落实需要学生经历一定的过程，在体验中学会相应的方法，同时它需要必要的知识与技能作为支撑。创新人格的培养也是情感、态度、价值观的一部分。

二要处理好创新教育内容与教材知识内容的关系。创新教育内容不是在原有教材内容以外新增加知识来培养学生的创新素养，它是依托现有基础课课程内容，以其中适合的知识作为载体，来培养学生的创新素养。

三要处理好创新教育课时与学科教育课时的关系。同样创新教育并不是在常规的课时安排外新增加课时来实施创新，它是在常规的课时安排内，抽出一部分课时用于学生创新素养的培养。

总之，创新素养在基础课中的培养是学科教学的一部分，它以学科知识为载体，利用一部分课时，最终通过创新教育目标的达成来实现三维目标。

2. 在“两课型”课中培养学生的创新素养要做好“三个开发”

学校“两课型”课是比较开放、自由的，它没有教材的限制，没有时间的限制，更没有考试的压力，所以在“两课型”课程中实施创新素养教育自由度很大。正是因为它的自由性，所以更要做好创新素养培养的“三个开发”。

一要做好课程内容的开发。“两课型”课程没有现成的教材，多是校本化课程，实施创新素养教育必定要对校本教材作二次开发。确定哪些知识内容更适合培养学生的创新素养，是实施创新素养培养的起点。

二要做好课程资源的开发。教师要充分利用好现有的课程资源，如专用教室中已有的器材、设备。但这还不够，课程内容的开发必然带来课程资源的开发，新的内容需要哪些新的器材、设备，要积极发挥学校、教师、学生三方面的作用，使课程资源不断完备。

三要做好组织形式的开发。专用教室不像一般的教室课桌椅的位置是固定的，它可以根据需要自由安排，教师的站位也是自由的。教学的实施可以在教室中间、前面，也可以是后面；可以是集中在一处，也可以是多处，还可以在一处和多处的不同形式间变化。教师要依据教学内容灵活地选用教室，以达到最佳效果。

总之，创新素养在两课型课程的培养，需要教师更有效地开发课程的内容、组织形式和课程资源，使创新素养培养得以有效落实。

（六）其他成果

（1）形成学校创新素养培养《学期课程统整指南》系列。

（2）汇编优秀研究成果，如论文集、教学设计、案例等。

华东理工大学附属中学实验报告

培养学生的创新素养是本次课程改革的重点，然而，“培养什么”和“怎样培养”，大家都在探索之中。我校在多年从事学期课程统整的基础上，对系统培养学生创新素养的有效途径和方法进行了大量的、积极的尝试。我们通过基础型课程的学期课程统整，探索了将创新素养的培养目标、内容进行学科渗透的方式；通过借助大学优质的教育资源，比如大创项目、参观实验、教授学术讲座、创新实验室建设等一系列活动，进行了创新素养系统培养的校本课程开发；通过学校的重大节日活动，如科技节、艺术节等，充分借助华理学区的优质教育资源，深入探索了如何进行创新素养的渗透。经过多年的实践研究，我们成功开辟了多种有效的培养途径，形成一批特色校本课程，取得了丰硕的实践成果。

一、实验方案与过程综述

（一）指导思想

实践我校三年规划中提出的“以教科研为先导”的办学思路，立足于“以学生发展为本”的理念，培养具有创新精神和实践能力的全面发展的人才，形成适应素质教育、课程改革要求与学生发展需要的新观念，从根本上推进课程改革和素质教育。

（二）课题的提出

“基于中小幼学生创新素养发展特点的区域性系统培养研究”是上海市重点课题，是一项推进课程改革和素质教育的具有前瞻性、可研究性和推广价值的课题。我校作为高中阶段实验校参与该课题研究，于2012年申报了子课题“普通高中培养学生创新素养的行动研究”，并开展研究工作。

（三）工作目标

我校把工作目标定为：把创新素养的培养与学生发展、教师发展、学校发展有机结合起来，通过对中学生创新素养发展特点的研究，积极探索高中生创新素养系统培养的有效途径和方法，形成适合学生发展的课程实施运行机制；通过对学生创新素养的实践研究，借助大学资源丰富学生的学习生活，培养学生的创新精神和实践能力，促进学生终身、全面、健康地发展。

（四）课题研究方法

在理论与实践相结合的原则指导下，深入学习素质教育理论、课程改革理论、教育学、心理学等专业理论，研究创新素养的科学内涵，分析中学生的身心发展特点以及创新素养培养的系统性，采用参考文献法、问卷调查法和行动研究法等多种研究方法相结合，紧紧围绕创新素养的主题，边实践，边研究，边改进。经过几年的探索、推进，得出实验成果。

（五）实验途径

（1）通过学期课程统整，深入落实创新素养的培养目标。我校教师们已经熟练掌握学期课程统整指南的编制与使用方法，在基础学科的统整指南编制过程中，加入创新素养的培养目标，将创新素养的培养与常规教学有机结合起来，形成创新素养培养的长期机制。

（2）高中生参与大学创新实验项目的研究，在实践中培养创新素养。我校高中生参与华东理工大学的创新实验项目活动，这对学生创新素养的提高起到了积极的作用。

（3）借助化学创新实验室的资源，积极培养学生的创新素养。我校借助华东理工大学的教育资源建成的化学创新实验室，向高中生开设创新课程，由大学教授和本校教师共同执教，有利于学生创新素养的形成和创新型人才的培养。

（4）利用学校的科技节活动，普及科学知识，营造科技与创新的良好氛围。学生在参与科技节的活动过程中，学习创新知识，掌握和运用创新技能，体验和分享创新的快乐，在潜移默化中，学生的创新素养得到培养和提高。

（5）开设拓展、研究课程，拓宽落实创新素养培养的途径。继续坚持拓展课的建设和研究性课程的开发，学生在两类课程的学习中，增长创新知识，提高创新能力，提升创新素养。

（6）加强管理与教师培训，促进教育综合改革，借助校外优质资源和校内自培，提升教师的教育教学能力，提升学校的课程领导力，建立创新素养培养的长效机制。

（六）具体实施

1. 第一阶段：积极动员与理论学习（2012 年 2 月—2012 年 8 月）

2012 年 2 月 15 日，我校经过研究，选定参与课题研究的学科、教师和年级。首批参加本次课题的实验教师为：（语文）周振甫、陈郁，（数学）郑凛然、臧青，（地理）马晓燕、吴珏，（化学）张继花、马风华、张沈敏、唐捷慧，（政治）黄佳。

2012 年 2 月 17 日，学校召开课题组会议，童立贤校长做了动员宣传工作，并对课题的背景、意义进行了宣讲，要求各位实验教师在编制课程统整指南时，将创新的内容增加进去。

2012 年 3 月 15 日，积极撰写市重点课题“基于中小幼学生创新素养发展特点的区域性系统培养研究”之高中实验学校子课题“普通高中培养学生创新素养的行动研究”的方案，上交给区教科室备案。

2012 年 5 月 6 日，学校教科室主任包遵锋老师在教研组层面开展动员与指导工作，就课题的研究内容进行解读,就创新素养的内涵联系实际加以解释。课题组认真学习和领会"创新素养""系统培养"等核心概念的含义,仔细研读总课题报告中的七项研究内容,对总课题有了准确地把握。

2012 年 7 月 2 日,我校邀请教科研专家张才龙老师进行"创新素养的学科渗透"暑期专题培训。张老师现场作图,理论联系实际,指导全校教师们编制体现创新素养培养策略的学期课程统整指南。

2. 第二阶段:课程统整与学科渗透(2012 年 9 月—2013 年 12 月)

2012 年 9 月 12 日,实验教师们借助大学资源,在基础课中渗透创新素养的研究,汇报撰写了《理工类校本课程研发纲要》,即将基础课中的某些板块的内容进行拓展和延伸。提交的方案有:张继花老师的"身边的化学"、庄成方老师的"物理学发展史"、金慧芬老师的"高中生物实验"、马晓燕/吴珏老师的"高中地理"、何燕/臧青老师的"数学拓展"、钱晶莹老师的"工科"等。

2012 年 11 月 29 日下午,我校围绕"创新素养在基础性课程中的渗透"主题,承办了"让教学充满思想,让创新渗透课堂"的区级教学研讨活动,初三马风华老师、高一唐捷慧老师分别开设了一节化学研讨课。教研员、科研员以及课题实验学校教师和全区化学教师 80 余人参加了此次活动,专家领导们在研讨会上作了精彩的教学课点评和课题指导发言。

2013 年 1 月 21 日,实验教师们听取上海市教育科学研究院普通教育研究所沈之菲教授所做的"学生创新素养的发展"学术报告。沈教授与我们讲述了"不同的创新、创新的素养、学生的特点"三部分内容,我们了解到"喜好不同思维模式的学生特征",教师可以根据不同特点因材施教。

2013 年 1 月 22 日下午,我校召开"理工类拓展型课程研发会",会议邀请了华东理工大学的七位教授专家们一同参加,与领导、教师们齐集一堂,对我校的拓展课研发工作进行了深入、务实的探讨。会上,童立贤校长对当前创新型人才的培养模式和特色学校建设发表了自己的观点。

2013 年 4 月 2 日,我校召开了"圆梦从这里开始—— 第三届学生参与大学创新实验项目成果答辩和颁奖大会",随后又进行了"课程研发中心"的揭牌仪式。出席会议的领导有徐汇区教育局长庄小凤、华东理工大学教务处长兼附中的名誉校长乐清华和上海市教育新闻中心主任沈祖芸,应邀出席的嘉宾还有徐汇区教育局中教科科长浦正权,华东理工大学的虞大红、孙京诰等教授们以及部分学生家长代表,会议由王村丽副校长主持。该项成果答辩会向全校学生转播,营造了良好的创新环境与氛围。

2013 年 5 月 31 日下午,我校举办学生"创新创意大赛"论坛答辩活动,在科技活动中培养学生的创新素养、表达能力等综合素质,并且通过论坛活动推广、提升学生的科技创新意识。

2013 年 6 月 24 日，学校召开课题中途推进会，主要内容有：每组提交本学期的课程统整指南，要有创新素养培养的内容，补充实施后的修改意见和体会；各学科每人准备简短发言，交流实验体会。

2013 年 11 月 2 日，针对实验教师们在基础课中渗透创新素养的研究成果，我校汇编印刷了部分相对成熟的"创新素养的学科渗透校本特色课程"教材八本，分别是张继花老师的《高中化学》(上下册)、庄成方老师的《物理》、金慧芬老师的《生物实验》、马晓燕/吴珏老师的《高中地理》、何燕/臧青老师的《数学》、钱晶莹老师的《工科》(上下册)等。

3. 第三阶段：展示交流与经验总结(2014 年 1 月—2015 年 9 月)

2013 年 12 月 5 日，学校组织"徐汇区教育系统第七届学术节学校风采展示华东理工大学附属中学专场"活动，主题为"主动转型求发展——依托大学资源，建设特色校本课程"。学校围绕基础课中如何进行创新素养的培养，开设了数学、物理、化学、生物、地理五堂教学展示课(见表 1)，课后开展研讨活动。徐汇区教育局领导，华东理工大学领导、专家，本区高中分管教学副校长和高中教学教导、教科研室主任，区教师进修学院相关学科教研员，本区高中部分学科教研组长，外省市外区县教师代表等 100 余人参加活动。

表 1　学校围绕基础课中如何进行创新素养的培养而开设的研讨课

执教者	课型	学科	课题	地点
何　燕	基础型	高一数学	形如 $y=x+a/x$(a 不为 0)函数的图像与性质	教学楼 117 多媒体室
朱国诚		高二物理	逻辑电路　模块机器人	实验楼物理实验室
赵运高		高二生物	脊蛙反射	实验楼生物实验室
马晓燕		高一地理	水循环	实验楼地理教室
钱晶莹	拓展型	高一工科化学	小小污水处理厂	实验楼创新实验室

2014 年 5 月 28 日，我校召开"创新素养培养课题会"，主要内容有：反馈教师们课程统整指南(有创新素养培养内容)的提交情况，学校教科室指导实验教师们撰写两年来的实验体会。

2014 年 6 月 23 日，特聘的孙宝琪专家来校指导，针对上学年编写的校本教材进行专业指导，接受指导的教师有工科的钱晶莹、化学的张继花、物理的庄成方、生物的金慧芬、数学的何燕等老师。

2014 年 6 月 26 日，学校召开课题总结交流会，校长书记亲自参加并讲话，教科室主持会议。会议先是总结回顾了本课题的近期工作进展，对课程统整指南的进一步修改、完善提出指导性意见；接着结合孙宝琪专家的指导，对编写校本特色教材的实验教师提出具体的修改建议，要求暑假完成修改。

2014年12月11日，中国教育学会全国教改实验区徐汇实验项目中期督导在我校举行，我校的10位教师同时开设创新素养的学科培养研讨课(见表2)，受到专家们的一致好评。

表2　学校开设的10节创新素养教学研讨课

学段	学科	开课教师	课题名称	授课班级
初中	语文	许　凡	孙权劝学	六年(1)班
	数学	许炜佶	生活中的百分比	六年(2)班
	科学	赵　侃	物体的浮与沉	六年(5)班
	化学	张沈敏	溶解度的测定	九年(2)班
高中	语文	陈　郁	诗词读解之逻辑规律法	高一(4)班
	数学	石　岩	抛物线焦点弦的性质探究	高二(1)班
	地理	吴　珏	地貌	高一(3)班
	物理	薛莉莉	牛顿第一定律	高一(1)班
	化学	张继花	测定小苏打(含有少量氯化钠)中碳酸氢钠的含量	高二(4)班
	工科	钱晶莹	护手霜制备与配方研究	高一(2)班

2015年4月13日，“华东理工大学附属中学科技节暨华理学区第一届科技节”开幕。我校以科技节为契机，培养学生“求真务实、科学创新”的精神，提高他们的创新能力和实践能力，把“求真务实，以真育真”的核心思想真正落实到学生创新素养的培养中来。

二、创新素养培养实验报告

自从2012年参与本课题研究以来，我校积极思考创新素养的培养途径和方法，结合课题研究方案进行了大量的实践研究，在创建适合校情的系统培养学生创新素养培养模式方面取得了丰富的经验，尤其在依托华东理工大学雄厚的师资和丰富的教学资源方面，更是作出了大量积极的尝试，取得实效。下面我们将从五个角度进行汇报。

(一) 在基础学科的教学中，积极探索落实创新素养培养目标的有效途径与方法，开展区级教学展示活动

我校是徐汇区第二批学期课程统整实验校，有比较好的研究基础，教师们已经熟练掌握学期课程统整指南的编制与使用方法。2012年2月，我校迅速成立课题小组，召开相关人员会议，明确要求实验教师们在学期课程统整指南的编制过程中加入“创新素养”的培养目标。

1. 注重学习相关理论，理论指导实践，围绕创新素养培养的三个系统性开展研究

学校在组织实验学科的教师们认真学习文件《学生创新素养系统培养方法论》(张才

龙,2014)的同时,还邀请徐汇区教科研专家张才龙老师指导教师们编制《学期课程统整指南》。教师们经过培训,知道了如何在编制学期课程统整的时候,对可以进行创新素养培养的知识点进行单列。教师们根据学科特点选取一些创新知识点——不仅包括基础课程的知识点,也包括自主研发的微型课程的知识点——做实验,寻找知识点之间的内在逻辑联系,实现了培养内容的系统性。

教师们还注重培养目标的系统性,即整合创新素养的培养要求与课程标准的培养目标,引导学生进行相关知识点的创新学习,如科学发现、技术创新、文艺创新等。实验教师们在执行教学的时候,严格对照课程标准的要求和所教学生的具体情况,以学定教。

实验教师们在研制每节课的教案时,还注重培养过程的系统性。教师们在把《课程统整指南》中的培养内容和目标转化成为具体的教案时,尽量做到教学过程和创新过程的吻合。在不同学科教学时,适时引入科学家的科学发现过程、技术创新过程和文艺创新过程等。在学科教学中加强了创新素养培养的元素,强调了创新素养培养的系统性。

一位高中语文教师在经过培训和学习之后,对课堂教学有了新的认识:

长期以来,虽然我们都意识到应该让课堂成为学生积极活跃、活动起来的场所,让学生成为学习的主体、学习的主人,但总摆脱不了课本重点、课文重点、课文难点等套子的束缚,不敢放手让学生自主来学,怕他们抓不住我们预设的重点、难点,不敢让他们任意选择他们认为好的字、词、句、修辞、情感等来欣赏,怕教师认为好的,一些参考书上的"好东西"学生不去理会。我想,事实真如此吗?即使如此,也要让学生把他们自己所认为的重点和难点摆出来,让我们做教师的看看他们的"问题"和"喜好"到底是什么,也感受一下如果学生觉得好而我们教师觉得不好,他们若硬塞给我们,我的感觉怎样。我们不应该强迫学生去喜欢他们认为不好的东西,事实上也强迫不了,我们也不应该硬要学生去分析他们认为不是问题的问题。正如爱因斯坦的《我的回顾》中所说:"现代的教学方法,竟然还没有把研究问题的神圣好奇心完全扼杀掉,真可以说是一个奇迹;因为这株脆弱的幼苗,除了需要鼓励以外,主要需要自由;要是没有自由,它不可避免地会夭折。"我们做教师的为什么不给学生充分的自由呢?

本课教学中让学生对细节的个性品读,是培养学生创新能力的一种方式。每个学生因为自身经历,对课文中的相关记叙和描写的兴趣点也不一样,让学生自己说出喜欢的文段是对学生的尊重,也是对学生的充分信任。教学中要求学生发现问题、提出问题,是对其自主发现能力的培养,也是对学生合作意识的培养;教师对问题发现的方法的指导又是师生合作共同成长的过程。

读写一体化教学是一个传统的语文课题,核心是读写结合。不少学生作文"无我、无真、无趣、无美",抄袭、无病呻吟、程式化泛滥,不能不让我们深思。新教材以主题为组元模式非常适合读写一体化教学,不但可以提高作文教学的效率,对阅读教学也很有帮助,符合所谓“以读带写、以写促读”的规律。

本课教学中，读写结合首先体现在课前演讲的安排上，每一个主题单元教学时我们对学生课前三分钟演讲均有相应的主题规定，以期达到以写引读的作用；其次，教学过程中对枇杷树一段的联想和想象，以及对学生相关作文片断的比较，是以读促写。（朗读喜爱的文段，给它起个名字，用自己的语言加以描绘，可以加入合理的想象。）

语文教学永远是遗憾的艺术。无论教师的教学设计多么完美，教学内容多么完备，教师的教学也总不能将一篇课文“教完”。所以，语文课要做到课内激趣、课外探究才是理想境界。本课教学中最后一个环节设置的问题是：为你准备拍摄的电影编写一个脚本。（如果你是一位导演，你将怎样根据本文拍出一部感人的影片？）

教师指导：选点、视角、镜头的处理方式，“构建一个网上纪念馆”“提出一个研究性的问题”，既是对课文内容的梳理总结，也是为课后任务埋伏笔。教师在激发了学生的创新意识的同时并做了一定的指导后，让学生在课余时间进行更有意义的探索。同时，不同难度的任务设置也为学生找到适合自己发展的空间确立了基础。

2. 实验教师们提高了创新素养的培养实效

教师们在教学的过程中，注意观察学生参与情况、思考深度和行为特点，及时反思调整自己的教学，课后进行“课后记”。比如，高中数学组的何燕老师在教学反思中写道：“我们在教学中，不是简单地把知识和概念教给学生，而是努力搭建一个平台，在这个平台上让学生成为一个发现知识、归纳概念的主角。它为素质教育和课程改革找到了有力的抓手，教师在实践中悄然实现了专业化发展，学生在注重体系的知识学习和学习方式的转变过程中创新意识与实践能力也悄然形成，使我们的学生更能适应发展了的社会需求，成为新世纪的有用之才。”

再如，高中生物金慧芬老师反思道：“学生对实验的探究，主要目的不在于探究结果，而在于通过自主提问，在探究活动中增长知识、发展能力、培养情感。要学会聆听、学会质疑、学会思考、学会交流。思考是个人的，而交流才能碰撞出更强的思维火花。如何交流呢？教师在组织讨论的时候，必须是经过精心设计的、有目的的、有步骤的，才能体现讨论的真正意义，而不会让人觉得讨论流于形式。在创新实验课上，教师起到的作用不应该是一味的灌输，而是引导、强化、激励，鼓励学生对自己的能力建立自信。”

下面摘录高中数学何燕老师的教学片段与原有课程的对比情况：

教学内容：7.8 无穷等比数列各项和公式的推导和应用 1——化循环小数为分数。

1. 传统课：

步骤一，与同学生们一起推导无穷等比数列各项和的公式 $S=\dfrac{a_1}{1-q}$，并强调公式成立的条件 $0<|q|<1$。

步骤二，应用公式，化下列循环小数为分数：

① $0.\dot{9}$　　② $0.\dot{2}\dot{9}$　　③ $3.4\dot{3}\dot{1}$

2. 创新实验课：

(1) 复习导入例 1：求解① $1+\frac{1}{2}+\frac{1}{4}+\frac{1}{8}+\cdots+\frac{1}{2^{n-1}}$

② $1+\frac{1}{2}+\frac{1}{4}+\frac{1}{8}+\cdots+\frac{1}{2^{n-1}}+\cdots$

③ $1+2+3+4+\cdots+2^{n-1}+\cdots$

通过 3 个小题的求解得出公式的书写和公式的隐含条件 $0<|q|<1$，学生加深了印象，而且不易忘记。

(2) 再次放手让学生们推导一般无穷等比数列的各项和公式 $S=\frac{a_1}{1-q}$，不用强调，发现学生们自动加深了这一要求。

(3) 提问：$0.\dot{9}$ 和 1 哪个数大？为什么？

应用公式解决 $0.\dot{9}=1$，强调数学不是想当然，必须要严格地证明。数学是有趣的，数学是严谨的。

(4) 例题 2：化下列循环小数为分数：

① $0.\dot{2}\dot{9}$　　② $3.4\dot{3}\dot{1}$

分析：设法将循环小数化成等比数列的前 n 项和，然后求极限。

解：① $0.\dot{2}\dot{9}=0.29+0.0029+\cdots+0.\overbrace{00\cdots}^{2(n-1)\text{个}0}029+\cdots$

等式右边是首项为 0.29、公比为 0.01 的无穷等比数列的各项的和，所以

$$0.\dot{2}\dot{9}=\frac{0.29}{1-0.01}=\frac{29}{99}$$

② $3.4\dot{3}\dot{1}=3.4+0.031+0.00031+0.0000031+\cdots$

等式右边是 3.4 加上一个首项为 0.031、公比为 0.01 的无穷等比数列的各项的和，所以

$$3.4\dot{3}\dot{1}=3.4+\frac{0.031}{1-0.01}=3+\frac{4}{10}+\frac{31}{990}=3\frac{427}{990}$$

以组为单位编题，请其他组学生完成，接着请学生们观察结果。

师生共同总结得出：

循环小数化为分数的法则——

(1) 纯循环小数化分数：将一个循环节的数作分子，分母是 99…9，其中 9 的个数是循环节数字的个数。

(2) 混循环小数化分数:将一个循环节连同不循环部分的数减去不循环部分所得的差作分子,分母是99…900…0,其中9的个数与一个循环节的个数相同,0的个数和不循环部分的数字个数相同。

传统课的所用时间为10分钟,而创新课的所用时间在30分钟左右,从时间上说,创新课花费很多时间,按课程的预定方案好像是浪费了很多时间。但是实践之后发现,由于公式和结论是学生通过自己的观察动手再现的,再次做题时,不用教师再强调,他们自己已经在提醒自己,何时可用公式,甚至在看到循环小数时,结论就马上给出了。

3. 注重编写校本教材,适时开展区域内的展示交流活动,探索进行创新素养培养的有效途径与方法

我校先从首批参与创新素养课题的几个学科入手,然后逐渐扩大实验范围到高中的语文、数学、物理、化学、生物、地理等学科。实验教师们从教材的特点与实际需求出发,对部分章节内容进行适度拓展,精心设计授课方案,细化知识点,增加实践性,突出基础课对学生创新素养的培养,最后逐步形成一个个"理工见长"的微课程(见表3)。

表3　我校教师开设的部分创新类微型校本课程

课程名称	教师	开设年级
高中地理实践	马晓燕	高一
数学建模	郑凛然	高二
工科	钱晶莹	高一
身边的药物	马红梅	高二
身边的化学	张继花	高一
生物实验	金慧芬	高二
创新就在你身边	庄成方	高一

与此同时,我们还借助区学术节学校风采展示华东理工大学附属中学专场活动,开设创新素养培养研讨课,积极推进课题研究。

(二) 借助校外优质的教育资源,对学生的创新素养进行系统培养

如何培养学生的科学创新素养呢?我们不断拓宽探索途径,尝试借助大学优质的教育资源,通过一系列的活动实现创新素养的培养。经过多年的实践研究,我们成功开辟了多种有效的培养途径,取得了丰硕的实践成果。

1. 学术讲座拓展学生创新视野,培育学生的创新素养

我校聘请十余名教授形成学术讲师团,根据学生的实际需求,向教授提出讲座意向,教授再对中学开出全年的讲座名单与内容简介,这样极大地方便了我校按不同年级的需要合理安排讲座内容和时间。

4年以来，我校共聘请15位有丰富教学经验的大学教授，举办近40次科学与人文类学术讲座，参加听讲的师生达5 000余人次，在徐汇网、校园网发通讯报道50篇，学生的讲座感悟、心得、体会300多篇。这些学术讲座大大拓宽了学生的知识与创新视野，为学生了解前沿科技知识，培养学生的科学精神、科学态度和实践能力起了十分重要的作用。

教授学术讲座内容丰富，联系生活实际，授课深入浅出，形式生动多样，拓宽了学生的知识面，形成大学教授进中学校园的特色课程。这些学术讲座，有的是培养中学生的创新精神与创业意识，有的是培养中学生的自主学习与实践能力，有的则是培养中学生的民族情操与艺术修养。如潘家桢教授、博导开设的"创新就在你身边"学术讲座，学生积极参与聆听与互动，从中大受启发；程建新教授的"中国传统文化的内涵、魅力"学术讲座，讲述了创意产业的兴起与东方文明的启示，向学生提供相关信息，为他们今后的学习提高积累创新意识和能力。

学生听讲之后，纷纷撰写听讲体会。下面摘录两则：

[高一(3)班陈雅清]3月19日下午，我们在阶梯教室听了华东理工大学生物学教授的"生物技术"讲座，同学们听得很认真，受益匪浅。

教授告诉我们华东理工大学是生物技术的"高校"，也为我们今后选科作了答疑解惑。教授对生物技术的介绍更是深入浅出，时不时有提问穿插，十分生动有趣。讲座增长了我们的见识，拓宽了我们的视野，让我们了解到形形色色的生物研究和世界各地生物技术的发展进程与研究成果。讲座激发了我对生物技术的好奇，我想真正的探索可能是乏味无边的，不是轻而易举就能获得今天的成就。这使得我对教授、从事生物技术研究的人们以及生物技术更为崇敬。另外，讲座也引发了我的一系列疑问和猜想，教授给我们留下了他的电子邮箱，我会和这位教授交流沟通并解决心中疑惑的。我希望今后会有更多的老师、教授为我们做专题讲座，引领我们进入知识的海洋！

[高二(1)班胡杨]4月20日，在聆听了华东理工大学的潘教授为我们高二学生所做的学术报告"创新就在你身边"后，我颇受启发。创新这个话题在很久之前就被各界广泛关注过，但是在如今的环境之下，许多人都背负各种巨大的压力，到最后连思想也仿佛早已禁锢在小小的办公桌之前，或许我们更应该让自己保持这一份小孩子一般的好奇心和创造力，去发展自己的奇思妙想，不要因为现实的框架而轻易放弃。创新对我们来说并不是科学的新发现，而是一种意识、一种遇到事情换个方式的概念。有时候一个不经意间的创意或是一个纯属好玩的念头，所带给人们的却是突如其来的震撼。创新，其实就是将思想放飞，让思维在自由的领域翱翔，就如同但丁的名言："走自己的路，让别人说去吧。"创新之于每个人来说都是意义非凡。拥有这双翅膀，让人生飞得更高更远。

2. 创新实验为中学生搭建了一个全新的研究和展示平台

中学生能否参与到大学的创新实验项目？我校有着得天独厚的条件，可以利用华东理工大学的资源用于培养学生创新素养和科学精神。华东理工大学每年都会承担一批国家级、市级的大学生创新实验项目,加上自主开发的一批校级项目,总数多达 200 个。我校本着“兴趣驱动,注重实验,重在过程”的原则,从中筛选出一定数量的研究项目,供中学生参与研究,以拓展中学生的研究视野,提升中学生的研究能力。学生自由组合,成立课题小组,跟着大学生们一同研究与实验。在这个过程中,我们既强调了发展学生的兴趣,又注重了学生参与的体验。所涉及的研究项目因华东理工大学的理工科优势,一般以理工类为主,可是理工类课题又涉及很多基本的而中学生却未接触到的专业知识,所以大学生创新实验项目落户中学后,还兼带了大量的社会学、艺术等人文类课题。但无论是理工类还是人文类课题,对中学生创新思维和创新能力的培养是异曲同工的。

我们加强管理与指导,使中学生参与大学创新实验项目研究落到实处,收到实效。每个创新实验项目研究小组都有两个指导教师:一个是大学的教授,本身就负责该项目的指导,顺便对参与项目的中学生进行指导;另一个是我校指定的相关学科的指导教师,他们对项目的进展起到关心、答疑、指导的作用。学校的教科研室还多次召开学生课题组负责人会议和项目组师生动员工作,带领我校师生参加大学的项目中期答辩会和师生见面会。频繁的接触和联系沟通,培养了中学生与大学生的深厚感情,增强了中学生与大学教授的友谊,使项目的各个环节进展顺利。

中学生参与大学生的课题研究,不是仅仅去做几个课题,而是着眼于中学生综合素养的培养,所以对于大学生创新实验项目,学校设计了一个比较完整的结构,以保证它的确是一个以培养创新能力为主的综合能力的平台。中学生通过参与项目研究,提高了自身的创新意识和实践能力,取得了良好的成效。经过三年的探索与实践,我校参与大学项目研究的力度逐年增强,项目研究的数量和研究质量也在逐年提高。学生们亲身参与了项目研究,付出了宝贵时间和精力,感受颇深,收获颇丰。为了鼓励学生们的这种研究精神和热情,学校每年举行一次研究成果评比,大学领导、区教育局领导和我校领导共同见证学生的论文答辩过程,并颁发奖状和奖金。2012 年以来,我校学生分别参加各类创新类竞赛活动,并荣获等第奖(见表 4)。

表 4　我校学生近几年所获创新类奖项

时间	获奖项目	学生
2012 年 1 月	第 27 届上海市青少年科技创新大赛三等奖	马丽佳 陆露琪
2012 年 5 月	徐汇区“五十四中杯”青少年“虚拟机器人”足球竞赛一等奖	陈明华 邵　彬
2012 年 5 月	上海市“淮海杯”虚拟机器人竞赛虚拟足球项目(高中组)一等奖	卞佳俊 张昕悦

（续表）

时间	获奖项目	学生
2012 年 5 月	徐汇区“漕河泾—汾阳杯”船模、建模竞赛一等奖	方一洲 邵思喆
2013 年 1 月	徐汇区第十一届“南模位育(初)杯”科学 DV 环保网页制作一等奖	张洁秋
2013 年 3 月	上海市第十二届初中学生科普英语竞赛低年级组 A 组一等奖	漆德元
2013 年 9 月	徐汇区“凌云—梅园杯”科普进家庭“蓝天竞翔——蓝天白云家庭秀活动”一等奖	张艺霏 杨诣卿
2013 年 9 月	数字故事创作作品二等奖	李婷婷
2013 年 5 月	徐汇区第七届“市二初中杯”青少年知识产权教育活动创造发明方案设计一等奖	袁　元
2014 年 3 月	第 29 届上海市青少年科技创新大赛二等奖	严嘉豪
2014 年 3 月	第 29 届上海市青少年科技创新大赛三等奖	徐怡婷
2014 年 3 月	第 29 届上海市青少年科技创新大赛三等奖	吴臣宇
2015 年 6 月	上海市科技创新大赛特等奖	华东理工大学 附属中学

3. 挖掘大学场馆对中学生潜在的教育功能，汲取大学的创新素养

我校与大学签署了合作协议，每年都组织入学新生到大学参观，包括材料博物馆、校史馆、化学实验室、物理实验室等，学生们在参观中增长见识、开扩眼界，从而激发创新意识。

(1) 双方领导重视中学生参观大学场馆的重要意义，负责人明确各自的责任与要求，积极沟通，理顺关系，疏通环节，保证了参观活动的顺利进行。我校安排教科研室出面，全面负责与大学工会的各项事务联络，如参观内容的甄选、参观的时间安排、讲解与接待事务等，然后由学校的课程建设办公室具体落实到位。我们以大学场馆为基础，安排学生的参观活动，一般都会安排在一学年的开学之初，参观的对象为每年新入校的六年级和高一新生。参观的内容由三部分组成：一是大学校史博物馆；二是大学内部的小型博物馆，如材料博物馆；三是大学实验室。我们要求学生们参观后能从其中一个角度撰写参观体会。无论是校史馆的“韵”、材料博物馆的“新”，还是实验室的“尖”，体现的都是人类对科技之梦的不断追逐。当代科技的神奇和不可思议足以激发学生们投身参与的热情，每一个问号都是渴望求知的动力。

(2) 形成参观管理制度，制定学校的参观管理流程，规范常规管理，提高中学生参观大学场馆的德育实效。结合前期形成的组织管理经验，我们把参观活动划分为三个阶段：在参观之前，我们先通过印发资料、学科渗透等途径，让学生对将要参观的大学场馆有一个初步的印象，提高学生的参观兴趣和参观效果；在组织参观时，班主任全程陪同，让学生在参观的过程中保持有序，切实有所得、有所悟，并做记录；参观之后，要求学生们认真撰写参观

体会，消化吸收参观体验。参观活动变成一次拓展学生知识面和培养人文精神的生动课程，学生们的组织纪律性和责任心也都得到了锻炼，收到很好的德育效果。

(3) 认真组织学生参观大学先进的专业实验室，进一步拓展大学优质教育资源的德育功能。随着国家课题研究的不断深入，我们还组织部分学生分别参观大学的化学试验室、机器人实验室、生物实验室。学生们一边听着专家的讲解，一边看着大学生们做科学实验，仿佛遨游在科学的海洋。在条件许可的情况下，我们还请一些中学生亲自试验，体验科学实验的乐趣。这种参观活动大大激发了学生热爱科学、严谨治学的情感和学习动力。

学生们在参观之后收获良多，感慨颇深。下面节选部分学生的观后感：

[高一(2)班　陆戌仪]今天下午，我们华东理工大学附属中学高一年级的同学们来到了华东理工大学进行参观。首先我们参观了华东理工大学的材料博物馆，这里摆放了各种各样的材料以及用它们生产出来的物品。整个博物馆里的材料共有五种：金属材料、高分子材料、无机材料、复合材料和纳米材料。在二楼的众多展品中，我在许许多多的岩石材料中发现了一块绿色且带有晶体的“石头”，它在灯光下透着淡绿色的光辉，误让我以为它是一种绿宝石。经过在博物馆里一位大学学长的解说，我才知道这是碳化硅，一种稀有的材料。在离开博物馆时大家都颇有收获，了解了不少的课外知识。接着，我们来到了位于商学院二楼的校史馆，这里记载了1952年华东化工学院的建立到现今华东理工大学的辉煌历史。在参观陈列室的过程中，我仿佛回到了那个建校的日子，仿佛见到了在华东理工大学的辉煌历史上做过贡献的先辈们，我心中有着感慨、有着钦佩，更多的是骄傲。文天祥有一句话说得好：“人生自古谁无死，留取丹心照汗青。”是人都会面临死亡，但是不同的人他们死时的人生价值是不同的，我想学习这些尽管逝去却还记在我们心中的先辈们的学习研究精神，过有价值的一生。最后参观圆满结束，我们恋恋不舍地离开了这片校园。

[高一(3)班　倪　斐]从幼儿园到小学，到初中，再到高中，我便与你住在一处，只是没有发觉，原来你一直隐藏着你的神秘。走进你的博物馆，我看到了一块名为“祖母绿”的石头，石身是淡淡的黄，也许有些和名字里的“绿”相违背，发着惨淡的光芒，像是已经失掉天然的水润，显得略微苍老。周围是一些宝石和水晶的陈设，摆放在格子形的玻璃橱柜里，金绿宝石、玻璃瓶、烟晶、紫水晶、黑云母、用玻璃纤维热压成型的人造猫眼、蛇纹石、天河石，释放了无机材料的光芒。

我从解说员的口中了解了材料在古代的发展：石器时代，诸如第一个人工制成的合成材料陶，作为神物的玉；青铜器时代，以制造工具、用具、武器为文化发展的青铜；铁器时代，是以炼铁技术开创的新时代。让人受益匪浅。

陶器制作的兵马俑让我见识了西安兵马俑的小小一角，还有制造煤气灶头喷嘴的铜，制钥匙的铜和制锁的铁、碳钢、不锈钢是日常生活中的必需品，辉锑矿、白钨矿、镜铁矿、褐铁矿、纤维、塑料作为金属材料和高分子材料的代表者，更是生动地揭示了材料的发展、分类、品种、生产和应用等，结合形式多样的灯光效果，可见摆设之人的良苦用心。

（三）借助化学创新实验室的资源，编写《工科》校本教材，开设工科课程，通过化学创新实验室培养学生的创新素养

我校早在2010年就提出依托华东理工大学化学特色资源，在我校建设具有特色化办学模式的华东理工大学附属中学创新实验室的设想。此想法一经提出就得到了华东理工大学的积极响应与支持，经过专家多次论证和实地考察，确定了工科研究方向，在区教育局的帮助下，于2012年11月我校建校20周年之际，正式成立了华东理工大学附属中学化学创新实验室。

我校化学创新实验室的建设是新一轮高中课程改革的需要：在课程目标上，更加注重满足学生全面而富有个性发展的需要，加强引导学生创新实践；在课程结构上，更加注重适应社会需求的多样化；在课程实施上，更加注重构建学生主动学习的环境，加强合作交流与解决问题；在课程内容上，加强科技发展与社会进步的内容；在课程管理上，更加注重学校的自主权与学生的自由选择权。

工科创新实验课程主要面向高一学生，教学方式主要采用开放式的小组实验教学，以学生为主体，从“面”走向“点”。每名学生每周有两课时的时间可以走进创新实验室，充分挖掘了实验室的利用率，让所有学生都有机会在这里动手动脑，发展科学素养。对于特别感兴趣的学生，创新实验室还能提供更高的平台。

1. 与学生社团及课外兴趣小组相结合，使课程更灵活

《工科》教材中有一章节是营养液的配制，列举了一些经典的配方。学生除了在对营养液的配制方法和配方设计上感兴趣外，对自配营养液的效果其实最为关心。而营养液水培植物是个需要长期观察、记录和实验跟进的项目，不太可能在每周有限的课时内完成，因此我们利用学生中已有的相关社团，采取“兴趣小组＋指导教师”模式。我校“根与芽”社团主要研究植物生长，在实验楼中有专业的玻璃花房，并且社团活动时间相对自由，可以灵活利用中午和周五放学后的时间。因此，营养液的评价板块就由该社团感兴趣的同学承担，实验结果公开分享给其他实验小组。在工科老师的带领下，社团同学还进行了“种子萌发条件正交实验”“不同配方营养液无土栽培小番茄比较”等科学探索，并学习撰写研究论文。

2. 与大学生创新实验项目相结合，有效利用大学资源

每年华东理工大学都会进行大学生创新项目研究，主要是大三、大四的本科生选择感兴趣的课题，在大学教师的带领下进行创新研究。从高中角度来看，如果能够提前参与到大学项目中去，无疑是一次提升眼界的机会。在创新实验中，中学生能够接触到学科前沿，在大学生的带领下学会常用数据库的检索、科学探究实验的一般方法，这些都很难在高中化学实验室中接触到。不但我校的学生能够有机会走进大学参与大学生项目，大学生也会到我校的创新实验室来，利用已有的资源为中学生“量身定做”课题。比如我校一个学生研

究组结合当今社会热点，对“植物吸收有害物质净化河流”非常感兴趣，运用工科实验中的无土栽培技术，选取了绿萝为研究对象，在营养液中添加不同重金属元素，尝试考察绿萝对它们的吸收情况。但是测量绿色植物中的微量重金属含量又难倒了研究组的学生们，高中并没有合适的测量仪器和测量手段，这使研究差点搁浅。我校教师与华东理工大学积极联系，找到了资源环境科学专业有原子火焰分光光度计的课题组，可以进行技术上的帮助，让我校学生全程自己动手从绿萝的灼烧预处理开始，测量绿萝对不同浓度不同重金属的吸收情况。后来实验结果还参与市里评比，并获得了好成绩。

3. 与化学教学及学校各项重大活动相结合，让创新渗透到日常

一开始“工科”教学内容的选择，既关注社会上的热点问题，如水处理、食品安全、绿色环保、日用品安全性等，也有意识地与化学学科知识挂钩，是化学课堂的延续和拓展。比如“水质检测”对市面上各种水作了辨析，蒸馏水、纯净水、矿物质水、去离子水、天然饮用水等，研究这些五花八门的水到底有什么区别，并且引导学生自己设计装置制作蒸馏水，这就运用到了化学中与蒸馏相关的知识，而一般化学课堂中是很难有条件让学生亲自体验蒸馏的过程的。在模拟自来水厂生产工艺时，许多化学内容，如过滤、活性炭吸附、氯气杀菌消毒等一系列知识点被有机整合到了一起，没有这些基础知识的支撑，学生不可能自己设计水净化工艺流程；同时，通过流程设计和实际操作，学生又能反过来加深对已经学过的知识的理解。另外，我校经常会举行与科技有关的活动，如科技节、参观科普场所等，在这些活动中，创新实验的课堂就不仅仅局限在实验室里了，甚至在春季考察活动中，学生也能找到课题。比如这次我校师生去嘉兴考察，高一学生有的对南湖的水质进行了调研，回校利用创新实验室的设备进行水质评估；有的对嘉兴古镇上的米酒作坊感兴趣，研究米酒的酿制工艺，甚至回家制作酒酿，来学校实验室蒸酒……

在传统实验室里，学生通过已有的知识与经验去验证一个已经基本可以预知的现象，强调的是学生的观察能力、基本动手操作能力，主要注重的是操作的规范性、完整性。尽管我们一直主张探究性学习、探究性实验，但那样的实验似乎称作“验证性探究实验”更为妥贴。而在创新实验室里，从上面所举的一些例子中可以看出，学生通过已有的知识与经验去探索一个完全未知的现象，因此首先强调的是学生的思考力，即学生是否有问题意识、科研思维，其次才是学生的动手能力，最后是学生的研究分析与总结能力，进而由此表现出创新能力，形成对学生的全能力培养。这是我们创建创新实验室的中心思想。

4. 编写了《工科》校本教材，使学生的创新素养培养系统化、科学化

“工科”这门课程贯彻了我校“理工见长，多元发展”的思想，以新理念、新模式建设的课程内容，以培养学生关心身边的社会热点以及相关学科中的化学现象为指导思想，建设了一些相关的知识板块和化学实验教学内容。它面向理工见长的高中学生，设立了开放性创新实验平台，以开拓学生思维、培养学生创新精神为目的，通过创新实验来增加学生对于化

学学科的新认识。化学创新实验教学与活动使学生对身边的化学现象能仔细观察、思考、研究，提高学生对化学的探究兴趣。

《工科》校本教材的主要内容如下：

第一章　走进实验室

1.1　学会保护自己——化学实验基本常识

1.2　如何正确规范撰写实验报告

第二章　水质分析与水质处理

2.1　水质分析——溶解氧的测定

2.2　水质分析——电导率的测定

2.3　水质分析——浊度的测定

2.4　水质分析——膜分离法与蒸馏法水处理比较

第三章　日用化学品制作

3.1　冷制法手工皂的制备

3.2　护肤霜的制备

3.3　防晒霜的评价

第四章　空气质量评价

4.1　空气污染及评价

4.2　PM2.5——细颗粒物

第五章　水培植物营养液的配制

5.1　营养液配方的确定

5.2　水培花卉知识

第六章　果蔬农药残留检测

6.1　农药残留的危害

6.2　农药的分类

6.3　生活中的农药残留

（四）利用学校的科技节活动普及科学知识，营造科技与创新的良好氛围

我校的科技节是深受学生喜爱的重大节日，活动丰富多彩，比如机器人表演、高空落蛋、船模航模等，学生的参与面很广。科技节活动前有相关培训，活动后有总结。学生们在参与科技节的活动过程中，学习创新知识，掌握和运用创新技能，体验和分享创新的快乐，在动手动脑中快乐成长。

2013 年的学生科技节主题为“梦，在春天里放飞”，科技活动分年级集体活动和学生个人竞赛两部分。举行的主要活动有预备年级的建模制作，初一年级的蝴蝶标本，初二年级的创意脸谱绘制和高一、高二年级的环保创艺赛（见表 5）。

表5　2013年学校科技活动组竞赛活动

年　级	地　点	活动内容	负责老师
预　初	教学楼一楼大厅	机器人比赛	延　安
预　初	117教室	七彩阳光罐	马晓燕、吴珏
初　二	劳技室112教室	简易电子琴制作	钱亦阳
初　二	中空花园三楼	高空落蛋	卢德海、崔鸿庆
高　二	操场西侧跑道	摩擦回环	庄成方
全　校	操场南侧	无土栽培展示等	张继花等化学组教师
预初、初一	操场西侧	纸绳拖重	顾未名
高　一	创新实验室	荧光棒制作	钱晶莹
高　二	生物实验室	洋葱显微摄影	金慧芬
高　二	室内体育馆	叠高比赛	陈亚娟
初　一	实验楼船模赛场	船模赛	王　晶

2014年的"快乐动手动脑，圆梦2014"科技节，我们又对活动作了改进，项目增多了，而且更加注重理工特色，激发学生的创新精神。2014年的科技节活动，学校为学生们设计了60多个科技小实验，分散到每个年级，全体学生都参加到科技活动中去。在5月9日的科技节闭幕式上，与会的市区专家领导们观看和体验了各种科学实验，对活动形式给予了积极的评价。

为培养学生关注当代科技发展、探究身边科学问题的能力，鼓励学生充分发挥想象力和创造力，就自己发现的问题和解决途径进行创意设计，我们还在科技节活动中举办了"科技创意设计大赛"。科技创意设计大赛评选出"华理科技金点子"，然后进行现场答辩，当场评定等第。学生们有的动手动脑进行小发明创造，有的仅是提出一个富有创意的设想，他们的想法虽然还很稚嫩，但大大激发了创新思维。

在华理学区和本校的科技节活动中，我们开展了"理工小博士"评选活动(见表6)，旨在让学生感受科学的魅力，培养他们求真务实、科学创新的精神，激发他们学科学、爱科学、用科学的热情和兴趣，使全面发展、理工见长的学生脱颖而出。"理工小博士"的评选执行严格的程序，在学生科学制作作品的基础上，严格执行科学的测评标准，对学生的综合能力进行全面考核。学校为选出的"理工小博士"们颁发证书。

表6　2014年"理工小博士"的科技创新项目列表

班　级	姓　名	作　品
初一(1)班	张楚楚、汪辰东	空气大炮
初一(2)班	李儒理、石智妍	大气的应用

（续表）

班 级	姓 名	作 品
初二(1)班	尤蓓懿、胡雨轩	几个电学应用
初二(4)班	瞿航、夏赟帆	看见声音 1
初二(5)班	刘佳敏、殷梦琳	小孔成像
初二(6)班	沈佳伟、孙彬	电磁起重机
高一(1)班	王晨、沈一帆	筋斗丸
高一(1)班	丁紫璇、胡碧涵	看见声音 2
高一(1)班	翟自翔、张杰	磁体沿铜管下落
高一(1)班	颜昕瑜、魏奚莲	手感发电
高二(2)班	邱跃珏、廖丽慎	沉浮子
高二(4)班	匡美馨、顾天仲	滚摆

（五）拓展型课程和研究型课程内容更加丰富，教师的教学行为发生了很大变化，教学能力得到明显提升

（1）积极开展校本课程研究，探索学生创新素养培养新途径。多年来，我校一直认真坚持拓展课的建设和研究性课程的开发，每学期开设多门拓展课和多个高中研究课题。学生们在两类课程的学习中，不仅可以增长创新知识，还能提高创新能力。对于一些特色的校本课程，我们组织骨干力量，开发校本教材，编印成册。目前已经形成了18门相对成熟的校本拓展课，如“走进上海历史名人”“中华传统节日趣谈”“心理”“身边的植物”“羽毛球”“趣味物理”“数学思想与方法”“古诗词吟诵”“社交与礼仪”等。

（2）借助大学资源，开设特色拓展课，深入推进学生创新素养的培养。如“药学”“生活中的化学”“发光二极管”“机器人”“跆拳道”等，都是大学教授为我校的学生开设的特色拓展课，很受学生的欢迎。学生们在与大学教授的零距离接触中，感受到大学教授的学术气质，学习他们严谨的治学精神。

（3）借助大学资源开设的“机器人”特色课程，促进了中学生创新精神的培养和实践能力的锻炼。我校在大学教授的支持和指导下，开设了“机器人”拓展课程，编写了校本教材《未来之星机器人》，有课程目标与考评内容，使“机器人”拓展课程化建设渐渐走上了正轨，学生的创新素养得到提升，实践能力得到锻炼。学生们学习了机器人的相关知识之后，多次参加了上海市徐汇区机器人比赛，获得区一等奖、团体二等奖等多项好成绩。实践还证明，学生们参加了机器人拓展班的学习，不但没有影响他们的学习，而且还会对其学习成绩起到推动作用。

（4）通过创新素养的课题研究，教师转变了教育观念，教研组的活动形式发生了改变。教师是校本课程的开发者和实施者，教师转变传统观念，树立与课改精神相匹配的新教材观是十分重要的。我校教师们的教材观、课程观的转变，在很大程度上是依托了本课题研究。例如英语教研组从自身专业发展的需求出发，依托大学专业资源优势，学习教学理论，拓宽教学思路，通过教师专业培训与学习活动，实现了教研组的知识管理。他们在建设学习型教研组方面，作了积极而有意义的尝试。英语组的教师们主动参与大学“报刊阅读”专业课程学习，提升了课堂教学的水平；他们充分利用外事接待促进教师专业发展的崭新平台，创建教研组内自我培训机制；他们开展英语沙龙主题活动，立足教师发展，探索教研组知识管理模式，从而促进教师队伍专业水平的提升。

高中地理教研组长马晓燕在教研组建设中，改变了传统的模式，积极探讨如何通过小课题研究培养学生的创新思维能力。她在总结中写道：

高中学生已具备一定的研究性学习能力，小课题研究可以让学生进行开放性、主动性、创造性地学习。它着眼于把学习过程中发现、探索、研究等认识活动突显出来，通过学生亲自实践，获取直接经验。课题提出、课题设计、课题实施、资料汇总、撰写论文等都强调学生自主完成，教师在教学中只起指导作用，整个教学过程具有很大的灵活性。在进行小课题研究时，我主要选取了两个课题——季风对农业、工业及航海、贸易等的影响；洋流对地理环境的影响——让学生分组选取合适的小课题，确立研究方向，通过查找资料形成自己的观点，在课堂上交流。学生在小课题研究活动中通过自我反思、独立探究、主动融合与经验重组来尝试建构新的领域，这能让学生养成科学精神和科学态度，对培养和提高学生创新精神和实践能力有着很强的实效性。

总之，创新素养是多种因素的综合，它是完全可以通过基础型课程的渗透、研究课程和拓展课程的创建加以系统培养的。实践证明，我校学生的创新意识和创新能力在活动中得到提升，创新人格得以逐步形成。今后我们将会紧紧围绕创新素养的培养，借助华理学区创建的东风，充分利用好各方面的社会资源，继续将学生创新素养的培养活动落到实处。

上海市紫竹园中学实验报告

一、实验背景

众所周知，随着全球化、信息化与知识社会的来临，国力竞争不断加剧，合作共赢的发展理念正在形成共识。国力的竞争说到底是人才的竞争，合作共赢的发展理念说到底必须靠人才的支撑。这一切需要进一步提升人才培养的质量，而提高人才培养质量首先要致力于国民素养的提升。这一世界各国发展的共同主题必然要转化为教育的重大主题，这是教育不能规避的，是必须积极应答的核心问题。这一核心问题、重大主题聚焦在学生应该具备的最基本、最重要、最关键的能力，即学生发展的创新素养培养上。尤其是我们国家提出振兴中华、实现中国梦的伟大构想，使中华民族再一次自立于世界先进民族之林，更要培养素养良好的公民和优秀人才。因此，我们应当有这样的认识：培养和发展学生的创新素养，是国家发展战略，尤其是国家人才发展战略在教育改革领域的主要体现和具体要求，同时，也是培育和践行社会主义核心价值观这一根本任务在教育领域落实的重要措施和必要途径。早在20世纪90年代，国家就全面实施素质教育，要求从应试教育的桎梏中挣脱出来，以促进学生素质的全面发展。素质教育本身就蕴含着培养学生核心素养的要求，这是实施素质教育的本义。进入21世纪，国家颁发了中长期教育改革规划纲要，纲要中明确规定，素质教育是改革发展的战略主题，全面提高教学质量是改革发展的核心任务，培养学生的社会责任感、实践能力与创新精神是重点，显然，改革的目标已聚焦在学生发展的创新素养上了。

我校自2012学年正式被纳入上海市重点课题"基于中小幼学生创新素养发展特点的区域性系统培养研究"徐汇区高中实验校，开始在高中学段各主要学科开展"优化适合美术特色高中学生创新素养培养的教师教育教学行为和学生学习行为的系统研究"，主要以高中语文、数学、英语、美术、政治、历史、地理、化学学科为重点学科，并适度调整课程设置，展开具有我校美术特色的学生创新素养的培养。重点落实在围绕我校美术特色，以基于高中学生身心特点和认知发展的创新素养培养目标研究为基础，以基于新课程实施的高中学生创新素养培养实践研究为核心，探索形成美术特色学校的学生创新素养的系统培养模式，从而推进我校创建特色高中的进程。

二、实验目的

本课题研究旨在探索以学校基础学科为载体，以学生创新素养发展为特点的实验研究，通过研究寻找到各学科培养学生创新素养的基本模式，立足高中学科教学，以实证研究为主要形式，通过聚焦课堂教学，改变教师的教育教学行为，帮助教师树立“以学生的发展为目标”的教育新思想，着眼于培养学生的主体意识和自主学习能力、合作精神和交往能力。通过高中基础学科以及拓展课、主题类实践课等系统研究，让学生的创新素养和能力在自主、兴趣、拓展的教学中获得发展；通过教学过程研究，积累经验，逐步形成一种教学模式，并获得可借鉴的案例。把学科教学中可落实创新素养培养目标的单元、章节的教材内容梳理，确定创新的切入点，各学科备课组以此为基础进行教学设计和教案设计，探索创新的策略，开展课堂教学的创新教法的研究，寻找有利于学生创新素养培养的教学行为和学生的学习行为。并围绕美术特色高中学生创新品德的系统培养，整合学校原有德育资源，如学校德育专题课程、写生德育课程、主题社会实践德育课程、社团课程，以学校校本课程的形式来促使学校原有德育有序化、有机化、有效化。促进学校的可持续发展，推动由学校特色向特色学校转变，通过三年的研究，构建以支持学生创新素养培养的课程体系；优化适应学生创新素养培养的教师教育教学行为和学生学习方式；初步探索形成美术特色学校高中学生创新素养培养的模式。

三、实验过程

我们认为培养学生的创新素养，首先在于教师的教育教学观念的改变以及行为的改善。为此，学校积极组织课题组成员参加区教科室的课题培训，认真学习课题相关资料；学校教科室还购买了《创造教育学导论》，作为课题组成员人手一本的研修书籍。学校邀请了上海师范大学学科教育研究所所长谢利民教授为全校教师做了“学校创新素养培育”专题讲座；邀请徐汇区教育学院教科室主任张才龙老师做“创新素养的系统培养的实施与途径”的校本培训；2013 年 6 月，邀请了上海市教育科学研究院沈之菲教授开设讲座“学生创新素养的发展”，并与她交流我校的实施方案及一系列措施，听取她关于我校落实本课题研究实践的意见建议，明确了下一步工作方向。通过这些培训，我校实验教师达成共识：开展本课题研究要以学科为主渠道、以学期课程统整为手段，旨在探求培养美术特色高中学生的创新素养的多种途径，提高和发展学生的创新素养。研究过程中，实验教师着眼于教学中增加有关学生学习过程中求异、发散、变异、跳跃、顿悟思维方式的训练，在“学科指南”中增加有利于学生创新的品德以及创新意识、冒险精神、合作精神、创新动力教学内容及教学方法的挖掘。

(1) 在课题开始之初，为了对美术特色高中学生身心和认知发展的创新素养特点进行研究,我们在高一高二年级学生中进行了“威廉斯创造力倾向与16PF”问卷调查,对其创新心理品质进行测试,为我校高中学生创新能力和差异的分析提供相对科学的依据。结果表明:心理健康因素与创造力倾向及冒险性、好奇性和挑战性呈较显著的正相关,情绪稳定、心理健康的个体可能具有更强的创造力倾向,更倾向于冒险、好奇心强、勇于挑战未知,也就是人格因素与创造力倾向可能存在潜在关联,这对我们把握高中生的人格特征与创造力倾向之间的关系具有重要的理论和实践意义。在对学生进行创新素养培养的实际工作中,我们既能通过以上的相关分析结果对学生的人格特点和相应的创造力倾向水平进行快速的双向预测,又能够为我们针对不同人格特点的学生设计个性化的人格与创新素养培养方案提供重要参考。我校学生非智力因素明显缺失,具体表现为:注意力集中度不高,意志力不强,没有良好的学习习惯,缺乏学习的动机,不会自主学习。对此,教师首先要做的是降低学习的难度,提高学生学习的兴趣,让学生真正成为学习的主体,让课堂活跃起来,把课堂真正还给学生,在学习中提高学生学习的自信心。因而我们的教学设计要围绕这些特点来精心设计方能取得成效,舍此别无他途。

(2) 学校课题组为了引导教师参与课题,提出了以学科为主渠道、以活动为载体、以学期课程统整为手段培养我校学生创新素养。组建了由语文、数学、英语、美术、综合文科、综合理科、德育课程等教师团队组成的校级课题小组,这些学科几乎涵盖了学校所有基础课程。三年来学校以一年一度开展的特色校本教研项目“紫竹杯”“工作坊”为载体,鼓励教师在自己的教学中持续、系统地关注学生的创新素养培养,展开课堂教学的教法创新研究,探索新的教学方法和策略,并撰写课例或案例。为此学校教科室要求每位参加课题的教师在教学实践中制定并梳理完善《紫竹园中学培养高中学生创新素养的课程统整指南》(见表1)。

表1 《紫竹园中学培养高中学生创新素养的课程统整指南》栏目

教学进度	教学目标		基础内容	拓展内容	探究内容	学习能力	学科德育	课外三题配套	创新点
	原有目标	调整目标							

学校在2014年5月汇总梳理编辑成《紫竹园中学学科创新素养培养统整指南》一册。实验教师在研制《学期课程统整指南》时,将创新素养的培养目标单列,进行课堂设计、单元设计,系统地将创新素养培养落实到基础课程的课堂教学中。这就形成了课题研究的“三个系统性”,即目标的系统性:其一,在基础课程中系统研究;其二,在课题推进中以“紫竹杯”“工作坊”为载体,三年来,一以贯之系统展开;其三,指南的制定,确定了课题研究的目标、内容、教学过程的系统性。

(3) 此外,我们在课程设置上调整架构。我们除了在基础型课程中开展实验,还根据美术特色高中学生创新素养培养目标优化课程设置，充分挖掘和运用课内外资源，合理开发拓展性、探究性校本课程。发掘和利用学科拓展课程和研究性学习课程中创新素质培养因素，设计创新素养培养方案和编写探究型课程、研究性课程教案，提供创新活动载体，引导学生自主创新研究。通过建立陶艺工作室、摄影工作室、服装设计工作室、手绘设计工作室、多媒体设计工作室等专用教室，为学生开展高层次的创新体验提供空间。这些课程、工作室尤其注重对学生设计创意思维的培养。

(4) 我们还结合学校的国家级课题“德美一体”，根据创新素养培养的要求，围绕美术特色高中学生创新素养培养目标，加强综合实践活动的系统设计，与学科德育等相统整，整合学校德育课程形成系列化，如学校德育专题课程、写生德育课程、主题类社会实践德育课程、社团课程，通过科技、文化、艺术等交叉课程，体现分段培养目标要求，建设梯度化的校本课程体系，从而构建多样化的校本德育课程，以学校校本课程的形式来促使学校原有德育有序化、有机化、有效化，通过德育模式的创新来实现对学生创新品德进行系统的培养。

四、实验结果与分析

三年来，各学科组都拿出了自己的模式，比如语文组教师统一践行了“以学生的问题链贯穿整堂课”的模式。将学生对文本的质疑作为教学中的首要环节，随后对学生提出的问题进行整理，围绕教学目标或聚集主问题，或把问题组成一个层递性的问题链，或形成一个更有挑战性的问题，这样既确保学生的主体地位，又能有效地实现教学目标。教学中教师能从课文的某个点突破，而后调动文本的所有内容向着这一点聚焦，不仅引领学生进入阅读的主阵地，教师更是控制了学习的制高点，并不断地以这一点向文本各部分发散形成了层次清晰的问题链。如钱新一老师上“故都的秋”，这节课是在第一节课的基础上通过问题的引领，在学生自我查找资料的基础上进行的深入探究，而几个问题的排序也是从易到难，教学开始于问题，推进于问题，发展于问题，教学中问题的解决就是思维发散的教学，师生共同协作解决问题。在积极思考中培养学生的发散性思维能力，在过程中注重独立探索，在反复探讨中培养学生的敢于质疑和问题意识。问题一：文中的几幅画面你最喜欢哪一幅，说说喜欢的理由。问题二：作者认为北国的秋色彩很浓，回味隽永，在文本中是如何体现出的？问题三：本文似乎写出了作者的一种满足，甚至是一种快感，阅读后你能否理解郁达夫对“悲凉”的别样情？这些问题源于学生，但经过教师的加工整合，使教学过程更有序地推进。整个教学过程就是围绕着“发现困惑—寻找依据—再发现问题—重新构建—发现解答”的模式来展开的。

如数学组提出高一年级数学教学培养学生创新素养的重点是：学会用规范准确的数学语言表述自己的思路；养成认真审题的良好学习习惯，养成“有错就改，不会就问”的好习惯；教学注重学生基本计算能力，学会等价转化的思维方式；通过降低教学难度提高学生学习数学的自信心，教学始终必须使学生保持对数学强烈的好奇心和求知欲；具有初步的质疑意识和批判意识，积累学生成功的体验和初步具有独立人格。高二创新素养培养的重点是：教会学生按照一定的思路整理自己的算法，以及运算的推广，学会从特殊到一般认识无限；从代数的角度认识曲线体现数形结合；把高一培养的良好习惯坚持下来；关注学生的意志力，保持对数学的好奇心，固化学生对数学成功的体验，具有基本的质疑意识、批判精神和基本的独立人格。高三创新素养培养的重点是：培养学生的空间想象能力；从概率的角度通过样本研究总体的变化，学会整理分析数据，为以后学生参加工作调研分析提供基本的保障，对数学知识继续保持自信，具有基本的理性思维的品质，具有认知的独立性、勇于批判的精神和海纳百川的胸怀。如许燕萍老师的“分段函数”一课中是这样上的：本节课有三个教学目标：一是进一步理解分段函数的概念；二是根据实际问题写出分段函数的解析式；三是逐渐建立应用数学的意识。在教学中她尝试着将“复习—探究—变式—感悟—生成”作为上课的程序，通过回忆上个学期学习过的分段函数的知识点，通过几个学生比较熟悉的生活事例，写出理想模型下的分段函数解析式，并且能感知生活中的实用数学妙不可言，感知数学来源于生活并且应用于生活，并将自己发现的“生活中的分段函数”与同学们交流分享。

英语组提出：打破课内课外界限，开展多维互动的创新性课堂教学；以问题和任务为引导，多角度、立体式培养学生的创新性思维能力；以积极评价为手段，鼓励思维的分享、交流和碰撞。如朱希如老师以高三英语课“完美婚礼计划”(*Planning for Perfect Wedding*)为主题的公开课就是一次培养学生创新素养的大胆尝试。他的课力在寻找以“贴近学生、贴近生活、贴近时代”的新思维创新设计课堂教学的各个环节，力求引导学生以辩证的眼光看待“完美”这一词，甚至对于课文的内容提出创新的意见，提升学生的思维层次，达到培养学生创新素质的最终目的。为了让课本上的内容更富有时代性和贴近学生的生活，挖掘教材背后的人文内涵——特别是教材的文化内涵——的元素，这或许才是吸引学生愿意在英语学科上多投入精力、多参与课堂活动的关键因素。原本的教学目标只提到了学习课文中的单词、词组等重要的词汇知识，朱老师通过跳读、查读等方式锻炼学生的阅读能力，增加了通过小组讨论、比较不同“完美”的婚礼来挖掘什么是真正完美的婚礼，进而讨论自己是如何追求生活中的“完美”的。特别与众不同的是，教学目标中不再独立地将三维目标列出来，而是将所有的目标都转化成以学生为主语。

作为美术特色学校的特色学科，美术组提出创新探究过程中的三个步骤：情景创造、探究学习、相互交流。从情景的设置、问题的提出到问题解决之后的反思与自我评价，无一不在贯彻新课标的思想，处处体现学生的自主意识、参与意识、创新精神和实践能力，为提高学生的创新素养打下坚实的基础。如在“人物速写”教学中，教师运用了情景导入法，倡导在自然界和生产生活的背景中进行美术技能知识的教学，利用多媒体等形式展示给学生。

目的是引起学生学习的兴趣。(引发学习兴趣)实践探究:新课程强调“在做中学”,尤其是将“以动手能力培养为基础”的实证研究的方法和过程应用在实际的教与学中。目的是通过课堂上师生对技能及理论设计问题进行讨论、实践探究,培养学生思维能力,这也是课程标准中过程与方法的具体体现。(强调实践探知)教师前面按照常规教学的五个环节上课,但是在分析人物动态时,引导学生主动认真观察,多给学生审视对象的时间,还可进行小组讨论,这样就能培养学生作画的兴趣,丰富他们的想象力和表现方法。教师鼓励每个学生都要成为观察的个体,不能人云亦云,并且鼓励学生对一些不明白的地方提出质疑。在美术课上,观察是创新的前提,将要画的物象看明白了才能有所创新。因此,学生观察能力的培养是美术课程创新素养培养的关键。(启发引导)归纳迁移:创新素养的培养就美术学科来说,应是重点落实在“激发学生自主观察”上,积极引导学生发展创造思维和培养观察能力。创造想象是进行创造活动的前提,也是学生创造性活动所必需的。室内外写生、社会实践等,正是以培养学生观察力和想象力为主要教学目的的。美术欣赏一开始就从学生对作品的直觉入手,调动学生的主体思维参与作品欣赏,注重对作品的主观感受。以主体思维为主的美术欣赏活动能培养学生用自己的眼睛来看待艺术品,看待这个世界。在教学中把欣赏与观察、讨论、研究相结合,引导学生主动积极地探索,培养他们的审美感受。在这一学习过程中,学生不能盲目地接受教师的概念和结论,要有自己的观点和体验去欣赏作品。

运用科学合理的教学方法,吸引学生,让他们积极主动地学习,激发起他们对美好事物的表现欲望和创作的冲动。要引导培养学生具有一双画家的眼睛,善于观察,提高创造想象能力,学生在被激发想象力后的积极思考就是创新思维的发展过程。如李杰老师上艺术设计课的步骤:

(1) 欣赏感受。首先向学生展示一些平面、半立体和立体空间的设计作品,引导学生欣赏作品中不同的构成方式,体会设计师利用身边形态进行创意设计的艺术魅力,从而了解“随形赋意”在生活中应用的意义和价值。通过分析设计师采用的“随形赋意”的创作方法,培养学生多角度发散性的思维和基本表现手法,学习用想象力和一定的技法表现自己的情感和思想,并分别在平面、半立体和立体空间中进行创作。

(2) 创作设计。展示学生须创作的对象的照片,明确每组设计创作内容,组织学生进行小组讨论,每组选出一幅造型想象力和造型表达力俱佳的作品上白板绘制。

以小组为单位通过抽签选题、独立思考、草图绘制、组内推选和公开展示,最终完成创作任务,期间学生通过观察—想象—草图组织—成稿阶段进行完整创作,学习发散型思维方式和设计中创意构思的方法,有创造性地完成对形的想象,并自主设计一个方案,在造型上进行创作。教师分析例图的构思,展示教师最终效果图,开拓学生思维和审美能力。

设计本身就是一种创新思维意识的体现。

（1）教师在本节课的设计中主要体现在“构思新奇”这个教学环节中。艺术设计是社会应用比较广泛的一门学科，构思的来源可以有三种：一是学生根据教师、教材或其他途径给出的素材进行构思；二是学生从所提供的素材中得到启发而进行新的构思；三是学生自己寻找素材。毫无疑问，学生自己发现并进行创作构思是最有兴趣的，他们也最有动力地去设计构思。教师的指导工作重点应放在设计，让学生发现并寻找素材的情景上，而不是在设计本身上，应着力于培养学生发现问题的能力。这样有助于学生养成良好的思维习惯，勇于置疑，大胆创新。

（2）教师在学生实践探究过程中主要是引导学生去猜想、假设、设计方案、实践探究、初步结论几个过程。猜想、假设是指根据已知的科学事实和科学规律，对未知的科学事实和科学规律作出推断和解释。假设不仅是一种方法，还是一种结果、一种思想。“方法”是指根据已知对未知进行推断和解释的思维过程；“结果”是指推断所得到的假定性结论；“思想”是指要用发展变化的观点来看待科学理论，随着科学技术的发展，当前被认为是正确的理论也有可能被进一步修正，甚至被推翻。因此，假设应有其科学性、预见性、检查验、推测性。

（3）总结提高。这个过程中要让学生对探究的整个过程，如，猜想、假设的理由，方案设计合理性，实验探究科学性和结论正确性，进行交流评价。在交流的活动中要达到“切磋”的目的，实现思维的碰撞。而且交流过程中发展学生的表达能力和逻辑思维能力，对巩固实验过程和概念规律的理解意义重大。

如文科综合组提出，“自己质疑—教师指导下探疑—小组交流释疑”的过程，能够使学生体验到学习的乐趣，并逐步学会用独立的见解来思考和判断问题，不人云亦云。如历史教师在“法国大革命和法兰西第一帝国”一课中讲到拿破仑时，学生表现出了很浓厚的兴趣，有个别男生甚至当场就开始向周围的同学讲述拿破仑的生平。对于拿破仑建立帝制，恩格斯有一段精彩的论述：“恰巧拿破仑这个科西嘉人做了被本身的战争弄得精疲力竭的法兰西共和国所需要的军事独裁者，这是个偶然现象。但是假若没有拿破仑这个人，他的角色就会由另一个人来扮演。”当教师将这段论述展示给学生时，学生提出疑问：假若没有拿破仑，有没有其他人能代替拿破仑？拿破仑建立帝制是进步还是倒退？对外战争是导致拿破仑失败的原因吗？这些问题反映出学生们在动脑筋思考。教师要教会学生发现源泉，引导学生从源泉中引出流水。当学生对某一历史问题不懂，提出疑问时，就是发现问题，教师要鼓励学生去生疑、质疑。当学生因为不懂去问老师、问同学，查资料积极思考时，就是解决问题，教师要鼓励学生去释疑。于是教师抓住这个机会，以“如何评价拿破仑”为切入点，引导学生以小组为单位课后找寻史料，论证自己的观点，要求学生依据历史条件和史料，全面、客观地评述拿破仑，从而形成正确的英雄史观和个人价值观，初步学会“论从史出、史论结合”的历史学方法论。

地理教师在“长江河口南岸的海陆变迁”的教学中采取了问题探究性的教学模式。教师在PPT上打出上海海岸变迁图，学生通过阅读发现上海东部陆地形成速度越来越快的现象。接着教师在PPT和学案上给出相关的资料，学生通过观察相关的资料，小组讨论，再结合高一时所学过的知识，综合分析上海陆地形成速度越来越快的原因。由于自然原因比较复杂，很难完整地叙述出来，这里仅要求学生从人类活动的角度来分析说明上海陆地形成速度越来越快的原因。学生的参考资料有两份：一是长江流域在唐朝贞观年间的人口密度图和清朝乾隆年间的人口密度图；二是长江流域的植被在不同历史时期的一个大致分布情况。通过对这两份资料的阅读和讨论，学生比较容易就能把上海东部成陆速度越来越快的人为原因找出。思路大致如下：根据资料可知，长江流域的人口在历史上有过一个大幅度的增长，而伴随着人口增长的是沿岸地区植被的减少，表明人类开发长江流域过程中曾大规模砍伐树木、破坏植被，树木、植被的减少会导致长江中上游地区水土流失的加剧，使得长江中的泥沙更多，流速减慢，由此长江下游河口地区泥沙堆积加强，上海东部成陆速度越来越快。

政治学科在“世界是个相互联系的整体”一课中运用了情境型创新教学模式。教师可以说，从宏观天体到微观粒子，从无机界到有机界，从自然界到人类社会和人的思维，任何事物都处在联系之中。日月星辰在各自的轨道上运行，都是由于引力的作用而相互影响、相互制约，物界里的鱼虫鸟兽、树木花卉之间，无不在相互影响、相互制约中维护自身的生存和发展。正是生产力和生产关系，经济基础和上层建筑之间的相互影响、相互制约，才推动了社会的运动和变化。我们可以看出世界是一个普遍联系的有机整体，是一幅由种种联系交织起来的丰富多彩的画面，其中没有一个事物是孤立存在的，我们每个人之间也有着千丝万缕的关系，因此彼此间守望相助是不可避免的。由此可以归纳出联系的特点——事物的联系具有普遍性；事物联系的普遍性既表现为横向的联系，也表现为事物的纵向联系。

理科综合组提出，以问题或课题为载体搭建“创新探究三部曲”教学的平台，让学生“想一想”“讲一讲”，利用已学过的知识去迁移新知识，从而升华原有认知结构，让学生在主动探究的过程中，完成对知识的意义建构；以“学生动手实践，自主探索，合作交流”为主要的学习方式，形成“创新探究三部曲”教学的场景，让学生在“议一议”“做一做”中发现问题、解决问题；以“小组合作学习”和组间交流竞争为主要途径，在“评一评”“理一理”的过程中使探究活动得到纠正、提高、发展和深化。这些教与学活动，突出了全体学生的主动性、参与性和创造性的和谐发展，体现“创新探究三部曲”教学中创造生成的特征。

如关士伟执教的化学课步骤：

(1) 情景呈现(产生问题)。概念(理论)课要提供尽可能充足的化学事实，如实验、标本、模型或数据图表等，帮助学生建立概念。

在讲“原电池”时，教师提供了三则材料：一个富商在游船表面镀上贵重金属，不久这个游轮锈迹斑斑；在海上的航海灯，我们并没有向它输电，但它昼夜亮着；自来水水管为什么表面镀上锌呢？可见，提供尽可能丰富的事实，使概念学习有足够的感性材料，在化学概念（理论）知识的教学设计中是必要的。

（2）问题探究。概念（理论）教学要重视概念建立过程的教学，要注意运用准确、简明和逻辑性强的语言，抽象化学事实与化学现象的本质属性，分析新概念与原有概念的异同，给概念下定义。

从化学现象与化学事实中抽象概括出共同的本质特征，或通过知识结构中已有概念与新学习概念的异同对比，产生新的概念，这是概念学习中最关键的一步。如乙醇的分子式C_2H_6O，它的结构有两种，现在我们做 Na 与乙醇反应，能否确定其结构是哪一种？如何设计实验？把 Zn、Cu 片插西红柿中发生电流计偏转说明什么？我们分别把 Zn、Cu 片插入稀硫酸中，及 Zn、Cu 用导线连接后放入稀硫酸现象有何不同？向 Fe^{3+} 与 SCN^- 变红溶液中加 Fe 粉现象有什么变化？加入 KSCN 的浓溶液又有什么变化？等等。这些问题旨在使学生明白任何理论的产生和结论都源于科学的实验，发现问题、解决问题的有效方法是实验。

（3）精讲巩固。通过正反例分析以及概念条件、范围的讨论，帮助学生理解概念。要在初步建立概念的基础上，及时通过概念的运用，巩固概念，并在后续学习、练习中发展概念。

在化学概念、化学理论知识的教学中，不赞成“结论加习题”，提倡过程教学，是因为建立概念或规律的过程，本身就是科学方法的训练和思维能力培养的过程。在这个过程中，学生不仅能学习如何从事实中分析、如何进行推理、如何抽象如何归纳，还能从中体会科学方法，培养科学品质；离开了这些，尽管学生也能解答习题，但我们的化学教学教会学生的不是如何“学化学”，而是“考化学”而已。

综上所述，各学科基本围绕着“问题探究型”“活动体验型”“情境型”“自主学习型”模式展开教学设计，调整教与学的关系，并取得了一定的效果。

尤其值得一提的是，学校围绕美术特色高中学生创新品德的系统培养，提出了“以美育德、德美一体”的育人模式，基本形成了符合美术特色学校特点的德育模式。学校以已完成的教育部课题“美术特色学校德育目标的构建与实践”为抓手，以区级课题“学科德育渗透的研究”“高中主题类德育实践性课程的构建与实施”为载体，整合学校原有德育资源，如学校德育专题课程、写生德育课程、主题类社会实践德育课程、社团课程等，来促使学校原有德育有序化、有机化、有效化。这些课程的实施不是传统德育模式在实践和形式上的简单修补，而是新的模式建立的契机和起点。我们认为，品格与能力是相互影响、相互促进、相互支撑的，品格和能力对人的发展具有支撑性，教育的直接目的就是培养受教育者创造出真、善、美的人格。学校德育活动的设置，既体现了内容的动态性，又体现了活动内容的螺旋上升性，随着学生认知的发展，对社会认识的加深，德育的内容与之相匹配。活动中由重视知识向学生体验转变，让学生在活动中养成自我责任意识，并在体验中完成自我道德自律，在活动中培育学生的非智力因素，即发展学生的需要、动机、情感、意志、性格和习惯，活动中学生不再是过程的简单接受者，而是活动过程的实际参与者。

五、讨论与思考

（1）通过三年来的研究，我校教师的教育教学能力得到了较大的提高，教学设计中更关注学情，能够对教材中的要点精心取舍。“以学生的发展为核心”的理念已深植于教师的脑海，“以人为本”得到了彰显。今后随着研究的深入，或许还会有其他问题产生，我们愿意在研究中共同关注解决。

（2）我们认为，学生创新素养的培养与课改的深化有着直接的深度关联。这种直接深度的关联主要体现为：它规定了课改的方向和宗旨，是课改的终极目标，是教材编写、教育教学、考试评价、制度管理的根本依据。因而只有将培养学生创新素养作为国家教育发展战略方向，方方面面联动才能取得更好的效果。课程内容与考试制约了教师对创新素养培养方法的研究，如能在考试中突出创新精神和创造性，将有利于广大教师去深入研究改革教学方法。

（3）“创新素养”的概念过于宽泛，有必要进行深入精准的解释，这样或许有利于基层教师有的放矢。学校教师个人的理念与素养的差异决定了对创新素养培养的差异，无法完美地做到“因材施教”。因此需要加强对基层教师科研能力的培训，进一步提高教师的教科研能力。在课题研究过程中，我们深深地认识到，我校教师的理论素养和教科研水平有待进一步提高，这是一直以来制约我校教科研工作的瓶颈问题。今后，我们将采取多种形式，进一步加强校本培训的力度，促使教师切实转变教学观念，完善知识结构，提高自身理论素养和教科研能力，在教育科研中理清创新素养培养与学校发展、与教师发展、与学生发展的关系。

（4）三年来，课题研究还是仅停留在操作层面，尚没有形成基本完整的理论研究体系。在三年的课题研究中，学校教师为实现课堂教学中创新素养的培养，作了有益的探索，诸如学生兴趣的培养、自主学习等方面，培养了学生探究与发现问题意识与思维方式。但是，课堂教学中创新素养和创新能力的研究不仅仅是学科教学的问题，还涉及心理学、生理学等方面的内容，涉及创造性的理论与实践研究，甚至于心理健康教育领域研究。目前我们的课题研究还只是停留在操作层面，尚没有形成完整的理论研究体系，对于学生创新精神和能力的培养，缺乏具体科学的测试标准，因而只能从教师教育教学观念的转变，学生学习方法的转变、学习兴趣的提高等方面得以体现。

上海市第二中学实验报告

一、实验背景

(1)“基于中小幼学生创新素养发展特点的区域性系统培养研究”是徐汇教育局主持的上海市教委重点课题,旨在积极探索中小幼学生创新素养基础性品质发展的阶段性特点,并以此作为学生创新素养培养的心理学基础,展开多元整合、学段连贯的全纳性系统培养的实验研究,理论与实践相结合,形成具有推广性的徐汇区基础教育培养模式。

(2)“创新是一个民族的灵魂,是一个国家兴旺发达的不竭动力。”教育是知识创新、传播和应用的重要基地。但是近年来,中学创新素养的培养仍局限于部分尖子生,没有普及到每一个学生,“点缀式”培养居多;因为中、高考的指挥棒,创新素养的培养被错误地孤立为“专项课程”,与基础型课程的“主渠道”严重脱钩;创新素养培养过程中,学生心理特点的研究更是缺乏针对性和系统性,也就直接导致创新素养培养的割裂性与随意性。由此看来,建立完善的组织架构、合理有序的研究体系,教研、培训、科研三跟进,形成具有“校本自主、多元互动”的学校内涵发展的运行机制,促进创设和谐宽松的教育生态大环境,学校有责任,也有义务。

(3)上海市第二中学是一所具有百年历史的市实验性示范性高级中学,是上海市一期、二期课改基地,是徐汇区课程统整实验校,多次被评为徐汇区教科研先进单位。学校在“适性教育”的办学理念实践中,积累了大量的课改经验,也在长期的科技教育实践中形成了学校自身的特色,将课内知识和课外活动相结合,以遥控车模、创新能力实验室、信息科技活动三个科技特色项目为载体,以劳动技术与信息技术课程的整合为试点,形成校本简易单片机器人制作课程等,为学校实施创新教育的有效工作机制作了初步实践。以课内知识与课外活动有机结合为途径,为学校实现创新教育的个性化、普及化作了有益的探索。

二、实验目的

根据“基于中小幼学生创新素养发展特点的区域性系统培养研究”的总体目标,以基于身心特点和认知发展的中学生创新素养培养目标研究为基础,以基于新课程实施的中学生创新素养培养实践研究为核心，探索形成校本特色和学科特色的中学生创新素养的培养模式。

三、实验过程

（1）梳理和提炼学校已有的相关经验；调研高一新生的身心特点和认知发展水平现状；调研有专长学生的创新素养发展特点。

（2）确定实验学科和实验教师设计《学期课程统整指南》，并依据学校课程方案由实验学科逐步辐射学校所有学科。

（3）各实验学科的教师实施《学期课程统整指南》，在基础课程中获得一定的实验成果。

（4）整合三类课程，并依托校外资源，在此基础上形成学校的特色课程。

（5）利用校庆、区级展示活动召开课题专题培训和交流活动，搭建各级各类平台，促进反思和总结。

四、实验结果与分析

（一）设计统整指南，在基础学科中普及创新教育

学校依据“以点带面，逐步推进”的原则，由物理、化学、生物和艺术等重点实验学科围绕创新素养培养研制《学期课程统整指南》，将创新素养的培养同基础课程的教学内容进行统整，选取最适切创新素养培养的知识点，形成培养内容的序列化，逐步实现培养目标、内容和教学过程的系统性。下面以生物、物理和艺术学科的《学期课程统整指南》作为典型案例来谈我们实施创新教育的一些收获。

1. 生物学科：尊重学科特点，从实验入手设计统整指南

生命科学学科是一门实验学科，但实际的教学恰恰忽视了创新实验教学，没有发挥实验教学应有的创新功能。为了提高实验教学的创新性，强化实验教学培养学生的创新实验操作能力、科学的创新实验方法、科学的逻辑思维、实验分析的能力，充分发挥实验创新的功能，调动学生学习兴趣，培养教师实验创新教学能力，教师精心设计了《生命科学基础型实验与创新素养的统整指南》。通过设计指南到实施指南，实验教师归纳可供借鉴的经验如下：

（1）实验是培养学生创新素养极好的突破口，教师应抓住这个切入点来培养学生的创新素养。

（2）教师要善于设计有价值的问题，引导学生提出问题、分析问题、解决问题，培养学生探究和合作解决问题的能力。

（3）在整个过程中教师要关注学生的思维过程，并加以合理适时的引导和指导，提高学

生的思维品质。

表1 《生命科学基础型实验与创新素养培养的统整指南》

统整内容	教学目标	创新培养目标	培养方法	设计思想
食物中主要营养成分的鉴定	初步学会鉴定糖类、脂肪和蛋白质的生化检测方法	1. 利用生物和化学知识，分析实验过程中出现的现象，得出相关结论。 2. 通过合理想象，提出合理的假设，并尝试着设计实验来验证假设。 3. 尝试与人分享，共同探讨，反思自己的探究过程	1. 鉴定已知的营养成分。 2. 鉴定未知生物样品的营养成分。 3. 讨论分析实验结果和存在的问题	建立初步的分析问题的能力，知道实验探究的方法，尝试合作探究
探究植物细胞外界溶液浓度与质壁分离的关系	1. 学会观察植物细胞质壁分离的现象。 2. 能够应用显微测微尺测量细胞质壁分离的程度。 3. 初步学会细胞质壁分离图的绘制	1. 初步学会分析问题，通过收集数据信息，进行一定的综合和归纳，尝试透过现象寻找本质。 2. 初步学会一些探究的方法。 3. 初步学会实验记录表的设计、实验数据的记录、标准曲线图的绘制方法	1. 定性观察30%蔗糖溶液中洋葱表皮细胞的质壁分离现象。 2. 测量不同浓度蔗糖溶液中洋葱表皮细胞的质壁分离程度	初步学会实验探究的方法和步骤
探究酶的高效性	1. 学会实验操作中试剂滴加、振荡等有关技能。 2. 理解酶的生物学特性	1. 尝试运用知识解决实际问题。 2. 初步学会有条理地分析问题，透过现象把握问题的本质	1. 分析教材中实验表格的设计方法。 2. 思考实验中呈现的一系列现象	初步学会对照组的设置、变量的控制
光合作用的研究历史	1. 知道光合作用的研究简史。 2. 知道光合作用的原料、条件、生成物	1. 感悟科学史和科学方法。 2. 理解生命科学中实验探究的科学方法和基本步骤。 3. 体验思考的独立性与批判性	分析科学家设计的光合作用研究实验	学会实验设计中控制变量、设置对照组等基本原则
探究影响光合作用的因素	1. 能设计并实验探究影响光合作用的因素。 2. 学会观察和检测应变量的变化。 3. 学会设置对照组	1. 初步学会应用已有知识和经验，通过发散思维或合理想象，提出合乎逻辑的假设并设计实验进行探究。 2. 学会分析问题的方法（事物的两面性、现象的综合性等），能把握问题的本质，初步形成综合的判断能力。 3. 乐于合作，懂得分享	利用真空渗水法分组设计并探究影响光合作用的因素	将前期所学的实验设计方法加以运用和实施

2. 物理学科：基于基础型和拓展型课程的整合，从范式性的教学内容入手设计统整指南

我校高二物理教师结合本学段的教学内容和学生学力的特点，立足教学实际把基础型和拓展型课程进行整合，形成了系统性强、内容全面的课程指南。实验教师试图以物理概念的导入、物理规律的探究、物理现象的分析为突破口，设计了创新素养培养的目标和内容，精心制定了《学生创新素养系统培养指南》。

以高二“电路”单元为例。本单元主要学习内容为电和磁，概念多、实验多、运用多，教

学内容上涉及创新思维培养点多，效果更明显。而且高二学生已具备一定的物理学习基础，有独立的思想、敢于质疑，实验教师感到学生如果在针对性强的目标培养下，更易发挥自我的创新意识。为此，实验教师设计的培养指南，主要有以下几个层次：提出问题；科学猜想；观察能力；实验探究；解决实际问题；合作探究；设计实验。

经实验教师一年多的实践，学生在以下几个方面有突出的变化：首先，学生对物理学科的兴趣更加浓厚；其次，学生在提出问题、探究问题、解决问题的能力上都有所提高；再次，学生在思维得到了激发，同时逐步养成了良好的创新思维品质。

通过指南设计和内容实施，实验教师总结了几点培养创新的有效策略：

(1) 教师应精准选择创新点，激发学生的创新内驱力。激发学生学习的兴趣是创新教育的前提。

(2) 教师要善于设计探究问题的过程，物理学科可以从"问题提出—猜想预设—数学推理—实验验证—合理外推—得出结论"这几个主要探究环节来提升学生创新思维，通过探究过程，培养学生的推理能力和解决实际问题的能力。

(3) 教师应积极不断反思自己的教学行为，因为每堂课都有学生迸发出创新思维的火花，教师须及时捕捉并记录学生的思维变化，并根据教学对象动态生成的内容来适时更新《学生创新素养系统培养指南》。也就是说《学生创新素养培养指南》不是一成不变的，教师应根据学情作细致的微调，使教学更具有创新性和适切性。

(4) 教师须努力将创新能力的培养作为物理教学的常态化。创新教育不可成为日常教学的附属品，而应追求合二为一。

(5) 创新教育需要教师的坚持。创新能力的培养不是一蹴而就的，需要教师持之以恒的课堂预设，需要教师不断挖掘"创造思考"的有效问题，鼓励学生发挥想象，提供学生思考的有效时空，久而久之，学生才会将思考视为一种习惯，把创新当成一种本能。

3. 艺术学科：依据教学目标，从三类课程整合入手设计统整指南

近年来，学校尝试对三类艺术课程（基础型、拓展型、研究型）有机整合，形成多种艺术教学模式（见表 2），使具有不同艺术兴趣、能力和需要的学生，都能获得更多的艺术学习机会。

通过艺术基础型课程，使 100%的学生提高认识美、欣赏美的能力；通过艺术拓展型课程（戏剧表演、合唱、室内乐等一系列的艺术特色课程），使 60%—70%的有艺术特长的学生提升艺术表现能力；通过艺术类研究性课题的研究，使 30%—40%的学生在课题研究过程中培养创新精神和探究能力。学校艺术课程根据学生的发展特点和个性差异进行精心设置，体现了层次性和选择性（见表 3 至表 4），促进了学生的个性发展和创造力发展，真正使课程适应每一位学生的发展。

表 2 多种艺术教学模式

<table>
<tr><td>课程类别</td><td>国家课程必修课</td><td colspan="2">校本课程</td></tr>
<tr><td rowspan="9">表演与艺术类</td><td rowspan="9">高中艺术欣赏</td><td>选择性拓展课</td><td>自主性研究型课程(学生课题)</td></tr>
<tr><td>合唱艺术</td><td rowspan="7">1. 欧洲音乐史——巴洛克的旅程
2. 研究追星的利与弊
3. 关于“中国传统文化艺术”的思考和研究
4. 电影台词的研究
5. 近代著名导演风格手法对比
6. 哥特式建筑风格的特点
7. 广告对商品的影响
8. 动画片对青少年的影响
9. 娱乐文化圈的抄袭现象泛滥的原因及对策
10. 关于民间艺术——江南丝竹音乐文化的研究
11. 对于中国画继承和创新的研究</td></tr>
<tr><td>室内乐演奏</td></tr>
<tr><td>台词艺术</td></tr>
<tr><td>戏剧表演</td></tr>
<tr><td>素 描</td></tr>
<tr><td>书 画</td></tr>
<tr><td>形 体</td></tr>
<tr><td>……</td><td>……</td></tr>
</table>

表 3 基础型课程与拓展型课程的整合

教学模式	基础型课程	拓展型课程
教学课题	高二艺术教材第 4 课“动画美景溢诗情”	素描
教学目标	了解动画片《木兰传奇》的绘画技巧和绘画风格	进一步体验和实践西洋绘画的技法和风格
教学内容	西洋绘画由明暗调子、色彩关系、焦点透视等因素构成;分析花木兰人物形象	运用西洋绘画的基本观念(鲜艳明亮、色彩对比和谐,在造型方法、线的应用等方面体现了写实技法)创作人物形象等
整合效果	普及西洋绘画知识,激发学生的兴趣,提升审美意识; 为有绘画特长的同学提供进一步学习的机会,提升绘画技能和专业素养	

表 4 基础型课程、拓展型课程和研究型课程的整合

教学模式	基础型课程	拓展型课程	研究型课程
教学课题	高一艺术教材第一单元“音乐戏剧的演化”	合唱艺术、室内乐演奏	课题:音乐剧与歌剧之比较
教学目标	通过片段欣赏,了解音乐剧与歌剧的特点、区别等	通过演唱、演奏等形式,体验音乐魅力	系统全面地了解、分析音乐剧与歌剧的异同点
教学内容	分别欣赏歌剧《茶花女》选段《饮酒歌》和音乐剧《猫》选段《回忆》,体验情感,将两者进行比较	演唱歌剧《自由射手》选段《猎人合唱》;演奏音乐剧《猫》选段《回忆》	从音乐剧、歌剧的发展史、代表作、表演形式、文化背景等方面研究两者的特点,以论文的形式系统全面地进行比较和归纳

（续表）

教学模式	基础型课程	拓展型课程	研究型课程
整合效果	大部分学生都体现出了对音乐剧和歌剧的极大兴趣，他们会利用课余时间进行欣赏并提出自己的观点，与教师交流。一部分学生通过自己的演奏演唱来表达情感，既提升了自身的奏/唱水平，又进一步感受音乐中的人物情感，促进对歌剧和音乐剧的喜爱；另一部分学生自发形成课题小组，从理论和实践中了解歌剧和音乐剧。三类课程的整合为学生自主学习、可持续发展提供了良好的平台和有利的保障机制		

表 5　三类课程与艺术实践活动的整合

教学模式	基础型课程	拓展型课程	研究型课程	艺术实践活动
教学课题	高一艺术教材第六单元“如梦似幻　影视风采”	戏剧表演、台词艺术	课题：电影台词的研究	市、区戏剧节，学校艺术节等
教学目标	初步认识影视艺术特性以及表现要素，感受影视艺术的综合魅力	通过表演、创作，提升舞台表演能力	深入电影理论知识的学习，专研对电影台词的分析，提升语言表演能力	通过参加朗诵、校园剧等形式的艺术实践，提升舞台表演综合能力
教学内容	经典影视作品片段赏析；了解蒙太奇、镜头、分镜头脚本、景别等；尝试创作小剧本，学生合作表演	命题小品即兴表演训练，经典话剧片段排练等；古诗词、绕口令训练，朗诵技巧训练等	中外经典影片剧本片段的查找与收集，台词的分析与研究，台词的表演与体验	参加市、区戏剧节音乐剧专场比赛，朗诵专场比赛等，屡获金奖；每年的学校艺术节中都设朗诵、戏剧表演比赛专场，学生们报名踊跃
整合效果	学校的课程整合推动了学校一批艺术团队的发展，其中上海市第二中学影视剧团就是受益者之一。上海市第二中学影视剧团是上海市学生艺术团，自 2003 年建团以来，影视剧团的学生队伍日益壮大，教育管理日趋规范、成熟，教学成绩日渐丰硕。影视剧团设表演、台词、形体等课程，让学生在舞台表演和语言表达等方面有系统而规范地学习。学校每年都会选拔学生参加市、区中小学生艺术单项（朗诵专场）比赛，成绩名列前茅。学校常年聘请上海电影学院、复旦艺术学院的专家、教师来校授课，提升学生的专业素养。每年的学校艺术节中都设朗诵、戏剧表演比赛专场，每年迎新文艺汇演中都有相关的优秀节目展示，提升全校学生的艺术审美，在全校乃至全区起着辐射和引领作用			

（二）积极开发校本课程，为创新教育的个性化提供多种发展平台

1. 劳动技术与信息技术的课程整合——搭建工程与智能创新实验室

根据创新素养培养的要求，我校将劳动技术与信息技术的课程内容加以整合，探索开设了一个适合学生发展需要的劳技课程体系。该课程以单片机为载体，将设计和制作定位在“原创作”上。所谓原创作，就是围绕作品创意，进行电路设计、焊接组装、编程调试、外围设备选用等，一切从零开始学习创作。学生通过对核心技术的了解和掌握，从根本上有了更广阔的创新和发展的空间，在这样的原创作中，充分发挥学生的创新思维，提高学生动手

实践的能力；同时建立了工程与智能创新实验室，在原来着重进行拓展课、研究课教学的基础上，探索“以点带面”的新课程思路，将传感与控制渗透到劳技课基础课教学中，将创新实验室与劳技工作室整合创建，包括焊接工作区、机械加工区、编程调试区。

此课程目标是以学生实践活动为主，以项目（任务）为载体，在过程中体验劳动情感，培养技术意识，学习劳动技术知识和技能。课程内容以技术发展为导向，重视信息技术和现代技术应用的整合，发挥学生的个性和创造性。

此课程具体实施是在高一第一学期的劳技课上，对全体学生进行传感与控制知识的普及；第二学期，对于部分有特长、有兴趣的学生，利用拓展课的时间，进一步深入学习；第二学年，结合校研究型课程的开展，对学生的设计课题配备指导教师。学生经过学习，最终以研究课题的形式完成课程。三类课程（基础课程、拓展型课程、研究型课程）的整合如表6所示。

表6　三类课程

课程类型	课程内容	对象
基础型课程	走进机器人——传感与控制	全体高一学生
拓展型课程	机器人创意设计——单片机的原理及应用	部分高一高二学生
研究型课程	机器人创意设计——创新实践	部分高二学生

学时分配：高一劳技课程每周一课时，高一高二拓展课程每周两课时，研究型课程以课外研究为主，两年完成所有课程。

课程整合后的实施效果：

（1）营造校内创新的氛围。通过一个阶段的教学实践，实验室在面向全体学生使用的基础上，又兼顾到了部分有特长、有兴趣的学生，在全校范围内创设了良好的创新氛围。

（2）涌现多名有创新潜质的学生。教学也初见成效，在创造发明方案评比活动中，我们收到高一学生近300份提案，其中不乏很多优秀的作品。多位学生在全国、市、区级科技比赛中获奖，如我校学生获第十届“全国中小学信息技术创新与实践活动”程序设计一等奖，第十一届上海市“明日科技之星”评选活动“明日科技之星提名奖”，第九届上海市未来工程师大赛“‘阳光下’创意设计”项目一等奖，第二十八届上海市青少年科技创新大赛科技创新成果三等奖，第十七届上海市青少年创造发明设计方案活动一、二等奖，2012—2013 DI青少年创新思维中国区总决赛的终极目标第一名，第十一届“全国中小学信息技术创新与实践活动”漫画创作一等奖，第十届上海市未来工程师大赛“三维创意设计”项目一、二等奖，“自控程序设计”项目二等奖，第十八届上海市青少年创造发明设计方案活动一等奖，第二十九届上海市青少年科技创新大赛科技创新成果三等奖等。

2. 基础实验与创新实验的中间站——创建物理DIY拓展创新实验室

在以往的经验中,创新实验室会更多地面向部分动手能力、探究能力较强的学生。为了让更多学生有参与动脑思考、动手设计、操作实践的机会,我校尝试搭建了基础实验与创新实验的中间台阶——物理DIY拓展创新实验室。DIY为"DO IT YOURSELF"的简称,即让学生"自己动手做"。为了使实验室的建设有理论和技术的指导和支撑,我校聘请同济大学物理工作站参与共建,这是对物理实验教学新模式和科技创新教育新思路的一种尝试与探索。

首先,我校创建物理DIY拓展创新实验室本着以下几个基本的原则:

(1) 分层性。我校形成了学生创新思维和动手能力培养的三个层次:一是全体学生必修的基础实验室;二是大多数对物理学科感兴趣的学生进行拓展的物理DIY拓展创新实验室;三是部分创新思维和动手实践方面能力较强的学生进行创新设计和制作的工程与智能创新实验室。此次培养机制的分层性充分体现教学的多元化,让创新意识植根到所有学生,学校提供多层次的创新教育,满足不同需求的学生。

(2) 探究性。物理DIY拓展创新实验室是以学生"动手做"为特质的实践平台,为学生经历科学探究过程、感悟科学精神提供实践的空间,引导学生对物理学科的学习从课本走向实验,从课内走向课外,从理论走向实践。

(3) 体验性。物理DIY拓展创新实验室重在以学生"自己动手做"为主的体验方式,强调学生亲身体验,在体验科学过程中,学生自己总结解决问题的方法,提高创新能力。

其次,课程的实施方案:

(1) 课程实施:高一年级以拓展型课程为主要的组织形式,高二年级以研究型课题为主要的组织形式;学生物理社团的社团活动也是组织形式之一;全校学生都可以在常态开放的时间(初定每周五下午)以及一年一度的校园科技节期间到实验室来亲自动手实践。

(2) 课程设置:高一年级新生入学物理第一课,通过参观物理DIY拓展创新实验室,领悟科学家的创造思维和科学精神,体会物理学如何改变了世界,体验生活中的物理,将知识与实践联系起来,激发学生学习物理、探究物理、应用物理的浓厚兴趣。

(3) 高一学年(拓展型课程):将物理融入生活。用学过的物理知识来解释生产、生活的实际物理现象,感受物理知识在生活中的应用;学生在学生实验、演示实验的基础上,改变某些实验条件,开展进一步的探索性实验,或者改进实验设计,使得实验更易于操作、效果更明显。

(4) 高二学年(第一学期拓展型课程,第二学期研究型课题):通过"自己动手做"来锻炼学生动脑、动手的能力。在指导教师的帮助下,学生探讨创作作品的设想和方案的可行性和实用性,制订方案的实施步骤。学生根据方案动手设计和制作自己的小作品。各小组在几位小组成员的分工协作下,对作品进一步调试和改进,最终实现自己的设想。撰写论文,论述从作品最初的创意来源到作品设想和方案、设计和制作、调试和改进，再到最终作品完成的整个过程，总结在制作过程中碰到的问题以及解决的经验等。

课程实施效果：

(1) 激发学生的创新思维和潜质。目前，在高一年级进行了一学期的拓展型课程探索，开发了如简易电动机、沉浮子、火警报警器等学生自己动手制作的实验，让学生感受到物理其实就在自己的身边、手中，创新的火花无处不在。

(2) 学生创新素养能力得到提高。这三年多来，多位学生荣获第六届全国中学生数理化学科能力展示活动上海市高一年级物理学科一、二、三等奖，学生的创新素养能力得到了一定的发展。

(3) 多彩的社会实践活动，搭建了学生自主创新的多样化渠道。我校每学年组织学生到南京、绍兴开展的社会考察实践活动，是有效促进学生自我管理、自主创新的特色课程，已逐步成为学校的特色实践课程。实践活动目的不仅重在提高学生的爱国主义教育、集体主义教育、审美教育、公民道德规范的教育，更在于通过学校制定的必修考察项目与学生限定性选择、自主性选择的考察项目，在考察调研中提高学生自主创新实践的能力。

我校的社会考察活动设有必修课程项目和限定性(自主性)选择课程项目。例如南京必修课程项目要求为祭扫英烈仪式：缅英烈、树理想、立报国志。限定性选择课程项目为两种形式：一类以班级为单位在学校指定项目中选择一个考察地点进行调研，并在考察地点组织召开主题班会；另一类以小组为单位(8—10 人为一小组)，在学校参考项目中选择一个考察地点进行自主调研。学生根据自主选择考察的地点和内容，自行设计活动方案和细则，分工合作，共同完成考察报告。通过两个学年分设的社会考察实践活动，我校学生的自主性、创新性、实践性获得长足的提高。

(三) 适合学生创新素养培养的教师教育教学行为得到改善

经过三年的实践和探索，我们深刻地体会到要培养学生的创新素养，关键在于教师理念和行动的转变。我校科技总指导俞欣老师近两年来指导学生完成了多项创新课题及项目，获得市级多个奖项。他指导的"'微工程师'从这里起步——工程与智能项目普及实践活动"，获得第二十八届上海市青少年科技创新大赛二等奖；他撰写的《创新实验室优质教育资源面向全体学生的探索与实践》，荣获全国青少年科技辅导员论文二等奖等。下面就以俞欣老师为典型案例来谈谈教师教学行为的改善。

1. 教师的创新理念是构建新型师生关系的基石

教育本身就是一个创新的过程，教师必须具有创新理念，改变以知识传授为中心的教学思路，以培养学生的创新意识和实践能力为目标。在教学中应该经常进行换位思考，尝试从学生的角度体验教学。如果教师理解了自己的行为对学生具有的意义，就能够更好地修正行为，使教学成为对话、交流和知识创新的活动，达到师生之间共同探索与交流的合作关系。

（1）尊重学生主体，创设民主、和谐的学习氛围。青少年思想开放、精力充沛、记忆力好、接受新事物快，在信息时代具有比成年人更优越的地位，获取信息的能力和所掌握的信息量很多时候大大超过成年人。俞欣老师指导学生完成的课题“基于几何光学的隐形装置设计与实验”“适用于沙漠行驶的智能车”“适用于崩塌形成的堆积地貌的轮腿式混合平台基座的机械研究”就有信息量大、科技含量高的特点，有些内容已超越中学生的知识面或者说学校指导能力。因此，教师要扮演“亦师亦友”的角色，使教学的“一言堂 ”变成师生互动的“群言堂”，让学生愿意思考、乐于参与、积极动手，并在教师创设的问题里，通过积极、自觉的思维去接受、理解、消化和运用。

（2）注重指导技法，体现课题实施的合理性和可操作性。中学生目前所掌握的知识十分有限，而在寻找创新课题时往往超过自己的能力。创新发明不是凭空臆造，科学知识是创新的前提，两者之间有着密不可分的联系。首先，俞欣老师指导的课题“基于几何光学的隐形装置设计与实验”研究的是现代隐形技术，目前国际上许多科学家都在从事该领域研究，课题可谓大。因此要组织课题会诊，开展过程指导，进行方法点拨。最后决定应用物理凸透镜几何光学原理，提出三种隐形方案设计，对其中一种方案进行验证性试验，试验器材全部选用物理实验室的光学仪器，结果表明可以达到预期效果。该课题获得专家评委一致好评，在各项科技竞赛中取得优异成绩。俞老师把这种技法归纳为“大题小做”法。其次，俞老师指导的课题“道路消防栓防撞安全性能的研究”，原理很简单巧妙，实用性很强。工程类创造发明课题需要有作品，但用铸铁制作超出了学生能力，利用其他材料制作一个体现创意的模型，“精致”“神似”对学生来说倒是完全可以实现。最后选用 PVC 落水管和热水瓶壳等生活中常见的材料制作，取得预想结果。他把这种制作追求完美技法归纳为“小题大做”法。

（3）对学生的创新过程表示赞许，树立创新的自信心。课程教学应注重情感领域，把培养学生的自信作为追求的目标。学生的自我评价能力较低，常常默认教师的评价。因此，教师应对学生的正确行为表示明确的赞扬，使学生明白教师对他们的评价，增强他们的自信心。俞欣老师指导的课题“吉他自动调弦保护器”，是针对初学者调音困难情况，设计制作了一个弦类乐器自动调弦保护器来解决这个问题。在参加市“明日科技之星”评选活动的前天晚上，在进行调试时学生不慎将调弦器烧毁，再去购买或维修已不可能。在功亏一篑之际，俞老师要求学生不管第二天比赛结果如何，都不能放弃这次机会，正常发挥，重在过程。最终比赛成绩还是比较满意，这个课题还进行了专利申请，并获得授权。

2. 学生的创新兴趣是优化新型师生关系的核心

兴趣是最好的老师，没有学生兴趣投入的学校活动，都不可能具有真正的教育意义。学生创新一直是时尚又沉重的话题。由于学生创新思维往往会受传统教学模式的禁锢，

“老师出题，学生回答”的定式限制了学生的创新发展，学生的爱好不经过尝试可能自己都无法察觉。培养学生的创新兴趣，就是要鼓励学生主动提出问题，并在设法解决问题的过程中学会创新，而教师仅是从旁辅导。

(1) 引导兴趣爱好，萌发创新课题。每个学生在自己的环境中受到的熏陶不同，对社会、生活、爱好等方面就会有差异，每个人都会逐渐形成自己独特的个性。教师要根据学生的个性特点、爱好特长和认知角度，因材施教、因势利导，使每一个学生都有机会展现自己某一方面的创新才能。俞欣老师指导的课题“适用于崩塌形成的堆积地貌的轮腿式混合平台基座的机械研究”来自学生对机器人的爱好。学生在网上观看美国最新军用机器人Bigdog视频，很感兴趣，因此，教师引导学生关注近年来我国不断发生的大规模地质灾害(地震、泥石流等)，为及时将伤员运出和救灾物资、设备与人员的运输等极其需要解决的问题，设计一种路面应对性广、行进效率高且具有一定负载救援能力的载具，由此提出这一课题。

(2) 激发兴趣爱好，孕育创新课题。激发学生的兴趣爱好，要求教师重视学生所付出的努力，哪怕是很小的成功和进步，让学生从中感受到自身的价值，从而造就学生的进取心、成就感、荣誉感和快乐感。针对课题“适用于崩塌形成的堆积地貌的轮腿式混合平台基座的机械研究”，学生与专家进行了交流，学生稚嫩的设计暴露出了这样或那样的问题，有些严厉的专家甚至声称这样的设计是完全不能用于实践的，超越中学生的知识结构和能力。该生感到很迷茫，也想到过放弃。在这种情况下，俞老师及时和该生进行交流分析，鼓励他尝试先完成课题设计局部制作，从实践中获取第一手资料，找出设计中的问题并进行完善。经过这一过程的锻炼，一切从头来过，重新设计的结构仍旧那般大胆创新，但更富于理性。在得到专家的肯定后，等待学生的便是将设计付诸实践。

(3) 保护兴趣爱好，成就创新课题。兴趣是一种情感体验，思想能走多远，创意就有多远。兴趣特长是一个人持续学习和钻研的内在动力，只有保持长久的学习兴趣，学生的知识积累才有质的变化；只有保持长久的创新兴趣，学生的创新能力才能有所提高。

3. 创新实践的体验是夯实新型师生关系的保障

学生只有自己在学，才能成为学习的主人。教师要带着学生走向知识，从知识的权威拥有者变成知识的组织者，从知识的传授者变为学习的指导者、协调者和促进者。关注学生真实需要，不要总是给学生呈现现成的结论和答案，而是让他们在自主选择中增长知识。创新能力潜伏于每个学生之中，教师创设适宜的环境和条件，学生才能上手快、肯实干、能力强。

(1) 在创新实践中捕捉课题实施的知识。学生创新能力的提高是建立在扎实深厚的文化知识和专业理论知识基础之上的，设计思想捕捉于日常生活中所蕴含的科学原理和课堂上所学的文化知识，还要学会怎样运用知识。俞欣老师指导的课题“书桌式地震临时避难系统”应用高一物理力学“力合成分解”受力原理，“新型电阻门锁系统的研究及设计”应用高二物理电磁学“右手螺旋定则”“车辆防爆胎、爆胎应急装置”应用物理课上讲到的气体公式，“非机动车自动寄车系统”是受大卖场的寄包密码系统的启发，“道路消防栓防撞安全性能的研究”来源于生活中用电线路保险丝的作用。这些课题都是来源于学生对社会身边问题的敏感和细腻的观察，体现中学生的思维特点和能力特点，没有过于“成人化”的倾向。

(2) 在创新实践中获取课题实施的方法。古语云：“授之以鱼，不如授之以渔。”科技创新实践的目的在于教会学生“渔”，而非“鱼”。只有教会学生科学的学习方法，引导多角度思考，才能提高学生的实践能力。俞老师指导的课题“车辆防爆胎、爆胎应急装置”关注车辆在高速公路行驶时由爆胎引发交通事故的问题。某学生在论文中有一个章节专门讨论在装置研制过程中遇到的问题和解决的方法。他总结道：“制作之前，我想了许多方案，比如说借用学校的光电门传感系统、压力传感系统和温度传感系统来组装成我的装置，不过终因太过繁琐而放弃了这个计划。要感谢这一年来我在创新实验室所积累的经验和技术，使我最后确定了通过编程、小小的单片机来实现我大大的梦想。”

(3) 在创新实践中营造课题实施的环境。由于受应试教育的影响，学生知识面不够宽，对课堂知识的理解停留在书本上，动手解决实际问题的能力差。只有“放手”才能“上手”，只有“放心”才能“省心”。俞欣老师指导的一位学生课题交流表达能力较薄弱，在申请课题经费时，俞老师有意让他和校长直接面谈。于是他准备了课题介绍和经费方案，虽然申请经费没有成功，但这不失为一次锻炼能力的机会。另外，学生购买实验器材都是自己上网查询、网络订购、划账付款、取货、报销发票，这对学生来说，也是一个锻炼、熟悉的过程。俞欣老师指导的课题“车辆防爆胎、爆胎应急装置”，触发装置选用半自动雨伞主干和弹簧功能，“新型电阻门锁系统的研究及设计”设计并制作电阻钥匙和锁芯的结构，都是在培养创新能力的“气候”和“土壤”中，让学生从“会学” 走向“学会”。

4. 正确的教育观和人才观是导向

(1) 具有严谨的科学作风和实干的精神。我们培养的学生，不仅要有扎实的文化基础知识，还要学会运用知识，要有自主持续的学习能力。未来的升学之路，并不只是解题技巧的比拼，考试之外的综合能力或许就是胜出的砝码。

(2) 具有坚忍不拔、吃苦耐劳的工作态度。我们不需要人人成为科学家，但需要人人具有科学素养，让科技创新成为学生学习生活的组成部分，体会到创新带来的艰辛和快乐。奖项有等第之分，成绩有优良之差，学生的成长比奖项和成绩更重要，在创新实践中得到收获或许能受益终身。

(3) 具有潜移默化的思想品德教育作用。我们鼓励中学生创新不是为了什么重大发明或创造，而是为了培养他们对科学研究的兴趣，提高学生的科学素养。所以，学生不能局限于简单的读书和做题，教师更要关注他们的志趣，引导学生关注社会，有社会担当，这样的学习才更有意义。

（四）学校加强过程管理，提升创新教育的有效性

1. 加强课题宣传，实现有序管理

学校成立了课题组，由王民政校长亲自担任组长，分管教学、科研的副校长任副组长，课题组成员包括教导主任、科研员、教研组长和指定教师，一起着手制定了《上海市第二中学学生创新素养培养实验校方案》。课题组对实验方案多次商榷和修改，最后明确以物理、化学、艺术等学科为重点，以点带面，根据实验情况逐步在各学科中全面推开。学校将实验方案对全校教师进行了公布与宣传，作了课题研究的实施动员。

2. 促进教师"教研自觉"，有效整合教学与科研

日常的学科教学是培养学生创新素养的主要途径，培养学生的创新素养首先就要求教学一线的教师有一定的创新意识。为了让课题研究真正做到"从教学问题中来，回到教学实践中去"，学校采取"研训一体"的方式，将研究与培训整合在一起，将科研与教学整合在一起。这种参与式研训激发了教师的"教研自觉"意识，提升了教师课题研究的理论素养与实践应用能力。

研训通过教师们对创新人才特征、创新技巧方法、创新条件环境等创新教育理论的学习与深入研讨，课题骨干教师主题研讨，学科实验教师的教学论坛和课堂教学的实践研究等不同层面、不同形式的研讨活动，在教师们交流研究心得与成果的同时，促使教师了解与掌握培养学生创新素养的基本途径与方法，形成培养学生创新素养的自觉意识，从而完善教学方法，提高创新教育的有效性，促进教学和学校的可持续性发展。

3. 强化科研成果意识，制度支持积极保障

科研课题从教学中来，科研成果要回到教学中去。不能让研究成果停留在论文发表与课题总结上，要能回馈到实际的课堂教学之中，真正地为学生的发展而服务。为此，课题研究过程中学校召开了专场研讨活动，通过教师的教学实践课和组员阶段研究介绍，使全体成员对课题研究进程有了更全面的了解，并就下一步的研究作了及时调整。学校还将此课题研究纳入了校级重点研究项目，调拨一部分经费以保障课题顺利进行，同时激励更多的教师参与到研究中来。

上海市南洋模范中学实验报告

一、实验背景

2009年9月9日，我校与上海交通大学合作的“创新人才培养基地”正式挂牌成立，每年招收约40位资优新生组成“创新实验班”，以探索创新人才早期培养的途径和规律。为此，我校进行并完成了一些与创新教育相关的课题研究，如“南模中学构建培养创新型人才课程体系的研究与实践”“高中学生创新素养的培养目标与测评方法研究”，在创新素养培育方面取得了一些经验。因为有一定的研究基础，我校于2012年3月被邀请加入徐汇区教育局“基于中小幼学生创新素养发展特点的区域性系统培养研究”这一市级重点课题的研究。

二、实验目的

根据“基于中小幼学生创新素养发展特点的区域性系统培养研究”的总体目标，我校以创新实验班的培养经验为基础，基于高中学生身心特点和认知发展规律，改革现有的学生培养模式，完善上海市南洋模范中学（以下简称“南模中学”）课程学习场，有利于高中学生创新素养培养的课程设置与教学管理，对每一个高中学生进行全纳性的创新素养的系统培养，探索形成有南模特色和学科特色的高中学生创新素养培养的课程体系与培养模式，让更多的高中学生逐渐形成一定的创新素养。

三、实验过程

2012年3月，南模中学从区里接受该课题研究任务，成立子课题实验小组，确定实验学科，制订本校子课题实验计划。

2012年4月至2013年8月，校子课题小组各实验学科成员学习总课题相关资料文件，编制本学科课程统整一学年的教学指南。

2013年9月至2016年6月，校子课题各实验学科的成员按照自己编写的课程统整教学指南实施课堂教学，尝试在任教班级培养学生的创新素养。

2014年6月，实验小组按照区教科研室的要求上交研究材料，学校进行中期汇报。

2015年9月至2016年6月，学校在高一高二年级实施走班教学、分层教学的教学模式。

2016年6月，实验成员总结课堂教学实施创新素养培育的经验，学校科研员汇集资料，完成子课题实验研究总结报告并上交。

四、实验结果与分析

近五年来，南模中学重视高中学生创新素养的培育，每年通过校学术节、教职工代表大会、寒暑假骨干教师会议、日常教研活动、境内外交流活动等平台，努力在课程设置、课堂教学、学生评价、教师专业发展上加强研究与建设。我们根据课题总体目标，以科学创新教育实验班的培养经验为基础，基于高中学生身心特点和认知发展规律，完善培养高中学生创新素养的南模课程学习场，努力对每个高中学生进行创新素养全纳式的系统培养。

（一）南模中学学生的特点和创新素养系统培养的目标

我校学生都是中考佼佼者，进入高中阶段后总体上保持着积极的学习态度、良好的学习习惯。他们的理想、信念、人生观此时正在形成中，自我意识越来越强。他们面临高考，都想进入好大学，因此，南模中学学生大多对学习的知识表现出明显的选择性，基本上与高考有关的学科内容，就认真地去学，而自认为与考试关系不大的学科或专题，则采取放松态度，表现出很强的学习目的性。由于高中生认识能力的局限性，学习选择性强往往会使学生忽视了看似与高考无关而实际上对将来发展却十分有用的知识和能力，教师应当想办法尽量克服学生学习的功利性，助其全面发展。南模中学不少好学生思维独立性强，希望别人尊重他们的意见，对他人意见不再盲从，对课上教师的问题也敢于提出不同意见；学生之间常为一个问题争论不休，为了说明自己是正确的，总想独立地去寻找原因，求得了解；对有真才实学的教师十分佩服。也有个别高中生过于自信、过于固执，自以为是，听不进教师和同学的不同于自己的正确意见，过高地估计了自己的能力。南模中学多数学生的学习动机明确，意志品质坚定，学习自觉性高，能为实现自己的学习目的而主动开展学习活动。他们也有各种兴趣爱好，能较好地处理学习和娱乐之间的矛盾，综合素质较好。

现在国家正在建设创新型社会，需要大量创新型人才。我们认为，创新型人才的形成主要依靠后天的教育和培养，中学教育是培养创新型人才的基础阶段，南模中学希望在宽松环境下培养学生具有初步的创新精神与创新能力，具备一定的创新素养。只有具备创新素养的人，才会在未来产生创新行为，适应社会需求。我们可以培养高中学生的创新素养包括创新人格和创新能力两部分，其具体特征和培养目标如表1所示。

表1　南模中学高中生的创新素养构成要素

创新素养的构成要素	创新人格	创新意识	有好奇心、求知欲、怀疑感、问题意识、发现意识，独立性强，不迷信书本和师长，易接受新事物，敢冒险
		创新情感	有高自我实现的需要、创新激情与兴趣高涨持久、乐观积极、情绪自控力强、善于从探索中获取成功的愉悦
		创新意志	追求卓越、有目标、有胆识、有勇气、有竞争心、能抗挫、能坚持、有责任感、有毅力、不怕苦、自制力强、自信
	创新能力	创新思维	对问题敏感，思维上有变通性、流畅性、独创性，有发散思维、聚合思维、直觉思维、形象思维、抽象思维
		创新技能	有创造性的观察能力、演绎与推理的能力、信息加工与动手操作的能力、与他人交流合作的能力
		创新知识	具有相关学科的背景知识、思维创新的方法论知识等

创新人格是创新素养的核心要素，没有创新人格，人的创新潜能很难充分发挥。塑造创新人格是培养创新人才的核心，而培养创新能力是产生创新人才的落脚点。创新人格与创新能力是相互联系、相互制约的。创新人格是形成创新能力的前提，可支配和强化创新能力，并促使创新能力更好地发挥和运用；创新能力的提升反过来又能增强创新人格。

南模中学学生的思维相比初中阶段更加灵活敏捷，批判性与深刻性有较大提高，但多数人的思维独创性不明显、水平不高，少数人的思维还好走极端、较片面。在创新人格方面，南模中学高中生有很强的自我意识，独立、自信又非常现实。他们十分强调个人兴趣和需要，乐于参加学生社团活动，其好奇心在兴趣基础上易形成特长，但因学业压力，对要花较多时间的课外科技活动感兴趣的不多。在创新能力方面，因学校课程学习内容丰富深刻、校园活动和人际交往增多，又面临高考升学压力，南模中学高中生的自学研究能力、评价能力、组织能力、合作能力有较大提高，但他们在学习时间上的自由度不高，创新能力表现机会有限。

我们认为，高中阶段的学习可以为学生将来进一步发展成为创新型人才奠定良好基础。创新人格是创新能力形成的内在动力源，创新能力的形成要以创新人格的培育为基础，所以高中阶段更应注重培养学生的创新人格，这主要可以通过德育课程与实践活动来培养。创新能力来源于扎实的基础知识和良好的学习素质，主要可以通过智育课程的学科学习活动来初步培养。实际上，我校对学生创新素养的培育内容是全面而整体的，不是单纯培养学生的创新人格和创新能力。我们将优秀的校园文化传统和多姿多彩的文化活动一起融入创新教育实践活动，构建起一个大的课程学习场，让学生在一个大的课程体系中获得德、智、体、美、劳的全方面进步，为学生最终成为能报效祖国、开拓进取、回馈社会、身心健康的创新型人才而打下坚实的基础。

（二）南模中学努力构建系统培养高中学生创新素养的课程体系

课程建设是学校教育的核心。我校整合各种教育资源，努力构建适合培养学生创新素养的课程学习场，课程体系不仅包括国家和地方政府规定的基础型课程、拓展型课程、研究型课程，还包括校本特色课程，从不同的方面培养和强化学生的创新素养。

1. 校本德育课程中有很多培养学生创新素养的内容

我校将学校、家庭、校友、社会资源整合，党团组织、学生会组织、班集体活动合力共为，形成全方位育人的系列德育课程，从而培养学生的创新人格与创新品德。例如新生入学参观校史、高三成人仪式、毕业典礼唱校歌，使学生传承爱国、爱校的优秀文化传统，培养创新发展的责任感和使命意识。党员教师每学期定期上党课，使团员学生认识中国的发展道路，坚定政治理想信念，培养学生养成实现中国梦的创新进取意识。学校每学年举办纪念日活动、秋季田径运动会、迎新音乐会、“南模杯”篮球赛、迎春长跑比赛、“紫藤杯”辩论赛、科技节、艺术节、社团文化节等活动，上述大部分校园文化活动让学生参与设计与实施开展，每次活动要求做到目标明确、内容丰富健康、形式多样得当、组织到位，使学生在活动中体验校园优秀文化，促进学生在知、情、意、行诸方面综合发展，培养和展现创新素养。学校每年组织学生进行社会实践考察活动（如在东方绿舟、天平路老校区、韬奋纪念馆、奉贤五四农场、王选事迹陈列馆、上海交通大学老校区、龙华烈士陵园等开展的活动）、江浙一带社情考察活动、爱心志愿者服务活动、学生干部街道挂职锻炼、学生干部赴边远贫困地区考察活动等，有的活动方案也让各班学生参与设计和比拼，培养创新实践的意志力、判断力和责任感。还有定期的南苑讲座、青锋论坛和各种跨文化交流活动，通过交流演出、体育比赛、互访听课、师生座谈等丰富多彩的活动，增强学生对不同文化环境的反应和适应能力，激发学生的创新欲望。

2. 智育系列课程是培养学生创新素养的主要阵地

我校的基础型、拓展型、研究型三类课程侧重于挖掘学生的智能，培养实践能力和创新意识，让不同禀赋的学生各取所需、自主成长，培养扎实的学科基础和可持续学习能力。对于学生必修的基础型课程，学校加强课堂教学各环节的规范管理，加强课堂质量全面全程监控体系，加强对教研组、年级组、教师的日常教育教学行为的评估，确保教学质量。对学生选修的拓展型课程，要求教师从形式到内容不断进行整体提升，向特色化的方向发展，使学生的兴趣爱好和学业特长有更好的发展。对学生的研究型课程，支持学生参与校外科研单位专家指导的创新课题研究，完善教师指导与学生自主研究的质量，建立起评优激励竞争机制，让学生的自我学习能力、探究精神、创新能力真正得到培养。我校高中“科创班”学生另有“交大时间”特别课程，学生听取大学教授介绍科学知识和科学前沿信息报告，并跟随大学导师学做科研课题，从而比普通班学生获得更多的创新知识与创新技能，获得更多的创新实践机会，更好地积累创新素养。学校还有学科竞赛课程，已形成“校文（理）科竞赛—区—市—全国—国际”递升的、有层级的竞赛平台；不断完善竞赛管理与培养校内外结合的竞赛教练队伍，以使学生的学科特长更好地发挥与表现，利于培养学生的创新意志和创新技能。

3. 校本特色系列课程是培养学生创新素养的重要载体

我校将传统特色课程从专业训练转向教学普及，人人可以得到学校五大特色教育课程（即走进交响乐、篮球基础、美丽课堂、环境科技、国防教育）的熏陶，学生能独立自主地参与特色课程的各个领域，实现多元智能开发，充分满足兴趣爱好，激发创造潜能，同时强化主体意识，弘扬协作精神，开发自我潜能，使学生的知情意行和谐发展，大脑功能得到较全面的开发，个性更加丰满健康，身心愉悦，人际和谐，使特长学生得到更充分的发展。我校还有很多优秀的学生社团，学校以课程化的方式推进学生社团的建设，指导学生自主制订各个社团课程建设规划，完善社团发展纲要，完善社团自我管理机制和评价机制，提升社团活动品质。各种社团活动的开展，有利于提高学生组织协调和自主创新运作的能力，培养兴趣和特长。科技类社团的学生科技创新项目屡获各级奖项。

我校的课程学习场涵盖了国家、地方和学校的三级课程，包含课堂内外、学校内外各项学习实践活动，学习实践活动非常丰富多彩，在文学、数学、自然科学、社会科学、科技、艺美心、体育健身、综合实践、跨文化交流等方面已有一些优势课程或传统活动。这些课程和活动会继续完善和整合，协调管理，走向更科学化、更专业化的课程化，发挥出对系统培养学生创新素养的系统效益。

为了与南模中学学习场大课程体系相适应，学校也在完善对学生的综合评价方案，使教育教学内容与形式与育人目标的达成更加匹配。新实施的学生综合评价方案做到定性与定量相结合、学业成绩与学分制相结合、学习过程和学习结果相结合、德育智育体育等内容相结合，使学生评价更加科学而全面，促进南模学子更全面优质地发展，促进学生创新潜能的开发和良好个性特长的培养，与学校的课程建设相得益彰。

（三）南模中学引入高校资源开设“科创班”推进学校培养学生创新素养

为了培养一批有浓厚探索兴趣、初具创新人格和创新能力的资优生，从 2009 年 8 月起，南模中学与上海交通大学合作，每年暑假从高一新生中选拔出 40 名优秀学生组成“科创班”。这批学生在高中参加国家规定的三类课程学习、完成高中学业水平考试外，还要开展科技创新和学科竞赛活动。上海交通大学的教授团队每周三下午到我校专门为这批学生开设讲座、授课和辅导，寒暑假组织学生到交大进行短期学习和科研实验活动。“科创班”学生在高一年级的主要任务是夯实基础课程学习，同时通过“交大时间”特色课程来扩大视野、了解前沿信息、培养科研兴趣、进行思维训练、掌握课题学习的一般方法；在高二年级选择一两个研究课题，在导师指导下进行小研究生式的专题学习；到了高三年级则是加强基础课程学习以应对高考，学有余力的学生可继续研究课题，参加创新比赛争取获奖。

“科创班”与平行班的课程不同在于，基础型和拓展型课程进行传统教材与自选教材的整合，各类讲座、创新实践活动、文理课题研究等课程的比例多于平行班。“科创班”学生有更多机会得到校外合作单位提供的创新实践活动项目，包括夏令营、明日之星、创新大赛等，进一步丰富和完善课程体系。学生通过学术研究、小组讨论、撰写报告、演示答辩等实践得到实际的技能训练，逐步培养主动学习、独立研究、勇于创新的良好习惯，发展思辨能力、交流能力和展示能力。学习方式上，“科创班”大力推进科学实验与课题研究，强调个人探究与导师指导、个人学习与团队合作相辅相成，对学生更多要求自主学习、探究学习，全面落实知识与技能、方法与过程、态度情感与价值观这三维目标的达成。学校对“科创班”学生的人格特性、心理健康、非智力因素等定期进行评价，每个学期进行综合能力测评，对学生的常规学业、研究性学业、个人行为、社会实践、自主学习、创新活动、自主管理等进行全程评价。评价方式有自我创造人格测评、试卷测试、问卷调查、教师课堂作业评价、课题鉴定等。各项测试用分数形式量化评定，课程有必修学分、选修学分和奖励学分，对考核课程最终按优、良、中、差实行等第评定，评价过程中学生和教师有充分的知情权和参与权。这样，通过评价模式的创新，来引导“科创班”的学生全面进步。

南模中学开办“科创班”的目的，除了培养有创新潜质的优秀学生，还希望推动教师加强对研究性学习、合作型学习的探索实践，加强对培养学生创新意识和创新能力的研究，开展创造性的教育教学活动，引领学校教育教学管理改革，保持创新教育的可持续发展。“科创班”在各方面表现都是学校最优秀的，是平行班的楷模。“科创班”的班主任在教育管理、任课教师在课堂教学方面的创新行为一点一滴地影响着其他教师。学校每学期定期研讨和总结“科创班”的教育经验，把适合推广的做法向平行班及其他教师辐射。

现在，与南模中学合作的高校及科研单位有：上海交通大学、上海大学、上海师范大学、华东理工大学、上海市环境科学研究院、中国科学院上海市生化细胞研究所、上海市船舶与海洋工程学会、光启创新基地、上海市青少年科学社等。学校聘请上述单位的专家一起参与指导学生的科技发明创造活动，学生课余时间也可以去上述单位进行参观和实验研究学习。平行班的学生只要愿意参加科技创新或其他研究调查，他们和“科创班”的学生一样，都可以得到学校帮助，寻求到校外专家的指导，参与各种创新类课题的研究。

另外，“科创班”的数学“三棱锥”教学模式也在部分其他数学教师的课上得到体现，班级自主管理与学生综合评价的经验在全校推广，等等。如“科创班”学生综合评价测评方案体现了全面性评价、过程性评价和激励性评价的结合。教导处据此制定了一套南模中学学生综合评价方案，这套方案更全面、系统地把对学生的评价引入学分制的管理评价体系中，除了有学业学分，还有实践学分以及奖励学分，能更有效地考察每个学生为全面发展所作出的努力。这套促进学生全面发展的教育评价方案已在南模中学由“科创班”扩大到向全校学生实施，它将促进南模提高教育质量，促进所有学生综合素质尤其是创新素养的提升。

（四）南模中学在基础型课程上系统培养学生创新素养的探索实践

我校安排了数学、物理、化学、地理、历史五门基础学科的教师参与这次徐汇区创新素养培养课题的实验研究。实验教师将创新素养的培养目标同基础型课程的教学内容进行统整，编制出《学期课程统整指南》，以实现对学生创新素养的系统培养。他们将创新素养培养目标同单元教学目标进行统整，确立课堂教学目标，设计教案，使课堂教学过程尽可能同创新活动的过程吻合，课堂教学不断探索新的教学方法和策略。

南模中学的很多教师（不仅仅是参与本课题研究的教师）这些年经过多次师训后，都不同程度地在更新教学理念，在教学过程中体现“学生为主体，教师为主导，训练为主线，思维为核心”的教学思想，尊重学生人格及创新精神，在教学环节设计上努力激发学生学习的兴趣，把教学的重点和立足点转移到引导学生主动学、想学、会学、善学上面来，鼓励学生勇于突破成规，大胆质疑，学会多角度观察问题，积极推进研究性教学，培养学生研究问题的能力。教师在教学上有了更多创新思考，努力使自己成为创新型教师。

（五）南模中学为系统培养学生创新素养而进行的管理改革

1. 加强教师培训

学生的创新素养是通过创新型教师培养出来的。南模中学创新型教师的培养被纳入学校的整体师训工作规划中。这些年学校师训工作的做法是：

（1）科学筹划，促全员发展。学校实行全员绩效考核，以正面激励为导向、自我调整为过程、自主发展为目标，推进教师师德与师能的提升；制订骨干教师培训计划，要求落实骨干教师个人工作计划并加强考核；实施专家型教师培养工程，创设各种机会形成高水平教师群体；完善青年自培学校课程；完善班主任专业学习课程，班主任成长走专业化道路。

（2）创建平台，发展呈系列。学校逐步加强对教师课程开发与实施能力的培训与指导，建设结构合理的创新型教师队伍；加强学科教研室建设，使各学科教研室成为培养研究型、创新型教师，促进教师专业化发展的基地；构建“双螺旋”的教师专业化科学发展的实施平台，即形成教师见习转正、专业晋升、职称评审、职级评定与工作绩效、兼职情况、考核情况、教科研水平、进修质量等综合指标环环相扣的关系链，形成校级—区级—市级—全国级的优秀教师专业高度逐级递升的阶梯，两者之间相互关联，交叉补充、盘旋发展；完善“校四奖”评选，完善教师专业发展阶梯的建设；组织实施好每一届校中青年骨干教师、校学科带头人的评选工作和后期管理考核工作，有效促进教师专业成长。

（3）突破瓶颈，激励促创新。学校正在制订新的教师评价办法，创建促进教师课堂教学创新的推动机制，以教师创新教育实践促进教师教育境界提升，多层次促进教师专业成长，鼓励青年教师进行自主的创新性学习与教学实践，要求青年教师规划好自己的职业生涯，将终身学习与教研结合，不断完善心智模式，实现自我超越，推动创新型研究型教师的成长。校学术节成为展示创新教育教学成果的舞台。学校建立课程开发、教材开发、教科研等专项经费，加大对创新型和专家型教师培训和奖励的投入。

2. 试行分层走班教学

由于高考改革，学生个性、特长、选择不同，南模中学从2015年9月开始打破原先大一统的行政班教学管理模式，在部分学科试行走班教学，采用行政班、教学班并存的双轨管理模式。

学校目前的走班教学是在高二年级的物理、化学、生物、政治、历史、地理等学科试行。其中理科按A、B、C三个难度水平设置教学班，学生可有多个不同水平层次的课程学习。C层学生学科知识基础较弱，学习习惯、学习毅力欠佳，学习积极性不高；B层学生知识基础一般，学习比较自觉，有一定的上进心，能力中等；A层学生学科知识基础扎实，接受能力强，学习自觉，方法正确，有毅力，表现优秀。学生根据自身实际和高考志愿，在教师指导下自主选择学习的层次。学校对分层教学须达到的能力水平要求：C层次要打下坚实的基础，完成国家规定的目标，达到上海市的学业水平考试合格水平；B层次要完成国家规定的目标，体现学科知识的能力要求，达到上海市实验性、示范性高中学生的等级考学业水平；A层次满足学生求知的需求，完成更高层次的目标，达到上海市实验性、示范性高中理科班的学业水平。

学校行政班、教学班实行双轨制管理。行政班以原班主任、班干部为主，加强同各学科任课教师的联系，及时了解分层、分类教学班的学生情况，做好调动B、C班学生学习积极性工作，提高各科学习成绩。分层分类教学班以任课教师和教学班课代表为主，明确各教学班的目标，培养学生集体观念，消除原有行政班的界限，增强教学班的集体凝聚力，保持与原班主任的沟通，重视引导学生自我管理、自我约束、自我教育，同时建立必要的教学班管理常规。

随着分层走班教学的进行，学校在教学评价中也相应作了科学调整，完善学生评价激励。特别加强对优秀学生的鼓励，激发立志成才、报效祖国的“青锋”意识，表彰模范行为，强化健全人格。学校每年表彰优秀毕业生、优秀学生干部，授予“醒狮”奖章和证书；设立“同一奖”“叔逵奖”“韬奋奖”“赵型奖”“王选奖”，分别奖励在体育学习、艺术学习、文科学习、理科学习、创新学习方面表现突出的学生。

分层走班教学实施后，学生的学习目标更加明确，学习方法进一步优化，学习兴趣浓厚，信心和意志力增强，课堂教学效率提高，学生学习成绩也提高，更顺应高考要求。

（六）南模中学创新教育实验研究的成效

1. 学校创新素养系统培养的高中课程体系建设初见成效

经过这些年的教育探索实践，我校高中本部已经形成“德育主题课程系列＋智育主题课程系列＋南模特色课程系列”的创新教育综合课程体系，学生沉浸在内容丰富的南模课程学习场中，广泛地汲取有利于将来创新发展的各种“营养”，文化素养与身心人格都得到健康全面的培育。

(1) 南模中学的德育系列课程对培养学生的创新人格和创新精神是有作用的。我校德育教育从学生身心发展特点出发，坚持行为习惯养成与健全人格塑造相结合，坚持民族文化传承与现代文明渗透相结合，坚持思想道德教育与心理健康教育相结合，坚持管理育人、小处育人、环境育人，努力培养"四个模范"式的人格健全的高中生。这"四个模范"式的人格中含着创新人格的某些特质，如追求卓越、信念、求知欲、进取心、自控力、恒心等。例如，我们实行学生学习自主管理模式和班级自主管理模式，鼓励创建有各班特色的班级文化来培养学生的独立性、自信心、责任心与创造力。又如，我们鼓励学生结合自己的兴趣、爱好、特长组建各类校园社团并自主开展活动，每年还评选优秀社团来培养学生的乐观、自信、成就感与创造力。学校还通过开展学军、学农等活动来培养学生的竞争意识，打造学生的创新意志。这几年，还开展了几次在市、区有影响的德育主题班会和德育论坛活动，促进南模学生思想品德健康发展。

(2) 南模中学的智育系列课程对培养学生的创新人格和创新能力是积极而有效的。学校基础型、拓展型、研究课程的教学工作不断扎实推进。基础型学科常规课堂教学时，大多数教师都能采用问题启发式或案例讨论式教学，创造条件让学生积极参与教学过程，千方百计调动学生的探究兴趣，培养学生产生好奇心、求知欲、质疑感等创新意识，让学生感受、理解知识产生和发展的过程，激发学生独立思考和创新意识，让学生从被动学习转变为主动学习，使其思维活跃，能积极动脑筋解决问题。有些教师在教学中还引导学生多角度观察问题，鼓励大胆想象，突破思维定势，进行正向思维、逆向思维、发散思维、聚合思维和辩证思维的训练，从而培养学生的科学精神、创新思维和创新技能。我校在高一、高二年级开设近 50 门拓展课，很多拓展课教师也注重改进课堂教学方法，结合各学科基础知识对学生进行思维训练，培养学生的问题意识、探究精神和创新思维的学习。我校高一、高二学生普遍以小组形式自主选题，参与研究型课程学习，每学年完成一项课题研究，每学年校方都会推出一本学生优秀课题研究成果汇编专辑。随着教师的努力付出和学生的学力提高，这几年，南模中学的学业考和高考成绩都不断提高并保持优秀、居上海前列，学生在区级及以上文理科各类竞赛中获奖的人数也比较多，近 5 年每年达 300 人次左右。

(3) 南模中学的校本特色系列课程为学生营造出有利于创新素养发展的校园文化环境。我校多年来一直努力建设一个创新型的校园文化环境，定期举办的南模科技节、社团节、艺术节活动每年都很精彩，还有各种形式的竞赛活动如辩论赛、演讲赛、文科竞赛、理科竞赛，不定期举办的南苑讲坛、科技报告等，学生都普遍积极参与这些校内文化活动。很多校内文化活动的设计与组织都由学生自己来完成，这些都为培养学生的创新人格产生持久而全面的渗透和塑造作用。学生的创造性从积极向上且宽松自然的校园氛围中生长出来，每年精彩纷呈的艺术节和社团节等活动都令师生们欣然向往，学生表现出令人意想不到的创造力，学生的创新精神、张扬的个性从校园文化的各个方面体现出来。南模中学的特色课程开阔了学生的眼界，愉悦了学生的身心，同时也在不知不觉中培养出学生的勇气胆识、创新意识、竞争意识与合作意识。实践证明，南模中学的传统特色教育课与新兴发展的社团文化课等有力地促进了学生创新素养的培育。

2. 南模中学“科创班”建设的成效

我们共办有七届“科创班”(已毕业五届)，前后共约280名学生。除了极个别学生退出或者出国，“科创班”的毕业生多被上海交通大学、复旦大学等国内知名大学录取，在读学生总体优秀。研究发现，“科创班”学生普遍具有良好的性格特点。例如，他们率直敢言，洞察力较强；自我意识强烈，个体性格比较鲜明，大部分场合能保持安静，大部分学生属于外冷内热型；自信心及自尊心普遍较强烈，集体荣誉感强；责任心较强，普遍比较勤奋、自觉；有很强竞争意识，也乐于与同伴合作；对有兴趣的事物有较长专注力；大多数爱好文体活动，有一定的想象力；女生富有爱心和同情心，男生则大多有幽默细胞。“科创班”的建设带动南模中学在办学管理上主动创新，学校通过创新课程设置、创新教学与评价模式、优化管理方式、营造优秀校园文化，促进了教师教育教学理念的更新，使学校获得内涵式发展，教育教学质量得以提升，整体办学水平和成绩都有了提高。

“科创班”每届学生在高一时听取校内交大讲座25—28次，学生的学习心得在网上得以交流，带动更多学生向往科技创新。在学生科研方面，“科创班”每届学生在高二时参加上海交大五个大方向的课题研究，加上校内外其他领域的创新研究，一个班学生的实践项目计30多项，参与度100%。每届“科创班”学生研究的课题或论文高二阶段分别参加“上海中学杯青少年科技论坛创新大赛”“徐汇区科技创新发明大赛”“英特尔上海市青少年科技创新大赛”“陈嘉庚青少年发明奖(上海)大赛”“美国大学生数学建模竞赛”等赛事；课题或论文涉及数学建模、环境科学与工程、工程科技实践(机器人)、水污染防治、芳香植物的影响和应用、制冷与低温工程等多个方面。据不完全统计，首届“科创班”学生高中阶段获得的区级及以上理科竞赛和创新发明比赛的奖项有65人次。第二届“科创班”学生高一阶段获得上海市文科竞赛类(作文、现代文、古诗文、英文辩论比赛，下同)奖项有11人次，全国及上海市理科竞赛类(数理化学科竞赛，机器人、计算机、科技创新大赛等，下同)奖项有36人次，高二阶段获得区级以上文科竞赛类奖项18人次，理科竞赛类奖项87人次。第三届“科创班”学生也是全面发展，人人获过奖，仅学生研究课题的成果项目获得区级及以上创新发明比赛奖项的就有47项。2016届“科创班”的36名学生获得上海市级及以上学科竞赛奖项达到68人次，多数为上海市理科竞赛和青少年科技创新大赛的奖项。

近四年来，学校科学创新的文化氛围越加浓厚，学生整体的素质表现越来越优秀，学生获奖人数越来越多。据不完全统计，2012年和2013年，我校学生仅在区级以上科技类比赛获奖的人数每年就有150人次左右；2014年我校学生在区级及以上各项竞赛中获奖365人次，2015 年，我校学生在区级及以上各项竞赛中获奖 301 人次，而且获奖的不只是“科创班”的学生。

3. 南模中学创新型教师队伍建设的成效

南模中学搭建平台鼓励教师进修，教师普遍参加各级各类培训活动，来提高自己的工作能力和发展空间。对做出好成绩的教师，校方随时进行宣传和经验交流，提升这些教师的成就感，鼓励他们更上一层楼，这对其他教师也起到积极的示范效应和榜样学习作用。学校现有一支高水平的师资队伍，有特级教师 1 人，高级教师 60 余人，市、区名师名校长基地成员、领军人才 4 人，区拔尖人才、学科带头人 10 余人，区中青年骨干教师 10 多人，硕士研究生及研究生课程学历者 30 余人，主动寻求创新发展的教师正在增多。不少教师有明晰的求新求变意识，愿意在创新教育中开拓实践，希望南模中学有更新的发展，他们爱学生、爱教育，一边默默付出，一边积极实现自我突破，创造自己新的人生价值。南模中学不少教师还是有一定的课程开发能力的，例如他们为学校每学年开出 35—50 门的拓展课，有“环境科技创新”“SDP”“古诗文竞赛”“古诗文阅读与鉴赏”“演讲与口才”“数学竞赛”“数学思维训练”“微积分初步”“物理竞赛”“物理思维训练”“物理学法指导”“化学竞赛”“化学新思维”“化学能力培优”“英语竞赛”“英语听力赛跑”“翻译入门”“高中英语辩论训练营”“生命科学基础训练”“第三只眼睛看电影”“美术作品创作辅导”“影视鉴赏与影评”“走近交响音乐”“哲学选讲”“投资理财初级入门”“世界政治经济风云”“微观经济学”“国防教育与军事学概论”“地理学习能力提高”“信息基础知识巩固和训练”等。南模中学教师为学校编辑出版的基础类、拓展类、文化类的校本教材就有 30 种，教师个人出版发表的论著那就更多了。学校同时逐步完善教师发展的评价指标体系，对教师的师德素养、德育工作、教学能力、教科研成果、培训情况、培养特长生及合作互助品质等进行全面的考核，形成评价与奖惩、评价与任用相结合的发展性评价体系，用评价来促进教师能力水平的整体提高。例如修订了《南模中学干部选拔、任用、考核、奖惩办法》《南模中学中青年骨干教师的评聘办法》《南模中学学科带头人的评聘办法》《南模中学全员岗位责任制》等制度，印制了南模中学《制度汇编（一）》《制度汇编（二）》《制度汇编（三）》。随着学校创新教育、课程改革深入发展和教师评价激励机制的逐步完善，学校创新型教师的成长环境会越来越好，创新型教师队伍会日益壮大，他们为创新型人才培养所起的作用将会更大。

（七）一些不足及问题思考

1. 关于南模中学创新教育课程体系

虽然我校高中已集德育、智育、校本特色为一体的系列创新教育课程体系，对高中学生渗透创新人格和创新能力的培养有一定的积极作用，但现有课程体系中属于直接专门培养创新思维的高端课程和创新实践类课程还很少，这些课程会更有助于学生尽快掌握创新方法并在解决现实问题的实践中提升创新能力。目前我校一般只有“科创班”的学生能够在高校教师指导下，依托上海交通大学的实验室或者其他社会机构的实验场所，进行一些课题的研究；另有参加南模中学创新协会（学生社团）和选修"环境科技创新"拓展课的一些学生，他们会在校内外专家指导下，在校外社会机构的实验场所从事水环境生态保护方面的环境科技类及工程技术类课题的研究并参加创新大赛（历年皆有获奖）。这些学生会比其他同学多得到一些创新教育课程的训练，多一些实践机会培养自己的创新人格和创新能力。其他的学生一般通过德育课程、智育课程、校园文化和各类实践活动综合地获得创新素养的培养。

由于高考和学业水平考的压力，基础课教学课时紧张，基于五门实验学科制定的创新素养系统培养的学科指南的教学设计方案实际很难操作，只是少部分实施。我校今后应当进一步完善和推广创新素养系统培养的学科指南，在基础学科教学上普遍渗透创新教育，要求更多学科、更多教师有意识地在日常教学中系统培养学生的创新素养。

现在南模中学还没有以科技创新为主题的科技实验室和创新实验室，学校打算建设学生广泛参与的理科实践专题教室和文科实践专题教室，在此基础上形成我校的综合理科实践基地课程与综合人文实践基地课程，充实创新教育课程体系的内容。同时要对这两个创新基地课程完善架构，组建师资队伍，编写方案和教材，并充分利用高校科学院所的教学及实验资源组建校外科技导师团队，以及充分利用高校科学院所和社会学习资源组建校外人文学科导师团队。上述建设工程将成为南模中学今后一段时间内创新教育的重要工作内容，以尽快弥补我校创新教育上的不足，使我校创新教育再上一个新台阶。

2. 关于南模中学"科创班"和走班分层教学

南模中学"科创班"的实质是分层教学，将优秀生挑出来特殊培养。高考改革背景下，"科创班"学生创新素养培育工作该如何继续完善？从促进学生发展、培养特长、提升能力出发，我们应当开发更多课程，包括专长能力课程、校本选修课程、高端讲座课程、人文实践课程、大学先修课程等，来丰富培育学生创新素养的课程体系。

系统培养学生的创新素养应该面对所有学生展开。面向"科创班"学生的创新课程是否能向所有学生开放？目前南模中学的分层走班教学应该进一步科学设置教学班级，完善管理、提高效率，将所有学生真正纳入分层教学。怎样在全面整合语文、数学、外语等基础课时开出更多不同水平层级的学科教学班？怎样既获得高考好成绩，又保证校本特色课程的完成？这些都是学校领导须考虑的问题。要为学生增加更多学习体验内容，更好地按兴趣特长参与课题研究、开发创意项目、参与社会实践、到校外机构访学甚至海外研修。要为所有学生搭建更宽松的学习平台，逐渐采取全面走班制、小班制、导师制的教学管理制度，逐渐实行开放式教学，聘请教授进课堂，拓展学习的深度和广度，提高学生的综合创新素质。

南模中学办好"科创班"充满挑战，在全校普遍系统地培养学生的创新素养则更加任重道远，面临更多考验。“科创班”的办学经验应当更多地辐射到平行班，让更多学生受益。

3. 关于南模中学创新型教师培养

南模中学非常重视教师队伍建设，已初步搭建了“学校—徐汇区—上海市—国家—国际”逐级提高的全员教师培训及交流平台，不少教师通过师训获得了一定的专业发展与创新能力的提高。但师培工作实践中也存在一些困难与问题以及需要改进的地方。

过去学校教师培训没有一个比较完整的体系，而目前构建起来的教师全员培训机制要求每位教师都要积极参与，规定每位教师必须完成部分规定的培训项目，如撰写暑期教学案例、撰写寒假读书活动征文、听课后要写点评、每年必须有培训计划等，难免增加教师的一些负担。确实有部分教师认为师训加重了个人的负担，培训意愿不高。怎样对教师做好细致的思想工作是目前摆在我们面前很重要的任务之一。

目前教师培训工作仍缺乏一个内容有效、体系完整的规划。有些师训课程实在是形式老套、内容无趣，令教师感到没有学到什么有价值的东西，于是教师为了完成培训任务而走过场应付了事，这也在一定程度上造成教师培训意愿低落。所以，学校应当开展调查研究，推出教师们普遍认为有意义的师训内容，让教师真正感到学有所获而认真去学。

另外，南模中学其实有不少教师还是有创新求变意愿的，也确实有一些创新型教师的存在，但因为体制或机制的问题，他们的才能和作用还没有完全显现和发挥出来。

因此，南模中学需要对教师培训模式进行创新，重新规划教师培训课程内容体系，同时完善教师评价与激励机制，激发教师的事业进取心，充分点燃教师的创造激情，突破教师培训与专业发展的瓶颈，让南模中学涌现更多创新型教师，使得南模中学学生的创新素养普遍得到培养。

中学阶段全面系统地培养学生创新素养，现实中还有很多难题要化解。这项工作任重道远，须学校和老师们更多探索！

附录　中国教育学会对上海徐汇教改实验区的督导意见

上海徐汇教改实验区：

根据中国教育学会全国教改实验区工作的安排，我会组成了由副会长朱慕菊、尹后庆，原副会长张民生和副秘书长诸平等专家组成的督导组，于2014年12月10—11日对你区展开了中期督导。现提出如下督导意见：

徐汇教改实验区自2011年以来以“基于中小幼学生创新素养发展特点的区域性系统培养研究”为实验主题，根据分层抽样原则，在全区四个学段选取了20所样本学校作为实验基地，展开区域性的实验研究，表现出如下特点：

一、实验抓住了当前全国课程改革中的突出难题

督导组认为，徐汇实验力图要破解当前全国课程改革中的3个突出问题——中小幼创新素养的培养没有惠及每一个孩子；培养同基础课程相游离；培养缺乏针对性和系统性——从而促进每个学生的终身发展，符合我国基础教育实施素质教育的要求，体现了教育公平的原则，具有前瞻性；聚焦探索如何在课堂教学中有目标、有计划地对学生进行全纳性的创新素养培养，具有研究的理论与实践价值，在全国课程改革中有一定的引领作用。

二、徐汇实验突出了整体设计、联合攻关的特点

徐汇实验突出了整体设计，体现了理论与教育实践紧密结合的特点。该项目整体研究设计，在区教育局的领导下，在区教育学院的学术指导下，动员全区20所中、小、幼学校和全区400多名中学高级教师参与了实验。实验的设计有规划、有目标，组织管理得力，学校、教师动员广泛。

通过一个实验项目把政府行政领导、教育研究人员和实验学校的校长、教师紧紧结合在一起，大家共同推进，联合攻关，对全国教改实验区的教改起着引领作用。

三、徐汇实验有序推进，取得了较好的进展

徐汇实验在总项目组的部署下，以理论研究为先导，在3年中分3个阶段，层层递进，步

步深入，取得了较好的进展。

(1) 全区教育工作者在学生创新素养培养问题上统一了认识。

(2) 徐汇区的教学和科研制度，保证了实验的推进，形成了以教育科研促进课程改革的运行机制。

(3) 锻炼了队伍。通过实验，参与教师逐步形成研究的意识，养成科研的习惯，熟悉研究的方法，教师队伍的整体素质在实验研究过程中得到有效提升，这是行动研究的价值所在。

督导组对本实验的重点——创新素养系统培养和学生创新素养发展特点的研究，所取得的初步成果给以充分肯定，希望进一步深入推进，以获得更多的实证资料。

为进一步推进后续的工作，把这项实验研究做得更好，督导组提出如下建议，供徐汇区参考：

(1) 更多关注教师的变化，要积极引导教师进行更大胆地试验，特别是在课堂上要更放开。

(2) 加强课内外的结合，注意课程的统整实施，要把创新素养的系统培养放到整个课程实施的系统中来进行。

(3) 积极营造民主、平等的学校文化。教师和学生只有在民主、平等的学校文化环境中才有真正的创新思维。

相信在徐汇区教育局的领导下，在区教育学院的学术指导下，通过各实验学校领导、教师共同努力，一定能够在破解当前我国课程改革中的突出难题方面取得更有价值的成果。

中国教育学会
2014 年 12 月 25 日

后　　记

2010年9月，上海市颁发了《上海市中长期教育改革和发展规划纲要(2010—2020年)》，把“为了每一个学生的终身发展”作为核心理念，明确提出“使所有学生的个性特长得到发展，潜能得到激发，创新意识、创新精神和实践能力显著增强”。在此背景下，我主持申报了“基于中小幼学生创新素养发展特点的区域性系统培养研究”课题，2011年被确立为上海市哲学社会科学规划教育学一般项目和上海市教育科学研究重点项目，同年被中国教育学会确立为全国教改实验区“十二五”实验项目。

通过调研，我们发现培养学生创新素养已经得到大家广泛认同，并广为实践，但现实中存在诸多问题，如：在培养的对象上，以少数“尖子”学生为主，没有普及到每一个孩子；在培养的途径上，以课外、校外为主，没有真正进入“主渠道”；在培养的方式上，以教师自发进行为主，没有把握必要的方法；在培养的目标上，以学生现阶段为主，没有针对基础教育作系统性思考等。这将迫使我们改进培养策略、调整培养思路。为此，我们选择了以学科基础课程实施为主、以校为本培养全体学生的创新素养。我们认为，如果能够梳理和遵循不同年龄段学生创新素养基础性品质的发展特点，依托学校课程体系，改革现有的培养模式，全纳性地对每一个孩子进行系统培养，应当能够对所有学生未来整体创新能力和创新水平的提高产生积极影响。

基于这样的认识，我们确定了项目研究的基本思路：先在学段内分层抽样学校，开展以学科培养为主的整体研究和实验，创造实践经验，然后再进行学科间归类性和学段间衔接性，以及课内外、校内外对接性的系统研究。通过对学生各方面创新素养的培养，逐步为创新人才的培养奠定基础，在心理上积淀创新人才所应具有的创新人格，在实践中积累创新人才所应具有的创新能力。

根据学校自愿原则，我们在全区分层抽样，选取了高中、初中、小学、幼儿园共计20所，作为实验学校。历时七年，我们做了一些理论与实践研究。本书从区域层面、学段层面和学校层面，将我们一些过程性、记实性的研究情况呈现给大家。感谢本书的主要作者张才龙、倪志刚、杨姣平、潘露、兰玉荣、王健、方莺、杨向谊、阎岩、顾非石、欧钧佑等，以及实验学校的领导和老师们为此作出的努力。

庄小凤(徐汇区教育局局长)

2017年10月

图书在版编目（CIP）数据

中小幼学生创新素养系统培养 / 庄小凤, 倪志刚主编. -- 上海：上海教育出版社, 2018.12
ISBN 978-7-5444-8876-1

Ⅰ.①中… Ⅱ.①庄… ②倪… Ⅲ.①中小学生－创造教育－能力培养－文集②学前儿童－创造教育－能力培养－文集 Ⅳ. ①G40-012

中国版本图书馆CIP数据核字(2019)第000740号

责任编辑 林凡凡
封面设计 王　捷

中小幼学生创新素养系统培养
庄小凤　倪志刚　主编

出版发行 上海教育出版社有限公司
官　　网 www.seph.com.cn
地　　址 上海市永福路123号
邮　　编 200031
印　　刷 上海叶大印务发展有限公司
开　　本 787×1092　1/16　印张 26.25
字　　数 570 千字
版　　次 2018年12月第1版
印　　次 2018年12月第1次印刷
书　　号 ISBN 978-7-5444-8876-1/G·7354
定　　价 128.00 元（全二册）

如发现质量问题，读者可向本社调换　电话：021-64377165